本书由安徽大学历史学院中国史学科建设专项、
淮河流域环境与经济社会发展研究中心共同资助出版

安徽淮河流域旧志研究

蒲 霞◎著

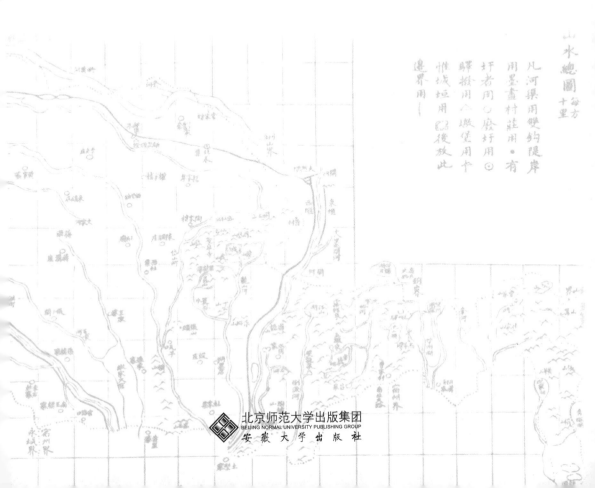

北京师范大学出版集团
安徽大学出版社

图书在版编目(CIP)数据

安徽淮河流域旧志研究/蒲霞著. ——合肥:安徽大学出版社,2022.1
ISBN 978-7-5664-2353-5

Ⅰ.①安… Ⅱ.①蒲… Ⅲ.①淮河流域—地方志—研究—安徽 Ⅳ.①K295.4

中国版本图书馆 CIP 数据核字(2022)第 002291 号

安徽淮河流域旧志研究

Anhui Huaihe Liuyu Jiuzhi Yanjiu

蒲 霞 著

出版发行:	北京师范大学出版集团
	安 徽 大 学 出 版 社
	(安徽省合肥市肥西路 3 号 邮编 230039)
	www.bnupg.com.cn
	www.ahupress.com.cn
印　　刷:	安徽昶颉包装印务有限责任公司
经　　销:	全国新华书店
开　　本:	170 mm×240 mm
印　　张:	24.25
字　　数:	383 千字
版　　次:	2022 年 1 月第 1 版
印　　次:	2022 年 1 月第 1 次印刷
定　　价:	69.00 元

ISBN 978-7-5664-2353-5

策划编辑:龚婧瑶　李　君	装帧设计:李　军　孟献辉
责任编辑:李　君	美术编辑:李　军
责任校对:蒋　松	责任印制:陈　如　孟献辉

版权所有　侵权必究

反盗版、侵权举报电话:0551—65106311
外埠邮购电话:0551—65107716
本书如有印装质量问题,请与印制管理部联系调换。
印制管理部电话:0551—65106311

前　言

　　淮河，古称"淮水"，与长江、黄河和济水并称"四渎"，是中国七大江河之一。淮河位于我国中部，处在黄河和长江两大水系之间，是秦岭—淮河气候带的重要标志。淮河以北称为北方，淮河以南称为南方，淮河构成了中国地理的分界线。受地理变迁、人文环境变化、原著居民的分布和外来人口迁入等因素影响，淮河流域形成了特有的文化形态和文化内涵。淮河流域文化与黄河流域文化不完全相同，与长江流域文化也有着区别。淮河流域文化形成了自己的特质，是中华文化的重要组成部分。学界认为，淮河流域文化是由中原文化、楚文化和吴越文化等共同影响作用下形成的，具有水文化的特性，呈现为王道文化、仙道文化与巫鬼文化等多元文化形态，是一种开放和具有极大包容性的文化。

　　淮河是安徽省的一条重要河流，自古以来孕育了众多的文化形态，安徽萧县金寨、五河县小圩区、怀远县龙亢、定远县永宁乡德胜村、怀远县涂山禹墟、固镇县马楼南城孜、蚌埠双墩遗址等都印证了安徽淮河流域文化的辉煌，演绎着这一地区历史发展的真实场景。安徽淮河流域文化因其特殊的形态，丰富了中国文化的内涵。

　　地方志是按照一定体例结构综合记载某一地区各方面情况的文献，是中国特有的文献形式，是中国传统文化中的瑰宝。中国地方志源远流长，从秦汉时期专记一地地理和人物的地记,到隋唐时期综合记载某地各方面情况的图经,再到宋朝以后内容更为丰富、体例更为完善的地方志,元、明、清时期地方志的发展达到了新的阶段,民国时期方志编修也发生了一些新变化,融入了特定历史时期的鲜明特色。地方志在自身的发展过程中日渐成熟和完善,其功能也更加全面。

为了充分发挥地方志在"存史""资政""教化"等方面的作用,及时了解各个地区的基本情况,实现对百姓的教化,历代政府经常下令编修地方志。唐朝规定地方志三年一修或五年一造,宋朝则要求地方志"再闰一造"或"十年一上",清朝雍正时令各省府州县志六十年一修,方志编修成了常规活动。历代政府还将编修地方志作为各级地方官员业绩考核的内容之一,因职责所在,以及对地方志功用的认识和重视,全国各省、府、州、县地方官员常常督促、主持和参与地方志的编修,地方志的编修得到了最大的保证,呈现出连续性和普遍性的特点。中国历史上曾经编修的地方志虽数量庞大,但因某些原因,不少地方志在流传过程中散亡。仅《中国地方志联合目录》一书统计,全国现存地方志八千多种。

安徽淮河流域地方志的编修由来已久,秦朝之后就开始编修,宋朝以后地方志的编修逐渐发展,不仅编修的方志数量众多,方志的类型也是多种多样。安徽淮河流域旧志本身就是一种珍贵的文化财富,地方志也因为的收录内容丰富而承载着一个地区历史文化的精髓。研究安徽淮河流域旧志不仅能够理清这一地区地方志的编修情况和发展源流,系统整理和研究安徽地方文献,也可以总结历史上地方志编修的理论和方法,为今后地方志的编修提供参考,还可以对地方志记载的相关历史事情、历史人物、历史发展过程进行分析和说明,加深对于这一地区社会历史发展的研究。研究安徽淮河流域旧志具有重要的学术价值和现实意义。

安徽省始建于清康熙六年(1667年),由江南省分治而建,安徽省名由明清时期的安庆府、徽州府两府府名首字合成。以古皖国为名,简称"皖"。安徽省的建置沿革和下属各府州县几经变易,本书研究的安徽省淮河流域所辖地区是以 2021 年的行政区划及其归属为基础的,历史上不属于安徽省而现在隶属于安徽省的地区均在本书研究范围之内,历史上属于安徽省而现在不是安徽省辖区的不在本书研究范围之内。本书研究的地方志则是新中国成立以前编修的,即学界所称的"旧志",故本书名为《安徽淮河流域旧志研究》。因研究的是新中国成立之前的旧志,所以在论述相关问题时仍以明清时期的府州县地名来称呼。

本书综合运用方志学、历史文献学、历史地理学、史料学、区域史等学科的理论和方法,将综合研究和个案分析相结合,将宏观研究和微观分析相结合,从旧志编修源流、旧志编修理论、旧志体例结构、旧志史料价值、旧志文献学价值、旧志内容辑佚六个方面展开讨论和研究,不仅分析和说明了安徽淮河流域旧志的特色与价值,也为进一步利用这些旧志提供了线索。

安徽淮河流域旧志是中国地方志的重要组成部分,是中国传统文化的瑰宝。梳理和总结其编修源流、方志理论、体例结构和特点,不仅有助于了解安徽淮河流域旧志自身的发展脉络和基本情况,也可以借此更为深入具体地了解中国地方志发展的总体情况及其不断发展完善的过程,还可以对今后方志学的理论建设、学科发展提供借鉴和参考。安徽淮河流域旧志编修者态度严谨,长于考证和校勘,注重方志质量,在编修理论和方法上有自己的特点,可以为今后地方志编修工作提供指导。这些研究对于方志学的建设和发展具有学术价值,对于今后的方志编修工作又具有实践指导意义。

安徽淮河流域旧志内容丰富,不仅浓缩了该地区历史发展的全过程,也反映了该地区学术文化发展的总成就。挖掘安徽淮河流域旧志在研究中国历史发展方面的史料价值,不仅可以为相关研究提供参考,也可以将之与新时代中国建设和发展目标相结合,发挥其在弘扬优秀传统文化、增强文化自信、民族自信等方面的作用。这些研究既具有学术研究价值,也具有现实意义。

本书是对安徽淮河流域地区历史发展过程的再认识,也是对这一区域地方文献的一次整理、研究和利用,更是对中国传统文化的研究、总结和弘扬,对于构建中国特色历史学学科体系、学术体系、话语体系,有其自身的学术价值和实用价值。

目 录

MULU

第一章　旧志编修源流 ……………………………………… 1

　一、凤阳府志 ………………………………………………… 1

　二、凤阳县志 ………………………………………………… 8

　三、怀远县志 ………………………………………………… 12

　四、定远县志 ………………………………………………… 15

　五、寿州志 …………………………………………………… 19

　六、凤台县志 ………………………………………………… 23

　七、宿州志 …………………………………………………… 25

　八、灵璧县志 ………………………………………………… 32

　九、颍州府志 ………………………………………………… 34

　十、阜阳县志 ………………………………………………… 38

　十一、颍上县志 ……………………………………………… 39

　十二、霍邱县志 ……………………………………………… 41

　十三、亳州志 ………………………………………………… 45

　十四、涡阳县志 ……………………………………………… 51

　十五、太和县志 ……………………………………………… 52

十六、蒙城县志 ··· 56

十七、六安州志 ··· 59

十八、霍山县志 ··· 63

十九、泗州志 ··· 67

二十、天长县志 ··· 72

二十一、五河县志 ·· 76

二十二、萧县志 ··· 80

二十三、砀山县志 ·· 83

二十四、临泉县志 ·· 85

第二章　旧志编修理论 ··· 86

一、方志功能 ··· 86

二、方志起源 ··· 95

三、方志性质 ··· 97

四、修志方法 ··· 98

第三章　旧志体例结构 ··· 105

一、基本体例结构 ·· 105

二、旧志结构要目 ·· 128

三、志书体例调整 ·· 195

第四章　旧志史料价值 ··· 208

一、保存历史资料 ·· 208

二、呈现地方特色 ·· 226

三、反映时代特征 ·· 236

四、凝聚传统文化 ·· 246

第五章　旧志文献学价值 ··· 269

一、考证价值 ··· 269

二、校勘价值 ·· 280
　　三、辑佚价值 ·· 288
第六章　旧志内容辑佚 ·· 296
　　一、府志之属 ·· 296
　　二、州志之属 ·· 312
　　三、县志之属 ·· 327
结语 ·· 367
参考文献 ·· 370

第一章　旧志编修源流

安徽淮河流域的地方志编修由来已久,至迟在宋朝即已开始修志,且连续不断。地方志的连续编修记录了安徽淮河流域历史发展的情况,为研究相关问题提供了丰富资料。但因战争等原因,有些志书早已亡佚。

本章对安徽淮河流域旧志编修的情况作一梳理,总结其编修源流,并对志书的存佚情况作出说明。本章叙述方志编修源流时将按照《(光绪)重修安徽通志》①里记录的行政区划归属和先后顺序介绍相关内容,依次为:凤阳府、凤阳县、怀远县、定远县、寿州、凤台县、宿州、灵璧县、颍州府、阜阳县、颍上县、霍丘县、亳州、涡阳县、太和县、蒙城县、六安州、霍山县、泗州、天长县、五河县、萧县、砀山县、临泉县。其中,萧县、砀山县清朝时属于徐州府,临泉县又是民国时设置的,故将这三县置于最后论述其方志编修源流。

一、凤阳府志

关于"凤阳府"建置沿革的有关情况,在现存文献中多有记载。《明史·地理一》载:"凤阳府,元濠州,属安丰路。太祖吴元年,复升为临濠府。洪武二年九月,建中都,置留守司于此。六年九月,曰中立府。七年八月,曰凤阳

---

① 《(光绪)重修安徽通志》卷一五《舆地志·疆域》,清光绪四年(1878年)刻本。

府。领州五县十三。"①《(光绪)凤阳府志》载:"洪武元年,革行中书省,置十三布政使司,分领天下府州县,而凤阳府隶南京。本元濠州,大吴元年,升为临濠府。洪武二年九月,建中都,置留守司。六年九月,曰中立府。七年八月,曰凤阳府,领州五县十三。今府境有其七。"②清朝陈芳绩撰写的《历代地理沿革表》亦载,凤阳府"吴元年仍为濠州,是年改临濠府。洪武二年,改中立府。七年,迁府治于新城,更名凤阳府。领州五县十三,直隶南京,置凤阳县附郭"③。《明一统志》则载,凤阳府,"《禹贡》扬州之域,天文斗分野。古为涂山氏之国。战国时属楚淮南郡。秦属九江郡。汉更郡为淮南国。武帝初,复属九江郡。东汉为钟离侯国。晋复属淮南郡。安帝时,置钟离郡,属徐州。刘宋泰始末改属南兖州,后置北徐州,治钟离。北齐改为西楚州。隋开皇初,改为濠州。大业初,复改为钟离郡。唐复为濠州。天宝初,又改为钟离郡。乾元初,复为濠州。贞元中,改属徐州,后复为濠州。五代时,南唐改置定远军。宋建炎间,复为濠州。元至元中置濠州安抚司,后升为濠州路。未几,改临濠府。洪武三年,改中立府,定为中都。七年,改为凤阳府,自旧城移治中都城,直隶京师,领州五县十三"④。《明一统志》又载,凤阳府,"郡名濠梁、钟离俱古名"⑤。《明一统志》亦称"濠梁""钟离"为凤阳府古郡名。《(光绪)重修安徽通志》则载:"元至元十三年,升濠州为路。十五年,改为临濠府。二十八年,复曰濠州,属安丰路,又为归德府地,属河南江北道。明初吴元年,复为临濠府。洪武三年,以临濠为中都。六年,改曰中立府。七年,改曰凤阳府,直隶南京。国朝因之,隶江南省。康熙六年,隶安徽省。"⑥濠州、濠梁、钟离都是凤阳府古名。

根据上述文献记载可知,隋朝开皇初年将钟离改为濠州,大业初年复改

---

① 《明史》卷四〇《志一六》,北京:中华书局,1974年。
② 《(光绪)凤阳府志》卷三《沿革表》,《中国地方志集成》本,南京:江苏古籍出版社,1998年。
③ (清)陈芳绩撰:《历代地理沿革表》卷九,扬州:江苏广陵古籍刻印社,1991年。
④ (明)李贤等撰:《明一统志》卷七《文渊阁四库全书》本。
⑤ (明)李贤等撰:《明一统志》卷七《文渊阁四库全书》本。
⑥ 《(光绪)重修安徽通志》卷二〇,清光绪四年(1878年)刻本。

为钟离郡,唐朝又复为濠州,其间天宝初年改为钟离郡。五代南唐时改为定远军。宋建炎年间又复为濠州。元朝至元十三年(1276年)升为濠州路,至元十五年(1278年)升为临濠府,至元二十八年(1291年)复为濠州。朱元璋吴元年(1367年)复为临濠府,明洪武三年(1370年)改为中立府,洪武七年(1374年)改为凤阳府。清朝亦为凤阳府,先属江南省,后改隶安徽省。据此,以"濠州"为名的志书应修于隋开皇初年到元至元十五年(1278年)、元至元二十八年(1291年)到朱元璋吴元年(1367年)这两个时间段里。以"凤阳府"为名的志书则应修于明洪武七年(1374年)以后。

"《濠梁志》三卷。郡守永嘉张季樗撰,时嘉泰初元"①。嘉泰(1201—1204年)为南宋宁宗的第二个年号,共四年时间。由此记载可知,南宋嘉泰初年濠梁郡守永嘉人张季樗编修了一部三卷本的《濠梁志》。《中国地方志联合目录》《中国地方志综录》中均未提及此志,该志早已亡佚。

"柳瑛,字廷玉,临淮人,天顺乙丑②进士,授户科给事中,擢河南按察使佥事。致仕归,家居好读,口吟手披不辍,所著有《明朝大礼》一书。《中都志》凡六易稿,积三十年而后成"③。《四库全书总目》对这部《中都志》有以下介绍:"《中都志》十卷,浙江范懋柱家天一阁藏本,明柳瑛撰。瑛,字廷玉,临淮人。天顺丁丑进士,官至河南按察使佥事。初,明太祖吴元年,改濠州为临濠府。洪武三年,改为中立府,定为中都。立宗社,建宫室。七年,又改为凤阳。此志不曰'凤阳'而曰'中都',用太祖制也。其书成于成化丁未,体例庞杂,最为冗滥。"④明朝天顺年没有"乙丑年",而有"丁丑年",故《四库全书总目》所言柳瑛为明天顺丁丑年进士无误。天顺丁丑(天顺元年,1457年)的30年之后是成化二十二年(1486年),成化总共23年,柳瑛所著《中都志》应修于成化年间且在二十二年以后。《四库全书总目》的编修者大概也是由此认为该

---

① (宋)陈振孙撰:《直斋书录解题》卷八《地理类》,清刻《武英殿聚珍版丛书》本。
② 天顺无乙丑年,故《(光绪)凤阳府志》所载有误。根据分析,应为天顺丁丑年。
③ 《(光绪)凤阳府志》卷一八上之中《人物传·文学》,《中国地方志集成》本,南京:江苏古籍出版社,1998年。
④ (清)永瑢等撰:《四库全书总目》上册,北京:中华书局,2008年,第638页。

志修于成化丁未年(成化二十三年,1487年),虽然其时已是凤阳府,但该志仍用"中都",应该是沿用明太祖时的建置。《(光绪)凤阳县志》亦载:"《中都志》十卷,《明朝大礼书》,以上柳瑛著。"①

《万卷堂书目》亦载:"《中都储志》十卷,张良知。"②《天一阁书目》则载:"《中都储志》十卷,河东条岩张良知撰。"③《晁氏宝文堂书目》④和《千顷堂书目》⑤均著录:"《中都储志》。"关于张良知的情况,文献里有所记载。《河东盐法备览》曰:"张良知,嘉靖戊子科。"⑥又载:"张良知,举人,汉中同知。修山河堰,大著勤劬,汉民德之。"⑦张良知是明朝嘉靖戊子年(嘉靖七年,1528年)举人,曾任汉中同知,因治河有功,受百姓称赞。《中都储志》载:"李守秀,贤甫,山西蒲州人,癸卯乡进士。主事,嘉靖三十七年任。"⑧嘉靖三十七年(1558年)是《中都储志》记事的最后一个时间,据此该志当修于嘉靖三十七年(1558年)之后,是一部明志。

《(光绪)凤阳府志》还提到另一部志书:"旧《凤阳府志》四十卷。康熙乙丑,凤阳知府耿继志修。同治间修《安徽通志》、凤阳各属州县志皆未见此书,今始该得之。"⑨康熙乙丑即康熙二十四年(1685年),凤阳知府耿继志编修了一部四十卷本《凤阳府志》。

《文渊阁书目》载:"《凤阳府志》,一册。"⑩《文渊阁书目》修于明正统六年(1441年),它著录的《凤阳府志》修于此前,再结合凤阳府建置沿革,这部《凤

---

① 《(光绪)凤阳县志》卷一四《艺文下·书目》,《中国地方志集成》本,南京:江苏古籍出版社,1998年。
② (明)朱睦㮮撰:《万卷堂书目》卷二《地志》,清光绪至民国间《观古堂书目丛刊》本。
③ (清)范邦甸撰:《天一阁书目》卷二二《史部》,清嘉庆文选楼刻本。
④ (明)晁瑮撰:《晁氏宝文堂书目》,《经济》,明钞本。
⑤ (清)黄虞稷撰:《千顷堂书目》卷九,《文渊阁四库全书》本。
⑥ (清)蒋兆奎撰:《河东盐法备览》卷十《学校》,清乾隆五十五年(1790年)刻本。
⑦ (清)蒋兆奎撰:《河东盐法备览》卷十《学校》,清乾隆五十五年(1790年)刻本。
⑧ 《中都储志》卷二《部使》,明刻本。
⑨ 《(光绪)凤阳府志》卷一六上《艺文考上·载籍》,《中国地方志集成》本,南京:江苏古籍出版社,1998年。
⑩ (明)杨士奇撰:《文渊阁书目》卷四《文渊阁四库全书》本。

阳府志》应修于明洪武七年(1374年)以后、正统六年(1441年)以前。

晁瑮《晁氏宝文堂书目》①著录一部凤阳府志，未著录撰者姓氏，未著卷数。"晁瑮，字君石，别号春陵，开州人。性至孝，少失恃，奉继母以孝闻。及长，博极载籍，工于词赋，高古冲雅，出汉唐诸名家右。嘉靖辛丑登进士第，选翰林庶吉士，一时海内俊髦悉推让焉。寻任检讨，专制诰，修会典，习于典故，多所裁定。分主会试，甄选尤精。继以父疾恳疏求养，得告家。居于城隅之西，筑精舍，奉养其间。亲卒，哀毁尽礼。服阕，升洗马，旋授国子司业，以疾卒于官。瑮居翰林二十年，称词垣宗匠。生平雅慕鉴湖高风，更号'镜湖'。所著有《镜湖文集》《晁氏足征录》。卒，祀乡贤"②。《国朝列卿纪》列举明朝历任国子监司业时载："晁瑮，直隶开州人，嘉靖辛丑进士，三十八年任，三十九年卒于官。"③明朝嘉靖辛丑(嘉靖二十年，1541年)，晁瑮登进士第，选为翰林庶吉士，嘉靖三十八年(1559年)任国子监司业一职，嘉靖三十九年(1560年)去世。那么，《晁氏宝文堂书目》应该修于明嘉靖三十九年(1560年)之前，著录的凤阳府志修于此前，结合凤阳府建置沿革，这部《凤阳府志》应修于明洪武七年(1374年)至嘉靖三十九年(1560年)之间。

《(光绪)重修安徽通志》④著录一部《凤阳府志》，未载修志人姓氏，未注明志书编修时间。《清续文献通考》载："《(光绪)凤阳府志》二十一卷，知府冯煦等修。煦，字梦华，江苏金坛人。光绪丙戌探花，官至安徽巡抚。"⑤

《永乐大典》收录了《凤阳府图经志》《凤阳府图志》《凤阳府志》《凤阳图经志》《凤阳志》五部以"凤阳"为名的旧志，根据相关地区的建置沿革、方志编修源流和佚文提供的线索，这五部志书均为凤阳府志。大典本《凤阳府图经志》应该修于明洪武七年(1374年)八月至十三年(1380年)间，大典本《凤阳图经志》和《凤阳志》皆修于明洪武七年(1374年)八月至永乐六年(1408年)间，大

---

① (明)晁瑮撰：《晁氏宝文堂书目》，明钞本。
② (明)过庭训撰：《本朝分省人物考》卷一〇《北直隶在名府》，明天启刻本。
③ (明)雷礼辑：《国朝列卿纪》卷一六二《国子监司业年表》，明万历徐鉴刻本。
④ 《(光绪)重修安徽通志》卷三三九《艺文志·史部二》，清光绪四年(1878年)刻本。
⑤ (清)刘锦藻撰：《清朝续文献通考》卷二六六《经籍考一〇》，民国影印十通本。

典本《凤阳府图志》修于明洪武七年(1374年)八月至洪武十五年(1382年)间,大典本《凤阳府志》修于明洪武七年(1374年)八月至洪武十四年(1381年)十一月间。总体来说,《永乐大典》收录的五部以"凤阳"为名的志书都是凤阳府志,皆修于明洪武七年(1374年)八月至永乐六年(1408年)之间。根据志书编修的习惯和有关规定,洪武七年(1374年)八月至永乐六年(1408年)近三十年的时间里,不太可能连续纂修几部同一地区的府志,故这五部凤阳府志应该是同一部志书。而且,根据上文分析,大典本《凤阳府图经志》的编修时间应该是一个聚合点,《永乐大典》收录的这部凤阳府志应该修于明洪武七年(1374年)八月至洪武十三年(1380年)之间。①《永乐大典》收录的凤阳府志并未被现存其他文献所著录,故可以补充现存文献记载的不足,为了解历代凤阳府志的编修情况提供新线索。

根据以上文献记载和研究分析,可知历代凤阳府志编修的总体情况。南宋嘉泰初年濠梁郡守永嘉人张季樗编修了一部《濠梁志》,共三卷。明洪武七年(1374年)八月至洪武十三年(1380年)之间,编修过一部凤阳府志,被《永乐大典》收录,原书已佚,只存部分佚文。明天顺元年(1457年),进士柳瑛花了三十年时间、六易其稿最终编成一部十卷本《中都志》。明朝张良知修成一部十卷本《中都储志》,修于嘉靖三十七年(1558年)之后。明洪武七年(1374年)以后正统六年(1441年)以前、明洪武七年(1374年)至嘉靖三十九年(1560年)之间又各修有一部凤阳府志,但因资料不足,尚无法判断这两部凤阳府志与其他明朝编修的凤阳府志之间的关系,姑存其说。清康熙乙丑(康熙二十四年,1685年),凤阳知府耿继志编修一部四十卷本《凤阳府志》。光绪四年(1878年)编修《安徽通志》时并未见到这部志书,到光绪二十三年(1897年)编修《凤阳府志》时才得到此志。光绪二十三年(1897年),冯煦编修一部二十一卷本《凤阳府志》。

《中国地方志联合目录》《中国地方志综录》对现存凤阳府志作了统计,共

---

① 蒲霞著:《〈永乐大典〉安徽江北方志研究》,合肥:安徽大学出版社,2015年,第99~115页。

有六部凤阳府志存世。

《(成化)中都志》十卷,(明)柳瑛纂,明天顺二年(1458年)至成化二十三年(1487年)修,弘治元年(1488年)刻,隆庆、万历间递修本。①

《中都储志》十卷,(明)张良知纂修,明嘉靖间修,抄本。

《凤阳府志》六卷,张云翔、赵学之纂修,明万历六年(1578年)刻本。②

《(天启)凤阳新书》八卷,(明)袁文新修,柯仲炯等纂,明天启元年(1621年)刻本。

《(康熙)凤阳府志》四十卷,(清)耿继志等修,汤原振等纂,清康熙二十三年(1684年)刻本。

《(光绪)凤阳府志》二十一卷,(清)冯煦修,魏永骅等纂,张德霈续纂,清光绪二十三年(1897年)修,三十四年(1908年)活字本。

核查文献记载,《(光绪)凤阳县志》称:"《凤阳县志》创于明万历六年知县张云翔,广于万历四十二年知县万嗣达,天启元年知县袁文新更为《凤阳新书》。今张、万之志不可见矣,《新书》则民间尚有藏本,所载前朝事迹颇为详备,而体制绝与县志不同。"③据此可知,明万历六年(1578年)张云翔编修一部《凤阳县志》,而《中国地方志综录》著录了一部张云翔、赵学之于明万历六年(1578年)编修的《凤阳府志》,笔者觉得《中国地方志综录》的著录有问题。根据《(光绪)凤阳县志》所言及该志所载内容,袁文新编修的《(天启)凤阳新书》应该是一部县志,而不是府志,故《中国地方志联合目录》《中国地方志综录》的著录亦不妥当。

---

① 《中国地方志综录》称:弘治元年,嘉靖三十年补刻本,隆庆周汝德重刻本。洪武七年改凤阳,此称中都,用太祖制。此志编修始于天顺二年,讫于成化二十二年,先后历三十年,凡六膡稿。成化中欲刊而弗果,至弘治纪元乃梓成,见柳跋,故卷端列有成化六年刘昌钦序,嗣后嘉靖三十年、隆庆三年增修,锓二次并增补官师科贡,见李周两跋,又州县图万历四十一年万嗣达增补。

② 《中国地方志综录》著录,《中国地方志联合目录》未著录。

③ 《(光绪)凤阳县志》卷首《凡例》,《中国地方志集成》本,南京:江苏古籍出版社,1998年。

二、凤阳县志

关于凤阳县建置沿革的情况,据《(光绪)重修安徽通志》载,凤阳县,汉九江郡钟离县,后汉九江郡钟离侯国,魏淮南郡钟离县,晋淮南郡钟离县,宋钟离郡燕县、朝歌县、乐平县,齐钟离郡燕县、朝歌县、济阴郡乐平县,北魏济阳郡乐平县、钟离和陈留二郡燕县、朝歌县,梁济阳郡乐平县、钟离和陈留二郡燕县、朝歌县,北齐、北周、隋钟离郡钟离县,唐濠州钟离郡钟离县,五代濠州钟离县,宋濠州钟离郡钟离县,金泗州临淮县,元安丰路濠州钟离县,明凤阳府凤阳县、临淮县,清凤阳府凤阳县。"乾隆二十年,省临淮县入凤阳"①。据《(嘉庆)大清一统志》载,濠州,"明洪武二年,改曰中立。三年,改曰临淮。七年,始分临淮置凤阳县,为凤阳府治。本朝乾隆十九年,裁临淮县入焉"②。凤阳县始置于明洪武七年(1374年)之后,故以"凤阳县"为名的志书应修于明洪武七年(1374年),且应将临淮县志的编修归入凤阳县志之中。

关于凤阳县志的编修情况,现存文献有不少记载。《(天启)凤阳新书》载:"不佞尝睹《中都志》而知洪武初中立附郭独有临濠一邑,九年而析临之四乡暨虹之一都,为今凤阳县。县属分割,故从前有临淮志而凤阳无有也。凤阳县志始见于万历初,而要亦张侯抽摭于《中都志》中,而志以凤阳耳。万历末之万侯乃始博搜诸勋戚家诰券、谱牒,暨诸耆硕所藏家乘、稗史编为县志,亦既详且核矣。"③《(乾隆)凤阳县志·秦潮序》曰:"凤之有志始明邑令张凤翔④及万嗣达,袁文新重修。临淮志始明邑教谕欧阳灿,康熙初邑令魏宗衡继作。张、万旧稿无存,袁书创立体例亦其时则,然未可为式。欧阳、魏书虽存邑,既归并未应单行。总计二志阙修,多且百四十年,少亦八十余年,事迹

---

① 《(光绪)重修安徽通志》卷二〇《舆地志·建置沿革四》,清光绪四年(1878年)刻本。
② (清)穆彰阿撰:《(嘉庆)大清一统志》卷一二五《凤阳府·建置沿革》,《四部丛刊续编》景旧钞本。
③ 《(天启)凤阳新书》卷首《李枝秀序》,明天启元年(1621年)刻本。
④ 《(光绪)凤阳县志》《中国地方志联合目录》《中国地方志综录》均著录为"张云翔",《(乾隆)凤阳县志》有误,误将"云"作"凤"。

人物积久益湮,于君之作不可已矣。"①凤阳县志从明朝即已开始编修,张云翔、万嗣达、袁文新都曾修过凤阳县志。明朝亦修过临淮县志,由凤阳县教谕欧阳灿编修。清朝康熙初年,魏宗衡又曾编修临淮县志。《(乾隆)凤阳县志·于万培序》则曰:"惟临淮志修于康熙十一年知县魏宗衡,而凤阳县志则创于明万历间知县张云翔,嗣天启初袁文新作《凤阳新书》,略具梗概,迄今百余年来无有修者。"②临淮县志在清康熙十一年(1672年)时由知县魏宗衡修过一部,凤阳县志则创修于明朝万历年间,由张云翔编修,后来到天启年间袁文新又修一部《凤阳新书》。

《(光绪)凤阳县志》则曰:"凤阳县志创于明万历六年知县张云翔,广于万历四十二年知县万嗣达,天启元年知县袁文新更为《凤阳新书》。今张、万之志不可见矣,《新书》则民间尚有藏本,所载前朝事迹颇为详备,而体制绝与县志不同。"③《(光绪)凤阳县志》"孙维龙序"曰:"今凤阳地倍于黟,又并有临淮。临志修于康熙十年知县魏宗衡,凤志自天启元年知县袁文新变张云翔、万嗣达之志为《凤阳新书》,迄今百五十年无有踵而修者。"④明万历六年(1578年)知县张云翔、万历四十二年(1614年)知县万嗣达各修一部凤阳县志,天启元年(1621年)知县袁文新修成《凤阳新书》,该志体例与其他县志绝不相同。

《(光绪)凤阳府志》"艺文考"载:"袁文新《凤阳新书》八卷。按:本书作'袁文新',《明史·艺文志》作'袁又新',误。""万嗣达《凤阳县志》,明万历四十二年修。未见。""孙维龙《凤阳县志》,乾隆三十八年修,有嘉定钱大昕序。未见。""《凤阳县续志》十六卷,同治九年俞熙,光绪二年谢永泰重修。"⑤

---

① 《(乾隆)凤阳县志》卷首《秦潮序》,清乾隆四十年(1775年)刻本。
② 《(乾隆)凤阳县志》卷首《于万培序》,清乾隆四十年(1775年)刻本。
③ 《(光绪)凤阳县志》卷首《凡例》,《中国地方志集成》本,南京:江苏古籍出版社,1998年。
④ 《(光绪)凤阳县志》卷首《乾隆三十六年孙维龙序》,《中国地方志集成》本,南京:江苏古籍出版社,1998年。
⑤ 《(光绪)凤阳府志》卷一六上《艺文考上·载籍》,《中国地方志集成》本,南京:江苏古籍出版社,1998年。

《(光绪)凤阳县志》"谢永泰光绪二年志序"曰:"同治甲戌冬,余调任凤阳,邑绅寿春总镇郭善臣章门以续修邑志见属,先倡捐重刊旧志,余既序而行之矣。乃与众绅谋设局,郡城分乡采访,越明年稿成。适余调署太和,局绅函祈删订并索弁言。余维刊旧续新,诸君子不我遐弃,俾得始终。其事例宜撮举大意,冠诸简端以告来者。原夫邑志失修,自乾隆四十年以后迄今已及百年,懿行芳徽失传不少。迨咸同间发捻交讧,凤阳实当兵冲,故郡县两城失陷,乡野摧残,以致成者毁、存者亡。虽遗老确有见闻,欲搜采而编葺之,仅得什一于千百,乌能步武前志哉。"①

《八千卷楼书目》载:"《(乾隆)凤阳县志》十六卷,国朝贡震、孙维龙撰,刊本。"②《(光绪)重修安徽通志》载:"《凤阳县志》十六卷,乾隆四十年于万培修。《续志》,同治九年俞熙修。"③

《(光绪)凤阳县志》"凡例"载:"临淮志凡例中但言修于万历戊申,不详其始作。国朝康熙十一年知县魏宗衡重修,迄今已百有余年,事之湮没者与凤阳无异。"④《(光绪)凤阳府志》"艺文考"载:"魏宗衡《临淮县志》,康熙十一年修。未见。"⑤《澹生堂藏书目》载:"《临淮县志》八卷,四册,邢仕诚。"⑥《(光绪)凤阳县志》载:"欧阳灿,江西南昌人,举人,万历三十年任(临淮县儒学教谕)。""邢士诚,直隶高淳人,贡生,万历三十五年任(临淮县儒学教谕)。"⑦据此可知,欧阳灿和邢士诚应该是一起编修临淮县志的。《天一阁书目》曰:"凤阳府《临淮县志》二卷,刊本,有哦翠山房图章。明嘉靖甲午邑人杨鹄、顾承芳

---

① 《(光绪)凤阳县志》卷首《谢永泰光绪十三年志序》,《中国地方志集成》本,南京:江苏古籍出版社,1998年。
② (清)丁仁撰:《八千卷楼书目》卷六《史部》,民国铅印本。
③ 《(光绪)重修安徽通志》卷三三九《艺文志·史部二》,清光绪四年(1878年)刻本。
④ 《(光绪)凤阳县志》卷首《凡例》,《中国地方志集成》本,南京:江苏古籍出版社,1998年。
⑤ 《(光绪)凤阳府志》卷一六上《艺文考上·载籍》,《中国地方志集成》本,南京:江苏古籍出版社,1998年。
⑥ (明)祁承煠撰:《澹生堂藏书目》,清宋氏漫堂钞本。
⑦ 《(光绪)凤阳县志》卷五《经制·职官上》,《中国地方志集成》本,南京:江苏古籍出版社,1998年。

纂辑,泉州知府凤阳高越序,浙江金华府推官张翼翔后序。"①明朝嘉靖甲午(嘉靖十三年,1534年),杨鹄、顾承芳又纂修一部临淮县志。《千顷堂书目》载:"沈钐《临淮县志》一卷。郑之亮《临淮县志》。"②《明画录》载:"沈钐,字文林,长洲人。自言石田之后,学于李士达。工山水,豪放雄丽,颇擅家风,其大幅尤伟。崇祯末,尝寄食于慈溪之赭山寺中。多有收藏其笔楮者。"③沈钐亦是明朝人,他编修的临淮县志亦修于明朝,但具体时间无法确定。《(乾隆)江南通志》载,临淮县城池,"万历中,知县郑之亮、贾应龙相继修治"④。《(光绪)凤阳县志》载:"郑之亮,湖广蒲圻人,举人,万历三年任(临淮县知县)。""陈民性,浙江上虞人,举人,万历八年任(临淮县知县)。"⑤由此可知,郑之亮是在明万历三年(1575年)至八年(1580年)间编修临淮县志的。

根据以上文献记载可知,凤阳县志创修于明万历六年(1578年),由知县张云翔主持编修。万历四十二年(1614年),知县万嗣达又修一部。天启元年(1621年),知县袁文新再修一部,更名为《凤阳新书》。明朝三次编修凤阳县志。乾隆四十年(1775年)孙维龙、知县于万培又修一部十六卷凤阳县志,嘉定人钱大昕为之作序。同治九年(1870年),俞熙编修《凤阳县续志》,共十六卷。同治甲戌(同治十三年,1874年)冬,寿春总镇郭善臣等倡议续修凤阳县志,谢永泰设局修志,第二年(光绪元年,1875年)志稿修成。光绪十三年(1887年),谢永泰又续修凤阳县志一部。清朝三次编修凤阳县志。临淮县志创修于何时无法确定,郑之亮在明万历三年(1575年)至八年(1580年)间编修一部临淮县志,卷数不详。明万历戊申(万历三十六年,1608年),知县欧阳灿、邢士诚修主持编修一部临淮县志,八卷。嘉靖甲午(嘉靖十三年,1534年),杨鹄、顾承芳又纂修一部二卷本临淮县志。明朝沈钐还编修了一

---

① (清)范邦甸撰:《天一阁书目》卷二二《史部》,清嘉庆文选楼刻本。
② (清)黄虞稷撰:《千顷堂书目》卷六《史部》,清《文渊阁四库全书》本。
③ (清)徐沁撰:《明画录》卷五,清嘉庆《读画斋丛书》本。
④ (清)赵宏恩修:《(乾隆)江南通志》卷二一《舆地志·城池》,清《文渊阁四库全书》本。
⑤ 《(光绪)凤阳县志》卷五《经制·职官上》,《中国地方志集成》本,南京:江苏古籍出版社,1998年。

部一卷本临淮县志,但具体编修时间不明。清康熙壬子年(康熙十一年,1672年),魏宗衡重修一部临淮县志。明清时期五次编修临淮县志。

根据《中国地方志联合目录》《中国地方志综录》的统计,现存凤阳县志(包括临淮县志)共五部。

《(万历)凤阳县志》六卷,(明)张云翔修,赵学之纂,明万历六年(1578年)刻本。

《(康熙)临淮县志》八卷,(清)魏宗衡修,邢仕诚等纂,清康熙十一年(1672年)刻本。

《(乾隆)凤阳县志》十六卷首一卷,(清)于万培纂修,清乾隆四十年(1775年)刻本。[①]

《(光绪)凤阳县志》十六卷首一卷,(清)于万培纂修,谢永泰续修,王汝琛续纂,清光绪十三年(1887年)刻本。

《(民国)凤阳县志略》不分卷,易季和纂修,民国二十五年(1936年)铅印本。

根据文献记载,明天启元年(1621年),知县袁文新编修的《凤阳新书》应该是一部凤阳县志,《中国地方志联合目录》《中国地方志综录》将其著录于凤阳府志之下,著录有问题。

三、怀远县志

关于怀远县建置沿革的情况,文献中有相关记载。《(光绪)重修安徽通志》载:怀远县,汉九江郡当涂县、沛郡龙亢县、向县、平阿县、义成县,后汉沛国向县龙亢县、九江郡当涂县、平阿县、义成县,魏淮南郡平阿县、义成县、汝阴郡龙亢县,晋谯郡龙亢县、淮南郡义成县、平阿县、当涂县,宋马头郡济阳县,齐马头郡已吾县,北魏下蔡郡龙亢县、沛郡已吾县、临淮郡义成县,梁下蔡郡龙亢县、沛郡已吾县、临淮郡义城县,隋钟离郡涂山县,唐濠州钟离郡钟离

---

① 《中国地方志综录》称:清乾隆四十年,光绪二年,光绪十三年续增刻本,谢永泰续纂,上海徐汇乾隆四十年刻本。

县,五代濠州钟离县,宋怀远军荆山县,明凤阳府怀远县,清凤阳府怀远县。①《(嘉庆)大清一统志》曰:"宋宝祐五年,置怀远军及荆山县,属淮南西路。元至元二十八年,省荆山,废怀远军为县,属濠州。明属凤阳府,本朝因之。"②元至元二十八年(1291年)废怀远军为怀远县,明清因之,故以"怀远县"为名的志书应修于元至元二十八年(1291年)以后。

对于历史上怀远县志的编修,现存文献中有所记载。《(嘉庆)怀远县志·孙让序》曰:"怀远之志,明万历三十三年知县王存敬属邑人副使孙秉阳重修之,而万历以前无可考。杨应聘序称孙前作《癸未志》,至是而再属笔焉。《旧志》亦云万历癸未秉阳纂修邑志,至己巳(当作乙巳,万历三十三年也,存敬以三十年任,三十七年去,中无己巳)复加删润成书,盖癸未至己巳二十三年经再订而始刊板也。国朝顺治、康熙间知县傅镇国、马汝骐、刘鉴皆续修未成,至雍正二年知县唐暄始修成。"③《(光绪)凤阳府志》卷一六《艺文考上·载籍》载:"王存敬《怀远县志》,明万历三十三年修,未见。唐暄《怀远县志》,雍正二年修,未见。《怀远县志》二十八卷,嘉庆二十三年孙让修。据张之洞《书目答问》云董士锡撰。《怀远县续志》,同治八年童嵘修,未刻。"④《澹生堂藏书目》载:"《怀远县志》九卷,三册,王存敬。"⑤《八千卷楼书目》亦载:"《(乾隆)怀远县志》三卷,国朝苏其炤撰,刊本。"⑥《(光绪)重修安徽通志》载:"《怀远县志》二十八卷,嘉庆二十四年孙让、同治八年童嵘修。"⑦这些文献中著录的怀远县志基本上都有较为明确的编修时间和编修者。

---

① 《(光绪)重修安徽通志》卷二〇《舆地志·建置沿革四》,清光绪四年(1878年)刻本。
② (清)穆彰阿撰:《(嘉庆)大清一统志》卷一二五《凤阳府·建置沿革》,《四部丛刊续编》景旧钞本。
③ 《(嘉庆)怀远县志》卷二八《序录·孙让序》,《中国地方志集成》本,南京:江苏古籍出版社,1998年。
④ 《(光绪)凤阳府志》卷一六上《艺文考上·载籍》,《中国地方志集成》本,南京:江苏古籍出版社,1998年。
⑤ (明)祁承㸌撰:《澹生堂藏书目》,清宋氏漫堂钞本。
⑥ (清)丁仁撰:《八千卷楼书目》卷六《史部》,民国铅印本。
⑦ 《(光绪)重修安徽通志》卷三三九《艺文志·史部二》,清光绪四年(1878年)刻本。

《天一阁书目》载:"《怀远县志》二卷,刊本,有三友堂印章,明人编修,不载撰人名氏。"①这里提到的二卷本《怀远县志》只知修于明朝,不知何人编修。

据此可知,到清嘉庆二十三年(1818 年)知县孙让重修怀远县志时,明万历三十三年(1605 年)之前所修怀远县志已不可考,而根据《中国地方志联合目录》《中国地方志综录》的记载,现仍存一部修于明嘉靖年间的怀远县志,或许是孙让当时没有见到这部志书故称不可考。明万历三十三年(1605 年),知县王存敬属副使孙秉阳修有一部怀远县志。"孙让序"称根据杨应聘志序,该志实际上是孙秉阳在明万历癸未年(万历十一年,1583 年)就开始编修了,但修成之后并未付梓,而是到万历乙巳(万历三十三年,1605 年)孙秉阳又复加修改润色,最后成书并加以印行的。明朝还编修了一部二卷本怀远县志,有三友堂印章,但不知撰人姓氏,估存其说。清朝顺治、康熙年间也曾续修怀远县志,但均未修成。清雍正二年(1724 年),知县唐暄又修一部怀远县志。乾隆年间,苏其炤编修一部三卷本怀远县志。嘉庆二十三年(1818 年),知县孙让再修一部怀远县志。同治八年(1869 年),童嵘又修成一部。而根据《(光绪)凤阳府志》卷一六《艺文考上·载籍》提供的线索,明万历三十三年(1605 年)、清雍正二年(1724 年)编修的两部怀远县志均不可见,但这两部志书现在仍存于世,估计是当时的志书编修者没有见到这两部志书,故有此说。

《中国地方志联合目录》《中国地方志综录》对现存怀远县志作了统计,总共五部存世。

《(嘉靖)怀远县志》二卷,(明)孙维礼、杨钧纂修,明嘉靖十八年(1539 年)刻本。

《(万历)怀远县志》十二卷,(明)王存敬修,孙秉阳纂,明万历三十三年(1605 年)刻本。

《(雍正)怀远县志》八卷,(清)唐暄纂修,清雍正二年(1724 年)刻本。

---

① (清)范邦甸撰:《天一阁书目》卷二二《史部》,清嘉庆文选楼刻本。

《(嘉庆)怀远县志》二十八卷,(清)孙让修,李兆洛纂,清嘉庆二十四年(1819年)活字本。

《(道光)怀远县志》四卷,何丙勋纂修,道光二十二年(1842年),民国十七年(1928年)石印本。①

四、定远县志

关于定远县建置沿革,《明一统志》载:"定远县,在府南九十里。本秦曲阳县。汉为东城县,属九江郡。东汉为西曲阳县。晋属淮南郡。梁改曰丰城县,置定远郡,寻改郡曰广安,县曰定远。南齐改广安曰大安郡。隋罢郡,改县曰临濠。唐初复为定远县。宋、元仍旧。本朝因之。"②《(光绪)重修安徽通志》有如下记载:汉九江郡阴陵县、东城县,后汉下邳国东城县、九江郡阴陵县,魏淮南郡阴陵县、东城县,晋淮南郡阴陵县、东城县,北魏北谯郡北谯县,梁临濠郡定远县、北谯郡地,北齐广安郡定远县,隋钟离郡定远县,唐濠州钟离郡定远县,五代濠州定远县,宋濠州钟离郡定远县,元安丰路濠州定远县,明凤阳府定远县,清凤阳府定远县。③ 定远县始设于梁,隋改县为临濠,唐初又复为定远县,宋、元、明、清因之。那么以"凤阳县"为名的志书应修于梁朝以后,并除去隋朝改定远县为临濠的那段时间。

《(道光)定远县志》"纂修姓氏"部分专门记录了《道光志》和历代修志者的姓名:

  道光志
 纂修 恩赐荫生、文林郎、知定远县事金匮杨慧
 同纂 钦赐六品孝廉方正、丁卯科举人、定远县教谕句容孔
    传庆
    戊午科举人、以教谕管定远县训导事吴县朱昆玉

---

① 《中国地方志综录》著录,《中国地方志联合目录》未著录。
② (明)李贤等撰:《明一统志》卷七《文渊阁四库全书》本。
③ 《(光绪)重修安徽通志》卷二〇《舆地志·建置沿革四》,清光绪四年(1878年)刻本。

协修　奉政大夫邑贡生凌和銮
　　　　　宝应教谕邑举人陈㪉
　　　　　署滁州训导邑贡生蔡应垣

定远县志纂修姓氏，原编在明弘治以前姓氏俱无所考，惟见于黄金《旧志》书序。

明弘治十一年

　　定远知县曾大有，湖广麻城进士。

　　原仕广西布政司参议邑人黄金，东湖甲辰进士。

嘉靖三十八年

　　定远知县高鹤若龄，山阴进士。

　　邑生员陈校

　　邑生员黄凤来

国朝康熙五年

　　定远县知县徐杆，山东蓬莱进士。

　　原任合肥县训导邑人苏绍轼，眉源岁贡。

康熙二十九年

　　定远县知县曲震，奉升，奉天□□进士。

　　内阁中书邑人王溥，天一甲子举人。

　　原任广西永淳县知县、升霑益州知州邑人凌森美，□西丙寅拔贡。

　　邑贡生蔡洁，骞。

　　邑贡生杨璐（荆良）、刘良、钱淳（石筒）。①

《（光绪）凤阳府志》曰："《定远县志》十卷，道光六年杨慧修。"②

---

①《（道光）定远县志》卷首《纂修姓氏》，《中国地方志集成》本，南京：江苏古籍出版社，1998年。

②《（光绪）凤阳府志》卷一六上《艺文考上·载籍》，《中国地方志集成》本，南京：江苏古籍出版社，1998年。

据此可知,明弘治十一年(1498年)、嘉靖三十八年(1559年)、清康熙五年(1666年)、康熙二十九年(1690年)、道光六年(1826年)各修一部定远县志。

《晁氏宝文堂书目》①著录一部定远县志,未记载编修人姓氏和编修时间。《晁氏宝文堂书目》修于明嘉靖三十九年(1560年)之前,结合定远县建置沿革,这部定远县志应修于梁朝以后,明嘉靖三十九年(1560年)之前(不包括隋朝改定远县为临濠的那段时间)。

《澹生堂藏书目》载:"《定远县志》十卷,三册,高鹤修。"②《八千卷楼书目》曰:"《(嘉靖)定远县志》十卷,明高鹤撰,明刊本。"③又曰:"《(嘉庆)定远县志》四卷,国朝何苏撰,刊本。"④《续文献通考》载:"高鹤《定远县志》,十卷。鹤,字若龄,山阴人。嘉靖进士,官定远县知县。"⑤《(光绪)重修安徽通志》载:"《定远县志》十卷,道光六年,杨慧修。《续志》,同治十年,刘宗海修。"⑥《传是楼书目》曰:"《定远县志》四卷,明徐杆、苏绍轼,四本。"⑦

《传是楼书目》称徐杆、苏绍轼修定远县志是在明朝,而《(道光)定远县志》却称两人修志是在清康熙五年(1666年),两书记载不同。《(光绪)重修安徽通志》中提到了徐杆的情况:"定远县儒学在县治东南,旧在县治西,宋淳熙六年改建今地,后毁于兵。明洪武三年,知县朱玉即旧址重建。正统二年,知县沈安复修。弘治间,知县朱恭、曾大有、章泽相继修葺。嘉靖三十七年,知县高鹤捐修。万历、崇祯间,屡修屡圮。国朝顺治十一年,知县高万仞、训导谈志重修,易棂星门以石。康熙三年,知县徐杆捐俸加修。二十年,知县曲震重修正殿。同治三年,邑人吴开会重修两庑、崇圣祠、明伦堂。八年知县陈

---

① (明)晁瑮撰:《晁氏宝文堂书目》,明钞本。
② (明)祁承㸁撰:《澹生堂藏书目》,清宋氏漫堂钞本。
③ (清)丁仁撰:《八千卷楼书目》卷六《史部》,民国铅印本。
④ (清)丁仁撰:《八千卷楼书目》卷七《史部》,民国铅印本。
⑤ (清)嵇璜撰:《续文献通考》卷一七〇《经籍考·史地理上》,清《文渊阁四库全书》本。
⑥ 《(光绪)重修安徽通志》卷三三九《史部二》,清光绪四年(1878年)刻本。
⑦ (清)徐乾学藏:《传是楼书目》,清道光八年(1828年)味经书屋钞本。

际春、施锡卫,九年知县刘宗海均捐修正殿戟门、泮池。"①《(乾隆)江南通志》②所载略同。清康熙三年(1664年)徐扞在定远县做知县,他在康熙五年(1666年)编修定远县志是合理的。《(光绪)重修安徽通志》称合肥训导苏绍轼于清顺治三年(1646年)修葺合肥儒学。③ 据此,《(道光)定远县志》的记载是正确的,《传是楼书目》所载有误。

　　根据以上文献记载可以了解到历代定远县志的编修情况。明弘治以前定远县志编修者的情况无法考证,已知最早的定远县志是明弘治十一年(1498年)定远知县曾大有编修的。嘉靖三十八年(1559年)④,定远知县高鹤又修一部十卷本定远县志,曾有三册刊本。清康熙五年(1666年),定远县知县徐扞又修一部。康熙二十九年(1690年),定远县知县曲震再修一部。嘉庆年间何苏又编修一部定远县志,共四卷。道光六年(1826年),杨慧又修一部十卷本定远县志。同治十年(1871年),刘宗海再修一部《定远县续志》。

　　《中国地方志联合目录》《中国地方志综录》对现存定远县志进行了统计,共计五部存世。

　　《(嘉靖)定远县志》十卷,(明)高鹤纂修,明嘉靖十四年(1535年)刻本。⑤

　　《(康熙)定远县志》四卷,(清)徐扞⑥修,苏绍轼等纂,清康熙五年(1666年)刻本。

　　《(康熙)定远县志》五卷,(清)曲震修,王溥等纂,清康熙二十八年(1689年)刻本。

　　《(道光)定远县志》十二卷,(清)杨慧修,孔传庆、朱昆玉纂,清道光六年

---

① 《(光绪)重修安徽通志》卷九〇《学校志·学宫》,清光绪四年(1878年)刻本。
② (清)赵宏恩修:《(乾隆)江南通志》卷八九《学校志》,《文渊阁四库全书》本。
③ 《(光绪)重修安徽通志》卷九〇《学校志·学宫》,清光绪四年(1878年)刻本。
④ 《中国地方志联合目录》《中国地方志综录》均称这部高鹤主修的定远县志为明嘉靖十四年(1535年)刻本。
⑤ 《中国地方志联合目录》,北京:中华书局,1985年,第462页。
⑥ 《中国地方志联合目录》作"徐扞",《(道光)定远县志》《(光绪)重修安徽通志》《(乾隆)江南通志》等均作"徐杆"。

(1826年)修,光绪十三年(1887年)增补抄本。

《(民国)定远县志》二卷,民国石印本,(安徽省图书馆有《定远县志历代大事记》初稿及《舆地考》初稿各一册)。①

五、寿州志

关于寿州的建置沿革,《明一统志》有如下记载,寿州"春秋为六蓼国地,楚迁都于此。秦为寿春邑,置九江郡。汉初为淮南国,武帝时复为九江郡。东汉为扬州刺史治所,晋置淮南郡,东晋改寿阳郡。元魏置扬州,梁改豫州,东魏、北齐复为扬州,陈为豫州,后周又为扬州,皆治于此。隋初置寿州,后改淮南郡。唐为寿州,天宝初改寿春郡,乾元初复为寿州。五代唐为顺化军,南唐改清雅军。宋置寿春府,后改安丰军。元置安丰路。本朝改寿州,以寿春县省入"②。《(光绪)重修安徽通志》亦有相关记载,寿州,汉九江郡□□邑成德县,后汉九江郡寿春县、成德县,魏淮南郡寿春县、成德县,晋淮南郡寿春县、成德县,宋南梁郡睢阳县、蒙县、崇义县,齐梁郡蒙县、北谯郡北谯县,北魏梁郡崇义县、蒙县、淮南郡寿春县、北谯郡北谯县、安丰郡安丰县、陈留郡,梁梁郡崇义县、蒙县、淮南郡寿春县、北谯郡北谯县、安丰郡安丰县、陈留郡,北齐梁郡蒙县、淮南郡寿春县、安丰郡安丰县、北谯汝阴、陈留等郡,陈梁郡蒙县、淮南郡寿春县、安丰郡安丰县、北谯汝阴、陈留等郡,北周梁郡蒙县、淮南郡寿春县、安丰郡安丰县、北谯汝阴、陈留等郡,隋淮南郡寿春县、安丰县,唐寿州寿春郡寿春县、安丰县,五代寿寿春县、安丰县,宋寿春府安丰县、寿春县,金寿州,元安丰路寿春县、安丰县,明凤阳府寿州,清凤阳府寿州。③《(光绪)寿州志》载,寿州"明初为寿春府,寻为寿州,隶南京凤阳府,寿春、安丰、下蔡皆省入。明南京统十五府,寿州隶凤阳府。按,《明史》明太祖丙午年改元安丰路为寿春府,吴元年改为寿州,属临濠府。洪武二年,直隶中书省。四年

---

① 《中国地方志综录》列出这部志书,《中国地方志联合目录》未收。
② (明)李贤等撰:《明一统志》卷七《文渊阁四库全书》本。
③ 《(光绪)重修安徽通志》卷二〇《舆地志·建置沿革四》,清光绪四年(1878年)刻本。

□属,定为寿州,领霍邱、蒙城二县,其寿春、下蔡、安丰皆省入州。寿州遂兼有寿春、安丰、下蔡故地"①。寿春之名起于秦朝,汉朝开始有寿春县之设,后世相沿,至明洪武四年(1371年)将寿春县并入寿州。以"寿春"为名的志书修于秦至明洪武四年(1371年)。唐朝设立寿州,天宝初年又改为寿春郡,到乾元初年又复为寿州,五代唐为顺化军,南唐改清雅军,宋朝置寿春府,后来又改为安丰军,元朝置安丰路,明朝改为寿州,清朝沿袭不改。总体来说,以"寿州"为名的志书修于隋朝以后,不过还要除去唐朝天宝初年至乾元初年、五代唐到元朝这两段时间。

关于历代寿州志的编修,《(光绪)凤阳府志》有如下记载:"《寿春图经》,引见《太平御览》,不知作者。""甄谖《寿州志》,明正统间修。董豫《寿州志》,明弘治间修。栗永禄《寿州志》,明嘉靖间修。庄桐《寿州志》,明万历五年修。李大升《寿州志》,顺治十三年修,有州人翰林院检讨邓旭序。以上寿州志五部皆未见。席芑《寿州志》,乾隆三十二年修。《寿州志》三十六卷,道光七年朱士达、王友仁,同治十年李蔚,光绪十六年曾道唯修。"②

关于甄谖的情况,文献里有记载。《(弘治)宿州志》载:"甄谖,字之哲,束鹿人。中进士,以翰林检讨出判汝、秦、宿三州。用荐升兵部武选主事,西征有功当升,三州之民咸怀旧惠,交章保升,惟宿军民情辞恳切,遂升知本州。"③《(光绪)宿州志》载:"甄惠④,字子哲,束鹿人。成化中以翰林检讨出判汝、泰、宿三州,历有政绩,遂升宿州。"⑤明正统八年(1443年)十二月,"兵部主事甄谖为宿州知州,谖初判宿州,见思至是,宿州卫卒伏阙以请"⑥。《(光

---

① 《(光绪)寿州志》卷二《舆地志·建置沿革》,《中国地方志集成》本,南京:江苏古籍出版社,1998年。
② 《(光绪)凤阳府志》卷一六上《艺文考上·载籍》,《中国地方志集成》本,南京:江苏古籍出版社,1998年。
③ 《(弘治)宿州志》卷上《宦迹》,明弘治增补刻本。
④ 根据文献记载的相关情况,"甄惠"应该就是"甄谖"。
⑤ 《(光绪)宿州志》卷一二《官爵志·知州》,《中国地方志集成》本,南京:江苏古籍出版社,1998年。
⑥ (清)谈迁撰:《国榷》卷二五,清钞本。

绪)寿州志》载,明正统十年(1445年),束鹿人甄谌任寿州知州。① 根据上述文献记载,明正统八年(1443年)束鹿人甄谌任宿州知州,正统十年(1445年)又任寿州知州,明正统总共十四年,那么甄谌应该是明正统十年(1445年)至正统十四年(1449年)间编修寿州志的。

《(光绪)寿州志》载,董豫明弘治元年任寿州州同。②"董豫,字德和,会稽人,进士,以主事谪寿州同知。振废滞,惩贪污,养耆老,崇德谊,修辑州志,无所徇私。民以养马为病,豫奏免之"③。《(光绪)湖南通志》载,茶陵州"知州署,在州城东聚星门内,明洪武初知州吴聚建,正统八年知州徐亨、弘治十年知州董豫、万历间知州陈情修"④。《(万历)会稽县志》曰:"董豫,字德和,举进士,为刑部主事。以言事忤当路,谪寿州同知。迁知茶陵州,益廉劲,峥峥无所阿避。其大者治嚚讼,厘敝政,改创学宫,择师传教其子弟。时太保张公治年弱冠,尚未知书,其父为州胥,豫见而奇之,令就衙署中学,且曰:'是子他日不在吾侄玘之下。'时文简公已及第为翰林矣。其后张发轫一如豫言,每为缙绅言之,服其藻鉴云。"⑤由此可见,明弘治元年董豫任寿州同知,弘治十年又任茶陵州知州,他编修的《寿州志》应修于弘治元年(1488年)到弘治十年(1497年)之间。

《晁氏宝文堂书目》⑥著录一部《寿州志略》,未说明编修者和编修时间。《晁氏宝文堂书目》修于明嘉靖三十九年(1560年)之前,结合寿州建置沿革,这部《寿州志略》应修于隋朝以后,明嘉靖三十九年(1560年)之前,并且要去除唐天宝初年(天宝总共15年,742—756年)至乾元初年(乾元总共3年,

---

① 《(光绪)寿州志》卷一三《职官志·文职表》,《中国地方志集成》本,南京:江苏古籍出版社,1998年。
② 《(光绪)寿州志》卷一三《职官志·文职表》,《中国地方志集成》本,南京:江苏古籍出版社,1998年。
③ 《(光绪)寿州志》卷一六《职官志·名宦》,《中国地方志集成》本,南京:江苏古籍出版社,1998年。
④ 《(光绪)湖南通志》卷四三《建置志三·公署》,清光绪十一年(1885年)刻本。
⑤ 《(万历)会稽县志》卷一一《礼书三》,明万历刊本。
⑥ (明)晁瑮撰:《晁氏宝文堂书目》,明钞本。

758—760年)、五代唐到元朝这两段时间。

《澹生堂藏书目》载:"《寿州志》四卷,四册,庄桐。"①《天一阁书目》曰:"《寿州志》八卷,明嘉靖二十六年知州栗永禄编次并序,同知蔡继芳、郡人张沛均有序。"②《八千卷楼书目》载:"《(乾隆)寿州志》十四卷,国朝席芑撰,刊本。"③《(光绪)重修安徽通志》载:"《寿州志》三十六卷,道光七年朱士达、王友仁,同治十年李蔚修。"④

根据上述文献记载,目前所知的最早的寿州志书为《寿春图经》。《太平御览》于宋太平兴国八年(983年)修成,《寿春图经》被《太平御览》引用,再结合寿春的建置沿革,故该志应修于秦朝以后、宋太平兴国八年(983年)之前,但何人所修已不可考证。隋朝至明嘉靖三十九年(1560年)间(要去除唐朝天宝初年至乾元初年、五代唐到元朝这两段时间)编修过一部《寿州志略》,具体的编修时间和编修者无法考证。明正统十年(1445年)至正统十四年(1449年)间,寿州知州甄谌编修一部寿州志,弘治元年(1488年)到弘治十年(1497年)间,董豫再修一部寿州志。嘉靖二十六年(1547年)栗永禄又修一部八卷本寿州志。万历五年(1577年)庄桐又修成一部,四卷,曾有四册本刊本。明朝至少四次编修寿州志。清顺治十三年(1656年)李大升编修了一部寿州志,乾隆三十二年(1767年)席芑再修一部十七卷本寿州志,道光七年(1827年)朱士达、王友仁再修一部,同治十年(1871年)李蔚续修,光绪十六年(1890年)曾道唯又修,成书三十六卷。清朝前后五次编修寿州志。《(光绪)凤阳府志》编修者称正统、弘治、嘉靖、万历、顺治年间编修的五部寿州志均未得见,而嘉靖、顺治所修之志仍存于世,应该是《(光绪)凤阳府志》的编修者当时没有见到这些志书,故如是说。

根据《中国地方志联合目录》《中国地方志综录》等方志目录的统计,现存

---

① (明)祁承煠撰:《澹生堂藏书目》,清宋氏漫堂钞本。
② (清)范邦甸撰:《天一阁书目》卷二二《史部》,清嘉庆文选楼刻本。
③ (清)丁仁撰:《八千卷楼书目》卷六《史部》,民国铅印本。
④ 《(光绪)重修安徽通志》卷三三九《艺文志·史部二》,清光绪四年(1878年)刻本。

寿州志有以下几部：

《寿州志》八卷，(明)栗永禄纂修，明嘉靖二十九年(1550年)刻本。①

《寿州志》五卷，(清)李大升修，陈邦简纂，清顺治十二年②(1655年)刻本。③

《寿州志》十二卷首一卷末一首，(清)席芑纂修，清乾隆三十二年(1767年)刻本。

《寿州志》三十六卷，(清)朱士达修，乔载繇、汤若荀等纂，清道光九年④(1829年)刻本。

《寿州志》三十六卷首一卷末一卷，(清)曾道唯等修，葛荫南等纂，清光绪十五年⑤(1889年)活字本。⑥

《寿县乡土志》，(清)张之屏编，清光绪三十四年(1908年)芍西学堂油印本。⑦

六、凤台县志

关于凤台县建置沿革，现存文献有相关记载。《(光绪)重修安徽通志》载，凤台县，汉九江郡寿春邑曲阳县、沛郡下蔡县，后汉九江郡寿春县、西曲阳县、下蔡县，魏淮南郡寿春县、西曲阳县、下蔡县，晋淮南郡寿春县、西曲阳县、下蔡县，宋南梁郡睢阳县，齐梁郡地，北魏淮南郡寿春县、下蔡郡下蔡县，梁汴郡、淮阳郡地，梁汴郡、淮阳郡地，北齐颍川郡地，隋汝阴郡下蔡县、淮南郡寿春县，唐颍州汝阴郡下蔡县、寿州寿春郡寿春县，五代寿州寿春县、下蔡县，宋寿春府下蔡县寿春县，金寿州下蔡县，元安丰路寿春县、下蔡县，明凤阳府寿

---

① 《中国地方志综录》称："时寿州领蒙城霍丘二县，天一有二部，今寿县。"
② 《(光绪)凤阳府志》卷一六上《艺文考上·载籍》称这部志书是"顺治十三年"所修。
③ 《中国地方志综录》称："末册增康熙二十三年知州王国治禁革里排碑记。"
④ 《(光绪)凤阳府志》卷一六上《艺文考上·载籍》称这部志书是"道光七年"所修。
⑤ 《(光绪)凤阳府志》卷一六上《艺文考上·载籍》称这部志书是"光绪十六年"所修。
⑥ 《中国地方志综录》称："清光绪十六年(1890年)活字本。"
⑦ 《中国地方志联合总目》著录，《中国地方志综录》未著录。

州,清凤阳府凤台县。"雍正十一年(1733年),分寿州立县境,淮南分古寿春地,淮北通得古下蔡地,县治初与寿州同城同治,三年徙治下蔡"①。《清史稿》载,清雍正十一年(1733年),"分寿州置凤台县"②。《(嘉庆)大清一统志》称,雍正十一年(1733年),"分寿州地增置凤台县"③。据此,清雍正十一年(1733年),凤台县才正式设立,那么以"凤台"为名的志书应修于清雍正十一年(1733年)以后。《(光绪)凤台县志·石成之序》则曰:"凤台分设自雍正十年,划寿城东北一隅为治所。"④这里说"雍正十年"设立凤台县是不妥的。

关于历代凤台县志的编修情况,现存文献中有所记载。《(光绪)凤台县志·石成之序》称:"自县治分设,历三十余年而《亢志》修,亦越四十余年而《李志》修。"⑤知县亢愫,"山西临汾人,乾隆丁卯科副贡,乾隆三十三年任,始修县志"⑥。《八千卷楼书目》载:"《(乾隆)凤台县志》二十卷,国朝林荔撰,刊本。"⑦《(光绪)重修安徽通志》载:"《凤台县志》十二卷,嘉庆十九年李兆洛、同治九年陈际春修。"⑧"李兆洛《凤台县志》十二卷。嘉庆十九年修。"⑨"《凤台县志》二十五卷。光绪十八年,李师沆、石成之修。"⑩山西临汾人亢愫在乾隆三十三年(1768年)任凤台知县,并编修一部凤台县志。这应该是第一部凤台县志。乾隆年间林荔修有一部二十卷本凤台县志,因未核查到林荔的情

---

① 《(光绪)重修安徽通志》卷二〇《舆地志·建置沿革四》,清光绪四年(1878年)刻本。
② 《清史稿》卷六六《志四一》,北京:中华书局,1977年。
③ (清)穆彰阿撰:《(嘉庆)大清一统志》卷一二五《凤阳府·建置沿革》,《四部丛刊续编》景旧钞本。
④ 《(光绪)凤台县志》卷首《石成之序》,《中国地方志集成》本,南京:江苏古籍出版社,1998年。
⑤ 《(光绪)凤台县志》卷首《石成之序》,《中国地方志集成》本,南京:江苏古籍出版社,1998年。
⑥ 《(嘉庆)凤台县志》卷五《官师志·知县》,清嘉庆十九年(1814年)刻本。
⑦ (清)丁仁撰:《八千卷楼书目》卷六《史部》,民国铅印本。
⑧ 《(光绪)重修安徽通志》卷三三九《艺文志·史部二》,清光绪四年(1878年)刻本。
⑨ 《(光绪)凤阳府志》卷一六上《艺文考上·载籍》,《中国地方志集成》本,南京:江苏古籍出版社,1998年。
⑩ 《(光绪)凤阳府志》卷一六上《艺文考上·载籍》,《中国地方志集成》本,南京:江苏古籍出版社,1998年。

况,故不知其编修志书的具体时间,亦不知这部志书与亢愫所修之志是否为同一部志书。从《中国地方志联合目录》著录的情况看,亢愫编修的志书只有四卷,而林荔修的凤台县志有二十卷,从这一层面上看,两志不应该是同一部书,姑存两说。嘉庆十九年(1814年),李兆洛再修一部十二卷本凤台县志。同治九年(1870年),陈际春续修一部。光绪十八年(1892年),李师沆、石成之又修成一部二十五卷本的凤台县志。清朝自凤台县设立之后,至少四次编修凤台县志。

《中国地方志联合目录》《中国地方志综录》对现存凤台县志作了统计,现存三部。

《(乾隆)凤台县志》四卷,(清)亢愫纂修,清乾隆三十八年(1773年)刻本。

《(嘉庆)凤台县志》十二卷,(清)李兆洛纂修,清嘉庆十九年(1814年)刻本。[1]

《(光绪)凤台县志》二十五卷首一卷,(清)李师沆、石成之修,葛荫南、周尔仪纂,清光绪十八年(1892年)活字本。

七、宿州志

现存文献记录了宿州建置沿革的相关情况。《(光绪)重修安徽通志》载,宿州,汉沛郡相县、竹县、铚县、蕲县、符离县,后汉沛国相县、蕲县、铚县、竹邑侯国符离县,魏汝阴郡相县、竹邑县、符离县、蕲县、铚县,晋沛国相县、竺邑县、符离县、谯郡蕲县、铚县,宋沛郡相县、谯郡蕲县,齐北谯郡蕲县、南沛郡相县,北魏龙亢郡龙亢县、蕲城郡广平县、蕲城县、临涣郡白掸县、丹城县、涣北县、滑下郡相县、睢南郡斛城县、新丰县、南济阴郡顿邱县、定陶县、梁蕲城郡蕲城县、临涣郡下邑县、沛郡淮阳县、又龙亢郡及睢州地,北齐蕲城郡蕲城县、谯郡临涣县、丹城县、白掸县、睢南郡符离县、竹邑县、又龙亢郡地,隋谯郡临

---

[1] 《中国地方志综录》称:十卷,嘉庆十九年,民国二十五年。

涣县、彭城郡蕲县、符离县,唐宿州符离县、蕲县、临涣县,五代宿州,宋宿州符离县、蕲县、临涣县,金宿州符离县、临涣县、蕲县,元归德府宿州,明凤阳府宿州,清凤阳府宿州。①《(嘉庆)大清一统志》载,宿州,"唐武德四年,属徐州。元和四年,割符离、蕲县及泗州之虹县置宿州。太和三年,州废。七年复置,属河南道。五代因之。宋曰宿州符离郡,开宝元年建保静军节度,属淮南东路。金曰宿州,初隶山东西路。大定六年,属南京路。贞祐三年,复升保静军节度。元曰宿州,属归德府。至元二年,省州治符离县入州。明洪武初改属凤阳府,本朝因之"②。由此可知,唐元和四年(809年)始有宿州之设,太和三年(829年)废,太和七年(833年)复置宿州,后世相沿。据此,以"宿州"为名的志书应修于唐元和四年(809年)以后,并要除去唐太和三年(829年)至太和六年(832年)这几年时间。

关于历史上宿州志的编修情况,文献中有相关记载。"宿之有志,由来旧已。始自永乐初年,再修于景泰,再修于嘉靖间,盖凡三举矣"③"宿志创修于前明永乐,再修于景泰,再修于嘉靖,再修于万历,至崇祯有相城任柔节志稿。国朝重熙累洽,征文考献,康熙间一修,乾隆间再修,道光间又再修。此次编辑凡旧志纂修姓氏依次存之,以示不没前人之志"④。《(光绪)凤阳府志》"艺文考"部分对历代宿州志的编修情况作了粗略总结:"崔维岳《宿州志》,明万历丙申年修。董鸿图《宿州志》,康熙五十七年修,未见。王锡蕃《宿州志》,乾隆十五年修,未见。《宿州志》三十八卷,道光五年苏元璐修,有陶文毅公澍序。《续志》,同治八年李陇华、光绪十五年何庆钊修。"⑤

---

① 《(光绪)重修安徽通志》卷二〇《舆地志·建置沿革四》,清光绪四年(1878年)刻本。
② (清)穆彰阿撰:《(嘉庆)大清一统志》卷一二五《凤阳府·建置沿革》,《四部丛刊续编》景旧钞本。
③ 《(光绪)宿州志》卷首《旧志序·崔维岳序》,《中国地方志集成》本,南京:江苏古籍出版社,1998年。
④ 《(光绪)宿州志》卷首《凡例》,《中国地方志集成》本,南京:江苏古籍出版社,1998年。
⑤ 《(光绪)凤阳府志》卷一六上《艺文考上·载籍》,《中国地方志集成》本,南京:江苏古籍出版社,1998年。

《(光绪)宿州志》"旧志纂修姓氏"①部分则详细地列举了历代宿州志编修人员情况。现将相关内容抄录如下,以便说明问题。

按:宿志在前明创修于永乐,再修于景泰,再修于嘉靖,再修于万历,迫崇祯则任柔节著有志稿。

永乐朝

阳曲张氏,讳敬山,以进士任刑部员外郎,出知宿州。

郡人旷氏,讳敏,孝廉。

郡人陈氏,讳斌,明经。

郡人魏氏,讳圉,生员。

景泰朝

清江黎氏,讳用显,郡明府。

郡人赵氏,讳振,孝廉。

郡人谢氏,讳茂,生员。

嘉靖朝

永康应氏,讳照,郡明府。

贵溪甄氏,讳庚,郡别驾。

郡人夏氏,讳铎,明经,后任南城训导。

郡人曹氏,讳宗舜,生员,后贡大廷。

郡人施氏,讳伯祚,生员,后以明经任费县教谕。

万历朝

大明崔氏,讳维岳,孝廉,由国子监助教出知宿州。

嘉鱼方氏,讳曰兴,郡别驾。

休宁汪氏,讳文奎,郡学正。

兰阳管氏,讳护,郡训导。

---

① 《(光绪)宿州志》卷首《旧志纂修姓氏》,《中国地方志集成》本,南京:江苏古籍出版社,1998年。

金谿卢氏,讳邦俊,郡训导,后升盱眙知县。

龙里王氏,讳应期,郡训导。

郡人杨氏,讳效时,生员。

郡人沈氏,讳一麟,生员,后贡大廷。

郡人廖氏,讳世科,生员。

郡人赵氏,讳大试,生员。

崇祯朝

相城任氏,讳柔节,字定子,甲申选贡,著志稿,有定子诗集文集。

蕲城周氏,讳廷栋,号豫章,甲申恩贡,能文善书。

国朝

康熙朝

总裁

常鼐,江南总督、兵部尚书、兼都察院右副都御史满洲正黄旗人。

李成龙,安徽巡抚、都察院右副都御史,字陆御,奉天正蓝旗人,荫生。

施世纶,漕运总督、兵部右侍郎、兼都察院右副都御史,字浔江,福建晋江人,荫生。

赵世显,总督河道提督军务、太子太保、兵部尚书、兼都察院右副都御史,字纯公,奉天镶红旗人。

谢履厚,江南提督学政、翰林院检讨,字坤侯,云南昆明人,己丑。

乾隆朝

总裁

黄廷桂,两江总督、太子少保、兵部尚书、兼都察院右副都御史、兼理粮饷、操江世袭云骑尉,字丹崖,奉天镶黄旗人。

卫哲治,安徽巡抚、都察院右副都御史,字我愚,河南济源人,拔贡。

双庆,日讲官起居注、安徽提督学政、翰林院侍读,字有亭,满洲镶白旗人,癸丑。

道光朝

总裁①

琦善,陶澍,张师诚,颜检,严烺,张鳞,汪守和。

康熙朝

主修

董鸿图,宿州知州,字朴庵,浙江会稽人,贡监。

乾隆朝

主修

王锡蕃,宿州知州,字接三,奉天海,丁酉。

道光朝

主修

苏元璐,宿州知州,山西长子县人,嘉庆庚申举人。

康熙朝

纂修

潘仁樾,宿州学正,字小林,桐城人,廪贡。

周开官,廪例国学业生,字建六,郡人。

乾隆朝

纂修

金鼎,宿州学正,字沂仲,金匮人,甲子。

王岩,拔贡候选教谕,字傅居,州人。

周国鼎,监生,字禹新,州人。

---

① 道光朝总裁只列姓名,其他信息从略,不加抄录。详细内容参见第三章"纂修姓氏"部分。

道光朝

纂修

徐用熙,宿州学训导,常州宜兴县人,举人。

李振翩,岁贡生,候选训导,庐江县人。

宋长鸾,岁贡生,候选训导,州人。

沈钦玗,恩贡生,候选直隶州州判,州人。

《(成化)中都志》"风俗"部分转引了一部《元宿州志》的内容:"《元宿州志》:喜学问,从教化,虽兵革之余,犹有是心。"①这说明元朝也曾编修过一部宿州志,但具体时间和编修者不详。

《澹生堂藏书目》载:"《宿州志》十三卷,三册,崔维岳。"②《天一阁书目》曰:"《宿州志》八卷,刊本。明嘉靖丁酉德兴余钅宏重修并引。"③《(光绪)重修安徽通志》载:"《宿州志》三十八卷,道光五年苏元璐修。《续志》,同治八年李陔华修。"④

《(弘治)宿州志》在介绍明朝宿州知州时曰:"张敬山,山西阳曲人,由进士初授行人,升刑部员外郎,改滦州知州。永乐十三年,寻知本州。知民疾苦,莅政公勤,州之士民咸称颂之。"⑤张敬山于明永乐十三年(1415年)任宿州知州,故他应该是该年之后编修宿州志的。

《(弘治)宿州志》载:"黎用显,江西清江人,旧判徐州,政声有闻。景泰三年,大臣交荐,来知本州。廉以律己,惠以养民,为时贤守焉。"⑥据此,黎用显是在明景泰三年(1452年)来宿州做知州的,他应该是在该年之后编修宿州志的。

---

① 《(成化)中都志》卷一《风俗》,《四库全书存目丛书》本,济南:齐鲁书社,1996年。
② (明)祁承㸁撰:《澹生堂藏书目》,清宋氏漫堂钞本。
③ (清)范邦甸撰:《天一阁书目》卷二二《史部》,清嘉庆文选楼刻本。
④ 《(光绪)重修安徽通志》卷三三九《艺文志·史部二》,清光绪四年(1878年)刻本。
⑤ 《(弘治)宿州志》卷上《官迹·知州》,明弘治增补刻本。
⑥ 《(弘治)宿州志》卷上《官迹·知州》,明弘治增补刻本。

《(光绪)宿州志》载:"应照,浙江永泰人,嘉靖十三年任(宿州知州),擢思明府同知。"①据此,应照应该是在明嘉靖十三年(1534年)以后编修宿州志的。这与余锏编修宿州志的时间差不多,据此推断,两人所修之志应该是同一部志书。

《千顷堂书目》称:"李朝宗《宿州志》一卷。"②核查文献,名为"李朝宗"的人,宋、明、清时期都有,因《千顷堂书目》著录的信息太简略,无法确认这个李朝宗的具体情况,故亦无法判断这部宿州志的编修时间。而《明代方志考》则将这部志书列为明朝所修。③

根据上述文献记载,宿州志的编修历史悠久,目前能够知道的有确切朝代的最早的一部是元朝时期编修的,但修于何时、修于何人已无从考证。明朝宿州志的编修起自于永乐年间,是曲阳人张敬山在永乐十三年(1415年)以后编修的。景泰年间,清江人黎用显又修一部,是景泰三年(1452年)以后编修的。嘉靖年间,永康人应照再修一部。嘉靖丁酉(嘉靖十六年,1537年),德兴人余锏、永泰人应照编修一部八卷本宿州志。万历丙申(万历二十四年,1596年),大明人崔维岳再修一部。崇祯年间,相城任柔节又修一次,只有志稿一部。明朝总共五修。另外,李朝宗编修一部一卷本宿州志,林平、张纪亮编纂的《明代方志考》收录这部方志,不知依据为何,估存其说。清康熙五十七年(1718年),浙江会稽人董鸿图编修一部宿州志。乾隆十五年(1750年),王锡蕃又修一部。道光五年(1825年),山西长子县人苏元璐编修一部三十八卷本宿州志,陶文毅公澍为之作序。同治八年(1869年),李陔华、光绪十五年(1889年)何庆钊续修一部。清朝四修宿州志。

根据《中国地方志联合目录》《中国地方志综录》的统计,现在存世的宿州志还有六部。

---

① 《(光绪)宿州志》卷一二《官爵志·知州》,《中国地方志集成》本,南京:江苏古籍出版社,1998年。
② (清)黄虞稷撰:《千顷堂书目》卷六《地理类上》,《文渊阁四库全书》本。
③ 林平、张纪亮编纂:《明代方志考》,成都:四川大学出版社,2001年,第183页。

《(弘治)直隶凤阳府宿州志》二卷,(明)曾显纂修,明弘治十二年(1499年)刻本。①

《(嘉靖)宿州志》八卷,(明)余钅句纂修,明嘉靖十六年(1537年)刻本。

《(万历)宿州志》二十六卷,(明)崔维岳修,汪文奎等纂,明万历二十四年(1596年)刻本。

《(康熙)宿州志》十二卷,(清)董鸿图修,潘仁樾纂,清康熙五十七年(1718年)刻本。

《(道光)宿州志》四十二卷首一卷②,(清)苏元璐修,徐用熙纂,清道光五年(1825年)刻本。

《(光绪)宿州志》三十六卷,(清)何庆钊修,丁逊之、吴振声纂,清光绪十五年(1889年)刻本。

八、灵璧县志

关于灵璧县的建置沿革,在《明一统志》中有如下记载:灵璧县,"在州城东一百二十里。本隋虹州地,唐为虹县之零璧县镇。宋元祐初,置零璧县。政和中,改曰灵璧,属宿州。元省入泗州,后复置,属宿州。"灵璧县明朝归属于凤阳府宿州管辖。③《(光绪)重修安徽通志》则载:灵璧县,"汉沛郡谷阳县、洨侯国,后汉沛国谷阳县、洨县,魏沛国谷阳县、汝阴郡洨县,晋沛国洨县,又阳平郡,宋阳平郡阳平县,北魏谷阳郡连城县、高昌县、临潼郡晋陵县、梁平阳郡、临潼郡地,北齐谷阳郡临淮县、潼郡睢陵县,隋彭城郡谷阳县,唐宿州虹县,五代泗州虹县,宋宿州灵璧县,元符元年,以虹县之零璧镇为县。七月,复为镇。七年,复为县。政和七年,改零璧为灵璧。元至元四年,属泗州。十七年,属归德府宿州。明朝灵璧县属凤阳府宿州。清朝灵璧县则直属凤阳

---

① 这部志书在现存其他文献中未提及。
② 《(光绪)凤阳府志》卷一六上《艺文考上·载籍》称这部志书为"三十八卷"。
③ (明)李贤等撰:《明一统志》卷七《文渊阁四库全书》本。

府"①。灵璧县之名始于宋政和七年(1117年),因此以"灵璧县"为名的志书应该修于宋政和七年(1117年)之后。

关于灵璧县志的编修情况,现存文献有所记载。《(光绪)重修安徽通志》载:"《灵璧县志》四卷,康熙六十年于元吉、乾隆二十三年邵谦吉修。《续志》,同治八年景瑞修。"②《澹生堂藏书目》曰:"《灵璧县志》十卷,三册,陈泰交。"③《八千卷楼书目》称:"《(乾隆)灵璧县志》四卷,附《河渠志》三卷,国朝贡震撰,刊本。"④《(光绪)凤阳府志》则称:"《灵璧县志》四卷,乾隆二十三年贡震撰,二十五年震手书刊本。《续志》,同治八年景瑞修,未见刊本。《灵璧河防录》一卷,《灵璧河渠原委》三卷,江阴贡震撰。"⑤

《千顷堂书目》载:"钟大章《灵璧县志》十卷。"⑥《(乾隆)灵璧县志略》称,明万历二十年(1592年)杜冠时任灵璧县知县,钟大章是明万历二十五年(1597年)任灵璧县知县的,而在其后的是濮州举人田汝成,万历三十年(1602年)任灵璧县知县。⑦《(乾隆)灵璧县志略》⑧收录了明万历二十四年(1596年)秋九月汝坟杜冠时撰写的志序。综合上述情况可知,杜冠时在灵璧知县任上开始编修灵璧县志,志书十卷,撰写志序一篇,而钟大章也参与了这次修志活动,故《千顷堂书目》有上述记载。

《(乾隆)灵璧县志略》⑨还收录了明万历四十七年(1619年)冬十月莆田陈泰交序、清康熙十三年(1674年)吴嵩序、康熙六十年(1721年)于氏志稿

---

① 《(光绪)重修安徽通志》卷二〇《舆地志》,清光绪四年(1878年)刻本。
② 《(光绪)重修安徽通志》卷三三九《艺文志·史部二》,清光绪四年(1878年)刻本。
③ (明)祁承㸁:《澹生堂藏书目》,清宋氏漫堂钞本。
④ (清)丁仁撰:《八千卷楼书目》卷六《史部》,民国铅印本。
⑤ 《(光绪)凤阳府志》卷一六上《艺文考上·载籍》,《中国地方志集成》本,南京:江苏古籍出版社,1998年。
⑥ (清)黄虞稷撰:《千顷堂书目》卷六《地理类上》,《文渊阁四库全书》本。
⑦ 《(乾隆)灵璧县志略》卷二《职官》,《中国地方志集成》本,南京:江苏古籍出版社,1998年。
⑧ 《(乾隆)灵璧县志略》卷首《序》,《中国地方志集成》本,南京:江苏古籍出版社,1998年。
⑨ 《(乾隆)灵璧县志略》卷首《序》,《中国地方志集成》本,南京:江苏古籍出版社,1998年。

序、乾隆二十三年(1758)夏六月江阴贡震序。

综合上述文献记载,可以了解到历代灵璧县志编修的基本情况。明万历二十四年(1596年),汝坟人杜冠时修有一部十卷本灵璧县志,钟大章参与修志。万历四十七年(1619年),莆田人陈泰交再修一部十卷本灵璧县志,曾有三册本刊本。清康熙十三年(1674年),吴嵩又修一部四卷本灵璧县志。康熙六十年(1721年),又修一部,有于氏志稿。乾隆二十三年(1758),江阴人贡震、邵谦吉再修一部。同治八年(1869年),景瑞又续修一部,《(光绪)凤阳府志》的编修者当时未见此志刊本。此外,江阴人贡震还撰有《灵璧河防录》一卷、《灵璧河渠原委》三卷。

《中国地方志联合目录》称灵璧县志创修于明万历时期,并对现存灵璧县志作了统计。《中国地方志综录》对此也有相关说明。

《(康熙)灵璧县志》八卷外纪一卷,(清)吴嵩等修,汪之章纂,清康熙十九年(1680年)钞本。

《(乾隆)灵璧县志略》四卷首一卷,(清)贡震纂修,清乾隆二十五年(1760年)此君草堂刻本。①

《灵璧河渠原委》三卷,《河防录》一卷,清贡震辑,清乾隆二十五年(1760年)刻本,民国二十三年(1934年)补刻,三十三年(1944年)重印本。

九、颍州府志

关于颍州的建置沿革,《明一统志》有如下记载:"颍州,在府西四百四十里。《禹贡》豫州之域。春秋为胡子国。战国属楚。秦为颍川郡地。汉为汝阴县,属汝南郡。魏置汝阴郡。后魏置颍州,取颍水为名。齐罢州置郡。隋初废。大业初,复置。唐初,置信州,寻改颍州。天宝初,改汝阴郡。乾元初,复为颍州。五代因之。宋置顺昌军。政和中,改顺昌府,治汝阴县。金复为

---

① 《中国地方志综录》称:《灵璧志略》,四卷,贡震纂修,乾隆二十三年石磬山房刻本,钞本,民国二十三补刻,三十三年重印本。附《灵璧河渠源委》3卷,《灵璧河防录》1卷,《河渠源委目录》有图1卷,未刻。

颍州。元属汝宁府。本朝改今属。"①据《(光绪)重修安徽通志》载,清雍正十三年(1735年)升颍州为颍州府,置阜阳县为府治。② 颍州之名始于后魏,因颍水为名。自齐至宋几经更改,金最终定为颍州,元明清三朝因之。清雍正十三年(1735年),颍州升为颍州府。由此可见,以"颍州"为名的志书应修于后魏以后,尚须去除废置颍州的几个时间段,以"颍州府"为名的志书修于清雍正十三年(1735年)以后。

关于颍州志编修的情况,现存文献里多有记载。《(正德)颍州志》"凡例"言:"州志前代无考,永乐中诏郡县纂录,颍州遗大而识小,详近而略远,无所建明,不足传示。景泰中又尝采录,既不能传述旧闻,无所记载,反询私谬,是以区区忘其鄙陋,因所见闻采而集之。若夫体要详备,又有俟于博雅君子。"③《(民国)阜阳县志续编》载:"阜阳旧称颍州,颍州有志,始于明成化时同知刘节。嘉靖时,修于判官吕景蒙。万历时,修于郡人张鹤鸣、宁中立、刘九光。清康熙时,修于郡人鹿祐。"④又载:"颍州志修自前明刘公节,继之者吕公景蒙,而先中立公及张鹤鸣、刘九光,清初鹿祐诸先生又相继重修。迨雍正十三年升州为府,阜阳即本县之定名。乾隆时,邑令潘世仁聘王麟征先生甫修县志。道光时,邑令李复庆、周天爵又将县志重修。自是而后即阙修焉。"⑤

颍州志"在宋远无可考,明成化间同知刘公节尝纂之,嘉靖时修于判官吕公景蒙,万历时修于张大司马,增补于宁符卿、刘方伯诸先正,迨至清朝顺治初州守公天民续修于兵燹之后,其间亥豕多讹,自是以来又六十余年矣"⑥。

---

① (明)李贤等撰:《明一统志》卷七《文渊阁四库全书》本。
② 《(光绪)重修安徽通志》卷二〇《舆地志·建置沿革四》,清光绪四年(1878年)刻本。
③ 《(正德)颍州志》卷首《凡例》,《天一阁藏明代方志选刊》本,上海古籍书店,1963年。
④ 《(民国)阜阳县志续编》卷首《凡例》,《中国地方志集成》本,南京:江苏古籍出版社,1998年。
⑤ 《(民国)阜阳县志续编》卷首《各序·宁序》,《中国地方志集成》本,南京:江苏古籍出版社,1998年。
⑥ 《(道光)阜阳县志》卷首《原序·鹿祐序》,《中国地方志集成》本,南京:江苏古籍出版社,1998年。

万历三十六年(1608年)宁中立序称:"吾颍之志凡三易矣,一修于成化间,两修于嘉靖间。"①指出嘉靖年间曾经两次编修颍州志,但未具体说明两次编修的时间和编修者。

《万卷堂书目》载:"《颍州志》二十卷,吕景象②。"③《天一阁书目》曰:"《颍州志》二十卷,刊本。明嘉靖间,吕景蒙编次并序及后跋。"④《(光绪)重修安徽通志》曰:"《颍州志》二十卷,吕景蒙修。""《颍州府志》十卷,乾隆十七年王敛福修。"⑤《千顷堂书目》称:"吕景蒙《颍州志》,嘉靖间修。"⑥《明史》载:"吕景蒙《颍州志》二十卷。"⑦《清史稿》曰:"《颍州府志》十卷,王敛福修。"⑧

《天一阁书目》曰:"《颍州志》六卷,刊本。明正德六年,同知庐陵刘节编辑,郡人储珊均有序。"⑨由这条记载可知,明正德六年(1511年),颍州同知庐陵人刘节编修一部六卷本颍州志,储珊有序。《(道光)阜阳县志》《(民国)阜阳县志续编》却称这部志书修于明成化年间。核查现存文献记载,明成化十三年(1477年)刘节任颍州府同知⑩,明正德六年(1511年)刘节任广德州知州⑪,刘节应该是在成化十三年(1477年)以后编修颍州志的。

《(道光)阜阳县志》收录了嘉靖十五年(1536年)吕景蒙序、万历三十三年(1605年)张鹤鸣序、顺治甲午(顺治十一年,1654年)王天民序、康熙五十

---

① 《(道光)阜阳县志》卷首《原序·宁中立序》,《中国地方志集成》本,南京:江苏古籍出版社,1998年。
② "象"字误,应为"蒙"字。
③ (明)朱睦㮮撰:《万卷堂书目》卷二《地志》,清光绪至民国间《观古堂书目丛刊》本。
④ (清)范邦甸撰:《天一阁书目》卷二二《史部》,清嘉庆文选楼刻本。
⑤ 《(光绪)重修安徽通志》卷三三九《艺文志·史部二》,清光绪四年(1878年)刻本。
⑥ (清)黄虞稷撰:《千顷堂书目》卷六《地理类上》,《文渊阁四库全书》本。
⑦ 《明史》卷九七《志七三》,北京:中华书局,1974年。
⑧ 《清史稿》卷一四六《志一二一》,北京:中华书局,1977年。
⑨ (清)范邦甸撰:《天一阁书目》卷二二《史部》,清嘉庆文选楼刻本。
⑩ 《(乾隆)颍州府志》卷五《秩官表》,《中国地方志集成》本,南京:江苏古籍出版社,1998年。
⑪ 《(光绪)广德州志》卷二六《职官·守令》,《中国地方志集成》本,南京:江苏古籍出版社,1998年。

五年(1716年)鹿祐序。①

由以上文献记载可知,明朝以前是否编修过颍州志已经无法考证。明朝永乐年间朝廷下令天下郡县编修志书,颍州当时虽编修过一部志书,但因遗大识小、详近略远,不足以传示后人。景泰年间又曾编修颍州志,却也因反询私谬,去取失当,不足征信。明成化十三年(1477年)以后,刘节编修一部六卷本颍州志,储珊有序。嘉靖十五年(1536年),判官吕景蒙再修一部二十卷本颍州志。万历三十三年(1605年),郡人张鹤鸣又修一部颍州志。明朝五修颍州志。清顺治十一年(1654年),王天民编修一部颍州志。康熙五十五年(1716年),郡人鹿祐再修一部。乾隆十七年(1752年),王敛福编修一部十卷本颍州府志。根据本书第六章《旧志内容辑佚》部分的梳理,历史上曾经编修过一部《颍州见闻录》,目前只知该书修于明成化二十三年(1487年)以前,早已亡佚。

根据《中国地方联合目录》《中国地方志综录》等方志目录的统计,现在存世的颍州志有七部。

《颍州志》,(明)刘节纂修,明正德六年(1511年)刻本。②

《颍州志》二十卷,(明)吕景蒙修,胡瓒纂,明嘉靖十五年(1536年)刻本。

《颍州志》二卷,(明)李宜春纂修,明嘉靖二十六年(1547年)刻本。③

《颍州志》,(明)孙崇先纂修,明万历三十三年(1605年)刻本。

《颍州志》二十卷,(清)王天民纂修,清顺治十一年(1654年)刻本。

《重修颍州志》二十卷首一卷,(清)张钫修,王锡纂,清康熙五十五年(1716年)刻本。

《颍州府志》十卷,(清)王敛福纂修,清乾隆十七年(1752年)刻本。④

---

① 《(道光)阜阳县志》卷首《原序》,《中国地方志集成》本,南京:江苏古籍出版社,1998年。
② 《(道光)阜阳县志》《(民国)阜阳县志续编》均称这部志书修于明成化年间。根据笔者考察,该志应该修于明朝成化十三年(1477年)以后。
③ 《(道光)阜阳县志》所收万历三十六年(1608年)宁中立序没有具体说明这部志书的编修时间和编修者。
④ 《中国地方志综录》称其为"王敛福、潘遇莘纂修"。

十、阜阳县志

根据文献记载,清雍正十三年(1735年)升颍州为颍州府,并设置阜阳县为颍州府治。① 阜阳县志始修于清雍正十三年(1735年)以后。

关于阜阳县志编修情况,《(民国)阜阳县志续编》载:"阜阳旧称颍州,颍州有志,始于明成化时同知刘节。嘉靖时,修于判官吕景蒙。万历时,修于郡人张鹤鸣、宁中立、刘九光。清康熙时,修于郡人鹿祐。至雍正十三年,升州为府,治阜阳,阜阳名县自兹始。乾隆时,邑令潘世仁延聘王麟征先生等,因郡志创修阜阳县志。道光五年,复经邑令李复庆、周天爵等重修之,历五载而后成,即今之道光旧志,亦即所谓'本志'也。计自道光九年迄今凡一百十有六载,中经数次变革,政教礼俗,国计民生,已多考察,难周之处,失今不图,诚恐日渐就湮,后来弥难措手。故姑将搜罗各稿,辑而印之,聊备异日重修者之采撷耳。"②《(光绪)重修安徽通志》曰:"《阜阳县志》二十四卷,乾隆二十年潘世仁、道光九年李复庆、同治九年朱根仁修。"③

由以上记载可知,清雍正十三年(1735年)才正式设立阜阳县。乾隆时潘世仁聘请王麟征编修阜阳县志,这是历史上第一部独立的阜阳县志。此前关于阜阳的情况全部收录于颍州志中。乾隆二十年(1755年),潘世仁编修一部二十四卷阜阳县志。道光五年(1825年),李复庆、周天爵等历时五年又修一部阜阳县志,道光九年(1829年)书成。同治九年(1870年),朱根仁再修一部阜阳县志。

根据《中国地方联合目录》《中国地方志综录》等方志目录的统计,现在存世的阜阳县志有三部。

《阜阳县志》二十卷,(清)潘世仁修,王麟徵纂,清乾隆二十年(1755年)

---

① 《(光绪)重修安徽通志》卷二〇《舆地志·建置沿革四》,清光绪四年(1878年)刻本。
② 《(民国)阜阳县志续编》卷首《凡例》,《中国地方志集成》本,南京:江苏古籍出版社,1998年。
③ 《(光绪)重修安徽通志》卷三三九《艺文志·史部二》,清光绪四年(1878年)刻本。

刻本。

《阜阳县志》二十四卷首一卷,(清)刘虎文、周天爵修,李复庆等纂,清道光九年(1829年)刻本。

《阜阳县志续编》十四卷,南岳峻、郭坚修,李荫南纂,民国三十六年(1947年)石印本。

十一、颍上县志

《(嘉庆)大清一统志》对颍上县建置沿革有如下记载,颍上县,"春秋楚慎邑,汉置慎县,属汝南郡,后汉因之。晋改属汝阴郡,宋废。梁置下蔡郡,东魏因之。北齐废郡。隋大业初改县曰颍上,属汝阴郡。唐属颍州,五代因之。宋属顺昌府,金属颍州,元光二年改属寿州。元初还属颍州,至元二年省入州,后复置,仍属颍州。明因之。本朝初属凤阳府,雍正二年改属颍州,十三年属颍州府"①。隋大业初年(大业总共14年,605—618年)才设立颍上县,虽归属几经更易,但颍上县除元朝至元二年(1265年)后的一段时间里省入颍州,其他时间一直相沿未改。以"颍上"为名的志书应修于隋大业初年以后。

关于颍上县志编修源流,现存文献里有所记载。《(同治)颍上县志》提到了清朝同治以前编修的几部颍上县志,《万历县志》,三十九年辛亥,张大业修。《顺治县志》,十一年乙未,翟乃慎修。《乾隆县志》,十七年壬申,知县许晋修。《道光县志》,六年丙戌,知县刘耀椿修。②《八千卷楼书目》载:"《(道光)颍上县志》十三卷,国朝刘耀椿撰,刊本。"③《(光绪)重修安徽通志》载:

---

① (清)穆彰阿撰:《(嘉庆)大清一统志》卷一二五《凤阳府·建置沿革》,《四部丛刊续编》景旧钞本。

② 《(同治)颍上县志》卷一二《杂志》,《中国地方志集成》本,南京:江苏古籍出版社,1998年。

③ (清)丁仁撰:《八千卷楼书目》卷六《史部》,民国铅印本。

"《颍上县志》十二卷①,道光六年刘耀椿修。《续志》,同治八年都宠锡修。"②《(同治)颍上县志》收录的清光绪四年(1878年)的"朱维垣序"称:"夫善作者贵善继,图始者贵图终,千寻之塔必合尖,九仞之山戒亏篑,斯理由来尚已。颍上县志道光丙戌岁前邑侯刘庄年先生修葺成书,嗣后遭乱付诸灰烬。同治己巳秋,安邱都绥方明府属、李闿如明经道章、郑月航孝廉以庄重加纂修,本旧志体例而稍更易之。庚午夏告成,剞劂粗竟,旋以费绌中寝者于兹八载。"③由此可知因为经费出现问题,同治己巳(同治八年,1869年)编修的颍上县志编成之后无法及时刊刻,耽误了整整八年时间,也就是到了光绪三年(1877年)、四年(1878年)时才正式刊印出来。《(光绪)重修安徽通志》载:"《颍上风物记》三卷,颍上高泽④著。"⑤又载:"高泽生,字孔霖,颍上诸生。数奇不偶,乃南游吴越,逾岭南,归以著书自娱。所著有《颍上风物记》三卷,《南游日记》四卷。"⑥《(同治)颍上县志》则载,高泽生,字孔霖,著有《颍上风物纪》三卷、《南游日记》四卷。⑦

根据以上文献记载,可以了解历代颍上县志编修的总体情况。明朝修有一部颍上县志,是万历辛亥(万历三十九年,1611年)由张大业编修的。清朝修了四部颍上县志,顺治十一年(1654年)翟乃慎编修一部,乾隆十七年(1752年)许晋编修一部,道光六年(1826年)刘耀椿再修一部十三卷本颍上县志,同治八年(1869年)都宠锡也编修了一部颍上县志。清朝高泽生还编修了一部《颍上风物记》,三卷。

《中国地方志联合目录》《中国地方志综录》统计了现存颍上县志的情况,

---

① "十二卷"误,应为"十三卷"。
② 《(光绪)重修安徽通志》卷三三九《艺文志·史部二》,清光绪四年(1878年)刻本。
③ 《(同治)颍上县志》卷首《序》,《中国地方志集成》本,南京:江苏古籍出版社,1998年。
④ "高泽"误,应为"高泽生"。
⑤ 《(光绪)重修安徽通志》卷三三九《艺文志·史部二》,清光绪四年(1878年)刻本。
⑥ 《(光绪)重修安徽通志》卷二二八《人物志·文苑七》,清光绪四年(1878年)刻本。
⑦ 《(同治)颍上县志》卷九《人物·文苑》,《中国地方志集成》本,南京:江苏古籍出版社,1998年。

共有七部。

《颖上县志》十四卷,(清)翟乃慎修,马履云、徐必达纂,清顺治十二年(1655年)刻本。

《颖上县志》十二卷,(清)许晋修,胡其焕、蔡书升纂,清乾隆十八年(1753年)刻本。

《颖上县志》十三卷首一卷,(清)刘耀椿修,李同等纂,清道光六年(1826年)刻本。①

《颖上县志》十二卷,(清)都宠锡等修,李道章、郑以庄纂,清同治九年(1870年)刻本。

《颖上风物记》三卷②,(清)高泽生纂,清道光六年(1826年)刻本。

《颖上县志校补》一卷,佘炳成撰,民国十九年(1930年)铅印本。

《颖上县志稿》,张星桥纂,民国稿本。

十二、霍邱县志

关于霍邱③县建置沿革的情况,《明一统志》中也有记载,霍丘县,在州城西南一百二十里。本周霍叔封邑。春秋为蓼国地。汉为安丰、松滋二县地。晋属安丰郡,后置霍丘城。梁置安丰郡于此。东魏废。隋置霍丘县。唐、宋仍旧。本朝因之。④《(光绪)重修安徽通志》载,霍邱县,汉九江郡博乡侯国、六安国安风县、阳泉且,后汉庐江郡阳泉侯国、安风侯国,魏安丰郡安丰县、庐江郡阳泉县,晋安丰郡安丰县、松滋县、庐江郡阳泉县,宋安丰郡安丰县、松滋县、边城左郡史水县,齐安丰郡史水县、松滋县、安丰县,北魏西边城郡史水县、淮南郡汝县、安丰郡松滋县,梁安丰郡地,北齐、陈、北周松滋县。隋开皇

---

① 《中国地方志综录》称"附备采1册"。

② 《中国地方志综录》称这部志书为"二卷"。

③ 虽然现在"霍丘"和"霍邱"可以通用,但"丘"和"邱"是有一些区别的。清朝雍正年间,因避孔子讳,将"丘"字改为"邱"字。历史文献中或作"霍丘",或作"霍邱",本书皆遵照历史文献原文表述,不加变动。笔者行文则统一用"霍邱"二字。

④ (明)李贤等撰:《明一统志》卷七,《文渊阁四库全书》本。

十九年(599年)置霍邱县,隋淮南郡霍邱县。唐寿州寿春郡霍邱县。五代寿州霍邱县。宋寿春府霍邱县。元安丰路霍邱县。明凤阳府寿州霍邱县。清颍州府霍邱县。① 霍邱县是隋开皇十九年(599年)设立的,此后相沿未改。故以"霍邱县"为名的志书应修于隋开皇十九年(599年)以后。

关于霍邱县志编修情况的相关情况,文献里有所记载。《(光绪)重修安徽通志》载:"《霍邱县志》十二卷,道光五年张家鼎②、同治八年陆鼎敕修。"③《世善堂藏书目录》载:"《霍丘县志》十卷。"④《澹生堂藏书目》曰:"《霍丘县志》十卷,二册,杨其善。"⑤《传是楼书目》曰:"《霍丘县志》十卷,明姬之篡,四本。"⑥

《(同治)霍邱县志》收录的教谕童以思志序谈到了明朝编修霍邱县志的事。明景泰壬申年(景泰三年,1452年),童以思到霍邱县任职,曾见过一部闽南莆田道昭林先生的稿本,但"纪载虽详而涂抹冗滥,述作固多而讹舛漏落",童以思虽觉得有必要新修一部县志,但因故未能成事。景泰甲戌年(景泰五年,1454年),朝廷下令全国各地修志,凤阳太守组织下属四州十四县教职修志,童以思参与修志。数月之后霍丘县志修成。⑦

《(同治)霍邱县志》"凡例"称:"县志创始于有明,国朝顺治乙未甫议纂辑,稿成而佚。至康熙庚戌始一修,所觐者为前明定本。乾隆甲戌又一修,系仿旧志增之,体例尚未妥善。迨道光乙酉,延请常州李敬甫孝廉在局编纂,条例精严,目张纲举,前志之讹谬者正之,始为完本。今仍其旧,间有谬误处,一一更正。"⑧明朝即已编修霍邱县志,但修成之后志稿就亡佚了。清康熙庚戌

---

① 《(光绪)重修安徽通志》卷二〇《舆地志·建置沿革四》,清光绪四年(1878年)刻本。
② 《(同治)霍邱县志》《中国地方志联合目录》《中国地方志综录》皆作"棚"。
③ 《(光绪)重修安徽通志》卷三三九《艺文志·史部二》,清光绪四年(1878年)刻本。
④ (明)陈第撰:《世善堂藏书目录》卷上《史类》,清乾隆《知不足斋丛书》本。
⑤ (明)祁承㸁:《澹生堂藏书目》,清宋氏漫堂钞本。
⑥ (清)徐乾学:《传是楼书目》,清道光八年(1828年)味经书屋钞本。
⑦ 《(同治)霍邱县志》卷一五《艺文志三·序铭》,《中国地方志集成》本,南京:江苏古籍出版社,1998年。
⑧ 《(同治)霍邱县志》卷首《凡例》,《中国地方志集成》本,南京:江苏古籍出版社,1998年。

(康熙九年,1670年)编修一部霍邱县志,乾隆甲戌(乾隆十九年,1754年)再修一部,道光乙酉(道光五年,1825年)又修一部霍邱县志。

《(同治)霍邱县志》收录了霍邱县知县杨显德志序,序曰:"及稽考旧志,惟明万历二十二年丙申吾楚安陆杨公其善曾纂修,历今七十六年禩。"① 明万历二十二年(1594年)是万历甲午年,万历丙申年却是万历二十四年(1596年),"万历二十二年丙申"放在一起表述有些不妥。明万历二十二年(1594年)或万历二十四年(1596年),知县杨其善编修一部霍邱县志。康熙九年(1670年)姬之篡志序称:"自有明万历丙申后残缺者近八十年。"② 估计杨其善是万历二十二年(1594年)开始修志,万历二十四年(1596年)志书最终修成。万历二十二年(1594年)后的七十六年应该是康熙九年(1670年),万历二十四年(1596年)后的七十六年应该是康熙十一年(1672年),康熙九年(1670年)或者是康熙十一年(1672年),知县杨显德等人又修一部霍邱县志。

《(同治)霍邱县志》还附有"历次纂修县志衔名"③,现将其抄录如下:

  道光乙酉原修衔名

  霍邱县知县张家楣、朱炳南

  署霍邱县教谕赵学铿、钱兆荣

  霍邱县训导张琮

  乾隆甲戌原修衔名

  霍邱县知县张海

  霍邱县知县戴廷抡

  霍邱县教谕薛观光

  康熙庚戌原修衔名

---

① 《(同治)霍邱县志》卷一五《艺文志三·序铭》,《中国地方志集成》本,南京:江苏古籍出版社,1998年。
② 《(康熙)霍邱县志》卷首《姬之篡序》,清康熙九年(1670年)刻本。
③ 《(同治)霍邱县志》卷首《历次纂修县志衔名》,《中国地方志集成》本,南京:江苏古籍出版社,1998年。

江南凤阳府寿州霍邱县知县缑山姬之簋

霍邱儒学训导彭城、李廷献。

《(同治)霍邱县志》收录了明万历二十二年(1594年)知县杨其善志序、清康熙九年(1670年)知县姬之簋志序、乾隆十九年(1754年)知县张海志序、道光五年(1825年)知县张家榝志序①,还有同治八年(1869年)陆鼎敦志序。②

根据上述文献记载,霍邱县志创修于明朝,景泰前虽已有志书稿本,但不知修于何时。景泰壬申(景泰三年,1452年),童以思拟修一部霍邱县志,但因为其他事情的耽搁未能成事。景泰甲戌年(景泰五年,1454年),朝廷下令全国各地修志,童以思参与修志,几个月后志书修成。万历二十四年(1596年),知县杨其善等人又修成一部十卷本霍邱县志。清顺治乙未(顺治十二年,1655年)虽曾纂辑志书,但志稿修成之后又亡佚。清康熙庚戌(康熙九年,1670年),知县姬之簋又主持编修一部霍邱县志,志书十卷。乾隆甲戌(乾隆十九年,1754年),知县张海再修一部霍邱县志。道光乙酉(道光五年,1825年),知县张家榝又主持编修一部,成书十二卷。同治八年(1869年),陆鼎敦再修一部霍邱县志。

《中国地方志联合目录》《中国地方志综录》对现存霍邱县志进行了统计,共有六部霍邱县志存于世。

《(万历)霍邱县志》十卷,(明)杨其善纂修,明万历二十四年(1596年)刻本。

《(康熙)霍邱县志》十卷,(清)姬之簋修,李瑾纂,清康熙九年(1670年)刻本。

《(乾隆)霍邱县志》十二卷,(清)张海、戴廷抡修,薛观光纂,清乾隆十九

---

① 《(同治)霍邱县志》卷一五《艺文志三·序铭》,《中国地方志集成》本,南京:江苏古籍出版社,1998年。

② 《(同治)霍邱县志》卷首《陆鼎敦序》,《中国地方志集成》本,南京:江苏古籍出版社,1998年。

年(1754年)刻本。

《(道光)霍邱县志》十二卷,(清)张家榀、朱炳南修,李宝琮等纂,清道光五年(1825年)刻本。

《(同治)霍邱县志》十六卷首一卷,(清)陆鼎敦、王寅清纂修,清同治九年(1870年)活字本。

《(民国)霍邱县志》十六卷,钟嘉应纂修,民国间修,稿本。[1]

十三、亳州志

现存文献对亳州的建置沿革有相关记载。《明一统志》称,亳州,"春秋谯邑,秦属砀郡。汉置谯县,属沛国。魏为谯国,后魏置南兖州。后周改亳州。唐初为谯州,改亳州,天宝初改亳郡,乾元初复亳州。宋置集庆军,金仍为亳州。元属归德府,本朝降为县,弘治中复升为州,属凤阳府"[2]。《(嘉庆)大清一统志》称,亳州,"春秋陈国焦邑,战国属楚,秦置谯县。汉属沛郡,后汉属沛国,建安中置谯郡。三国魏文帝黄初元年,以先人旧郡又立为谯国。晋咸康四年,侨置陈留郡,治小黄县。宋因之。后魏正始中,兼置南兖州。梁中大通四年,改曰谯州。齐因之。周置总管府,后改曰亳州。隋开皇初,府罢郡废,大业初复曰谯郡,改小黄为谯县。唐武德四年复曰亳州,五年置总管府,贞观元年府罢,天宝初复曰谯郡,乾元初复曰亳州,属河南道。五代因之。宋曰亳州谯郡,大中祥符七年升为集庆军节度,熙宁五年属淮南东路。金初曰亳州,贞祐三年复为集庆军节度,属南京路。元曰亳州,至元八年属归德府。明洪武初以谯县省入,寻降为县,属归德州,六年属颍州,弘治九年复升为州,属凤阳府。本朝雍正二年升为直隶州,十三年改属颍州府"[3]。《(光绪)重修安徽通志》载:亳州,汉沛郡谯县、建成侯国、城父县,后汉汝南郡城父县、沛国谯

---

[1] 《中国地方志综录》称:民国间修,稿本,安徽省图书馆存卷3~7,卷13~15,安徽省博物馆筹备处存卷8~12,16。

[2] (明)李贤等撰:《明一统志》卷七,《文渊阁四库全书》本。

[3] (清)穆彰阿撰:《(嘉庆)大清一统志》卷一二八《颍州府·建置沿革》,《四部丛刊续编》景旧钞本。

县,魏谯郡谯县、城父县,晋谯郡谯县、城父县,宋陈留郡浚仪县、小黄县、谯郡长垣县,齐陈留郡浚仪县、小黄县,北魏陈留郡小黄县、浚仪县、马头郡下邑县,梁、齐、陈、北周陈留郡小黄县、浚仪县,隋谯郡谯县、城父县,唐亳州谯郡谯县、城父县,五代亳州,宋、金亳州谯县城父县,元归德府亳州谯县、城父县,明凤阳府亳州,清颍州府亳州。① 由此可知,北周始有亳州之设②,宋金时曾改设集庆军节度,元明清则又复为亳州。那么以"亳州"为名的志书应该修于北周以后。明洪武初年(1368年)曾将亳州降为亳县,到弘治九年(1496年)时才又复升为亳州。

《(光绪)亳州志》卷二十《杂志类·旧志序跋》③提供了光绪二十年(1894年)以前历代寿州志编修的相关信息,收录了清朝以后编修的寿州志志序、志跋。④

> 明王浩《亳州志》,十卷。
> 按:《明史·艺文志》中仅存其名,而卷帙久佚,即岁月亦无从考核。而《郑志》云修于正德初年,并云王浩即州人,求审何据。
> 嘉靖志
> 按:志已久佚,卷帙、岁月皆不可考。
> 亳州志序,兵部尚书苏祐撰。
> 顺治十三年志,四卷。
> 凤阳府亳州知州刘泽溥主修,学正秦锡蕃、训导孙继森监修,郡人高搏九编纂,李应阳分校,贾国藩、罗於陛、明廷对、刘光灿、杨孟升、方大猷、宋瑞锦同订。
> 亳州志序,顺治丙申八月朔,督学使者临川李来泰撰。

---

① 《(光绪)重修安徽通志》卷二〇《舆地志·建置沿革四》,清光绪四年(1878年)刻本。
② 《(光绪)重修安徽通志》则称唐时始设亳州。
③ 《(光绪)亳州志》卷二〇《杂志类·旧志序跋》,《中国地方志集成》本,南京:江苏古籍出版社,1998年。
④ 序文、跋文内容从略,只摘取个别信息。

亳州志序,知亳州事关中刘泽溥撰。

亳州志跋,亳州学正南陵秦锡藩识。

乾隆三年志,十六卷。

亳州知州华度主修,教谕陈昌会、训导张士宗校阅,萧山蔡必达纂修,郡人陶栻、张鲲、孟衍仁、韩俊、李善辅、王庆泽、孙应瑞、李文灿、刘辉、刘宪参订。

亳州志序,乾隆三年岁次戊午孟冬,知亳州事华度撰。

亳州志跋后,乾隆戊午孟冬,行人司行人里人刘恩沛撰。

乾隆三十八年志

提督安徽学政、翰林院侍读、学士大兴朱筠鉴定,亳州知州香山郑交泰、原任湖南芷江县知县无锡王云万纂修,郡人岁贡张善佐、附贡孙元煌采辑,岁贡梁峰、廪生吴灏采访,州同平湖程光弼、吏目元和李绎监局。

亳州志序,乾隆三十有八年岁在癸巳秋七月二十七日,赐进士出身、朝议大夫、日讲起居注官、翰林院侍读、学士、兼办内阁批本事务、提督安徽学政大兴朱筠撰。

亳州志序,乾隆三十九年岁次甲午四月,奉直大夫知亳州事香山郑交泰撰。

道光五年志,四十三卷。

安徽巡抚陶澍、布政使徐承恩、按察使刘斯嵋命修,巡抚张师诚、提督学政张鳞总裁,知府衔亳州知州钱塘任寿世主修,桐城庠生刘开、仁和举人陈恩德纂修,仁和岁贡戴逢年、郡人署宿州学正试用训导孙得伟、廪生高华、增生彭凤来参阅,恩贡陈永淳、署徽州府训导吴世科、廪生金垲、郑德麟、梁之翰、马兆瑞、增生李泰清、兴国州知州何星衢、举人怀辰、拔贡巩敬修采访校对,学正房遐振、汪茂醇、训导焦锡荣、叶选协修,州同曾怡志、吏目胡松龄、义门司巡检余桂森监局。

亳州志序,道光五年,张师诚序。

亳州志序,道光五年岁在乙酉五月既望,安徽督学使者张鳞撰并书。

亳州志序,胡调元序。

亳州志序,诰授朝议大夫知府衔、安徽颍州府亳州知州钱塘任寿世撰序。

"(亳)州志创始于前明中叶,洎国朝顺治、乾隆时已三修。道光五年,任霁峰刺史重修,秉笔者为桐城刘孟涂茂才、仁和陈晚香孝廉,惜修辑未出一手,斯体例因多不合。光绪十五年,陈筱山刺史延泰州袁升伯明经,因同治年间钟刺史所辑稿本详加增订,其大端仍沿袭乎《任志》。嗣王弼臣刺史复延州人陈暐民广文、商邱袁小飐主政重加纂校,而臆见各别,究未可以成书。今仿史例而参以《任志》并陈、王两刺史阅定志稿,细加考证,分别增删为志十有二"①。明朝中叶、清朝顺治、乾隆三次编修亳州志,道光五年(1825年)任霁峰、刘孟涂、陈晚香等编修一部,光绪十五年(1889年)陈筱山、袁升伯、陈暐民、袁小飐等人虽进行增订,但因意见不同,未能成书。光绪二十年(1894年)再修一部。

关于亳州志编修情况,《千顷堂书目》有如下记载:"贺思聪《亳州志》,成化间修。王浩《亳州志》十卷,弘治间修。李先芳《亳州志》四卷。陈观《亳州志》,字尚宾,桐乡人。"②关于贺思聪、李先芳、陈观的情况,《(光绪)亳州志》也有如下相关记载:"(明知县)贺思聪,直隶永平进士,成化十三年任。"③"(明)贺思聪,直隶永平人,进士,成化十三年知亳县。慈惠宜民,以忧去。服除,士民伏阙乞留,许之,又任二年。储粟赈饥至二万余口,去任,谢迁为撰

---

① 《(光绪)亳州志》卷首《凡例》,《中国地方志集成》本,南京:江苏古籍出版社,1998年。
② (清)黄虞稷撰:《千顷堂书目》卷六《地理类上》,《文渊阁四库全书》本。
③ 《(光绪)亳州志》卷九《职官志·文职表》,《中国地方志集成》本,南京:江苏古籍出版社,1998年。

《遗爱记》。"①"李先芳,山东濮州进士,嘉靖年任(同知)。"②"(明学正)陈观,浙江乌程举人。"③贺思聪于明成化十三年(1477年)做亳县知县,按三年一个任期计算,再加上又多任两年知县,他大概是在成化十八(1482)年离开亳县知县之职的,他编修亳州志的时间当在成化年间且在成化十八年(1482年)以前。陈观为明朝亳州学正,但何时任职却没有明确记录,根据《千顷堂书目》的排列顺序,陈观应该是在嘉靖以后编修的这部志书。

《(光绪)亳州志》亦载有亳州志编修的相关情况:"《亳州志》,顺治丙申年知州刘泽溥修。《亳州志》,乾隆三年知州华度修。《亳州志》,乾隆三十八年,知州郑交泰修。以上各书均经兵燹散失无存。"④

《安徽方志考略》称:"清代方志学家章学诚于乾隆五十四年至五十五年(1789—1790)所纂的《亳州志》,全书已佚,今只存《亳州志人物例议》三篇,《亳州志掌故例议》三篇,载《章氏遗书外编》。"⑤

亳州志创修于明朝中叶,贺思聪编修一部,编修时间应在成化年间且在成化十八年(1482年)之前。《明史·艺文志》称明朝王浩曾编修一部十卷本《亳州志》,但志书早已亡佚,只存其名,编修时间无法考证。而乾隆三十九年(1784年)郑交泰所修亳州志则称其修于正德初年(1506年),但不知所据为何。《千顷堂书目》则称该志修于明朝弘治年间。明嘉靖年间,亳州同知李先芳编修一部四卷本亳州志。明朝亳州学正陈观在嘉靖以后还编修过一部亳州志,但修于何时尚无法确定。清顺治丙申(顺治十三年,1656年),凤阳府亳州知州刘泽溥主持编修一部四卷本亳州志。乾隆三年(1738年),亳州知

---

① 《(光绪)亳州志》卷一〇《职官志·名宦》,《中国地方志集成》本,南京:江苏古籍出版社,1998年。
② 《(光绪)亳州志》卷九《职官志·文职表》,《中国地方志集成》本,南京:江苏古籍出版社,1998年。
③ 《(光绪)亳州志》卷九《职官志·文职表》,《中国地方志集成》本,南京:江苏古籍出版社,1998年。
④ 《(光绪)亳州志》卷七《学校志·学制》,《中国地方志集成》本,南京:江苏古籍出版社,1998年。
⑤ 刘尚恒著:《安徽方志考略》,吉林省图书馆学会,1985年,第92页。

州华度主修一部亳州志,十六卷。乾隆三十八年(1783年),亳州知州香山人郑交泰、原任湖南芷江县知县无锡人王云万纂修一部。乾隆五十四年(1789年)至五十五年(1790年),章学诚编修一部亳州志。道光五年(1825年),知府衔亳州知州钱塘人任寿世主持编修一部四十三卷本亳州志。光绪十五年(1889年),陈筱山刺史、王弼臣刺史先后聘人编修志书,但均未成书,只有志稿。光绪二十年(1894年),钟泰、宗能征等人参考《任志》和陈、王二人志稿纂修一部二十卷本亳州志。顺治刘泽溥志、乾隆华度志、乾隆郑交泰志均存世,而《(光绪)亳州志》的编修者称这三部志书均经兵燹散佚无存,可能是因为当时社会不稳定,他们没有看到这三部志书。

《中国地方志联合目录》《中国地方志综录》对现存亳州志作了统计,共有七部亳州志存于世。

《(嘉靖)亳州志》四卷,(明)李先芳等纂修,明嘉靖四十三年(1564年)刻本。①

《(顺治)亳州志》四卷,(清)刘泽溥修,高搏九纂,清顺治十三年(1656年)刻本。

《(乾隆)亳州志》十六卷,(清)华度修,蔡必达纂,清乾隆五年(1740年)刻本。

《(乾隆)亳州志》十二卷首一卷,(清)郑交泰修,王云万纂,清乾隆三十九年(1784年)刻本。

《(道光)亳州志》四十三卷首一卷,(清)任寿世修,刘开、陈恩德等纂,清道光五年(1825年)古谯官舍刻本。

《(光绪)亳州志》二十卷首一卷,(清)钟泰、宗能征纂修,清光绪二十年(1894年)活字本。

《(民国)亳县志略》不分卷,刘治堂纂修,民国二十五年(1936年)铅印本。

---

① 该志不知是否为《(光绪)亳州志》中提到的"嘉靖志"。

十四、涡阳县志

关于涡阳县的建置沿革,文献中有相关记载。《元和郡县图志》载,蒙城县,"本汉山桑县,属沛郡,后汉改属汝南郡。魏属谯郡。后魏孝文帝于此置涡州,理山桑城。其地后入于梁,梁于此置西徐州。后复入魏,改为谯州,改谯县为涡阳县。隋改涡阳为肥水县。武德四年,重立山桑县,属谯州。贞观十七年废谯州,割属亳州。天宝二年,改为蒙城县"①。《(嘉庆)大清一统志》曰:"涡阳故城,今蒙城县治。萧齐尝置马头郡。后魏太和十八年,齐马头郡守孟表据郡来归,除南兖州刺史,仍领马头太守,镇涡阳。梁大通初,陈庆之攻拔涡阳,诏以涡阳置西徐州。太清初,魏将慕容绍宗败侯景于涡阳,其地遂复入魏,改置谯州南谯郡。《隋志》:谯郡后魏置涡阳县,开皇十六年改涡阳为肥水,大业初改曰山桑。《元和志》:蒙城县西北至亳州二百四十里北临涡水即后魏涡州城也。"②《清史稿》载,涡阳,"同治三年,割阜阳、亳州、蒙城及凤阳府之宿州地增置"③。由此可知,北魏置涡阳县,隋朝又改涡阳为肥水县,此后很长时间没有设置涡阳县,而到清同治三年(1864 年)才又设置涡阳县。

关于历史上涡阳县志的编修情况,文献记载较少。或许是因为早期的涡阳县志已不存世,无法考证,故文献未予记载。或许是涡阳县志创修于清朝同治年间,故前此没有涡阳县志。《(光绪)重修安徽通志》载:"《涡阳县志》十卷,同治十年金耀奎、吴以敬修。"④清同治十年(1871 年),金耀奎、吴以敬编修一部十卷本涡阳县志。

根据《中国地方志联合目录》《中国地方志综录》的统计,涡阳县志创修于清朝同治年间,现存涡阳县志三部。

---

① 《元和郡县图志》卷七《河南道三》,《中国古代地理总志丛刊》本,北京:中华书局,2005 年。
② (清)穆彰阿撰:《(嘉庆)大清一统志》卷一二八《颍州府·古迹》,《四部丛刊续编》景旧钞本。
③ 《清史稿》卷六六《志四一》,北京:中华书局,1977 年。
④ 《(光绪)重修安徽通志》卷三三九《艺文志·史部二》,清光绪四年(1878 年)刻本。

《(同治)涡阳县志》六卷,(清)石成之修,王冠甲、杨雨霖纂,清同治十一年(1872年)稿本。①

《涡阳风土记》十七卷首一卷,黄佩兰修,王佩箴等纂,民国十三年(1924年)活字本。②

《(民国)涡阳县志略》不分卷,朱国衡纂修,民国二十五年(1936年)铅印本。

十五、太和县志

关于太和县的建置沿革,历史文献中有所记载。《(民国)太和县志》载:"至宋开宝六年,析汝阴县北万寿等五乡置县,以唐乡万寿为名,建县治于百尺镇西北,属颍州。宣和间,改曰泰和,'泰和'之名始著。移县治于沙河北。绍兴末,陷于金。金亡,复归宋。元至元初,省入颍州。大德八年,复置,移今县治,曰太和。地制遂乃大定,属颍州,后隶汝宁府。明则隶凤阳府。清初仍之。雍正二年,总督查弼纳议请属直隶亳州。十三年,巡抚王纮复议,请改属颍州府。民国元年,废颍州府,为安徽省太和县。三年,兼属淮泗道。"③《(嘉庆)大清一统志》载,太和县,"战国魏鄎邱邑。汉置新郪、新阳、细阳三县,皆属汝南郡。后汉建初四年,改新郪为宋公国。三国魏废为县。晋省新阳、细阳,以宋县属汝阴郡。宋魏因之。齐周时省。隋唐为汝阴县地。宋开宝六年,分汝阴置万寿县,属颍州。宣和后改曰泰和。金因之。元至元二年,省入州。大德八年,复置,改曰太和,属颍州。明初属河南汝宁府。洪武三年,仍属颍州。本朝初,属凤阳府。雍正二年,改属直隶亳州。十三年,属颍州

---

① 《(光绪)重修安徽通志》著录的清朝同治十年金耀奎、吴以敬编修的十卷本《涡阳县志》即是此志。石成之、金耀奎、吴以敬三人为该志的主修。

② 《中国地方志综录》称:民国十五铅印本,题《涡阳县志》,增乐输题名一卷,为十八卷,实即是书。

③ 《(民国)太和县志》卷一《舆地》《中国地方志集成》本,南京:江苏古籍出版社,1998年。

府"①。由此可知,安徽省太和县最初为"泰和"县,县名始于宋宣和年间,元大德八年(1304年)改称"太和",此后相沿未改。历史上安徽省的太和县,宋宣和年间至元大德八年(1304年)称为"泰和县",元大德八年(1304年)后则一直称为"太和县"。

关于历代太和县志的编修情况,现存文献里有相关记载。《八千卷楼书目》载:"《(乾隆)太和县志》八卷,国朝成兆豫撰,刊本。"②《(光绪)重修安徽通志》载:"《太和县志》八卷,道光六年张文凤、同治八年王寅清修。"③

《(民国)太和县志·旧志序》曰:"太和之为县肇于汉,而县志之作也,昉于清苑刘公岘,其时则为万历甲戌。更历八十余载,至我朝顺治十有六年陈公大纶始重辑之,于今则又百年矣。嗟乎!自汉以来岁阅数千而太和之志明以前缺焉无闻,明以后仅获两见,是何兴之难而废之易耶。"④太和县于汉始设,而太和县志始修于万历甲戌(万历二年,1574年)刘岘。清顺治十六年(1659年)陈大纶又修一部太和县志。明朝以前的太和县志无法考证,明以后的太和县志只见到两部。

《(民国)太和县志·凡例》亦曰:"太和之名称著于宋,其为县自秦郡县天下始。历代相承,地里之分合,名称之变易,先后不一。明以前纪载阙略,其裒为一编者创始于刘令岘,时在万历甲戌,继修于清顺治间陈令大纶,其稿皆不可得见。乾隆辛未,成令兆豫始刊有成书。同治己巳,安徽通志局行取志稿,王令寅清采辑,惜无存册。光绪庚寅,吴君大来有《存徵录稿》十一卷,工未竣,病殁。自成志后越今一百七十四年,仅获《吴录》,事迹既多湮没,义例亦难据依。今国体已更,从事纂修、重订事类,其于已载而未备者增之,未载而可采者补之,事无可考者阙之,事有舛讹者兼考史传正之。"⑤太和县始设

---

① (清)穆彰阿撰:《(嘉庆)大清一统志》卷一二八《舆地》,《四部丛刊续编》景旧钞本。
② (清)丁仁撰:《八千卷楼书目》卷六《史部》,民国铅印本。
③ 《(光绪)重修安徽通志》卷三三九《艺文志·史部二》,清光绪四年(1878年)刻本。
④ 《(民国)太和县志》卷一二《杂志·旧志序》,《中国地方志集成》本,南京:江苏古籍出版社,1998年。
⑤ 《(民国)太和县志》卷首《凡例》,《中国地方志集成》本,南京:江苏古籍出版社,1998年。

于秦朝,闻名于宋,而明以前太和县志无从考证。明万历甲戌(万历二年,1574年),刘岍编修一部。清朝顺治间,陈大纶又修一部,但其志稿无法得见。乾隆辛未(乾隆十六年,1751年)成兆豫再修一部。同治己巳(同治八年,1869年),王寅清采辑编纂,但已无存册。光绪庚寅(光绪十六年,1890年),吴大来编成《存徵录稿》十一卷,书未成而身故。

《(民国)太和县志·曹逊之序》曰:"太和始创志事者刘公岕①,继之者陈公大纶,至成公兆豫乃刊有成书,今则成于吴先生述庵。先生全椒名宿也,邑人闻其名,商于知事丁公子莘,延聘主纂,当是时邑志之失修已百七十四年矣。夫邑之有志犹国之有史,其励风化、示劝惩一也。"②太和县志创修于刘岕,继修于陈大纶,成兆豫编修一部,始刊刻成书,民国时吴述庵修成一部。

《千顷堂书目》著录了一部唐伯元编修的《太和县志》③,未注明编修时间和卷数。关于唐伯元的情况,文献里有记载。《(嘉庆)大清一统志》称:"唐伯元,字仁卿,澄海人。万历进士,知万年、泰和二县,并有惠政。累迁吏部文选考功郎中,佐尚书孙丕扬澄清吏治,苞苴不及其门。寻乞归,卒。"④《明史》有唐伯元传,传曰:"唐伯元,字仁卿,澄海人。万历二年进士,历知万年、泰和二县,并有惠政,民生祠之。迁南京户部主事,进郎中。伯元受业永丰吕怀,践履笃实,而深疾王守仁新说。及守仁从祀文庙,上疏争之,因请黜陆九渊,而跻有若及周、程、张、朱五子于十哲之列,祀罗钦顺、章懋、吕柟、魏校、吕怀、蔡清、罗洪先、王艮于乡。疏方下部,旋为南京给事中钟宇淳所驳,伯元谪海州判官。屡迁尚宝司丞。史部尚书杨巍雅不喜守仁学,心善伯元前疏,用为吏部员外郎,历考功文选郎中,佐尚书孙丕扬澄清吏治,苞苴不及其门。秩满,推太常少卿,未得命。"时吏部推补诸疏皆留中,伯元言:"贤愚同滞,朝野咨

---

① "岕"字在《(民国)太和县志·凡例》里作"岘"。
② 《(民国)太和县志》卷首《曹逊之序》,《中国地方志集成》本,南京:江苏古籍出版社,1998年。
③ (清)黄虞稷撰:《千顷堂书目》卷六《地理类上》,《文渊阁四库全书》本。
④ (清)穆彰阿撰:《(嘉庆)大清一统志》卷四四六《潮州府·人物》,《四部丛刊续编》景旧钞本。

嗟,由臣拟议不当所致,乞赐罢斥。"帝不怿,特允其去,而诸疏仍留不下。居二年,甄别吏部诸郎,帝识伯元名,命改南京他部,而伯元已前卒。伯元清苦淡薄,人所不堪,甘之自如,为岭海士大夫仪表。① 根据以上文献记载,唐伯元为明万历二年(1574年)进士,曾任万年、泰和两县知县。今安徽省太和县历史上曾有一段时间被称为"泰和",今江西省泰和县历史上则曾有一段时间被称为"太和"。元大德八年(1304年)之后安徽省太和县就一直称为"太和县",不再称"泰和县",而明洪武二年(1369年)正月以后江西泰和则已经定名为"泰和县",不再更改。故唐伯元曾任江西泰和县知县,那么他编修的《太和县志》应该是江西的泰和县志。

《(民国)太和县志》收录了顺治十六年(1659年)陈大纶序、乾隆十六年(1751年)成兆豫序、同治八年(1869年)春王寅清序、民国十四年(1925年)丁炳烺序和夏邓衍祺谨跋。②

《永乐大典》收录了一部《泰和志》,根据志书编修源流、相关地区的建置沿革、佚文内容分析,大典本《泰和志》实际上包括两部志书,一部是安徽省太和县志,一部是江西省泰和县志。根据建置沿革的情况,再结合《永乐大典》成书时间,以"泰和"为名的大典本安徽太和县志,应该修于宋宣和年间至元大德八年(1304年)间。大典本《泰和志》补充了现存文献记载的阙漏,为进一步了解历代安徽太和县志编修情况提供了新线索。③

从以上文献记载可知,明以前太和县志的编修情况无所考证。从《永乐大典》收录的情况看,在宋宣和年间至元大德八年(1304年)间曾经编修过一部安徽太和县志,但其具体的编修时间和编修者却无法考证。太和县志有据可考的是从明朝开始。明万历甲戌(万历二年,1574年),县令刘岵④编修一

---

① 《明史》卷二八二《列传一七〇》,北京:中华书局,1974年。
② 《(民国)太和县志》卷六《杂志·旧志序》,《中国地方志集成》本,南京:江苏古籍出版社,1998年。
③ 蒲霞:《〈永乐大典〉本〈泰和志〉研究》,载《图书情报工作》,2011年第1期,第142~144页、第79页。
④ "岵"亦有文献作"玠"。

部太和县志。清顺治十六年(1659年),县令陈大纶又修一部。乾隆十六年(1751年),县令成兆豫再修一部。同治己巳(同治八年,1869年)春,县令王寅清又修一部,已无存册。光绪庚寅(光绪十六年,1890年),吴大来有《存徵录稿》十一卷,但未完成全帙就病故了。而到民国十四年(1925年),丁炳烺再修一部。

根据《中国地方志联合目录》《中国地方志综录》的统计,现存安徽省太和县志共五部。

《(万历)太和县志》七卷,(明)刘岵修,陈琯纂,明万历二年(1574年)刻本。

《(顺治)太和县志》八卷,(清)陈大纶修,吴溢、丁亮纂,清顺治十六年(1659年)刻本。

《(乾隆)太和县志》八卷,(清)成兆豫修,吴中最、洪朝元纂,清乾隆十六年(1751年)刻本。

《(民国)太和县志》十二卷首一卷,丁炳烺修,吴承志纂,民国十四年(1925年)上海中华书局铅印本。

《(民国)太和县分乡图志》,方守先纂修,王渭源、王希清绘图,民国三十四年(1945年)铅印本。

十六、蒙城县志

关于蒙城县建置沿革的相关情况,现存文献里有记载。《明一统志》载,蒙城县,"本汉沛郡之山桑县,东汉属汝南郡,三国魏属谯郡,后魏置涡阳县。隋改曰淝水县,大业中复改为山桑县。唐改为蒙城县。五代宋因之。金属寿州,元属安丰路,本朝仍属寿州"[①]。《(光绪)重修安徽通志》载,蒙城县,汉沛郡山桑县,后汉汝南郡山桑县,魏汝阴郡山桑县,晋谯郡山桑县,宋谯郡蒙县,齐马头郡地,北魏南谯郡涡阳县、蒙郡蒙县,梁谯郡涡阳县、蒙郡蒙县,北齐蒙

---

① (明)李贤等撰:《明一统志》卷七《文渊阁四库全书》本。

郡蒙县,北周南谯郡地,隋谯郡山桑县,唐亳州谯郡蒙城县,五代亳州,宋亳州蒙城县,金寿州蒙城县,元安丰路蒙城县,明凤阳府寿州蒙城县,清颍州府蒙城县。①《新唐书》载,蒙城"本山桑,天宝元年更名"②。唐天宝元年(742 年)将山桑县改名为蒙城县,蒙城县自此设置。以"蒙城"为名的志书当修于唐天宝元年(742 年)以后。

历代蒙城县志编修情况,现存文献中有所记载。《(光绪)重修安徽通志》载:"《蒙城县志》十卷,道光五年杨炘、同治十年李炳涛修。"③《传是楼书目》曰:"《蒙城县志》十八卷,明何名隽,四本。"④

《(同治)蒙城县志》⑤收录了清朝同治前各部蒙城县志的原序。

顺治乙未夏五月,蒙城县教谕汪作霖序。

康熙十有五年岁次丙辰孟夏月,寿春邓旭序。

康熙十有五年岁次丙辰夏五月端阳之五日,文林郎、知蒙城县事燕山赵裔昌序。

康熙十有五年岁次丙辰夏五月,蒙城县训导黎苑施塏序。

康熙丙辰夏月,邑人吴道伟□序。

康熙十有五年岁次丙辰仲夏,邑人何名隽序。

《(同治)蒙城县志·艺文志》载:"《蒙城县志》,明吴一鸾修。国朝顺治乙未,知县田本沛修。道光五年,知县杨炘修。《蒙城县志》,嘉庆年邑人,贡生熊体仁修,时年八十余岁。"⑥

《(民国)重修蒙城县志》收录了历代蒙城县志原序,包括顺治乙未(顺治十二年,1655 年)田本沛序、顺治乙未(1655 年)汪作霖序、康熙丙辰(康熙十

---

① 《(光绪)重修安徽通志》卷二〇《舆地志·建置沿革四》,清光绪四年(1878 年)刻本。
② 《新唐书》卷三八《地理志》,北京:中华书局,1975 年。
③ 《(光绪)重修安徽通志》卷三三九《艺文志·史部二》,清光绪四年(1878 年)刻本。
④ (清)徐乾学:《传是楼书目》,清道光八年(1828 年)味经书屋钞本。
⑤ 《(同治)蒙城县志》卷首《原序》,清同治九年(1870 年)抄本。
⑥ 《(同治)蒙城县志》卷九《艺文志·史部》,清同治九年(1870 年)抄本。

五年,1676年)赵裔昌序、康熙十五年(1676年)施阶序、康熙丙辰(康熙十五年,1676年)吴道伟序、康熙丙辰(康熙十五年,1676年)何名隽序、同治十年(1871年)李炳涛序和石廷枢序。①

《(民国)重修蒙城县志·于振江序》曰:"我蒙县志手续屡更,考其原序,无非遭兵燹、经战争而始从而修订之者。就前清而言,顺治乙未鼎革未久,知县田公本沛修焉。康熙丙辰兵荒甫定,知县赵公裔昌修焉。同治庚午粤苗乍平,知县李公炳涛修焉。自时厥后迄于今四十余年矣,其间重熙累洽、文人硕士正不乏人而县志一书无遇问者,岂不暇及此耶,抑未遇其时耳。"②清顺治乙未(顺治十二年,1655年)知县田本沛编修一部蒙城县志,康熙丙辰(康熙十五年,1676年)知县赵裔昌又修一部,同治庚午(同治九年,1870年)知县李炳涛再修一部。

根据以上文献提供的线索,明朝即有蒙城县志的编修。明朝吴一鸾修有一部。清顺治乙未(顺治十二年,1655年),田本沛等人编修一部。康熙丙辰(康熙十五年,1676年),赵裔昌、何名隽等人又修一部,志书十八卷。道光五年(1825年),知县杨炘又修一部,成书十卷。嘉庆年间,邑人熊体仁再修一部。同治十年(1871年),李炳涛再修一部,志书亦为十卷。民国四年(1915年),于振江又修一部。

《中国地方志联合目录》《中国地方志综录》对现存蒙城县志作了统计,现存蒙城县志共六部。

《(万历)蒙城县志》八卷,(明)吴一鸾纂修,明万历十年(1582年)刻本。

《(顺治)蒙城县志》十二卷,(清)田本沛纂修,清顺治九年(1652年)刻本。

《(康熙)蒙城县志》十八卷,(清)赵裔昌修,何名隽、吴道伟纂,清康熙十

---

① 《(民国)重修蒙城县志》卷首《序·原序》,《中国地方志集成》本,南京:江苏古籍出版社,1998年。

② 《(民国)重修蒙城县志》卷首《于振江序》,《中国地方志集成》本,南京:江苏古籍出版社,1998年。

五年(1676年)刻本。

《(同治)蒙城县志》十卷,(清)李炳涛修,石廷枢纂,清同治九年(1870年)修,抄本。

《(民国)重修蒙城县志》十二卷,汪篪修,于振江、黄与绥等纂,民国四年(1915年)铅印本。

《(民国)蒙城县政书》十卷,汪篪纂,民国十三年(1924年)铅印本。

十七、六安州志

六安州的建置沿革,现存文献中有所记载。《明一统志》载,六安州,"本古六国,禹封皋陶之后于此。春秋为六蓼国地。汉为六安国,治六县,后为盛唐县,属庐江郡。晋改为六安县。隋改霍山县。唐置霍州,复废州,改霍山为盛唐县。五代晋改来化县,后复为盛唐县。宋为六安县,政和中升六安军,初属寿春府,后属安丰军。元为六安州,属庐州路。本朝洪武中割属凤阳府,以六安县省入,后改今属"①。据《(嘉庆)大清一统志》载,六安直隶州,"《禹贡》扬州之域,夏禹封皋陶之后于六。春秋时地入于楚。秦置六县。汉初为淮南国治,文帝十六年分置衡山国,武帝元狩元年国除,为衡山郡,二年改置六安国,后汉建武十三年以六安国属庐江郡。三国属魏,为庐江郡治。晋复曰六县为郡治。宋省入潜县。隋为霍山、开化二县地。唐开元二十七年改霍山置盛唐县,属寿州。五代梁改曰潜山。后唐同光初复故。晋天福中又改曰来化,寻复曰盛唐。宋开宝四年改曰六安。政和八年于县置六安军,属淮南西路,绍兴十三年废为县,嘉定五年复为军,端平元年又为县,后复为军。元至元二十八年仍降为县,属庐州路,后复升为州。明洪武初以州治六安县省入,属凤阳府,十五年还属庐州府。本朝雍正二年直隶安徽布政使司,领县二"②。由此可知,两宋时期六安县、六安军的设置几度变更,元至元二十八

---

① (明)李贤等撰:《明一统志》卷一四《庐州府》,《文渊阁四库全书》本。
② (清)穆彰阿撰:《(嘉庆)大清一统志》卷一三三《六安直隶州·建置沿革》,《四部丛刊续编》景旧钞本。

年(1291年)复为六安县,后升为六安州,明洪武初年(1368年)六安县并入六安州,清雍正二年(1724年)将六安州升为直隶州,直属安徽布政使司。六安州之名始于元朝。

现存文献对于历代六安州志的编修情况有所著录。《澹生堂藏书目》载:"《六安州志》八卷,三册,刘垓。"①《内阁藏书目录》载:"《六安州志》三册全,万历甲申州守刘垓修。"②《千顷堂书目》称:"刘垓《六安州志》,万历间修。"③

《明一统志》记录庐州府风俗时称:"尚勇力,文辞巧而少信。"④(《元六安志》)。由这条资料可知,元朝曾编修一部《六安志》,根据六安州建置沿革,这部志书或为六安县志,或为六安州志,但具体编修时间和编修者尚无法考证。

《(成化)中都志》卷六《辩疑》中也收录了一部六安志的内容,即:"《六安志》云:霍山在州西南九十里。"⑤这条资料是关于霍山县的,所以有必要考察霍山县的建置沿革,以分析这部志书的编修时间。关于霍山县建置沿革,据《(嘉庆)大清一统志》载,霍山县,"春秋潜国,汉置潜县,属庐江郡。后汉及晋因之。宋为庐江郡治。南齐建元二年仍为属县。梁天监六年于县置霍州,又分置岳安郡岳安县。后魏□之。北齐州废。隋开皇初郡废,改岳安县曰霍山,属庐江郡。唐武德初复于县置灵州,贞观初州废,以县属寿州,神功初改曰武昌,神龙初改曰霍山,开元二十七年废入盛唐县,天宝元年复置霍山县,属寿州。五代因之。宋开宝四年省为镇,入六安。明弘治二年复置县,属六安州。本朝初属庐州府,雍正二年改属六安州"⑥。隋开皇初年(581年)将岳安县改为霍山县,始有霍山县之名。唐武德初年(618年)至明弘治二年

---

① (明)祁承㸁:《澹生堂藏书目》,清宋氏漫堂钞本。
② (明)孙能传撰:《内阁藏书目录》卷六《志乘部》,清迟云楼钞本。
③ (清)黄虞稷撰:《千顷堂书目》卷六《地理类上》,《文渊阁四库全书》本。
④ (明)李贤等撰:《明一统志》卷一四《庐州府》,《文渊阁四库全书》本。
⑤ 《(成化)中都志》卷六《辨疑》,《四库全书存目丛书》本,济南:齐鲁书社,1996年。
⑥ (清)穆彰阿撰:《(嘉庆)大清一统志》卷一三三《六安直隶州·建置沿革》,《四部丛刊续编》景钞本。

(1489年)间,霍山县时存时废。明弘治二年(1489年)开始霍山县一直设立,没有更改。《(成化)中都志》修于明成化二十三年(1487年),再结合霍山县建置沿革,这部《六安志》应修于隋开皇初年(581)以后明成化二十三年(1487年)以前,但志书更为具体的编修时间和编修者尚无法确定。根据《中国地方志联合目录》《中国地方志综录》的统计,现存最早的六安州志是明嘉靖三十四年(1555年)编修的,所以《(成化)中都志》收录的《六安志》已经亡佚。

《(同治)六安州志·凡例》称:"州志创于前明,嘉靖乙卯本、万历甲申本皆非完编。我朝一修于康熙辛酉,再修于己卯,三修于雍正己酉,以州升直隶始并载英、霍。乾隆己巳、嘉庆甲子又两修焉,及道光戊子重修,其时旧版完好,纂辑者依类续若干板片于后,标为新增,故竣工尤速。迨咸丰间兵燹毁废,宪饬重修,乃多觅旧本,核其体例,与现颁条类较有不同,兹特改从新例。"①六安州志创修于明朝,明嘉靖乙卯(嘉靖三十四年,1555年)、万历甲申(万历十二年,1584年)均修六安州志,但至同治年间已非完本。清康熙辛酉(康熙二十年,1681年)、康熙己卯(康熙三十八年,1699年)、雍正己酉(雍正七年,1729年)、乾隆己巳(乾隆十四年,1749年)、嘉庆甲子(嘉庆九年,1804年)、道光戊子(道光八年,1828年)、咸丰年间均各修一部六安州志。

《(同治)六安州志》②收录了历代六安州志序,包括明嘉靖三十四年(1555年)喻南岳序、万历十二年(1584年)李懋桧序、清康熙二十年(1681年)王所善序、康熙三十八年(1699年)王廷曾序、雍正七年(1729年)李懋仁序、乾隆十六年(1751年)金宏勋序、嘉庆九年(1804年)宋思楷、道光甲申(道光四年,1824年)牛映奎序,还有同治十一年(1872年)李蔚序和王峻序。

《(光绪)重修安徽通志》曰:"《六安州志》二十五卷,道光四年朱映奎、同治九年刘奎光修。"③《(同治)六安州志》列举同治年间六安州知州时载:"刘

---

① 《(同治)六安州志》卷首《凡例》,《中国地方志集成》本,南京:江苏古籍出版社,1998年。
② 《(同治)六安州志》卷首《六安州志序》,《中国地方志集成》本,南京:江苏古籍出版社,1998年。
③ 《(光绪)重修安徽通志》卷三三九《艺文志·史部二》,清光绪四年(1878年)刻本。

奎光,湖北人,举人,六年丁卯署。""王峻,汉军人,举人,九年庚午署。""李蔚,甘肃人,监生,九年庚午署。"①可见,同治九年(1870年)六安州知州刘奎光开始修志,后来知州王峻和李蔚亦接继修志,最后于同治十一年(1872年)志书修成。

《八千卷楼书目》载:"《孟子四考》四卷,国朝周广业撰,刊本,《续经解》本。"②"《(乾隆)六安直隶州志》五十卷,国朝周广业撰,刊本。""《(乾隆)广德直隶州志》五十卷,国朝周广业撰,刊本。"③《清史稿》载:"《六安直隶州志》五十卷,周广业修。"④《清朝续文献通考》载:"《孟子四考》四卷,周广业撰。广业,字勤圃,号耕崖,浙江海宁人,乾隆癸卯举人。"⑤周广业为清朝乾隆癸卯(乾隆四十八年,1783年)举人,编修一部五十卷本《六安直隶州志》。根据上文所列《(同治)六安州志》记载的相关情况,清乾隆己巳年(乾隆十四年,1749年)曾编修过一部六安州志,乾隆十六年(1751年)金宏勋还曾为志书撰写序文一篇。笔者在《(同治)六安州志》中没有查找到有关周广业的情况,所以不知他具体是在什么时间编修的六安直隶州志。

根据上述文献记载,可以梳理出历代六安州志编修的大体情况。隋开皇初年(581年)以后明成化二十三年(1487年)以前,编修过一部《六安志》。元朝曾编修一部《六安志》,或为六安州志,或为六安县志。明嘉靖乙卯(嘉靖三十四年,1555年)编修一部,万历甲申(万历十二年,1584年)州守刘垓编修一部八卷本六安州志。明至少两次编修六安州志。清康熙辛酉(康熙二十年,1681年)修有一部,康熙己卯(康熙三十八年,1699年)又修一部,雍正己酉(雍正七年,1729年)再修一部,乾隆己巳(乾隆十四年,1749年)又修一部,嘉庆甲子(嘉庆九年,1804年)又修一部,道光四年(1824年)朱映奎再修一部二

---

① 《(同治)六安州志》卷一七《职官一·文职》,《中国地方志集成》本,南京:江苏古籍出版社,1998年。
② (清)丁仁撰:《八千卷楼书目》卷三《经部》,民国铅印本。
③ (清)丁仁撰:《八千卷楼书目》卷六《史部》,民国铅印本。
④ 《清史稿》卷一四六《志一二一》,北京:中华书局,1977年。
⑤ (清)刘锦藻撰:《清朝续文献通考》卷二五九《经籍考三》,民国影印十通本。

十五卷本六安州志,咸丰年间亦曾编修一部,同治十一年(1872年)刘奎光、王峻、李蔚等编修一部六安州志。清朝曾经编修了八部六安州志。

根据《中国地方志联合目录》《中国地方志综录》的统计,现存六安州志(包括六安县志)总共九部。

《(嘉靖)六安州志》三卷,(明)喻南岳修,邵德久等纂,明嘉靖三十四年(1555年)刻本。

《(万历)六安州志》八卷,(明)李懋桧纂修,明万历十二年(1584年)刻本。①

《(康熙)重修六安州志》十卷,(清)王所善修,韩献等纂,清康熙十九年(1680年)抄本。

《(康熙)六安州志》二十卷,(清)王廷曾修,陶恪等纂,清康熙三十八年(1699年)刻本。

《(雍正)六安州志》,(清)李懋仁纂修,清雍正七年(1729年)刻本。

《(乾隆)六安州志》二十四卷,(清)金弘勋纂修,清乾隆十六年(1751年)刻本。

《(嘉庆)六安直隶州志》三十二卷末一卷,(清)宋思楷纂修,清嘉庆九年(1804年)刻本。

《(同治)六安州志》六十卷首一卷,(清)李蔚、王峻修,吴康霖等纂,清同治十一年(1872年)刻本。②

《(民国)六安县志》十卷首一卷,秦振夫、蒋炎修,吴贯之等纂,民国二十三年(1934年)修,稿本。

十八、霍山县志

关于霍山县的建置沿革,现存文献中有相关记载。据《(嘉庆)大清一统志》载,霍山县,"春秋潜国,汉置潜县,属庐江郡。后汉及晋因之。宋为庐江

---

① 原刻本在日本国会图书馆,国内只有胶卷。
② 《中国地方志综录》称该志现存为:同治十一年,光绪二十一年镌本。

郡治。南齐建元二年仍为属县。梁天监六年于县置霍州,又分置岳安郡岳安县。后魏□之。北齐州废。隋开皇初郡废,改岳安县曰霍山,属庐江郡。唐武德初复于县置灵州,贞观初州废,以县属寿州,神功初改曰武昌,神龙初改曰霍山,开元二十七年废入盛唐县,天宝元年复置霍山县,属寿州。五代因之。宋开宝四年省为镇,入六安。明弘治二年复置县,属六安州。本朝初属庐州府,雍正二年改属六安州"①。隋开皇初年(581年)设置霍山县,此后霍山县的废设频繁,到明弘治二年(1489年)最终定型,此后相沿未改。总体来说,霍山县志修于隋开皇初年(581年)以后。

关于历代霍山县志的编修情况,现存文献中有一些记载。《八千卷楼书目》载:"《(乾隆)霍山县志》四卷,国朝吴学山撰,刊本。"②《(光绪)重修安徽通志》载:"《霍山县志》八卷,嘉庆二十三年潘际明③修。十卷,同治九年张伯超修。"④《千顷堂书目》曰:"陈维翰《霍山县志》,万历间修。陈春先《霍山县志》,天启间修。"⑤《内阁藏书目录》载:"《霍山县志》四册全,万历己丑邑令陈维翰修。"⑥

《(光绪)霍山县志》"杂志·原修姓氏"⑦部分收录了历代霍山县志修志人员姓氏:

> 明万历十七年癸丑⑧,知县陈维翰。
>
> 天启二年,知县陈先春⑨。

---

① (清)穆彰阿撰:《(嘉庆)大清一统志》卷一三三《六安直隶州·建置沿革》,四部丛刊续编景钞本。
② (清)丁仁撰:《八千卷楼书目》卷六《史部》,民国铅印本。
③ "潘际明"误,应为"潘际云"。
④ 《(光绪)重修安徽通志》卷三三九《艺文志·史部二》,清光绪四年(1878年)刻本。
⑤ (清)黄虞稷撰:《千顷堂书目》卷六《地理类上》,《文渊阁四库全书》本。
⑥ (明)孙能传撰:《内阁藏书目录》卷六《志乘部》,清迟云楼钞本。
⑦ 《(光绪)霍山县志》卷一五《杂志·原修姓氏》,《中国地方志集成》本,南京:江苏古籍出版社,1998年。原修姓氏人员较多,文中只节录居第一位者。
⑧ "癸丑"误,应为"己丑"。
⑨ "陈先春"误,应为"陈春先"。

清顺治十七年,知县栾元魁。

乾隆十四年,知县吴学山。

乾隆四十一年丙申,知县甘山。

嘉庆二十一年丙子,知县潘际云。

《内阁藏书目录》称明万历己丑(万历十七年,1589年)陈维翰编修霍山县志,《(光绪)霍山县志》则曰明万历十七年(1589年)癸丑知县陈维翰编修霍山县志。另外,《(光绪)霍山县志》还收录了万历癸丑知县黄守经撰写的霍山县志序。①"万历己丑"为"万历十七年","万历癸丑"为"万历四十一年",二者相差二十多年时间,这些记载出现了时间错乱的情况。关于陈维翰、黄守经在霍山县任知县的时间,《(光绪)霍山县志》载:"陈维翰,琼山县举人,(万历)十六年任,肇修邑志,迁文庙于河北。""黄守经,(万历)三十八年任。"②由此可知,霍山知县陈维翰编修霍山县志应该在明万历己丑(万历十七年,1589年),霍山知县黄守经编修霍山县志是在明万历癸丑(万历四十一年,1613年)。这样一来,根据相关文献的记载,万历年间应该是编修了两部霍山县志。

《(光绪)霍山县志》称:"陈春先,新会县举人,(万历)四十七年任(知县)。"③《(光绪)霍山县志》收录了明天启二年(1622年)知县陈春先为霍山县志撰写的志序。④《千顷堂书目》亦称明天启年间陈春先编修一部霍山县

---

① 《(光绪)霍山县志》卷一三《艺文志·序》,《中国地方志集成》本,南京:江苏古籍出版社,1998年。
② 《(光绪)霍山县志》卷六《秩官志·职官》,《中国地方志集成》本,南京:江苏古籍出版社,1998年。
③ 《(光绪)霍山县志》卷六《秩官志·职官》,《中国地方志集成》本,南京:江苏古籍出版社,1998年。
④ 《(光绪)霍山县志》卷一三《艺文志·序》,《中国地方志集成》本,南京:江苏古籍出版社,1998年。

志。① 而《(光绪)霍山县志》收录的霍山县志"原修姓氏"中却称为"陈先春"②,这是不正确的,应为"陈春先"。

《(光绪)重修安徽通志》载:"《霍山县志》八卷,嘉庆二十三年潘际明修。"③《(光绪)霍山县志》称:"潘际云,号春洲,江苏溧阳县乙丑翰林。"嘉庆二十一年(1797年)丙子编修霍山县志。④《(光绪)霍山县志》在列举清嘉庆年间霍山县知县时称:"潘际云,十三年任,十八年调灵璧,复任。"⑤《(光绪)霍山县志》还收录了潘际云撰写的霍山县志序。⑥ 故应为"潘际云"而不是"潘际明",《(光绪)重修安徽通志》所载有误。

根据《(光绪)霍山县志》的记载,已知的最早一部霍山县志是明万历己丑(万历十七年,1589年)知县陈维翰编修的。万历癸丑(万历四十一年,1613年),知县黄守经又修一部霍山县志。天启二年(1622年),知县陈春先再修一部。明朝三修霍山县志。清顺治十七年(1660年),知县栾元魁编修一部。乾隆十四年(1749年),知县吴学山又修一部四卷本霍山县志。乾隆四十一年(1776年)丙申,知县甘山再修一部。嘉庆丙子(嘉庆二十一年,1816年),知县潘际云又修一部,志书八卷。同治九年(1870年),张伯超编修一部十卷本霍山县志。再加上光绪三十一年(1905年)编修的一部,清朝总共六次编修霍山县志。

《中国地方志联合目录》《中国地方志综录》对现存霍山县志进行了统计,明朝编修的三部霍山县志均已亡佚,清朝编修的有五部存于世。

---

① (清)黄虞稷撰:《千顷堂书目》卷六《地理类上》,《文渊阁四库全书》本。
② 《(光绪)霍山县志》卷一五《杂志·原修姓氏》,《中国地方志集成》本,南京:江苏古籍出版社,1998年。
③ 《(光绪)重修安徽通志》卷三三九《艺文志·史部二》,清光绪四年(1878年)刻本。
④ 《(光绪)霍山县志》卷一五《杂志·原修姓氏》,《中国地方志集成》本,南京:江苏古籍出版社,1998年。
⑤ 《(光绪)霍山县志》卷六《秩官志·职官》,《中国地方志集成》本,南京:江苏古籍出版社,1998年。
⑥ 《(光绪)霍山县志》卷一三《艺文志·序》,《中国地方志集成》本,南京:江苏古籍出版社,1998年。

《(顺治)霍山县志》四卷,(清)栾元魁等修,张孙振等纂,清顺治十八年(1661年)刻本。

《(乾隆)霍山县志》四卷,(清)吴学山修,胡元发等纂,清乾隆十四年(1749年)刻本。

《(乾隆)霍山县志》八卷,(清)甘山修,程在嵘纂,清乾隆四十一年(1776年)刻本。

《(嘉庆)霍山县志》八卷首一卷末一卷,(清)潘际云修,阮学溥纂,清嘉庆二十一年(1816年)刻本。

《(光绪)霍山县志》十五卷首一卷,(清)秦达章修,何国佑、程秉祺纂,清光绪三十一年(1905年)活字本。

十九、泗州志

关于泗州的建置沿革,文献中多有记载。《明一统志》载:"泗州,在府东二百一十里。《禹贡》徐州、周青州之域。春秋时徐子国。秦属薛郡。汉初为东海郡地。元鼎中为泗水国,后为䢼犹县。晋为宿预县,属淮阳国。后魏为宿预郡,寻改东徐州,又为东楚州。陈改安州。后周改泗州。隋为下邳郡。唐仍改泗州,天宝初改临淮郡,乾元初复为泗州。五代、宋、元仍旧。本朝因之,以附郭临淮县省入。"泗州领盱眙县、天长县二县。① 泗州之名始于北周,隋改为下邳郡,而唐又复为泗州,天宝初年,又将泗州改为临淮郡,乾元初年,又复改为泗州。五代、宋、元、明四朝皆为泗州,明朝泗州归属凤阳府。据此可知,以"泗州"为名的志书应修于北周以后。

历代泗州的编修情况,文献中有相关记载。《国史经籍志》载:"《泗州志》十二卷,汪应轸。"②《澹生堂藏书目》载:"《泗州志》十二卷,二册,俱汪应轸。《泗州备遗志》二卷,二册。"③《天一阁书目》称:"《泗州志》十二卷,刊本,明正

---

① (明)李贤等撰:《明一统志》卷七《文渊阁四库全书》本。
② (明)焦竑辑:《国史经籍志》卷三《史类》,明徐象枟刻本。
③ (明)祁承爜:《澹生堂藏书目》,清宋氏漫堂钞本。

德辛巳山阴汪应轸重修并序。"①《(光绪)重修安徽通志》载:"《泗州志》,天长戴缨修。""《泗州志》十二卷,汪应轸修。""《泗州志》十一卷,乾隆五十三年叶兰、嘉庆十八年左辅修。《续志》,同治九年王希曾修。"②《千顷堂书目》载:"汪应轸《泗州志》十二卷,又《泗州备遗志》二卷。胡纯《泗州志》,会稽人。"③《(雍正)浙江通志》称,《泗州志》十二卷,《泗州备遗志》二卷,汪应轸修。《泗州志》万历胡纯修。④《明史》载:"汪应轸《泗州志》十二卷,又《泗州备遗志》二卷,正德中为庶吉士,以疏议南巡出知泗州时编。"⑤《传是楼书目》载:"《泗州志》三十卷,明成玭,二本。"⑥《石匮书》曰:"《泗州志》十二卷,汪应轸。"⑦《(乾隆)江南通志》载:"《泗州志》,天长戴缨。"⑧《八千卷楼书目》载:"《(康熙)泗州直隶州志》十八卷,国朝莫之翰撰,刊本。"⑨《清史稿》载:"《泗州直隶州志》十八卷,莫之幹⑩修。"⑪《温州经籍志》载:"侯氏廷训《泗志备遗》,三卷,《天一阁书目》二之二。未见。《天一阁书目》二之二:《泗志备遗》三卷,刊本,明嘉靖泗州判官侯廷训撰并序,唐龙序。"⑫《内阁藏书目录》载:"《虹县志》四册全,嘉靖丙寅邑人王万年修。"⑬

《(雍正)浙江通志》称万历年间胡纯曾编修过一部《泗州志》。⑭《两浙名贤录》载:"胡纯,字惟一,会稽人。少从阳明先生学,天性孝友。家贫无书,每

---

① (清)范邦甸撰:《天一阁书目》卷二二《史部》,清嘉庆文选楼刻本。
② 《(光绪)重修安徽通志》卷三三九《史部二》,清光绪四年(1878年)刻本。
③ (清)黄虞稷撰:《千顷堂书目》卷六《地理类上》,《文渊阁四库全书》本。
④ 《(雍正)浙江通志》卷二四四《经籍四·史部下》,《文渊阁四库全书》本。
⑤ 《明史》卷一三四《志一〇八》,北京:中华书局,1974年。
⑥ (清)徐乾学藏:《传是楼书目》,清道光八年(1828年)味经书屋钞本。
⑦ (清)张岱撰:《石匮书》卷三七《艺文志·地理》,稿本补配清钞本。
⑧ (清)赵宏恩修:《(乾隆)江南通志》卷一九一《艺文志》,《文渊阁四库全书》本。
⑨ (清)丁仁撰:《八千卷楼书目》卷六《史部》,民国铅印本。
⑩ "幹"应为"翰"。
⑪ 《清史稿》卷一四六《志一二一》,北京:中华书局,1974年。
⑫ 《温州经籍志》卷一〇《史部》,民国十年(1921年)刻本。
⑬ (明)孙能传撰:《内阁藏书目录》卷六《志乘部》,清迟云楼钞本。
⑭ 《(雍正)浙江通志》卷二四四《经籍四·史部下》,《文渊阁四库全书》本。

假抄以诵,昼夜不辍,遂以明经称。执贽称弟子者常数十人。藉束修以供甘旨,父母安,其养如大烹。对书终日危坐,不妄言笑,动止必饬。其教人必率以规矩,歌诗习礼,不徒事章句。诸弟子旦夕供使令至,种艺涤浣皆欣欣任之不辞。师弟之间庶几复见古道,以故出其门者多知名士。所著有《双溪稿》《诗礼抄》《泗州志》《崇安志》。及卒,郡守洪珠高其行,题其碣曰'明逸士胡纯墓'。"①《(万历)绍兴府志》称,洪珠,莆田人,嘉靖七年任绍兴知府。② 因线索不清,尚无法确定胡纯编修泗州志的具体年份。

《(光绪)泗虹合志》称:"泗志创修于前明学正王庄,继之者天长戴缨、知州汪应轸。国朝康熙二十七年,知州莫之翰重加修葺(时虹令龚起巩亦重修虹县志)。洎并虹为治,州守叶公兰始就各志汇纂之,合泗虹为一书,迄未蒇事而去,今又百余年矣。(嘉庆十八年州守左辅曾修一次,同治九年州守王希曾又邀泗贡生许培森、虹拔贡傅俊章续修一次,然皆未刊葺成书。)书仍缺如,爰取叶公旧稿而参以史乘、方舆、通志诸书,补缺搜遗,勉辑成帙,其有未逮还以俟诸博雅。"③"王庄,为泗州学正。泗向无志,庄莅任,创纂之。"④王庄为景泰年间泗州知州,庐陵举人。⑤ 汪应轸,山阴人,明正德年间泗州知州。⑥ 戴缨,天长人,明万历三十年(1602年)癸卯科举人。⑦ 王庄于明朝景泰年间创修泗州志,明万历年间戴缨、正德年间泗州知州汪应轸各续修一部。清康熙二十七年(1688年)知州莫之翰编修一部,虹县县令龚起巩重修虹县志。叶兰曾将泗虹合为一志,但事未成而去。嘉庆十八年(1813年)州守左辅编修

---

① (明)徐象梅撰:《两浙名贤录》卷二《儒硕》,明天启刻本。
② 《(万历)绍兴府志》卷二七《职官志三》,明万历刻本。
③ 《(光绪)泗虹合志》卷首《凡例》,《中国地方志集成》本,南京:江苏古籍出版社,1998年。
④ 《(光绪)泗虹合志》卷九《职官志下·政绩》,《中国地方志集成》本,南京:江苏古籍出版社,1998年。
⑤ 《(光绪)泗虹合志》卷八《职官志上·文职表》,《中国地方志集成》本,南京:江苏古籍出版社,1998年。
⑥ 《(光绪)泗虹合志》卷八《职官志上·文职表》,《中国地方志集成》本,南京:江苏古籍出版社,1998年。
⑦ (清)赵宏恩修:《(乾隆)江南通志》卷一三〇《选举志》,《文渊阁四库全书》本。

一部泗州志,同治九年(1870年)州守王希、贡生许培森、拔贡傅俊章续修一部。

《永乐大典》收录了一部《泗州志》,根据泗州建置沿革、志书佚文提供的时间线索,大典本《泗州志》当修于元至元二十七年(1290年)至明洪武七年(1374年)八月间。这一情况与《(光绪)泗虹合志》所说的泗州志始创于明正统年间王庄所修之志是不相符的。大典本《泗州志》应该很早就亡佚了,到清光绪年间《泗虹合志》的编修者根本就不知道还曾编修过这样一部《泗州志》,《(光绪)泗虹合志》记载的泗州志编修源流中也没有提到这部志书,其记载有所阙漏。大典本《泗州志》是对这一阙漏的补充,说明了元至元二十七年(1290年)至明洪武七年(1374年)八月间曾编修过一部泗州志,而《(光绪)泗虹合志》记载的泗州志编修情况只是清朝光绪年间所能考证到的情况。大典本《泗州志》的存在具有重要的价值,为更加全面地了解历代泗州志的编修情况提供了新的线索。由于资料有限,目前只能初步判断出大典本《泗州志》修于元至元二十七年(1290年)至明洪武七年(1374年)八月间,但此志出于何人之手,具体修于何时,尚无法推论。①

根据以上文献记载,可以了解到历代泗州志的编修情况。《永乐大典》收录的《泗州志》修于元至元二十七年(1290年)至明洪武七年(1374年)八月间,无法推论此志出于何人之手,具体修于何时。明景泰年间,学正王庄编修的泗州志是目前可以确切知道的第一部明朝编修的泗州志。山阴人汪应轸在泗州知州任内又修一部十二卷本泗州志,修于正德年间。汪应轸还编修一部《泗州备遗志》,成书二卷。嘉靖年间,泗州判官侯廷训撰一部三卷《泗志备遗》。嘉靖丙寅(嘉靖四十五年,1566年),邑人王万年编修一部虹县志。天长人戴缨在万历年间编修一部泗州志。万历年间胡纯编修一部泗州志,不知该志与戴缨所修之志是否为同一部志书。明朝成玭还编修一部三十卷本《泗州志》,因尚无法考证成玭的情况,所以还不能确定成玭是在什么时间编修的

---

① 蒲霞著:《〈永乐大典〉安徽江北方志研究》,合肥:安徽大学出版社,2015年,第138~143页。

这部泗州志,估存此说。明朝至少五次编修泗州志,还修有一部虹县县志。清康熙二十七年(1688年),知州莫之翰又修一部泗州志,志书十八卷,虹县县令龚起巩则在相同时间内重修虹县志。乾隆四十二年(1777年),虹县并入泗州。乾隆五十三年(1788年),叶兰编修一部十一卷本泗州志。嘉庆十八年(1813),左辅再修一部泗州志,亦为十一卷。同治九年(1870年)州守王希曾续修一部。另外,光绪十三年(1887年)方瑞兰编修一部《泗虹合志》。清朝六修泗州志(包括虹县、泗县)。

《中国地方志联合目录》《中国地方志综录》对现存泗州志、虹县志、泗县志做了统计,共存九部志书。

《(嘉靖)泗志备遗》三卷,(明)袁淮修,侯廷训纂,明嘉靖七年(1528年)刻本。

《(万历)帝乡纪略》十一卷图一卷,(明)曾惟诚纂修,明万历二十七年(1599年)刻本。①

《(康熙)虹县志》二卷,(清)龚起翚纂修,彭翼宸增补,清康熙十一年(1672年)刻本。②

《(康熙)泗州通志》三十卷,(清)李德耀修,戚玾纂,清康熙十二年(1673年)抄本。

《(康熙)泗州直隶州志》十八卷,(清)莫之翰纂修,清康熙三十七年(1698年)刻本。

《(乾隆)泗州志》十一卷,(清)叶兰纂修,清乾隆五十三年(1788年)钞稿本。③

《(光绪)泗虹合志》十九卷,(清)方瑞兰修,江殿飏、许湘甲纂,清光绪十四年(1888年)刻本。④

---

① 《中国地方志综录》注曰:今泗县。
② 因清乾隆四十二年(1777年)虹县并入泗县,故将虹县志列入泗州志编修源流。
③ 《中国地方志综录》称:乾隆五十三年钞本,传钞稿本,记事至嘉庆十年止。
④ 《中国地方志综录》称:乾隆四十二年移泗州治于虹县,虹裁并于泗为乡,而田赋、户口、学额诸大端泗虹不相紊,故曰合志,是志舆地、水利、食货、艺文诸门大都依据叶兰志稿。

《(民国)泗县志略》不分卷,王汾纂修,民国二十五年(1936年)铅印本。
《泗县乡土志》不分卷,民国油印本。

二十、天长县志

关于天长县建置沿革的情况,《明一统志》有如下记载:"天长县,在州城东南一百五十七里。本汉广陵县地。梁置泾州,后周置石梁郡及石梁县。隋初郡罢,大业中,改县曰永福。唐置千秋县。天宝中,改天长县。五代时,南唐置建武军,周改为雄州。宋初为天长军,至道初复为县,建炎初复为军,后复为县。元仍旧。本朝因之。"天长县归属于凤阳府泗州管辖。① 据《(嘉庆)大清一统志》载,天长县,"秦置东阳县,汉属临淮郡,后汉属下邳国,后改属广陵郡。晋仍属临淮郡,东晋省。刘宋侨置南沛郡及沛县。萧齐因之。梁改置泾城、东阳二郡,兼置泾州。陈废州,并二郡为沛郡。周改郡县俱曰石梁。隋初郡废,大业初改县曰永福,属江都郡。唐初县废,武德七年重置石梁县,贞观初省入六合县,天宝初割江都、六合、高邮三县地置千秋县,七载改曰天长,属扬州。五代南唐昇元六年,于县置建武军。周显德四年,改置雄州。宋初州废,改天长军,至道二年军废,以县属扬州,建炎初仍为天长军。绍兴初复为县,十一年复升军,十三年仍复为县,改属招信军。元属泗州。明因之。本朝初属凤阳府,雍正二年改属泗州"②。唐天宝七年(748年),千秋县改名为天长县,始有天长县之名。此后几经更易,到宋绍兴十三年(1143年)又复设天长县,后世因之。总体来说,天长县志应修于唐天宝七年(748年)以后。

历代天长县志编修情况在现存文献中有相关记载。《澹生堂藏书目》曰:"《天长县志》七卷,四册,王心。"③《(嘉靖)天长县志》载:"《(景泰)天长县志》一卷,本县儒学教谕吴珪撰。《(弘治)天长县志》二卷,本县儒学教谕吾翕

---

① (明)李贤等撰:《明一统志》卷七《文渊阁四库全书》本。
② (清)穆彰阿撰:《(嘉庆)大清一统志》卷一三四《泗州直隶州·建置沿革》,《四部丛刊续编》景旧钞本。
③ (明)祁承爜:《澹生堂藏书目》,清宋氏漫堂钞本。

撰。"①《(嘉靖)天长县志》又载："天长县志吴珪氏修于景泰元年，草略仅数职官，姓名亦不载。吾翕氏修于弘治十四年，《吾志》稍谨严，然亦疏阔弗详。"②《万卷堂书目》曰："《天长县志》八卷，王心。"③《天一阁书目》载："《天长县志》七卷，刊本。明嘉靖庚戌邑人王心编辑，唐臣、戴恕均有序。"④《(光绪)重修安徽通志》载："《天长县志》十卷，雍正六年修，嘉庆十四年教谕张宗泰、同治九年江景桂修。"⑤《千顷堂书目》曰："王心《天长县志》，八卷。"⑥

《佩文斋书画谱》转引了张鉴《天长县志》中的一条资料："陈琦，天长人，精书法，为工部主事。"⑦说明张鉴曾编修过一部《天长县志》。关于张鉴的情况，《(嘉庆)备修天长县志稿》载："张鉴，河间人，由举人，(弘治)十年任(天长县知县)。在任九年，平易近民，而治盗甚严。癸亥岁□鸡犬之盗，犯者必死，□东昌府通判。"⑧张鉴于明弘治十年(1497年)到天长县任知县，而天长县儒学教谕吾翕在弘治十四年(1501年)编修一部天长县志，据此可知，张鉴的《天长县志》应该就是吾翕氏编修的这部志书。

《传是楼书目》曰："《天长县志》四卷，明江决鲍，四本。"⑨笔者查阅相关资料，未见有其他记载提及明江决鲍编修过一部四卷本天长县志，也未见关于"江决鲍"的相关记载，故无法推论这部志书的编修时间。而清康熙十一年(1672年)，天长县知县江映鲲曾修过一部天长县志，笔者疑"江决鲍"为"江映鲲"之误，为形近之误。但《传是楼书目》著录的"江决鲍"是在明朝编修天长县志的，江映鲲则是清朝人，笔者尚无法考证清楚，姑存其说。

---

① 《(嘉靖)天长县志》卷六《人事志》，明嘉靖刻本。
② 《(嘉靖)天长县志》卷七《人事志》，明嘉靖刻本。
③ (明)朱睦㮮撰：《万卷堂书目》卷二《地志》，清光绪至民国间《观古堂书目丛刊》本。
④ (清)范邦甸撰：《天一阁书目》卷二二《史部》，清嘉庆文选楼刻本。
⑤ 《(光绪)重修安徽通志》卷三三九《艺文志·史部二》，清光绪四年(1878年)刻本。
⑥ (清)黄虞稷撰：《千顷堂书目》卷六《地理类上》，《文渊阁四库全书》本。
⑦ (清)孙岳颁撰：《佩文斋书画谱》卷四〇《书家传一九》，《文渊阁四库全书》本。
⑧ 《(嘉庆)备修天长县志稿》卷六上《职官表一》，《中国地方志集成》本，南京：江苏古籍出版社，1998年。
⑨ (清)徐乾学藏：《传是楼书目》，清道光八年(1828年)味经书屋钞本。

《(嘉庆)备修天长县志稿》"凡例"称:"旧志创始于明景泰朝,逮我朝康熙九年凡五修。王两山谓《吴志》草略,《吾志》疏阔,《邵志》王之①所修也,据序分舆地、人事为两大纲,规模颇整而其书今不可见。田序谓县旧有志,前之人去其籍,当为实录。"②《(嘉庆)备修天长县志稿》收录了王心序,序曰:"天长县志,吴珪氏修于景泰元年,草略仅数职官,姓名亦不载。吾翕氏修于弘治十四年,《吾志》稍谨严,然亦疏阔弗详,且迄今又四十八年,事迹未经载缉,心窃有志焉,奔走南北未暇也。乃嘉靖戊申之秋以公事至仪真,便道归省母氏,水南邵侯以志见属,予辞谢间侯已转请于文宗相冈胡先生曰:'可。'而郡守蒲石李先生亦报可焉,予弗获辞。八月二十五日即元妙观开馆,而庠友张君大训、魏君濂、张君天附、颜君勋、钟君昕已集,遂相与作书,请于乡先生,咨于父老,考搜于旧籍,为舆地志,为人事志。"③明景泰元年(1450年)吴珪编修一部天长县志,志书十分简略,只有职官而无姓名。弘治十四年(1501年)吾翕又修一部天长县志。

《(嘉庆)备修天长县志稿》卷十则列出了"天长县旧志修辑姓氏"④,为了说明问题,现将主要内容抄录如下:

> 嘉靖丁未,知天长县事姚江邵时敏主修。
>
> 邑进士王心撰次。
>
> 举人张天附同校。
>
> 万历戊午,知天长县事昌乐田所赋主修。
>
> 举人署教谕事云间李鹏程同修。
>
> 崇祯癸酉,天长县知县南昌罗万象主修。

---

① "之"字疑误,应为"心"字。
② 《(嘉庆)备修天长县志稿》卷首《凡例》,《中国地方志集成》本,南京:江苏古籍出版社,1998年。
③ 《(嘉庆)备修天长县志稿》卷一〇下《旧志序》,《中国地方志集成》本,南京:江苏古籍出版社,1998年。
④ 《(嘉庆)备修天长县志稿》卷一〇下《修辑姓氏》,《中国地方志集成》本,南京:江苏古籍出版社,1998年。因人员较多,只选取主要人员信息加以抄录。

举人署教谕事临川章世纯同修。

皇清康熙十一年壬子重修。

总裁天长县知县江映鲲。

监修训导吕光盛。

《(嘉庆)备修天长县志稿》还收录了万历己未(万历四十七年,1619年)巡按直隶监察御史吉州龙遇奇序、万历己未(万历四十七年,1619年)知天长县事昌乐田所赋序、万历四十七年(1619年)知莱芜县事邑人胡士奇序、万历四十七年(1619年)邑人戴缨序、万历己未(万历四十七年,1619年)署天长县儒学教谕事云间李鹏程序、清康熙十一年(1672年)天长县知县阆中江映鲲序、康熙十一年(1672年)邑人张振长序、嘉庆十七年(1812年)张宗泰序。①

根据以上文献记载可知,天长县志创修于明景泰元年(1450年),天长县儒学教谕吴珪编修,只有一卷,该志较为草略,只列出职官名,却无姓名。弘治十四年(1501年),天长县儒学教谕吾翕编修一部二卷本县志,这部志书虽较《吴志》略微谨严,但仍然内容疏阔,资料不详。嘉靖丁未(嘉靖二十六年,1547年),天长县知县姚江人邵时敏主持编修天长县志。嘉靖戊申(嘉靖二十七年,1548年),王心受命于邵时敏参与修志。嘉靖庚戌(嘉靖二十九年,1550年),王心编修的七卷本天长县志成书,唐臣、戴恕撰写志序。明万历戊午(万历四十六年,1618年),昌乐人田所赋再修一志。崇祯癸酉(崇祯六年,1633年),天长县知县南昌人罗万象又修一部。明朝至少五次编修天长县志。清康熙十一年(1672年),天长县知县江映鲲再修一部。雍正六年(1728年),编修一部十卷本天长县志。嘉庆十七年(1812年)②,张宗泰等人续修天长县志。同治九年(1870年),江景桂又修一部。清朝至少五次编修天长县志。

《中国地方志联合目录》《中国地方志综录》对现存天长县志进行了统计,

---

① 《(嘉庆)备修天长县志稿》卷一〇下《旧志序》,《中国地方志集成》本,南京:江苏古籍出版社,1998年。

② 《(光绪)重修安徽通志》称"嘉庆十四年教谕张宗泰",修天长县志,该年或为开始修志的时间。

保存下来的天长县志共有四部。

《(嘉靖)皇明天长志》七卷,(明)邵时敏修,王心纂,明嘉靖二十九年(1550年)刻本。

《(康熙)天长县志》四卷,(清)江映鲲修,张振先等纂,清康熙十二年(1673年)刻本。

《(嘉庆)备修天长县志稿》十卷,(清)张宗泰纂,刘增龄增补,清嘉庆十七年(1812年)刻,民国二十三年(1934年)铅印本。

《(同治)天长县纂辑志稿》不分卷,(清)江景桂等纂,清同治八年(1869年)缮抄稿本。

二十一、五河县志

据《(嘉庆)大清一统志》载,五河县,"汉置虹县,属沛郡。晋因之。刘宋省。唐武德四年复置虹县,属仁州,贞观八年州废,属泗州,移县治夏邱故城。宋初为泗州地,咸淳七年置淮安军,兼置五河县为治。元初军废,属招信军,至元十五年属临淮府,十七年改属泗州。明属凤阳府。本朝雍正二年改属泗州"①。宋咸淳七年(1271年)设置五河县,为淮安军治,后世虽归属屡易,但五河县的设置一直没有改变。因此,以"五河县"为名的志书应修于宋咸淳七年(1271年)以后。

关于历代五河县志的编修情况,现存文献里多有记载。《(光绪)重修安徽通志》载:"《五河县志》十二卷,嘉庆八年王启聪、范照藜修。《续志》,同治九年徐模修。"②《八千卷楼书目》载:"《(嘉庆)五河县志》十二卷,国朝王启聪撰,刊本。""《(光绪)五河县志》二十卷,国朝赖同晏撰,刊本。"③《传是楼书目》曰:"《五河县志》四卷,明沈应乾,四本。又一部四卷,清李云景、伍三秀,

---

① (清)穆彰阿撰:《(嘉庆)大清一统志》卷一三四《泗州直隶州·建置沿革》,《四部丛刊续编》景旧钞本。
② 《(光绪)重修安徽通志》卷三三九《艺文志·史部二》,清光绪四年(1878年)刻本。
③ (清)丁仁撰:《八千卷楼书目》卷七《史部》,民国铅印本。

四本。"①

《(光绪)五河县志·凡例》载:"五河旧志创始于明天顺二年戊寅,续修于正德二年丁卯,又修于嘉靖二十九年庚戌,又修于嘉靖四十年辛酉(修之者为邑令潘槐、邑绅沈应乾),是在前明已纂修四次,而其书久已无存。逮至我朝亦纂修四次,一在顺治十年癸巳,一在康熙十一年壬子,一在康熙二十二年癸亥,(修者为邑令郑鼐)一在嘉庆六年辛酉,(始于邑令王启聪,继成署令任昂及范照黎)中隔一百二十余年而康雍年间事实已多缺略,今又近百年矣。现仅存《王志》一部,中多残缺,亦无他本可校勘。再者同治五年因修通志,曾经通饬各属按款采报在案,而五河县仅以稿本详报,并未刊刻成书。今甫二十余年,而稿本亦已无存,窃恐后来更难为力,此筹款兴修之所以不容再缓也。"②

《(光绪)五河县志·重修凡例》亦载:"旧志创于明天顺戊寅,修于正德丁卯,嘉靖庚戌至嘉靖四十年邑令潘槐偕邑绅沈应乾复修,沈序已谓旧志散佚无考。我国朝顺治十年、康熙十一年重修,康熙癸亥邑令郑鼐复修。事阅百年,徵独癸亥以前旧志无存,即癸亥所修板片漫漶,印本亦鲜有存者。访之邑绅家偶得残编一二部,多不可卒读,殊深叹喟今兹之修亟不容缓也。"③

《(光绪)重修五河县志·旧志序》曰:"五河之志创于天顺戊寅,修于正德丁卯,皆散佚无征。至嘉靖庚戌有作,芜秽疏陋,半出于狡胥黠吏之手。"④五河县知县范照黎志序称:"五河县置于宋,志创于明,自弘治以来迄国朝康熙癸亥凡五修。癸亥者,康熙二十三年也,至今癸亥百二十年矣。"⑤

---

① (清)徐乾学藏:《传是楼书目》,清道光八年(1828年)味经书屋钞本。
② 《(光绪)重修五河县志》卷首《凡例》,《中国地方志集成》本,南京:江苏古籍出版社,1998年。"范照黎"在《(光绪)重修安徽通志》为"范照藜"。
③ 《(光绪)重修五河县志》卷二〇《杂志·重修凡例》,《中国地方志集成》本,南京:江苏古籍出版社,1998年。
④ 《(光绪)重修五河县志》卷二〇《杂志·旧志序》,《中国地方志集成》本,南京:江苏古籍出版社,1998年。
⑤ 《(光绪)重修五河县志》卷二〇《杂志·重修原修姓氏》,《中国地方志集成》本,南京:江苏古籍出版社,1998年。

《(光绪)重修五河县志》卷二十《杂志·重修原修姓氏》①列举了历代五河县志的编修时间、编修者及其他基本情况：

> 五河邑建于宋，而志创于明，故旧志所载皆自明始，今按节次修辑年月与主修、协修姓氏罗著于篇，俾无没前贤继述初心，并为续修者得所稽考云。
>
> 明弘治癸亥，邑令姜荣主修，司训彭智纂修，有序可据。而沈莅川序云创于天顺戊寅，修于正德丁卯及嘉靖庚戌，未著主修姓氏。
>
> 嘉靖四十年，邑令潘槐主修，邑绅沈应乾纂修，司校雠者为邑绅宋一正、马如麟、张庭蕙、张时荣、黄琏、李允学。
>
> 国朝顺治十年，邑令丁浴初主修，训导吴尔升协修，司校雠襄助者为邑绅丁象鼎、聂印统、凌作圣、许遴、陈明玑、张幼载、刘民悦、凌几圣、欧腾电。
>
> 康熙十一年，邑令李云景主修，训导黄应瑛、寓绅伍三秀协修，司校雠襄助者为邑绅凌作圣、郭建章、盛可法、陈明玑、刘民悦、张幼载、孙承祚、张烈。
>
> 康熙二十三年癸亥，邑令郑鼏主修，教谕周世贤、训导刘之斌协修，司校雠襄助者为邑绅郭建章、凌毓华、陈星霖、凌庸礼、张幼载、许遴、沈重建、许圣佑、聂玉镛。
>
> 嘉庆八年癸亥，邑令王启聪主修，邑令任昂、范照藜、邑教谕王懋修协修，邑教谕言尚炜、训导陈瑜纂辑，司校雠襄助采访者为邑绅沈志恂、沈尔类、郑鳌、方绂、潘媚川、钱际可、陆萱、张永龄、武敏元、赵志成、盛敬承、沈名桂、邓德瑄、虹籍郜巘、丁徽猷、王娄拱、凌大方、方怀珏、张士道、胡毓兰、戴际华、赵承谦。
>
> 轮刻

---

① 《(光绪)重修五河县志》卷二〇《杂志·重修原修姓氏》，《中国地方志集成》本，南京：江苏古籍出版社，1998年。

州同张永宁、邹广如、杨玉琳、张振铎、陈兆麟、孙嘉诚、张钟璠、陈嘉楠、郭玉麟、刘荆山、凌大昕、何其标、王三田、王娄拱、杨履正、张秉良、马廷栋、周大辅、郑汪、丁徽猷、陈家梓、陆彦昭。

同治八年癸巳[①]，有旨诏天下各直省纂修通志，以备刊入《皇清一统全书》。时抚皖者为英果敏公，檄饬各属，一律创修邑志，呈阅备采。时值大难初平之后，兼遭五、六年之大水，疮痍满目，灾黎救死不遑，奚暇治此。然事关特旨，不得不勉力为之，是以官绅竭力经营，仅筹三百余缗。设局于漴河书院，主修者为邑令陈德明，创辑者为邑绅张佩芬、凌允中、张健，协修、采访、筹费者为邑绅许健龄、沈启运、凌允治、雷永昌、陈开衡、周万法、陈毓芹、黄维墉、邰培元以及各乡绅等。采择新闻，参录旧志，三阅月而蒇事。当因刊刻之款无从筹措，谨缮具清本，赍呈通志局备采。虽无成书，而各绅之继述勤劳亦不容没，故援例备书焉。

根据以上文献记载，五河县虽始设于宋朝，但五河县志的编修则始于明朝。五河县志创修于明天顺戊寅（天顺二年，1458年），修者不详。弘治癸亥（弘治十六年，1503年），邑令姜荣主修，司训彭智纂修，有序可据。[②] 嘉靖庚戌（嘉靖二十九年，1550年）又修一部，修者不详。嘉靖辛酉（嘉靖四十年，1561年）再修一部，邑令潘槐主修，邑绅沈应乾纂修，志书四卷。[③] 明朝四修五河县志，其书久已无存。清顺治十年（1653年）修有一部，邑令丁浴初主修，训导吴尔升协修。康熙十一年（1672年）又修一部四卷本五河县志，邑令

---

① "同治八年"应为"己巳年"。同治间无"癸巳"，应有误，应为"同治八年己巳年"。
② 现存文献中还提到，正德丁卯（正德二年，1507年）曾编修过一部五河县志，修者不详。因弘治十六年（1503年）和正德二年（1507年）仅3年之隔，不可能在这样短的时间里连续编修两部五河县志，笔者认为弘治十六年（1503年）和正德二年（1507年）所修书是同一部，不同文献著录该志的编修时间不同，或可能以开始编修的时间计算，或可能以修成时间计算。
③ 《（光绪）重修五河县志·重修凡例》载"嘉靖庚戌至嘉靖四十年邑令潘槐偕邑绅沈应乾复修"，嘉靖庚戌（嘉靖二十九年，1550年）到嘉靖四十年（1561年）之间有11年的时间。《（光绪）重修五河县志·重修凡例》的记载角度和《重修原修姓氏》部分不同。

李云景主修,训导黄应璜、寓绅伍三秀协修。康熙二十二年(1683年)再修一部,邑令郑鼐主修,教谕周世贤、训导刘之斌协修。嘉庆癸亥(嘉庆八年,1803年)又修一部,邑令王启聪主修,邑令任昂、范照藜、邑教谕王懋修协修,邑教谕言尚炜、训导陈瑜纂辑,志书十二卷。同治八年(1869年),曾开馆编修,然因大难初平,经费不足,虽竭力经营,修成志稿,当时却未能刊刻印行。光绪癸巳(光绪十九年,1893年),赖同晏编修一部二十卷本五河县志。清朝六修五河县志,同治年所修当时只有稿本,未及刊刻成书。顺治年所修已佚,其余均存世。

《中国地方志联合目录》《中国地方志综录》对现存五河县志作了统计。

《(康熙)五河县志》四卷,(清)李云景修,伍三秀等纂,清康熙十一年(1672年)刻本。

《(康熙)五河县志》五卷,(清)李云景原本,郑鼐增订,清康熙二十一年(1682年)增刻本。①

《(嘉庆)五河县志》十二卷首一卷,(清)王启聪等修,言尚炜、陈瑜纂,清嘉庆八年(1803年)刻本。

《五河县志》三十二卷,(清)文龄纂修,清同治八年(1869年)刻本。②

《(光绪)重修五河县志》二十卷首一卷末一卷,(清)赖同晏、孙玉铭修,俞宗诚等纂,清光绪二十年(1894年)刻本。

《中国地方志联合目录》《中国地方志综录》还著录了一部《五河源流沿革删稿》,民国间编修,6册,稿本。这应该是一部关于五河县建置沿革的专书。

二十二、萧县志

萧县的建置沿革在现存文献里有相关记载。据《明一统志》载,萧县,"古萧国,春秋为宋邑,汉为萧县,属沛郡。东汉属沛国。晋因之。北齐改为承高县,隶彭城郡。隋初属徐州,寻改为龙城县,又改为临沛县,大业初复曰萧县,

---

① 《中国地方志综录》称:郑鼐、周世贤纂修,康熙二十二年(1683年),李云景原本。
② 《中国地方志综录》著录,《中国地方志联合目录》未著录。

属彭城郡。历唐、五代、宋、金并属徐州。元初并入州,寻复置。本朝因之"①。萧县自汉朝即已设立,后世屡次变易,至隋大业初年(605年)复为萧县,此后不再更改。

历代萧县志的编修情况,现存文献里有相关记载。《内阁藏书目录》载:"《萧县志》二册,万历庚寅邑令康炜修。"②《八千卷楼书目》载:"《(嘉庆)萧县志》十八卷,国朝潘镕撰,刊本。"③《千顷堂书目》载:"邢学安《萧县志》嘉靖间修。""康炜《萧县志》万历间修。"④《传是楼书目》:"《萧县志》十二卷,明时应雷,四本。"⑤邢学安、时应雷的资料在现存的萧县志里没有查找到,目前尚无法考证他们编修萧县志相对具体的时间,不知是否与其他明朝编修的萧县志是同一部志书,估存其说。

康熙二十二年(1683年)萧县知县昌黎阎允吉序曰:"旧志为万历中康公所辑,上下二卷,简要明备,惜其板已不复存。兴朝定鼎后三韩祖公来莅兹邑,因进耆老先生与邑之秀士相与裒集旧闻,缀叙新制,志始犁然大备。陈公、乔公重为编摩,续成十二卷,则今志是矣。"⑥

《(嘉庆)萧县志》"原修县志姓氏"⑦中列举了历代萧县志编修人员名单:

明

萧县知县康炜,山东武定举人。任汶,邑生员。

彭缙,邑生员。任亚龙,国朝六合训导。续撰志稿。

国朝

萧县知县祖永勋,辽东人,贡生。萧县知县陈厣,莆田人,举人。

---

① (明)李贤等撰:《明一统志》卷一八《徐州·建置沿革》,《文渊阁四库全书》本。
② (明)孙能传撰:《内阁藏书目录》卷六《志乘部》,清迟云楼钞本。
③ (清)丁仁撰:《八千卷楼书目》卷七《史部·地理类》,民国铅印本。
④ (清)黄虞稷撰:《千顷堂书目》卷六《地理类上》,《文渊阁四库全书》本。
⑤ (清)徐乾学藏:《传是楼书目》,清道光八年(1828年)味经书屋钞本。
⑥ 《(嘉庆)萧县志》卷一八《原序》,《中国地方志集成》本,南京:江苏古籍出版社,1998年。
⑦ 《(嘉庆)萧县志》卷一八《原修姓氏》,《中国地方志集成》本,南京:江苏古籍出版社,1998年。

萧县知县阎允吉,卢龙人,举人。续成前志。

萧县教谕孙灏如,昆山人,副榜。萧县训导王承时,建平人,岁贡。

徐霭,浮梁知县。以下俱邑人。郭复睿,归安县丞。

朱钦,岁贡生。吴恂,候补州同。

朱允宪,廪生。吴恺,廪生。

许太禧,生员。吴方,生员。

王奋翩,拔贡生。陈策,生员。任国镔,举人,翰林院待诏。蒋永祺,繁昌训导。以上增修。

许作楫,前选贡生。祖箕芳,岁贡生。

陈是,岁贡生。郝渤,贡生。

吴存质,增监生。以上原修。任观瀛,进士,官至潼商道参议。又增修。

这一名单虽列出修志人员情况,但没有注明修志人员的生活年代和志书的编修时间,只能了解一些线索。

《(嘉庆)萧县志》①收录了清顺治七年(1650年)萧县知县祖永勋序、康熙二十二年(1683年)萧县知县昌黎阎允吉序、康熙庚寅(康熙四十九年,1710年)许作楫的志跋、嘉庆十九年(1814年)知萧县事吴兴潘镕序,《(同治)续萧县志》②收录同治十三年(1874年)知萧县事大兴顾景濂序、光绪元年(1875年)吴世熊志序。

据以上文献记载可知,明万历庚寅(万历十八年,1590年)年,康炜曾编修一部萧县志,上下二卷,但到康熙二十二年(1683年)时板已不存。嘉靖年间邢学安编修一部萧县志。明朝时应雷编修一部十二卷本萧县志,编修时间不详。清朝定鼎之后,顺治七年(1650年)祖永勋编修一部萧县志,萧县志才

---

① 《(嘉庆)萧县志》卷一八《原序》,《中国地方志集成》本,南京:江苏古籍出版社,1998年。
② 《(同治)续萧县志》卷首《序》,《中国地方志集成》本,南京:江苏古籍出版社,1998年。

犁然大备。康熙二十二年（1683年），阎允吉、陈公、乔公再修一部十二卷萧县志。康熙庚寅（康熙四十九年，1710年），许作楫等人再修一部。嘉庆十九年（1814年），知萧县事吴兴潘镕修萧县志一部，成书十八卷。同治十三年（1874年）、光绪元年（1875年），知萧县事大兴顾景濂、吴世熊等人再修一部萧县志。清朝五次编修萧县志。

《中国地方志联合目录》《中国地方志综录》统计了现存萧县志的情况，明朝万历年间所修之志已佚，清朝编修的四部萧县志均存于世。

《（顺治）萧县志》十二卷，（清）祖永勋修，许作楫等纂，清顺治七年（1650年）刻本。

《（康熙）萧县志》十二卷，（清）阎允吉修，徐霭等纂，清康熙二十二年（1683年）刻本。

《（嘉庆）萧县志》十八卷首一卷，（清）潘镕修，沈学渊、顾翰纂，清嘉庆二十年（1815年）刻本。

《（同治）续萧县志》十八卷首一卷，（清）顾景濂、段广瀛纂修，清同治十三年（1874年）修，清光绪元年（1875年）刻本。

二十三、砀山县志

砀山县建置沿革的相关情况在现存文献里有所记载。据《明一统志》载，砀山县，"秦置砀郡及县。汉于县置梁国。东汉梁国迁治下邑，而改砀为砀山县。晋以砀山省入于邑。后魏改为安阳县，治麻城。隋复改砀山县，属梁郡。唐属宋州，昭宗于县置辉州，寻徙州治单父。五代唐州废，以县属单州。宋因之。金属归德府，后废。元复置砀山县，属济宁路。本朝改今属"。[1] 东汉即有砀山县之设，后世几次更易，元朝复置砀山县，后世不改。

关于历代砀山县志编修情况，现存文献中有所记载。《内阁藏书目录》载："《砀山县志》二册全，隆庆壬申邑令王廷卿修。"[2]《千顷堂书目》曰："王廷

---

[1] （明）李贤等撰：《明一统志》卷一八《徐州·建置沿革》，《文渊阁四库全书》本。
[2] （明）孙能传撰：《内阁藏书目录》卷六《志乘部》，清迟云楼钞本。

卿《砀山县志》，隆庆间修。"①《传是楼书目》载："《砀县志》二卷，明刘芳、汪用霖，二本。"②《续文献通考》载："刘芳《（崇祯）砀山县志》二卷。芳，字伯子，石屏人，官砀山县知县。"③《续通志》载："《（崇祯）砀山县志》二卷，刘芳撰。"④

《（乾隆）砀山县志》中有相关记载。"砀志创修于明隆庆六年前令王廷卿，再修于万历四十六年前令陈公秉良，三修于崇祯十二年前令刘芳，四修于国朝乾隆七年前令郭公浩。虽四经纂辑而纲目未分，事文简错，阅者不无遗憾。"⑤《（乾隆）砀山县志》又载："王毓真，崇祯乙亥拔贡，嗜古力学，士林重之。顺治间，以荐授通判，不仕。手著诗文集四卷。季子错，岁贡生，性孝友，泽及三党。尝修邑志，未刊。"⑥结合《（崇祯）砀山县志》收录的明隆庆庚午（隆庆四年，1570年）李嘉吉序，隆庆王文焕序⑦，万历戊午（万历四十六年，1618年）练国事序⑧、崇祯己卯（崇祯十二年，1639年）刘芳序⑨，以及《（乾隆）砀山县志》⑩收录的乾隆壬戌（乾隆七年，1742年）郭浩序、乾隆三十二年（1767年）砀山知县武缘刘王瑗序，可以梳理出历代砀山县志编修的基本情况。

明隆庆壬申（隆庆六年，1572年），王廷卿创修砀山县志。万历四十六年（1618年），县令陈秉良续修一部。崇祯十二年（1639年），县令刘芳又修一部，志书二卷。清顺治年间王错曾修砀山县志，惜未刊成。乾隆七年（1742年），县令郭浩又修一部。乾隆三十二年（1767年），知县武缘刘王瑗再修一部。明朝三修砀山县志，清朝则三次编修，两次成书。

---

① （清）黄虞稷撰：《千顷堂书目》卷六《地理类上》，《文渊阁四库全书》本。
② （清）徐乾学藏：《传是楼书目》，清道光八年（1828年）味经书屋钞本。
③ （清）嵇璜撰：《续文献通考》卷一七〇《经籍考》，《文渊阁四库全书》本。
④ （清）嵇璜撰：《续通志》卷一五九《艺文略》，《文渊阁四库全书》本。
⑤ 《（乾隆）砀山县志》卷首《凡例》，《中国地方志集成》本，南京：江苏古籍出版社，1998年。
⑥ 《（乾隆）砀山县志》卷一一《人物志中·文苑》，《中国地方志集成》本，南京：江苏古籍出版社，1998年。
⑦ 《（崇祯）砀山县志》后卷《旧志后序》，明崇祯十二年（1639年）刻本。
⑧ 《（崇祯）砀山县志》卷首《旧序·练国事序》，明崇祯十二年（1639年）刻本。
⑨ 《（崇祯）砀山县志》卷首《序》，明崇祯十二年（1639年）刻本。
⑩ 《（乾隆）砀山县志》卷首《序》，《中国地方志集成》本，南京：江苏古籍出版社，1998年。

《中国地方志联合目录》《中国地方志综录》统计了现存萧县志的情况,明朝万历年间所修之志已佚,清朝编修的两部萧县志均存世。

《(崇祯)砀山县志》二卷,(明)刘芳修,汪用霖等纂,明崇祯十二年(1639年)刻本。

《砀山县志》十卷,郭浩纂修,清乾隆七年(1742年)刻本。①

《(乾隆)砀山县志》十四卷,(清)刘王瑗纂修,清乾隆三十二年(1767年)刻本。

二十四、临泉县志

临泉县隶属于安徽省阜阳市,1934年9月,析阜阳县西乡设立新县,因县城濒临泉河,故名临泉县,1935年1月正式成立临泉县。临泉县志的编修始于民国时期。

《中国地方志联合目录》《中国地方志综录》只统计出一部临泉县志。

《(民国)临泉县志略》不分卷,刘焕东纂修,民国二十五年(1936年)石印本。

出于职责所在和对于地方志功用的认识,又由于中央政府和地方官员的重视,历史上安徽淮河流域的各府州县地方官员常常督促、主持和参与地方志的编修,因此,这一地区的方志编修得到保证。安徽淮河流域旧志在秦朝之后即已开始编修,宋朝以后不断发展完善。根据现存方志、《中国地方志联合目录》《中国地方志综录》等记载,编修时代可考的安徽淮河流域旧志不少于二百部。历史上安徽淮河流域地区每个府州县均有方志编修,呈现出连续性和普遍性的特点,在一定程度上反映了中国地方志发展的历程。

---

① 《中国地方志联合目录》未收录此志,《中国地方志综录》收录该志。

第二章 旧志编修理论

安徽淮河流域旧志编修者在积极编修方志的同时,还注意总结方志编修理论,分析方志功能,探讨方志起源和方志的性质,梳理方志编修方法,留下了宝贵的文化遗产。

一、方志功能

地方志具有存史、资治、教化的功能,这是历代学者、方志编修者所公认的。安徽淮河流域旧志中也谈到了这些功能,编修者对方志的功能也作了或笼统或具体的论述。

1.存史

存史是地方志最基本的功能之一,通过地方志的编修可以将一个地区历史发展的过程都记录下来,可以为后人提供参考和借鉴。

曲震在为《(道光)定远县志》撰写的志序里就对地方志的存史功能有所论述:"尝考县志一书,凡山川、人物、户口、桑麻以及土俗、民风、人才、文教无不具载,与国家典谟纪志均足以信今传后,事綦重矣。然其间时异势殊,或昔略而今详,或前因而后革,是必随时修辑,庶云踵事增华。今遇圣天子稽古右文,省方问俗,一代之会典全书、国史志传一一次第纂修。呜呼!盛矣。使邑乘所载缺而弗备,岂非莅斯土者之责欤?余闻县志修自康熙丙午岁,迄今已二十余年,迩来车书一统,遐陬僻壤沐浴朝廷之德意渐被已久。故山川、人物之灵秀,户口、桑麻之繁植,与夫民风、土俗之光昌,文教、人才之振起,较之曩昔诚有大不相同者,若不极为编辑,曷以昭盛朝无缺事。余不揣固陋,思有以修明之,因延孝廉王君明经、茂才蔡、钱诸子,各出见闻,广集遗事,参互考订,有关政教、风俗者巨细兼备,繁简得宜,而且稽核确实,注释精详,不期月而汇帙成书,询足信今传后欤。与国家之典谟、纪志并垂不朽,岂但一邑之文献足征已哉。是为序。"①曲震认为,地方志记载了一个地区山川、人物、户口、桑麻、土俗、民风、人才、文教等方面的情况,编修地方志是一个地区的大事,不可忽视。而且事物是发展变化的,地方志尤其要重视记录这些发展变化,必须随时修辑,从而彰显"山川、人物之灵秀,户口、桑麻之繁植,与夫民风、土俗之光昌,文教、人才之振起"。曲震觉得地方志与国家典谟、纪志是相辅相成的,可以将上至一个国家,下到一个地区的事情记录下来,为后世提供参考和资鉴。

张成勋对地方志的存史功能和资治作用都有所总结:"盖天下之大,一乡一邑之所聚而成也,观天下之风必先观一乡一邑之风,观一乡一邑之风必先籀一乡一邑之人,罄其一乡一邑之所有。分门而别类,条分而缕析,勒为一编,而官斯土者乃得段是以备悉。夫山川阨塞,风土人物,道里之远近,户口之多寡,农田水利之兴废,时其考察。若者因,若者革,若者损,若者益,按图以索,不患无据,志乘之所系岂浅鲜哉。"②地方志收录了一个地区各个方面的情况,具有存史之功。想要了解一乡一邑的基本情况,可以通过查阅地方志获得全面的信息。而如果想要知道一个地区兴衰变化的情况及相应的原因,亦可以查阅地方志,按图以索,以便找到需要的内容。地方志记录了一个地区历史发展的综合情况,也可以为地方官提供资政参考。

---

① 《(道光)定远县志》卷首《曲震序》,《中国地方志集成》本,南京:江苏古籍出版社,1998年。
② 《(光绪)凤阳府志》卷首《张成勋序》,《中国地方志集成》本,南京:江苏古籍出版社,1998年。

"凡隆恩异数之频仍,户口田赋之登耗,驿差役徭之繁省,与夫学校典礼因革之宜,名流贞烈显晦之迹,莫不厘然具备。诚恐文献消磨,无以表民风而昭国典"①。孙维龙谈到编修地方志应该注意全面收录户口、田赋、徭役、学校、典礼、人物等方面的内容,同时又指出正是因为地方志收录的内容非常丰富且全面,所以才可以起到存史的作用,也才能够昭彰国典、教化百姓。

寿州知州郑绍烋在《(嘉靖)寿州志》志序中对方志每一个部分的功能都有所讨论:"观舆地宜思安定,观山川宜思增光,观建置宜思维之俾勿坏,观食货宜思丰之俾勿屈,观官守宜思恪之以无速谤,观礼制宜思崇之以起淳风,观人物宜思效法之,观杂志宜思去取之,随事而兴思,思名而责实,斯弗足以治乎?"②地方志收录的内容丰富而广泛,涉及一个地区各个方面的情况,因而可以从不同层面为读者提供思考和借鉴。

2. 资治

地方志记录了一个地区历史发展过程中各个方面的情况,记录了一个地区变化发展的过程,可以为地方管理者提供参考,从而更好地管理这个地区。

石成之在《(光绪)凤台县志》志序中说道:"所载舆地、山川、风土、人物、上下古今犁然毕具,足以资考鉴而敷治化,志所系不綦重哉。"③方志记载的各个方面的内容,可供治理地方所借鉴,也可为教化提供参考,地方志的价值非常重要。"愿凡莅斯土者,揽形胜之扼要而筹为保障之防,察风气之刚柔而善为宽猛之济,计民物之息耗而妥为培养之方。必也崇埤作固,砥柱中流,杰构宏模,焕然复古,斯为盛哉。其生斯土者感发乎前言者之嘉言,砥砺乎往行者之懿行,用是成乎六德而智仁圣义忠和,兴乎六行而孝友睦姻任恤,游乎六艺而礼乐射御书数,彬彬然诗书稼穑,恂谨善良,上下交乎,化行俗美,胥四民

---

① 《(光绪)凤阳县志》卷首《乾隆三十六年孙维龙序》,《中国地方志集成》本,南京:江苏古籍出版社,1998年。
② 《(嘉靖)寿州志》卷首《郑绍烋序》,《天一阁藏明代方志选刊》本,上海:上海古籍书店,1963年。
③ 《(光绪)凤台县志》卷首《石成之序》,《中国地方志集成》本,南京:江苏古籍出版社,1998年。

而甄陶之,咸跻乎大同之世也,岂不懿与?"①石成之还进一步指出,借鉴和参考地方志,地方官可以根据形胜险要布局和设置兵防要隘,可以根据当地的民风民俗决定施政的宽猛程度,可以根据物品的消耗情况规划农工生产活动。除此之外,石成之还认为地方志在传播文化知识、教化百姓等方面起着重要作用。

李光久在《(光绪)凤阳府志》志序中首先就提到朱熹到南康做太守时,刚到太康就询问地方志的事,即"昔朱子为南康守,甫下车即征求志乘,君子请其知所先务"。他进一步指出:"盖为治者必知疆里之轮径,户口之登下,关津之扼塞,人物之兴替,风气之习尚,赋役之盈虚,乃可以补偏救弊,因地制宜,审已然之迹以行当然之事。"②一个地方的官员必须知道这个地区的疆域所在,要了解这个地区户口变化的情况,要清楚这个地区险要关隘的位置,要知道历史上各种人物的相关情况,要明白这个地区风土民情的变化,要了解这个地区赋役征收的情况,知道了这些情况,才能够更好地分析这个地区存在的弊病,才能够因地制宜地解决当地存在的问题。

"光绪二十一年,冯君梦华煦以史臣出守是邦。越二年,夏大水,田畴庐舍皆沦没。岁大饥,民荡析离居,扶老携幼,啼号道路。梦华引为大戚,亟请于上发帑振之。亲履灾区,辨轻重,别缓急,防维调护,抚绥安辑,在在因势利导,相机补缀。而郡志自兵燹后散失荡佚,莫得本真以资政治之考证。梦华复留心采辑于舆图、谣俗、物土、人情,凡为治所当讲求者,收揽无遗。时余适被朝命备兵斯土,为政之始即值饥溺载途,养民恤荒之举无纪载可稽,而得以次第设施者则同僚协济,借以咨诹,故能枰轴予怀相助为理。子曰:'德不孤,必有邻。'不其然欤。梦华既以惠政拯郡民,乃设馆倡修郡志,分任纂辑,采访、缮校亦皆司理得人,远者数百年,近者数十年,所谓疆理、户口、关津、人

---

① 《(光绪)凤台县志》卷首《石成之序》,《中国地方志集成》本,南京:江苏古籍出版社,1998年。

② 《(光绪)凤阳府志》卷首《李光久序》,《中国地方志集成》本,南京:江苏古籍出版社,1998年。

物、风气、赋役莫不灿然具备,勒为成书。而于轮径登下,扼塞兴替,习尚盈虚,按籍以求,了如指掌。集当今之要务,树将来之宏规,所以镜得失、兴教化者胥于是赖。"①李光久在《(光绪)凤阳府志》中介绍了冯煦到凤阳为官即遇到水灾,饥民流离失所,无以为生。冯煦想方设法赈济灾民,做好灾后救助工作。兵乱之后,凤阳府志散佚无存,无法借此以为资政之用,冯煦克服各种困难,多方搜集资料,又设立志馆开始编修志书。他分工合理,纂辑、采访、缮校等皆选用合适人选,将关于凤阳府疆理、户口、关津、人物、风气、赋役等方面的情况全部收载于志书之中。由此,人们可以借助于地方志了解凤阳府各个方面的情况,地方志在资政、教化方面都有着不可忽视的作用。

狄咏簏在乾隆三十九年(1774年)志序中对于地方志的功能作了宏观总结:"盖自封建易为郡邑,而厘国宪者势不能不询于外方。今之邑志犹郡国志之遗也,会邑志为郡志则一郡之事明,会郡志为省志则一省之事明。是故遒人之所采、太史之所陈,罔不权舆于邑志之中,然则邑志之作其所系者綦重矣。"②地方志是了解一个地区历史和现状的重要参考文献,其价值非常重要,不可忽视。"自封建变为郡邑,其与民共休戚者莫先于守令,而令其尤近者也。国家悬治法于上而邑令权之,曰律,曰例,曰会典,曰赋役全书,何在?非莅官之左券而父母一邦者必先考之于志,何也?《礼》曰:'入境问禁,入国问俗。'凡其便于民者即为利,凡其不便于民者即为害。非就其地而察之,曷由而知好恶之所在。非就其志而考之,又几何不为吏胥之所惑哉。至于纪废兴、核名实皆所以彰盛衰之由,树风教之标,然则邑志之所书,自邑大夫以上皆当有以审察之,而邑大夫为亲民之尤切者,诚不可不一一详求其故矣。"③狄咏簏还进一步指出,如果地方官想要知道管辖地区内的情况,哪些是有利

---

① 《(光绪)凤阳府志》卷首《李光久序》,《中国地方志集成》本,南京:江苏古籍出版社,1998年。
② 《(光绪)凤阳县志》卷首《乾隆三十九年狄咏簏序》,《中国地方志集成》本,南京:江苏古籍出版社,1998年。
③ 《(光绪)凤阳县志》卷首《乾隆三十九年狄咏簏序》,《中国地方志集成》本,南京:江苏古籍出版社,1998年。

于百姓的,哪些是不利于百姓的,就要查阅地方志,从中获得有用的信息,这样才能够有针对性地制定相应的制度,采取有效的措施,管理好这个地区方方面面的事务。

"志乘之作,所以纪废兴,知损益,阐幽发微,崇正嫉邪,俾莅斯土者熟悉其山川形胜、风土人情,举四境而甄陶之。昔朱考亭莅官必修志乘,论者称其为政知所先,则志之有裨于治体也,不綦重与。"①曾唯道在《(光绪)寿州志》志序里也提到了地方志的功用。他指出地方志收录的内容可以让地方官对一个地区的情况有充分的了解,可以让地方官知道这个地区兴衰变化的原因。他以朱熹为例,充分说明地方志的资治作用,也强调编修地方志是刻不容缓的事情。

王万牲在《(光绪)寿州志》志序中对方志的功能、质量等都有总结:"余自舍柔翰隶仕版,日从事于簿书钱谷,凡捧檄于江南淮北,必咨访人情风俗,以资为政一得之助。庚寅夏五,奉大府檄来牧寿阳。寿阳,余旧宦游地也,先后人文蔚起,山水交辉,自昔传为重镇,风气犹近于古,当接见父老、贤士叙旧,谊情相惬也。孙绅恩诒出州志之新成者请序,余谨按志之大略,纪废兴,严损益,阐幽发微,崇正嫉邪,不徒藻绘山川、人物,实于地方风化攸关也。且其发凡起例,体格谨严,去伪存真,折衷精当,举凡六十年前之升沉、沿革、兵火、灾荒无不条分缕析,载在简编,犹令观之者动沧桑之感焉。第考献征文,搜讨故实,固前刺史暨诸君子好善之笃,不忍使忠臣、义士、孝子、节妇并善政流风湮没弗彰。讵惟形胜之区河山增色,且足备国家轺轩观风者采择焉。惟前之君子既以前言往行表诸邑乘,后之君子亦当感发奋兴勉跻堂奥。余下车伊始,未及周历四境,得是书而先睹为快。异日者,公余之暇,手一编,以与诸君子观览而切劇焉。俾是邦之人文风俗周知无隐,则是书之有裨于修身行政者岂浅鲜哉。"②王万牲为官期间喜欢到处查访,搜集管辖地区内风土人情等方面的相关资料,以此作为治理地方的参考。当他再次来到寿州,见到士绅孙恩

---

① 《(光绪)寿州志》卷首《曾道唯序》,《中国地方志集成》本,南京:江苏古籍出版社,1998年。
② 《(光绪)寿州志》卷首《王万牲序》,《中国地方志集成》本,南京:江苏古籍出版社,1998年。

诒上呈的新修寿州志时,感慨万千。他认为,地方志虽应该记录一个地区兴废发展的过程,但也不是仅仅只记录建置沿革、山川河流、风土人情、人物事迹、兵火灾荒,而是要秉承严谨的态度,发凡起例,去伪存真,折衷精当,对搜集到的资料和内容进行筛选和整理,从而起到阐幽发微、崇正嫉邪的作用。地方志不仅有助于地方官了解相关的人情民风,更好地治理地方,也可以通过彰显忠臣、义士、孝子、节妇等人的善言善行实现教化作用。王万甡在序中不仅谈到了地方志功用的问题,也谈到了编修地方志的方法和注意事项。

"新则其别有五也,又有说焉。本纪一,以象太极;世家二,以象两仪;列传四,以象四时;年表五,以象五行;内篇八,以象八风;外篇九,以象九野,则一凤之书而圆之星、方之州已具是矣。君子观本纪而思宪章、太祖之圣政,观世家而思梦寐二王之鹰扬,观列传而思奏绩、思善政、思道德、思志行,观年表而思兴复、思治忽、思作新,观八篇而思修德修救、思去履宅土,而使民两足,思无用费而有祀之,其思无民散而有兵之藏,观外九篇而思以言,言必可歌可咏、可兴可怨、可赞可叹、可泣可诉,不无有是书而思之,乃所以学之矣乎。"①袁文新编修的《凤阳新书》是按照纪传体史书的体例结构来编修的,包括本纪、世家、列传、年表、内篇、外篇几个部分,每个部分都分别记录相应的内容,从而将凤阳一地方方面面的情况全部收录进来。每个部分都有各自的功能,"本纪"可以让人们知道国家典章、君主圣政,"世家"可以让人们了解诸王之功绩,"列传"能够让人们知道名臣贤人的政绩、善政、品德和志行,"年表"可以让人们知晓地方治理兴废变化的基本情况和原因,"内八篇"可以让人们了解爱民节用的治理理念,"外九篇"则可以让人们知道凤阳一地的风土民情、人文名物。这几个部分相辅相成,互相联系,彼此依存,实现了地方志存史、资治、教化的功能。

席芑在志序中谈到了方志的功能:"余惟州之有志非徒以点缀山川人物,供文人学士渔猎之资也,将使守兹土者观风气之刚柔,察民物之息耗,知古今

---

① 《凤阳新书》卷首《袁文新序》,明天启元年(1621年)刻本。

升降之故,究治教通变之方,譬如行者之有指南也。"①地方志不仅能够记录一个地区历史发展过程中各个方面的内容,供文人学者参阅,更重要的是可以帮助地方官了解一个地区的风土人情、土产物耗、兴衰变化的原因,并且可以为地方官提供资政的参考。

戴良材在《凤阳新书》志序里谈道:"睹邑乘苟简讹漏,悯焉靡宁,毅然任其事,采摭遗文,钩稽故实,萃为八卷。弥纶昭代,贲饰盛治,盖日月并悬,淮涂共永。已仕于斯者,披阅之顷,思皇祖之诞生,俨天威于咫尺,睹山川之险易,树藩翰以维宁,念风俗朴茂而勤加劝励,知田原荒瘠而留意附循。户口之凋耗、财用之匮乏一览无遗,生聚封殖,因时布政必有道矣。吾邑受惠,实且不朽,岂徒曰文献足征已哉。"②因前志简陋,无法参阅,故袁文新等人开始编修新志,最后成书八卷。志书可以让人们了解一个地区的山川地貌、险关要塞,可以让人们知晓这个地区的风土民情、物产土贡,可以让人们知道这个地区人口增减的情况和财用盈亏的状况,并在此基础上因地制宜、因时制宜、因事制宜地管理好民政民生。

"上自祖宗栉沐之艰,园陵根本之重,官属备而守卫周,赍予隆而报礼厚。下逮土毛、邦贡、人物、科名、筱荡龟鱼、男女畜扰之属,在雄藩钜镇所不得有者,凤实有之,即稗官小史所不必备者,凤固备焉。斯志也,岂徒述陈言、胪往迹,当事者披此幅员,度险夷阨塞,纪纲而控制之,用以恢皇图、拓帝纮以万亿,斯年端不出。此昔班固因《禹贡·职方》作地里志,自是郡邑各有纪乘,淮泗山川在《禹贡》号称要害,兹且朝宗效云万世无敉,或可佐职方九重之览"③。在万嗣达看来,地方志不仅要把一个地区诸如皇恩、官守、恩宠、土毛、邦贡、人物、科名、筱荡龟鱼、男女畜扰等内容全部加以收录,起到存史的作用,而且可以起到鉴往昭来的作用。

---

① 《(光绪)寿州志》卷末《杂志类·旧志序跋》,《中国地方志集成》本,南京:江苏古籍出版社,1998年。
② 《凤阳新书》卷八《序第九·戴良材序》,明天启元年(1621年)刻本。
③ 《凤阳新书》卷八《序第九·万嗣达序》,明天启元年(1621年)刻本。

3. 教化

地方志收录了诸如名宦、忠节、孝义、儒行、文苑、政绩、节烈等方面的人物，这些善人善行可以起到教育感化的作用，社会风气得以净化，人们也开始行善向善。

关于地方志教化的功能，桑寯在《（光绪）凤台县志》志序里谈道："域方纪载，史乘之光也。使后之览是书者，得观夫前彦之芳，征后贤之伟烈，灼然以节义自兴，卓然以文章自见。举凡智、名、勇、功纳诸诗书礼乐，敛以刚健，而河岳之气充粹以精纯，而道德之光蔚养以器识，而经纬之量宏雍雍乎明备。休和用大，启夫来哲，则是书之有裨政教，诚非浅鲜。其为生斯土与守斯土者庆幸，又何如也。"①阅读地方志可以了解到前彦后贤的丰功伟绩，可以感受到智勇名士的英烈事迹。阅读地方志，可以为壮丽山河的气势所感染，可以为名贤英才的精神所启发，可以为忠孝节义的行为所感动。桑寯认为地方志在教化方面所起的作用非常深远，这是生于斯、长于斯、守于斯的人们的幸运所在。

储珊谈及方志的功能和编修方法："凡士君子著作纂述，盖必其可以培植人心，维持教化，而关世道之重轻，则作之者为无愧，宝之者为有光矣。不若是，虽无作可也。颍州旧有志书，其朴略不可观。成化丁酉年，二守刘公节奉命来守是邦，早作暮思，惓惓以淑人心，敦教化为首务。越明年，政通人和，百废俱举，公余遍阅载籍，稽诸遗老，参以旧闻，重加修辑。旧者厘，新者续，讹者订，阙者补。卷分类别，事核理明，盖一郡之全书，近世以来未之有也，恨未能锓刻以广其传。公不幸以疾卒于官，裔是无有承公志者，是书几于无所附丽而公之志孤矣。余少辱知于公得而宝之，不啻拱璧，深欲寿诸梓以与州人共之，顾其时力未能为也。幸忝第甲科，拜宪职，迁浙臬，始得节俸以成其美。余惟郡志之作非徒以广记载、备考订而已也，盖将表其山川之美、人物之盛、风俗之淳，可以为养人心、兴教化之助耳，使后之产于其乡者，或慕于善将指

---

① 《（光绪）凤台县志》卷首《桑寯序》，《中国地方志集成》本，南京：江苏古籍出版社，1998年。

而劝曰：'吾兹产也,吾何以无愧吾颍山川也,何以无愧吾颍人物也,何以无愧吾颍风俗也。'寖焉有以养其华。或罹于咎将指而戒曰：'吾兹产也,吾何以愧吾颍山川也,何以愧吾颍人物也,何以愧吾颍风俗也。'反之有以去其秽,则是志之作所以培植人心、维持教化、有关于世道也,亦重矣哉。若夫分野、疆域之有定界,户口、赋役之有定数,城池、桥梁、祠庙、坟墓之有定所,特其余耳。公传于家者状元之学,修于身者立教之本,不获大用于时竟赍志以殁,而其可传者赖有此耳,故余谨书之,以为后之求牧与令于吾郡者告,且以告吾郡士民焉耳。是为序。"①储珊认为著书篆述必须具有培植人心、维持教化的功用,否则毫无意义。地方志则不仅应该广泛记录一个地区各个方面的情况,具有存史考证之功,还应该通过它所记载的内容,表其山川之美、人物之盛、风俗之淳,继而实现养人心、兴教化的作用。对于如何修志,储珊也有所讨论。编修地方志应该广泛查阅文献典籍,访问遗老,参考前志,厘定原有的内容,续修前志阙漏的内容,订正讹误,分门别类,并力求事核理明。

二、方志起源

关于方志起源的问题,历来有不同的观点和看法,安徽淮河流域方志的编修者对此也有些讨论和思考。

1. 方志起源于《周礼》

石成之认为地方志起源于《周礼》："考《周礼》小史掌邦国之志,外史掌四方之志,志所由昉尚矣。"②

"志之为言识也,《周礼》小史掌邦国之志,训方氏掌道四方之政事,与其上下之志,诵训掌道方志,以诏观事,志之由来旧矣。古文'志'与'识'通论语,贤者识其大者,不贤者识其小者,莫不有文武之道焉。汉石经'识'作

---

① 《(正德)颍州志》卷首《储珊序》,《天一阁藏明代方志选刊》本,上海：上海古籍书店,1963年。
② 《(光绪)凤台县志》卷首《石成之序》,《中国地方志集成》本,南京：江苏古籍出版社,1998年。

'志',志无论小大皆道之所在,孔子所学而师焉者也。班孟坚作汉史,立'十志'之名,后人因之不敢废。至于一州一县亦各有志,此即诵训道方志之遗意,而世儒多忽之。"① 钱大昕指出州志、县志之类的地方志起源于《周礼》中"诵训掌道方志"之意,班固撰《汉书》立定"十志",后人编修方志时皆加以继承。

2. 方志起源于古列国史

张成勋在《(光绪)凤阳府志》中谈及方志的起源:"方志于古为列国史书,晋乘、楚梼杌、鲁春秋皆是也。后世封建罢为郡县,晋阚骃有《十三州志》,唐李吉甫有《元和郡县志》,后人争相撰述,代有成书。"② 张成勋认为方志的源头就是古列国史,就像晋乘、楚梼杌、鲁春秋一样。后来改为郡县体系设置之后,晋阚骃编修的《十三州志》、唐李吉甫编修的《元和郡县志》都是地方志,都具有古列国史的性质。

3. 方志起源于《夏书》《周官》

狄咏篪在为《(光绪)凤阳县志》撰写的志序中也谈到了地方志的起源和性质问题:"纪我之体昉于《夏书》,至《周官》而大备,其中天文、地理、由用、土田、秩官、典礼以及风谣、物产无所不详,而自《虞典》以外不多见,激扬臧否者政操于上则教成于下也。自世风渐远,《春秋》作而善恶明,于是后之作史者并承其意,而传志斯合于纪载之中,所以存一代之典章、著一王之赏罚者也。然考《春秋》以前列国固已自有其史,所以孔子适周得百四十国宝书于柱下而观之。及《春秋》既作,老聃踞灶觚而听之毋惑乎,汉唐以来郡国志所不容已也。"③ 狄咏篪认为地方志起源于《夏书》《周官》,详细记载天文、地理、由用、

---

① 《(光绪)凤阳县志》卷首《乾隆三十八年钱大昕序》,《中国地方志集成》本,南京:江苏古籍出版社,1998年。
② 《(光绪)凤阳府志》卷首《张成勋序》,《中国地方志集成》本,南京:江苏古籍出版社,1998年。
③ 《(光绪)凤阳县志》卷首《乾隆三十九年狄咏篪序》,《中国地方志集成》本,南京:江苏古籍出版社,1998年。

土田、秩官、典礼及风谣、物产等各个方面的情况。《春秋》则善恶皆书,后世作史者将传志合于一体,地方志也进一步继承了这种编纂模式。

4. 方志起源于《夏书》《禹贡》《周礼·职方》

"《夏书》《禹贡》《周礼·职方》地志之祖。《禹贡》命州,先疆界,次山川,次治绩,次田赋,次方物。《职方》分州,先方位,次山水,次地利,次人民,次土宜。班书始出《地理志》,其篇后叙论则以星野为经,先疆域、都邑,次古迹、政治,次风俗、人物,农桑、渔猎散见其中,而间引诗书之文,此大略也。"①《(同治)续萧县志》的编修者认为《夏书》《禹贡》《周礼·职方》是地方志的源头,后来《汉书·地理志》则模仿《禹贡》《周礼·职方》的体例设置,按照疆域、都邑、古迹、政治、风俗、人物、农桑、渔猎的次序来收录相关内容,并间引诗文。

三、方志性质

安徽淮河流域方志的编修者对于地方志的性质也有些不同的看法。

1. 方志是政书

桑寯直接指明地方志就是政书:"皇帝嗣位之十有四年,余摄凤台县事,以志书即政书也,于是有重修之议。"②政书主要是记载典章制度、沿革变化及政治、经济、文化发展状况的专书,地方志是政书,地方志可以为地方官提供资政的参考,由此可知桑寯对地方志的重视程度。

2. 方志是史书

荆如棠到凤阳县做官,虽有心于地方志的编修,但因事去官,未能成事,心中颇觉遗憾,在为《(光绪)凤阳县志》撰写的志序里表达了自己的心情,也谈及地方志的性质和功用。"志乘一书攸关政教,用备采风。阅府县二志年久未修,应行补辑,将重事编录以备掌故。会予以事去官,有愿而莫之遂,至今常往来于心,固深有望于后之君子也。夫郡邑之有志,与史职相为表里者

---

① 《(同治)续萧县志》卷首《凡例》,《中国地方志集成》本,南京:江苏古籍出版社,1998年。
② 《(光绪)凤台县志》卷首《桑寯序》,《中国地方志集成》本,南京:江苏古籍出版社,1998年。

也。封域、井界、学校、户口、建置之沿革、赋役之繁简,以及人文盛衰、风俗淳薄,门分类聚,棋布星罗,纲维百代之章程,著述一朝之治忽,征文考献作史者胥于是乎取则焉,其所系不綦重也乎。"①荆如棠认为地方志关系到一个地区的政教大事,是非常重要的,编修地方志也是地方事务中的重要工作。他认为地方志和史书是相辅相成的,因收录的内容丰富可以为地方官管理地方提供借鉴。

3. 方志不是史书

"志非史也。史则笔削谨严,寓褒贬,别淑慝,彰信后世者,纪事之书也。不过纪载见闻,摭拾散佚,以备辎轩之采而已。是编分类编纪,或有关民生风俗与夫惩劝之意者,作一按语以待,因时革兴,仍不敢侵史氏之权也。"②《(道光)定远县志》的编修者虽未明确说明方志是什么类型的文献,但直接指出地方志不是地方史。史书讲究严谨,注重笔法,褒善惩恶,是非明确。而地方志分类编写,收录一地综合情况,如有惩劝之意,则往往以按语表示。地方志的编写和史书不同,不敢侵史氏之权。

四、修志方法

关于如何修志这个问题,方志编修者也提出了自己的看法。

曲震在编修《(道光)定远县志》时就谈到了方志编修的方法:"余不揣固陋,思有以修明之,因延孝廉王君明经、茂才蔡、钱诸子,各出见闻,广集遗事,参互考订,有关政教、风俗者巨细兼备,繁简得宜,而且稽核确实,注释精详,不期月而汇帙成书,询足信今传后欤。"③编修地方志最首要的就是广泛搜集资料,关于一个地区各个方面的资料都要搜集,不能有所缺漏。要对搜集到的资料进行考证,以确保其准确无误。地方志收录的内容要繁简适当,该繁

---

① 《(光绪)凤阳县志》卷首《乾隆四十年荆如棠序》,《中国地方志集成》本,南京:江苏古籍出版社,1998年。
② 《(道光)定远县志》卷首《凡例》,《中国地方志集成》本,南京:江苏古籍出版社,1998年。
③ 《(道光)定远县志》卷首《曲震序》,《中国地方志集成》本,南京:江苏古籍出版社,1998年。

的繁,该简的简。对于需要解释说明的内容,必须加以注释,注释必须精准详明。曲震认为地方志是要垂之后世的,不能粗漏浅薄,应成为一代信史。

对于如何修志,石成之认为:"将必本春秋谨严之义,实事求是,阐幽显微,远绍旁搜。凡古今沿革、山川形势及前贤往哲、忠孝贞廉灿然备载,征文考献,指掌了如。"①编修地方志要秉承春秋之义,要以谨慎的态度,以实事求是的原则,广泛搜集资料,申发微旨大义,将古今沿革、山川形势、前贤往哲、忠孝节烈等各个方面的情况全部收录在地方志中,以便于时人参阅,以便于后人征考。

"甚矣,邑志宜存其旧也。自通志开局,荟萃各属新旧志以供搜采,而各属新志之修必以旧志为张本,无旧志者从事较难。"②谢永泰在《(光绪)凤阳县志》里则提到了旧志的重要性,认为一个地区一定要保存好以前编修的地方志,在编修新志的时候则要将旧志作为参考,这样编修新志就会更为容易,新志的质量也就有了保证。

于万培在《(光绪)凤阳县志》里也提到了修志的方法:"于是公余之暇急意搜罗,将有事于修纂。嗣闻宛平孙君勖堂先得余心,与前任江阴贡君文庵网罗放轶,讨论采辑,荟萃成编,惜未竣事而去。爰访其遗稿,辄不嫌因人成事,缺者补之,伪者正之,虚文酌汰之,时事随增之,非敢谓厘订尽善,可无遗议。特以凤邑之成斯志也,视他邑较难。而凤阳之赖有是志也,视他邑为尤急。万培不敢以谫陋自诿,与邑中二三绅士日事讨论,惟期裒括端委,俾后之守兹土者获所依据,以为张本。由是广咨博问,扩大而精核之,借以达之吏治,统凤临而相因为理,臻斯土为仁寿之域,将以是为嚆矢焉可耳。"③于万培修志是在前任江阴人贡文庵修成的志稿的基础上进行的,补充阙漏,订正讹

---

① 《(光绪)凤台县志》卷首《石成之序》,《中国地方志集成》本,南京:江苏古籍出版社,1998年。
② 《(光绪)凤阳县志》卷首《谢永泰序》,《中国地方志集成》本,南京:江苏古籍出版社,1998年。
③ 《(光绪)凤阳县志》卷首《乾隆四十年于万培序》,《中国地方志集成》本,南京:江苏古籍出版社,1998年。

伪,裁汰虚文,增补时事,力求厘订完善,以为成书。于万培觉得凤阳县志较其他志书更难修纂,也更为迫切,所以不敢有丝毫马虎,也不敢以一己之力修志,而是邀约了几名邑绅一起商量斟酌,广罗资料,合群力最后完成了志书的编修。于万培希望这部志书可以为后任提供参考和借鉴,更好地治理凤阳。

"前任贡君震以事来县,因相与讨论成书。括其略为志五,为门三十四,为卷一十六,是志也续载一百五十年事实,理本相因。然张、万之志今皆不可见,《凤阳新书》虽存体制又非所宜。临淮县既省,虽有专志,例应并入凤阳。上下千余年远稽史传,近考册籍,增删损益皆有引据,其湮没失传者概存阙疑,不敢参以己见,因而实创。故凤志较难于他邑,自惭固陋,不习掌故,无以发明宪章之业,聊备纪载,以资太史采择而已。而搜讨、究悉、叙述、贯穿、涉历焉,愈知其难,始信古人不我欺也,览者庶有鉴于斯焉。"①孙维龙在《(光绪)凤阳县志》序里谈到了编修志书的情况,对于如何修志也有所讨论。明万历六年(1578年)知县张云翔、万历四十二年(1614年)知县万嗣达编修的两部志书皆已亡佚,袁文新编修的《凤阳新书》体例又不是特别合适,而临淮县已省入凤阳,所以相关情况理应并入凤阳县志中,凡此种种都给新修凤阳县志增加了难度。贡震、孙维龙等人则远稽史传,近考册籍,多方考证,以定增删损益,对于湮没失传无法考证明白的内容不敢私自发表意见,均以存疑处之。在修志的过程中,他们也深深体会到修志之难,也希望自己编修的志书可以给后世提供参考和借鉴。

"山有形势,川有原委。志山川者必使山之大小崇卑、水之远近分合了如指掌,虽未履其地者按籍以稽,如遇诸目乃为得之。《凤阳新书》之志山川也,逞其文笔,错综举似,挂漏既多,谬误亦复不少,其失也乱。《临淮志》但举某山县东若干里,某水县南若干里,并峙之山,疑于无辨,通流之水,滞于一方,其失也略。且山下出泉原不相离,而言山者不及水,言水者又不及山,判而二

---

① 《(光绪)凤阳县志》卷首《乾隆三十六年孙维龙序》,《中国地方志集成》本,南京:江苏古籍出版社,1998年。

之,两无分晓,今志山川务洗此习,故于旧志皆无取焉。"①《(光绪)凤阳县志》的编修者指出了《凤阳新书》《临淮志》记载山川时的不足,《凤阳新书》缺漏较多,讹误也不少,而且杂乱无章,《临淮志》则是言山不言水,言水不及山,太过简略。所以在编修《(光绪)凤阳县志》的时候,他们没有继承前志编修的模式,而是改换了思路,认为记载山川则应该明确说明山的大小崇卑、水的远近分合,这样读者才有据可循,山川的情况才可以明白清晰。

明万历五年(1577年),知州庄桐在《重修寿州志·自序》中谈到了编修地方志的相关问题:"丙子冬,余来守寿州半载,百务始就理。询及州志,诸父老咸曰:'自嘉靖二十七年健斋栗公续修及今三十年矣。值洪水颓城,旧刊不存,是诚缺典。'余闻之遂访遗编,逐加整顿,即其已往之可因者仍之,而又为之续增。凡以考岁时之丰歉,识舆图之沿革,鉴贤否,陈风俗,一郡之典则存焉。粤自列国更为郡县,编年之体更为纪、志、表、传,固势也,亦理也,此司马子长作史之意也。表者标其宏纲,志者识其条理,纪以记君德,传以叙臣事。纲目相关,巨细不紊,序事之体当如是已。兹为表四,曰舆地,曰封爵,曰秩官,曰人物;为志八,曰提封,曰建置,曰水利,曰食货,曰秩祀,曰学校,曰典礼,曰灾祥;为传十,曰良牧,曰名贤,曰武功,曰孝义,曰贞忠,曰耆宿,曰寓贤,曰逸士,曰方伎,曰艺文。一披阅间而郡在目中,古今鉴戒,岂外于指掌哉。录成,捐俸付梓,更有所粹者,则不无望于后之高雅也。"②庄桐到寿州任知州,政务理顺之后问及州志一事,当地父老告知嘉靖二十七年(1548年)栗永禄编修之后已经有三十年时间没有再修州志了,而且因洪水泛滥,以前编修的志书都已不见,寿州志阙漏未修是很遗憾的事。庄桐闻听此事,即着手修志,搜访遗编,整理资料,对于旧志中可以继承的加以继承,对于旧志中缺略的加以补充,希望人们通过州志可以了解寿州历史发展的基本情况,可以

---

① 《(光绪)凤阳县志》卷二《舆地·山川》,《中国地方志集成》本,南京:江苏古籍出版社,1998年。
② 《(光绪)寿州志》卷末《杂志类·旧志序跋》,《中国地方志集成》本,南京:江苏古籍出版社,1998年。

知道是非善恶之所在。庄桐认为编修地方志最好借用纪传体的体例结构,"表"可以标其宏纲,"志"可以识其条理,"纪"可以记载君德,"传"则可以叙述臣事。表、志、纪、传各司其职,各有各的作用。庄桐修寿州志就借鉴了纪传体的体例结构,最后成书四表、八志、十传。

对于《(万历)寿州志》的编修,寿州人张沛也有所论述:"寿州志修于健斋栗公莅任之二年,后湮于大水,浸湮无复存者。我岐冈庄公以南阳之隽德望兼隆,自东昌擢寿,期月而化洽誉彰。稍暇则询及寿志,曰:'志文献也,吾其有责焉。'乃集州绅士侯君汝白、谢君翀、胡君文瀚并庠彦孔邦治、许吉祥、张梦蛟、李志伊等相与商榷,相与修饬,仍令采摭者广搜之,编辑者综理之,校证者寻究之,讨论者详辨之,俾各售其材,以供其职也。为之表者四,为之志者八,为之传者十,遂使地无遗迹,官无遗政,人无遗善,物无遗类,犁然为一郡之全书,其视昔之志不亦大备也哉。岂惟此也,官于斯者一睹典章型范在焉,产于斯者一慕前修响往决焉,庄公之功大矣。时佐治者童公钐、彭公奇寿协力纂辑,子不佞谨述以俟。"①庄桐十分重视地方志的编修,他到寿州为官,在政务基本厘清之后,即开始召集当地绅士商量和着手编修当地方志。针对修志者各有所长的情况,庄桐对这些人进行了分工,有专门负责采集资料的,有专门负责编辑整理的,有专门负责考证史事的,有专门负责辨析真伪的,各司所职,各取所长,最大程度地保证了方志的编修质量。对于志书的内容,庄桐也十分讲究,不仅要广泛搜集资料,力求"地无遗迹,官无遗政,人无遗善,物无遗类",还要对这些资料进行整理、考证、校勘、辨伪,以确保志书内容全面、没有讹误,从而让查阅此志的人可以获得最为全面且准确的资料,对寿州历史发展有一个较为深入的了解。

寿州举人胡文瀚在《(万历)寿州志》志序中说道:"寿州旧有志创于弘治初,至嘉靖庚戌郡守潞安栗公修之,丙寅大水溃城,志湮于水。万历丙子,南阳岐冈庄公来守寿,下车食寝不遑,凡百姓所疾苦者悉与安之,以其暇留心于

---

① 《(光绪)寿州志》卷末《杂志类·旧志序跋》,《中国地方志集成》本,南京:江苏古籍出版社,1998年。

志。本弘、正之旧迹,增隆、万之新章,事为论赞,例列规程,言该理到,霞灿星辉。启册之际,不啻耳目为之一新,而昭往察来,维风补敝之教,固森然也。嘻嘻!公可谓得政治之本矣。后公守者得而阅之,某也可因,某也可革,考兹成案,达彼骏猷,则功虽不自己出而剂量调和,公已豫为其所矣。矧士之生其地者,有不征诸文献而深其考订者乎,公之利赖吾人可胜颂哉。"①《(万历)寿州志》的编修是以前志为基础的,确立了编修规则,对弘治、正统年间的情况加以继承,增加了隆庆、万历年间寿州历史发展的相关情况,并对某些史事加以评论,以实现地方志昭往察来、资政教化的作用。

"以征文则《李志》而外搜得民间所藏《庄志》旧本,参以省志、郡志,又考诸二十二史,与《通鉴纲目》等书。其事之可信者存之,可疑者阙之,未备者补之,大率以《李志》为本而损益以折其中焉。"②乾隆年间席芑是以万历年间庄桐所修之志为参考,以顺治年间李大升所修志书为基础,又搜集了省志、郡志、二十二史、《通鉴纲目》等文献中的相关资料,对这些文献中可信的资料加以收录,有疑问无法确信的内容未加收录,可以补充旧志不足的内容则加以收载,最终完成寿州志的编修工作。

对于修志的方法,栗永禄在《(嘉靖)寿州志》序中曾言:"博求往籍,收散采逸,循名稽实,悉诸诹访,参诸舆论,于法得书者书焉,旧志之略者补焉,讹者正焉,繁芜者削焉,事务其备,文从其简。"③编修志书要广泛查阅已有的文献典籍,要对文献记载进行考证,要到各处调查访问获得资料,要汇集各方面的言论,符合方志编修原则和要求的内容都要收录在志书里,旧志阙略的内容要加以补充,有讹误的地方要予以订正,繁杂混乱的内容要进行筛选删削。地方志的编修要力求内容完备,文字简约。

"邑之有乘,犹国之有史,所以信今传后,励俗维风。春秋大义,首重谨

---

① 《(光绪)寿州志》卷末《杂志类·旧志序跋》,《中国地方志集成》本,南京:江苏古籍出版社,1998年。

② 《(光绪)寿州志》卷末《杂志类·旧志序跋》,《中国地方志集成》本,南京:江苏古籍出版社,1998年。

③ 《(嘉靖)寿州志》卷首《栗永禄序》,《天一阁藏明代方志选刊》本,上海古籍书店,1963年。

严,必秉公持正,实事求是,简明精核,始成善本。凡偏私冒滥,冗俗浮夸,皆形芜秽,无容厕杂其间。"①对于地方志的性质和功能,《(光绪)凤台县志》的编修者提出了自己的看法,他们认为地方志就如同地方史一样,可以起到存史和教化的作用。对于如何编修地方志,他们也有所思考。他们认为编修地方志应该秉承春秋大义,以严谨为修志主要原则,要实事求是,要有公心持正,笔法应该力求简洁明晰,内容则要精审详明。他们进一步指出,地方志的编修应坚决杜绝偏私冒滥、冗俗浮夸的做法。

在如何编修地方志这个问题上,安徽淮河流域旧志的编修者有自己的想法。地方志要内容丰富,包容一个地区历史发展过程中各个方面的情况。要重视资料选取,广泛搜集资料,要对文献记载进行考证。要注意繁简得当,该简的要简,该详的要详。注释必须精准详明,不能繁碎杂乱。要以前志为参照,补阙、纠谬、订误、删芜,不仅要继承前志的优良做法,还要有所创新。要秉承春秋之义,要以谨慎的态度,坚持实事求是、疑则阙如的原则。要重视修志人员的分工,各司其职,各取所长。要秉持公正之心,杜绝偏私冒滥。地方志要实现存史、资政、教化功能,绝不能粗制滥造。编修者在修志理论和方法上的思考和总结,为提升方志质量打下了坚实基础。

安徽淮河流域旧志的编修者十分重视方志理论的探讨和总结,在方志性质、方志功能、方志起源和方志编修方法等方面均提出了自己的看法和思考,这不仅反映了历代方志编修和方志学发展的基本情况,也成为今后方志学学科建设和发展的基础。

---

① 《(光绪)凤台县志》卷首《凡例》,《中国地方志集成》本,南京:江苏古籍出版社,1998年。

第三章 旧志体例结构

一、基本体例结构

地方志的体例最常用的是平目体和纲目体。安徽淮河流域旧志的体例结构以纲目体和平目体为主,在具体细目设计上不同志书会有所不同。

1. 平目体

平目体,也称为平列体。这种结构形式,是将志书的内容分为若干类,各个类目相互独立,细目平行排列,互不统属。平目体的优点是结构简洁,眉目清晰,一目了然,便于查阅,比较适合内容简单、字数较少的志书。这种体例结构在宋元以前应用较为普遍,清朝中叶仍较为流行。但随着时代的发展,地方志记载的内容越来越广博,如果采用平目体编修志书,则会使志书的门类越分越多,以至分出几十个甚至上百个门类。平目体结构简洁、眉目清晰的优点不复存在,反而变得累赘繁杂了。平目体的使用逐渐减少。在这种情况下,纲目体志书的特点就展现出来了,不仅可以容纳更多的内容,而且能保证志书结构的清晰和整齐。

《(正德)颍州志》①总共六卷,卷帙较小,采用的是平目体。(见表1)

表1 《(正德)颍州志》卷目

卷数	目
卷之一	州图,建置(沿革),城池,疆域,郡望,形势,风俗,山川(陂塘附),古迹(碑碣附),宫室,台馆,陵墓。
卷之二	公署(廨宇附),学校,邮驿,铺舍,祠祀,坊郭(街巷附),乡井(村厂,集店),关津(济渡附)。
卷之三	版图(里名,土至),贡赋(仓廒附),物产(孳牧附)。
卷之四	名宦,流寓,人物,科贡,寺观,列女,仙释。
卷之五	题咏,文章。
卷之六	欧公诗文

对于志书收录的内容及其安排和资料来源,《(正德)颍州志》在"凡例"②中作了分析和说明。

  采摭疆域,事类于《寰宇记》《风土记》《舆地记》、晋隋宋元州郡志记、《大明一统志》,及史传、胜览、拾遗诸书参详。

  纂述事件,揭题目于前,大书其纲,分注事实,有补于事辞繁不杀,其无益者传实亦削。

  纂识山川,所以志地道之形胜险易,如郭景纯《山海经》州境中惟有淮水本末,郦道元《水经》始载淮、汝、颍经流。夫以州介河淮,无崇山峻岭,惟平岗小阜,地多坡下,故沟港甚多,泛收并录,岂采访以资游观,直欲识蓄泄利害。

  古迹采摭,有典故载古志,非耳目所及,隐于子史百氏者近似必录,其名实荒唐者不纂。

  乡井及物产泛记并录,以见地利之盛。

  版籍、贡赋宜当详书,而前此无从于考。况今土著亦胜国之流

---

① 《(正德)颍州志》卷首《目录》,《天一阁藏明代方志选刊》本,上海:上海古籍书店,1963年。
② 《(正德)颍州志》卷首《凡例》,《天一阁藏明代方志选刊》本,上海:上海古籍书店,1963年。

移,故家旧人寥寥无几,所可知者目前尔,姑志略节者以备考。

公署、廨宇成化以前直书之,已后略识创修岁月。

祠祀惟载祀典,当然凡一切谄渎缺之。

采访名宦,以劝方来。自秦置郡县几千八百年,于今颍之留名代不数人,岂若是才难哉。如宋韩魏公亦守颍,与程明道、范文正泛舟西湖,议论甚关世教,性理大全备载,而颍中士人未闻论及概可知也,故凡名著于颍无事迹亦录之。

搜采人物惟于《事文类聚》《氏族大全》《大明一统志》,有则述之,近时科贡在所并录,无所择。

州志前代无考,永乐中诏郡县纂录,颍州遗大而识小,详近而略远,无所建明,不足传示。景泰中又尝采录,既不能传述旧闻,无所记载,反询私谬,是以区区忘其鄙陋,因所见闻采而集之。若夫体要详备,又有俟于博雅君子。

集录欧公诗文,以见颍在前朝风土美盛,故凡干涉颍者一一录之。

《(正德)颍州志》以《寰宇记》《风土记》《舆地记》《大明一统志》《事文类聚》《氏族大全》、历代州郡志记、史传、胜览等资料为来源,力求准确性。记述历史事件,有利于说明问题的,虽文辞繁复亦加以收录,而无益于资治、教化的内容即使真实,也不予收录。志书广泛收录有关山川形胜、乡井物产等方面的内容,不仅仅是为了人们阅读所用,而且还为了说明颍州水利蓄泄的利害关系和当地物产丰盛的事实。自秦置郡县近千八百年,颍州历史上名宦虽不多,但诸如程明道、范文正等泛舟西湖,赋诗撰文讨论世教,探讨性理。这些人虽在颍州没有什么事迹可言,但其所言所论均有关于世教性理,故将其相关情况收录在颍州志中。欧阳修曾在颍州做太守,写下一些歌咏颍州的诗文,《(正德)颍州志》设立专目"欧公诗文"加以收录。

《(崇祯)砀山县志》①的结构和类目设置更为简洁,全志分为"前卷"和"后卷"两大部分,下设细目若干,是典型的平目体结构。(见表2)

表2 《(崇祯)砀山县志》卷目

卷数	目
前卷	县境总图,县治图,儒学图,沿革,星野,郡国,疆理,风气,水土,形胜,风俗,城池,堤防,公署,学校,坛庙,贡赋,户役,田亩,置邮,土产,临幸,山川,古迹,八景,陵墓,寺观,历宦,宦迹,人物,勋业,科贡,孝子,义民,贞烈,侨寓,仙释。
后卷	□制,诗类,文类,碑目,灾祥。

2.纲目体

纲目体,又称门目体。这种体例结构,先设总纲(即大类),各纲之下又酌分细目,目以类聚,以纲统目。其优点是:分类清楚,层层递进,眉目清晰,纲举目张,便于查阅。由于纲目体的优点明显,至今仍被广泛采用。纲目体最早出现于宋朝,随着历史发展,志书记载的内容越来越多,纲目体也在不断发展。纲目体最初一般只分为两级,即先设纲,再在纲下列目。到后来,层级越分越多,目下又设子目,子目下设细目,甚至更细。一般以三个层次为最佳分类设计。

安徽淮河流域旧志有不少是以纲目体为体例结构,在纲目名称和分类归属上不同志书则会有不同。

《(乾隆)泗州志》②采用的就是纲目体,分纲列目,统属明确。(见表3)

表3 《(乾隆)泗州志》卷目

卷数	纲	目
卷一	舆地	舆图,沿革,分野,山川,形胜,风俗。
卷二	建置	城池,公署,坛壝,祠庙,邑里,保甲,马递,关津,桥梁,古迹,陵墓。
卷三	水利上	河总,淮河,洪泽湖,汴河,濉河。
	水利下	堤,堰,沟,围,三县河道,泗虹河总论,淮河论,濉河论,淮黄考,洪泽湖考。

---

① 《(崇祯)砀山县志》卷首《目录》,明崇祯十二年(1639年)刻本。
② 《(乾隆)泗州志》卷首《目录》,《中国地方志集成》本,南京:江苏古籍出版社,1998年。

续表

卷数	纲	目
卷四	轸恤	祥异,蠲赈。
卷五	食货	户口,田赋,盐策,积贮,物产。
卷六	学校	学宫,祀典,书籍,弟子员额,学租,书院,义学,乡饮酒礼。
卷七	秩官	官制,秩官年表,营制,卫制。
卷八	选举	进士,举人,贡生,荐辟,武科,武勋,貤封,恩荫,应例,杂职。
卷九	名宦	汉,南北朝魏,北齐,唐,宋,元,明,本朝。
卷十	人物上	乡贤,乡宦,乡饮宾,文苑,孝义,善行,隐逸,耆寿,流寓,方技,方外。
卷十	人物下	列女
卷十一	艺文	(自唐起)

《(道光)定远县志》①也是典型的纲目体结构。(见表 4)

表 4 《(道光)定远县志》卷目

卷数	纲	目
卷之一		凡例,修志姓氏,图考(图缺)。
卷之二	舆地志	建置沿革,星野,祥异(缺),疆域,山川(洞岭、冈坂、河湖、涧泉、湾潭附),风俗。
卷之三	舆地志	城池(街坊、巷乡、镇集、保村、店营、团庄附),公署,公所,仓储,驿铺,津梁(堤塘、堰坝、池井附),坛庙,寺观,古迹,邱垄(义地附)。
卷之四	食货志	户口,田赋,六卫赋税(车骡集铺),盐法,蠲赈,物产。
卷之五	学校志	学校(书院、社学附),乡饮。
卷之五	兵防志	兵制
卷之六	职官志	职官表,名宦传。
卷之七	选举志	荐辟,进士,举人,宾宾,仕宦,武进士,武举人。
卷之八	人物志	名贤,仕迹,封荫,忠孝。
卷之九	人物志	文学,士行,义行,耆寿,隐逸,方技,流寓。

---

① 《(道光)定远县志》卷首《总目》,《中国地方志集成》本,南京:江苏古籍出版社,1998 年。

卷数	纲	目
卷之十	人物志	
	烈女传	贤孝,贞孝,义烈,节孝。
卷之十一	艺文志	书目,记,序,文议,说,传,引,跋,诗。
卷之十二	杂志	摭史,杂记,辨讹,后序(缺)。

《(光绪)凤台县志》[①]采用的也是纲目体,分列的纲目比《(道光)定远县志》更细致,收录的内容也更加丰富。(见表5)

表5 《(光绪)凤台县志》卷目

卷数	纲	目
卷首		序,职名,凡例,目录,图说(凤台县域图,凤台县境总图,县署图,学宫图,关帝庙图,州来书院图,城隍庙图,僧忠亲王祠图,焦冈湖图)。
卷一	舆地志	沿革,疆域,坊保,山川,形胜,分野,风俗。
卷二	古迹志	戍趾,山水,台榭,冢墓,坊表。
卷三	沟洫志	坝闸。
卷四	食货志	物产,户口,田赋,丁赋,税课,盐引,硝额,额解,额支,捐摊,赈恤。
卷五	营建志	城郭,公署,监狱,铺递,仓廒,津梁,坛庙,寺观,游观,杂记。
卷六	学校志	学制,仪制,学额,学田,书院,考棚。
卷七	武备志	兵事。
卷八	职官志	文职,武职,名宦,补遗。
卷九	选举志	科目,封赠,文仕籍,武仕籍,补遗。
卷十	人物志	名贤,宦绩。
卷十一	人物志	忠节,忠义。
卷十二	人物志	孝友,义行,文苑,武功,方技,耆寿,仙释,补遗。
卷十三	烈女志	古烈女,孝女,贞女,烈女,孝妇,烈妇,节妇。
卷十四	烈女志	节妇。
卷十五	烈女志	节妇。

---

① 《(光绪)凤台县志》卷首《目录》,《中国地方志集成》本,南京:江苏古籍出版社,1998年。

续表

卷数	纲	目
卷十六	烈女志	节妇
卷十七	烈女志	节妇,寿妇,贤妇,义妇,补遗。
卷十八	艺文志	诏敕
卷十九	艺文志	载籍,金石。
卷二十	艺文志	文,赋,诗。
卷二十一	艺文志	诗附录小山嗣音
卷二十二	艺文志	诗附小山嗣音
卷二十三	艺文志	诗附小山嗣音
卷二十四	艺文志	诗附小山嗣音
卷二十五	艺文志	诗附陟帖集,蝶园诗草,蛰吟余响,王烈妇诗。

《(光绪)凤台县志》在"凡例"①中对志书编修的一些问题进行了说明。

凤台向与寿邑同城,移治州来,则当年城以内东北之六坊(东紫顺、广积、中春申、东春申、北紫金、东紫金)皆划归寿境,所有事迹已经统入州志。其余时异势殊,因革损益,变而通之,概加厘定。

下蔡新治在旧治西北三十里,旧志所载道里皆就州城核计远近。今虽逐处就新治更改,犹恐难免遗漏,阅者隅反类推,自可了然。

往年寿凤同城,每岁丁祭,祀典同一,文庙行礼。今已分驻别建,续修新志,应增学校,所有一切规制、典礼合照例敬录,其先圣贤儒事略皆查考附载,庶俾后学识所式程。

旧志选举、人物寥寥无几,今兹多历年所风会,文明日新月异,合分子目,以便各从其类,按款登载。至门类次第,仿《通志》目录略加变通。

盖棺论定,自古为昭,志书所有各类除科目、封典、仕籍、老寿、

---

① 《(光绪)凤台县志》卷首《凡例》,《中国地方志集成》本,南京:江苏古籍出版社,1998年。

节孝,无论存殁外,其余现在生存者概不采入。

　　志书邑乘也,非族谱、年谱之比,揑饰任情,铺张逾格,将以炫世,适以自诬,体例既乖,徒滋物议,顾名思义,何容率尔操觚。

　　辞尚体要,简洁为宗,春秋所谓一字之褒荣于华衮也。著名邑乘即垂不朽,层见叠出,意图矜夸,实形猥琐,凿空演义之文无令徒殃梨枣。

　　文艺诗词歌古必事关地方,忠孝廉节足资劝砺,及境内名胜古迹有裨考证者,始行登录。其泛常吟咏,概不收录。惟申耆先生既修县志,复有《小山嗣音》之选,迄今硕果灵光,谨附载卷末。

　　志书门类向列隐逸,巨知北海高风、孤山芳躅,固寥寥天壤也,庸碌风尘谬谓烟霞,世外则烦壤,蒿莱皆西山薇蕨,亦何夷齐之多耶? 妻梅子鹤孰是同侪,盛世承平,乌庸充隐,故阙而不滥。

　　《亢志》纂修距分设县治三十六年,越四十五年而《李志》修,今去《李志》之修将八十载矣。中更历遭兵燹,网罗放失,文献无征,其中有难稽核者,姑阙之以俟考。再新治草创,诸须建造,如城池、祠宇、公廨当俟修整完备日详著图说。

　　《李志》才识博达,征引事实,率以议论贯之。今仍其旧,而以近时采访者附之。赀征时促未克,广延集益,聊同草创,为坠绪之延。若夫修饰润色,化裁改作,谨俟三长兼备之君子。

凤台和寿州本来一直同城,但后来改设州治,则将凤台城内的东北六坊全部划归寿州,所以有关六坊的事情都收录在寿州志中。因这一变化,凤台县志的相关内容也要作出调整,理清其因革变化。以往寿凤同城,关于祀典之事皆统于一处记录,两地分离之后,凤台县志就要增加学校及相关祀典之事乃至先圣贤儒事迹。因选举、人物内容较少,旧志这方面的内容较为疏略。随着社会变化,新志编修时则要根据实际情况合分子目,并依照《通志》体例加以变化。凤台县分设县治,与寿州分离,新治的城池、祠宇、公廨等皆次递修成,关于这些情况也需要逐渐完备相关的资料并附以图说。李申耆编修的地方志里选录了《小山嗣音》，现在修志加以继承，附载于卷末。李申耆所修之志内容丰富，征引详备，如今修志则加以继承，新增加的内容则以采访为准。地方志的编修是因事制宜、因时制宜、因地制宜的，既有继承也有变化。除科目、封典、仕籍、老寿、节孝之目，生者概不入志。地方志与族谱、年谱不同，潜辞要谨慎，行文要简洁，以期永垂不朽。地方志收录的诗词歌赋，或者是褒扬忠孝廉节的精神、起到教化作用的，或者是考证名胜古迹、起到理清正误作用的。一般的泛泛歌咏均不载入地方志。《（光绪）凤台县志》编修者也提出，志书也有不完备的地方，尚须后世三才兼备的君子进一步修订完善。

《（同治）颍上县志》[①]所用的体例结构也是纲目体，总共十二卷，十二个大纲，有十一个大纲下设有小目，只有"宦业"纲下无目。（见表6）

表6 《（同治）颍上县志》卷目

卷数	纲	目
卷之一	舆地	分野，疆域，沿革，水渠，古迹（八景附，断石附）。
卷之二	建置	城池，诸乡，公署（养济院附），坛庙，寺观，驿铺，津梁，陵墓。
卷之三	食货	田赋，户口，蠲赈，物产。
卷之四	学校	国朝盛典，祀典，书籍，学额，学田。
卷之五	武备	营额，俸饷，器械，兵事。
卷之六	秩官	历代封爵世表，历代秩官姓氏表，明文秩年表，明文秩姓氏表，明武秩世表，国朝文秩年表，国朝武秩年表。
卷之七	选举（封荫附）	历代荐辟姓氏表，文武进士科表，文武举人科表，明诸贡姓氏表，国朝诸贡年表，杂科姓氏表，封荫姓氏表。
卷之八	宦业	
卷之九	人物	仕迹，孝友，高行，敦行，忠节，文苑，方伎，流寓。
卷之十	列女	孝妇，节妇（义妇附），烈妇，孝女，贞女，烈女，附志。
卷之十一	艺文	文，诗，赋。
卷之十二	杂志	祥异，风俗，摭记，存考，寿考。

---

① 《（同治）颍上县志》卷首《目录》，《中国地方志集成》本，南京：江苏古籍出版社，1998年。

《(同治)颍上县志》的"凡例"①较为详细地说明了志书类目设置的情况以及收录内容的原则。

> 谨按：列圣谕敕及祀典、通制虽非一邑所得私，实亦一邑所莫外，恭录之，俾人知所遵循焉。
>
> 总目分舆地、建置为二，依康对山《武功志》例，志地宜详也。旧志本《江南通志》以水利为一目，按水利莫大于东南，在《江南通志》不能不另为一目。颍上本蕞尔邑，水利无多，故易子目为水渠，统于舆地总目，不复另列。
>
> 旧志删去星野，谓在一邑则难明，不知有一邑即有一邑分野之星，未可一概从略，因本前志详考补入。
>
> 沿革、县名分属皆以正统为主，如三国时慎属魏必系于季汉下，六朝楼烦入元魏必系于齐下之类。
>
> 科目节孝坊有力则为之，非与无坊者异也，且其人皆具志中，《钦定四库全书总目》以明李和《德州志》有是目为浅陋，故删之。
>
> 古迹旧址见于古书信而有征者始录，人物以盖棺为定，列女以年例及旌为限，其妇因姑见者不在此例。凡地理、人物自见著之代始，政治惟列国朝，其间溯有明者，以时相接，明因革之宜，非正文也。
>
> 田赋自咸丰初年乱后地多荒芜，今虽月有开垦，尚未及半，势难定为额数，故仍依旧志原额录列，而以现在征解之数侧注于后。
>
> 书人本传皆名征引习见者，书字若谥若官，凡邑人皆名，有大功于一邑则书官，如城池、兵事、部书、左州、知州高天祐之类，忠节部则概书爵，以予之官是地者官名并书，失名者曰某。
>
> 节妇必书夫故守节之年，旧志失年者曰若干年，以明例之当然。旧志仅著现存之年，卒年今无考者亦皆若干年书之。其遇变有奇节

---

① 《(同治)颍上县志》卷首《凡例》，《中国地方志集成》本，南京：江苏古籍出版社，1998年。

而年偶轶者,不在此例。妇人从夫之爵,故书夫官而子不书官,以子之才否无关母节也。其书三子同时入学、见孙入学与以受封书官者,则皆因事见义,非自乱其例也。

旧志所载贞孝、节烈妇女俱于道光十九年请旌列入总坊,其自道光七年至十九年所采访已旌而未经入志者,因兵燹后察卷无存,事迹失考,仅照总坊姓氏录列于后,非敢故略也。

有语非正文而正文不得,弗明则注,乡贤、名宦、功德不齐,有入祠不入祠之分则注,节孝皆得入祠,固无异同,故不注。凡注及考订附载之文皆侧书其另一行,注者或正书或侧书俱下一字。

现任秩官及本邑绅士纵有循迹懿行,未敢遽录,并不下一赞语,恐近于谀且易启请托之门。其或有事应纪者,则附见志中纪其事,非纪其人也。

旧志艺文散附各志,后本范石湖《吴郡志》例,今取其于便,检阅另为一目,仍依旧志所载不复增减。自道光六年后续入者,亦必其人已故而言有关于地方及地方之人者乃收。

凡烈妇之弃孤弗抚者、先夫死者为附志,旧志古迹之失地与虽存而无据者,建置宜有而废者,制度非当代所有者,应例不注品秩者,宦业人物之涉疑者,前志纂修衔名之可稽者,为存考。

虽然圣谕诰敕、祀典、通制是朝廷从宏观层面上颁布的,不是仅仅针对某一个地区的,但与这个地区有着密切关系,所以将这方面的内容收录在《(同治)颍上县志》中,希望邑人能够知晓,能够遵循。依据康对山《武功志》的体例和编纂原则,《(同治)颍上县志》也特别注重详细记录颍上的地理状况,所以设立"舆地"和"建置"两个大纲,对相关情况进行全面介绍。《江南通志》将"水利"单独设为一纲,主要是因为江南水利非常重要,而颍上县所辖地区,水利无多,所以没有设立"水利"一纲,而是在"舆地"纲下设立"水渠"子目,收录相关内容。旧志编修者认为一邑之地的星野很难说明清楚,所以删去星野,但《(同治)颍上县志》编修者认为,无论地区大小,每个地区都有对应的分野之星,不能不加以说明,所以又根据以往志书的内容予以补充。关于建置沿革的分属,《(同治)颍上县志》是以正统为核心,比如三国时期慎虽属魏但必归属于汉之下,六朝时楼烦虽属元魏但仍归属于齐之下。因《四库全书总目》认为明李和《德州志》中"科目节孝坊"浅陋,《(同治)颍上县志》则将此目删去。地理、人物均以见著年代始,政治则列清朝为主,如果有需要追溯到明朝的,则以时相接,不作为正文收录。咸丰兵乱,土地荒芜增多,虽有开垦之功,但还未形成规模,所以田赋尚难确定额度。鉴于这一情况,《(同治)颍上县志》则以旧志所列额数为标准,同时附以新征解之数,以明田赋的征解和变化。关于人物情况的书写原则,对于人名以常用之名为准,对于字号则以谥号、官名为准,对于有功于颍上的书其官名,而忠节之人则一概书写其爵号,在颍上做官的则官名并书,如不知其名则只书某字。节妇必须写明夫故守节之年,如不清楚年份则书若干年。节妇应从夫之爵,其子之官与母节无关,故书写夫官而不写子官。但有因事见义者,可将节妇之儿、孙等方面的情况都收录进来,这与体例要求并不矛盾。有些内容是需要做注的,需注意注及考订之文皆侧书于正文的另一行,且注文均较正书、侧书下一字,以示区别。对于现任官员及本邑绅士只收录其事迹,不加任何赞语,主要是为了防止有人请托,造成人物事迹失实。旧志将艺文散于各志相关内容之下,《(同治)颍上县志》则仿照范成大《吴郡志》体例,将艺文集中在一起,单独设立一目,所收内容全部依据旧志,不复增减。道光六年(1826年)之后需要增加的,则必须是作者已故且内容是关于颍上县相关情况的。对于旧志或新增内容中有疑问的、不妥的、变化的、废弃的、没有依据的,均加以收录,以存考。

从结构层次来看,《凤阳新书》[①]设立纲、子目、细目三级,属于纲目体结构。而从其所包含的本纪、世家、列传、年表、内篇、外篇几个部分来看,这部志书则完全是参照纪传体史书的结构形式编修的。这与常用的方志编修形式不同,具有其独特性。(见表7)

---

① 《凤阳新书》卷首《目录》,明天启元年(1621年)刻本。

表7 《凤阳新书》卷目

纲	目	子目	细目	备注
本纪一卷	太祖高皇帝本纪			凤书一
世家二卷	中山王徐达世家第一			凤书一
	东瓯王汤和世家第二			凤书一
列传四卷	国勋传第一		(国朝)耿炳文,耿璿,耿璲,赵德胜,郭子兴,郭英,王志,唐胜宗,陆仲亨,周德兴,顾时,陈德,郑遇春,费聚,曹震,谢成,张龙,张赫,李新,孙岩,赵清,胡显,潘毅,孙兴祖,李恪,高铭,刘友仁,谢彦,储兴,周俊,梁德,王仙,李臣,郭登,陈桓,丘福。	凤书二
	名宦列传第二		(梁)昌义之,韦叡。(唐)张万福,张镒,崔中,侯固。(南唐)李延邹。(宋)赵抃,张式,韩丕,王霆,连南夫,周综,杨照,丁元。(国朝)朱俨,赵楷,王一卿,张渊,张云翔,范善。	凤书二
	列贤传第三		(周)庄周。(三国)鲁肃。(国朝)刘继祖,马世熊,唐铎,庄俊,张衮,高越,刘昺,顾佐,郭德成,戴绍胤。	凤书二
	列女传第四	二母传	汪母,赵母。	凤书二
		节孝传上	杜氏,聂氏,丁氏,吴氏,钱氏,盛氏,黄节妇,戴节妇,朱氏,岳氏,黄氏,耿二姐。	
		节孝传下	孝妇高,孝妇俞,唐孝女,赵孝女,杜二女,孟氏,钱琮妻,邰举妻,孙必妻,周方妻,朱葵妻,张胤祉妻,孙继有妻,沈恩肇妻。	

续表

纲	目	子目	细目	备注
年表五卷	古今地表第一		国都,郡府,军州,县镇,乡境。	凤书三
			城池,宫阙,坛壝,楼阁,台亭,苑囿,公署,关市,桥梁,坊表,第宅,高墙,寺院,坟墓。	
	制建表第二		知县,县丞,主簿,典史,教谕,训导。	凤书三
	职官表第三	荐辟	以文辟,以武辟,以孝弟力田辟。	凤书三
		文科	进士,乡贡。	
	豪士名表第四	武科	进士,乡举。	凤书三
		考选	宾贡,例监仕者,吏员承差仕□。	
	帝王亲戚表第五	后妃戚	皇后父徐武宁王达,刘妃王父刘左都督谦,宁妃父武定侯郭英。	凤书三
		王妃戚	代徐王妃兄魏国徐辉祖,安徐王妃兄定国徐增寿,鲁汤王妃父东瓯王汤和,楚岳阳王妃刘氏父刘达,兴平王妃汤氏大父汤和。	
		驸马	陆贤,谢达,张麟,耿璿,黄琛。	
		仪宾	耿秀,徐茂先。	
内篇八卷	星土篇第一	天俭	奎斗,征休咎于五行,星孛,岁星,水旱,饥馑,盗贼,草木,雪雹,风云。	凤书四
		地俭	徐杨,奠山川孚四境,中山凡三山,山东凡九山,山南凡十八山,山西凡二十山,山北背淮水,山右濠水。	
		道里	乡图,村聚。	
		乡俗	太平乡,清洛乡,广德乡,虹乡,永丰乡。	
	赋役篇第二	户口	土民,编民。	凤书四
		里甲	旧派,新增。	
		田地	起运,存留。	
		税敛	淮南,淮北。	
		输纳	投柜,纳钱。	

续表

纲	目	子目	细目	备注
内篇八卷	国费篇第三	一	代无为州抵解凤阳仓军仓之费	凤书四
		二	代如皋县种马解银之费	
		三	替徐州济清河河夫之费	
		四	坐庐淮扬文宴武场供役之费	
		五	受临淮县申除附郭邦贴之费	
	宗祀篇第四		圜丘,方泽,太庙,太社,皇陵,十王四妃,社稷坛,八□庙,中都城隍,县城隍,土□,文庙,名宦,乡贤,开国功臣庙。	凤书四
	农政篇第五		区田,居民,聚货,行水,积产,招徕。	凤书五
	武备篇第六		守城,屯种,征调,漕运,成造,驵马,考选,清军,巡捕。	凤书五
	帝语篇第七		行幸叙乡党,御制律僧法。	凤书五
	拾遗篇第八	拾地遗	古钟离旧城,鲁城在濠西,马丘聚阚淮,粉团洲改卫,长安川桑麻,席殿岗遗幸,圜丘冈茂杨,太子路,龙子河捕鱼,沐河港品,太平汤湖,方丘湖鱼利,化湖陂败敌,蒋山神助,镆铘源淬剑,陡沟败寇,断梅谷王气,于皇乳虎,府城隍守敕。	凤书五
		拾人遗	薛祥面折,丛兰总制,彭祖导引,庄子观鱼,崔白败荷,董奉种杏,思远七娶,兰采和散钱,郭延泽书藏,王万世急务,钟离妇断臂,薛媛对镜,唐肃谪佃,花希周饭僧,四翁从征,张伦就养,郝志才明医,文彬科仪,李忠庐墓,四孝旌异,宋允殖复明,刘珣正学,黄柏有室,盛世鸣归儒。	凤书五

续表

纲	目	子目	细目	备注
外篇九卷	诗第一（六十八篇）	游览	（周诗一篇）鼓钟四章章五句，诗经。	
			（唐诗三篇）清淮楼，张顗；濠州水馆，张祐；过临淮故里，陆龟蒙。	
			（宋诗十篇）淮上过风，范仲淹；渡淮，唐子方；长淮晚眺，王清叙；过淮，苏轼；观鱼台，苏轼；逍遥台，同；彭祖庙，同；四望亭，同；濠梁感怀，刘季孙；过濠州，赵抃。	
			（元诗二篇）濠州观荷，薛元卿；黄河谣，陈孚。	
			（国朝诗二十篇）濠梁即事，周献玉；濠梁行，苏祐；渡淮，黄淮；棋盘石，张惟恕；白石山，顾伯谦；中都谯楼，周金；登谯楼，王守仁；御书亭，吴伯宗；龙兴寺谩兴，卢山僧；龙兴寺，戴缨；又，马楷；又，朱之蕃；又，杨彦华；城东楼，杨彦华；城南楼，同；偃柏行有序，刘昺；过中京书事，许中丽；凤阳道中，但调元；焦山吊古，盛世鸣；登观星台春望，黎扩。	
		咏怀	（国朝诗十一篇）太祖高皇帝思亲歌；和御制思亲韵二首，释宗泐；抚临，李蕙；次韵，王琼；入中都赴任，曹恕；清明，唐□；题兰采薇，刘基；感事，刘昺；彗星歌，全；闻寇入榆林，全；下车有感，万嗣达。	
		赠答	（国朝诗二十一篇）太祖赐善世法师文彬回凤阳行；又大钟颂有序，宋濂；扈从渡淮，王英；扈从至中都长歌行，王英；又，胡广；陪驾祀皇陵，王英；又，胡广；又，邵实；又，王琼；陪蜀王祀皇陵二首，周启；谒皇陵颂，周盘；又中都试士谒颂三首，柯挺；田家谣赠仲大守，高宗大；送刘令公回任，张固；赠潘孝妇高氏，钱楞；又，刘昺；又，张翼翔；钱节妇李氏，周珏；喜雪上曹太守，高越；遂万令公之凤阳二首，杨鹤；喜袁又日开垦西北□，魏士清。	
	赋第二（四篇）	汉赋一篇	浮淮赋，王□。	
		明赋三篇	县楼赋，冯厚；东湖赋，刘昺；中都赋，柯仲炯。	

续表

纲	目	子目	细目	备注
外篇九卷	太祖诰敕第三（九篇）		汤和御史大夫诰，署令汪文刘英敕，追封义惠侯诰，义惠侯夫人诰，谕江夏侯周德兴，谕延安侯唐胜宗，敕志禅，敕彬法师，敕安法师。	凤书七
	券文第四（九篇）		魏国公铁券文，信国公铁券文，武定侯铁券文，六安侯铁券文，灵璧侯铁券文。	凤书七
	奏议第五（六篇）		议修凤阳城疏，邑人御史高越；又，副都巡抚刘□；驳修凤阳城疏，礼部侍郎黄□；辨城疏，致仕指挥尹令；又辨，尹令；又跋，知府王应璧。	凤书七
	书帖第六（三篇）		中都五美帖，闽中柯仲炯；凤阳七弊帖，知县万嗣达；盐政五请帖，知县袁文新；申请开垦公文二角，袁文新。	
	碑记第七（十五篇）		太祖高皇帝□□□，□□中山武宁王神道碑，武定侯郭公神道碑，□□□骠骑将军谢公神道碑，□□□□□龙兴寺碑，重修大龙兴寺碑，福清叶向□；中都留守修城记，淮海高□；重修凤阳县记，训导冯□；又，知县万嗣远，重修凤阳县学记，关西杨时畅；又，知县刘诚；又，邑人张翼□；改建凤阳学宫记，太原傅新德；新建社学记，浔阳万嗣达；改建濠梁淮宁桥记，杨应□。	凤书八
	祭文第八（四道）		太祖高皇帝祭营田使马世熊文，祭千户夏以松文，□祖文皇帝谕祭东胜伯刘谦文，□皇帝遣祭刘谦文。	凤书八
	序第九（四篇）		贺条业张公钦旌序，刘晸；刘奉祀恩遇录序，海盐郑晓；重修凤阳县志序，知县万嗣达；重修县志后序，邑人戴良材。	凤书八

对模仿纪传体史书设置体例和类目的原因，袁文新在《凤阳新书》志序①中说得非常清楚：

> 厘旧志，订新图，雠讨成帙，题之曰《凤阳新书》，不欲以隐旧□，故以新别之，而不欲以都县实异于旧以志称，故称书。旧无本纪也，而新有其本纪，本纪则太祖高皇帝本纪。旧无世家也，而新有其二

---

① 《凤阳新书》卷首《袁文新序》，明天启元年（1621年）刻本。

世家,世家则中山王徐世家、东瓯王汤世家。盖当代圣主、英臣钟五百之会间世而一萃萃焉于斯。是都县之不可从郡县例者,以都县之所有,郡县之所无,其别一。旧有传而简于事,晦其人。新四列传也,列国之勋则十八,侯十有六,士之貔貅,其功烈著。列宦之名,列乡之贤则二十有四,政举而十有二,行彰列女之有士行则二母二十有八,淑之闺范正而风俗美。是都县之不可从郡县例者,以都县之所详,郡县之所约,其别二。旧有图无表,而新有其五。年表则□必有图表,古今地疆域奠矣,表制建都邑度矣,表列宦官师班矣,表豪士名□途举矣,表帝王、亲戚、后妃、公主选矣。是都县不可从郡县例者,以都县之所取,郡县之所舍,其别三。旧志无篇而新列之以篇八,书星土以志索也。凤阳星分奎斗,土别徐扬,知其索而后民财可赋,民力可役,故次赋役。赋役既办则国用是需,故次国费。不言用而言费,知其费省之而后国有财,此有用而国之用祀为先,故次宗祀。祀之所施必本于农,故次农政。农兵之所藏,故次武备。县而修此六者。太祖之所成命,故以帝语括焉。使令读帝语而知政,政惟治地与治人,不可以或遗,故以拾遗终焉。书至拾地遗、拾人遗则庶几乎无遗。是都县之不可从郡县例者,以都县之所兴,郡县之所废,其别四。旧诗赋、诰敕、券文、奏疏、书帖、碑记、志铭、序九篇,以属内,新则以属外,而旧有其酬应之诗、貤封之诰、辨论之书、颂祝之词、赞叹之序、劝戒之说,皆与书而无类,故新亦不载焉。是都县之不可从郡县例者,以都县之所出,郡县之所入,其别五。

用"新"为书名,主要是为了保存旧志的成绩,又说明新志的不同。用"书"为名,是调强凤阳作为都县与其他普通郡县的不同。因凤阳为明太祖兴起之地,意义非凡,所以凤阳县志的编修不能与普通郡县志一样,应有所区别,所以在体例和类目的设置上采用了纪传体体例,以彰显其帝乡的地位。《凤阳新书》与旧志相比有五处不同。设立本纪,收录明太祖朱元璋的相关情况;设立世家,收录开国功臣徐达、汤和的功绩。这是帝乡志书与其他郡县志的第一个不同。设立列传,收录各位功臣、王侯、名宦、贤士、列女的事迹,褒扬其精神和作为。这些内容是帝乡志应该详细收录而普通郡县志则只须简略记录的。这是帝乡志书与其他郡县志的第二个不同。旧志有图无表,《凤阳新书》新增年表五,收录疆域、建置、营建、职官、选举、帝王亲戚、后妃公主等方面的内容,这些是帝乡志所必须收录的内容,也是要详细说明的情况,而其他普通郡县志则很少有这方面的内容,一般只是概括说明。这是帝乡志书与其他郡县志的第三个不同。解释了《凤阳新书》以星土、赋役、国费、宗祀、农政、武备为收录次序的原因,以及其中所反映的逻辑关系,并以帝语总而括之。而帝语所及主要是治地与治人,故又以"拾地遗""拾人遗"两个部分收录了有关地和人的情况。以此来说明帝乡与其他郡县的不同。这是帝乡志书与其他郡县志的第四个不同。旧志将诗赋、诰敕、券文、奏疏、书帖、碑记、志铭、序九篇归于内,而新志则将之归属于外,并且认为旧志中的酬应之诗、貤封之诰、辨论之书、颂祝之词、赞叹之序、劝戒之说与书无关,故将这些内容尽行删去。这些内容在普通郡县志里可以收录,但在帝乡志里不必收录。这是帝乡志书与其他郡县志的第五个不同。作为帝乡,凤阳与其他郡县存在一些不同,所以不能完全依照郡县志的编修模式和体例设置来编修帝乡志,而应该根据帝乡自身的特殊性,有针对性地选择内容,设置类目。

3. 纲目与平目结合体

安徽淮河流域旧志中还有将纲目体与平目体结合在一起的情况,《(嘉庆)萧县志》[①]就是这种体例的代表。(见表8)

表8 《(嘉庆)萧县志》卷目

卷数	纲	目
卷首		图
卷一		星野,疆域,建置沿革(表附)。
卷二		形势,风俗,城池,山川。

---

① 《(嘉庆)萧县志》卷首《目录》,《中国地方志集成》本,南京:江苏古籍出版社,1998年。

续表

卷数	纲	目
卷三		河防
卷四		赋役(蠲免、积贮、盐引、河帑附)。
卷五		物产
卷六		学校(书院附)
卷七		公署,兵制,乡镇(铺递附),津梁,坛庙(寺观附),古迹,冢墓。
卷八		职官
卷九		选举(贤乔、袭职、封赠、乡饮附)。
卷十		封爵
卷十一		名宦
卷十二	人物一	名贤,宦绩,武功,孝友
卷十三	人物二	忠节,义行,儒林,文苑,隐逸,艺术,流寓,仙释。
卷十四	列女	贞烈,贤孝,完节,才媛,寿妇。
卷十五	艺文一	文
卷十六	艺文二	文
卷十七	艺文三	诗
卷十八		祥异,纪事,杂识,原序原跋(原修姓氏附)。

《(嘉庆)萧县志》卷十二至十七采用的是纲目体结构,而卷首、卷一至十一、卷十八采用的则是平目体的结构,纲目体纲目归属明确,平目体细目清晰可循。

对于志书的编纂原则和处理办法,《(嘉庆)萧县志》在"凡例"①中作了说明:

《大清一统志》纵览九野横溯八埏,壮皇舆于章亥,列地理之稗瀛,体裁惟谨,详简得宜,允是志家之要领。其次《江南通志》折衷有法,考核称详,亦为尽善。然一邑之书较是二者,大小悬绝,胶柱而鼓,其响难宣,因少加损益,期于不悖大旨而已。

旧志间有引录,均不注明出处,易涉混淆。兹凡有采辑必注原书,或在每条之首,或在每条之末,或在标题之下,各视其所宜。其

---

① 《(嘉庆)萧县志》卷首《凡例》,《中国地方志集成》本,南京:江苏古籍出版社,1998年。

得之现今采访者以"新增"二字别之,至所采原文容以篇幅太冗或节去数句若数字则有之,如妄加添改,则吾岂敢。

旧志略于考订,如以汴渠混荥阳之水,以红亭仍鲁蒐之文,以宗襄为内族襄之名,以唐扶阳为汉扶阳之地。至萧世家一篇尤为支离穿凿,兹各加校正,庶有裨于一二欤。

旧县地滨黄河,古多水患,前明潘尚书、国朝靳文襄施力河渠,恒惓惓于斯土。爰详采其说,俾览者知所择取焉。附以现在事宜,不敢专泥古意云尔。

职官、选举古今制度不一,既仿史家表体、编年横览,仍于每类之首录书数十条,以明沿革之故。

人物传大意本诸史体,但铺张太甚,转恐失实,故宁简毋繁。他如朱浮、刘粹诸人既有史传,自宜直录全篇,毋须摘取。又人物均有门类,仍各注小字以别之。

妇人之德最为幽潜,兹与采访诸君详加搜辑,审所取裁,别为贞烈、贤孝、完节三类,而以才媛、寿妇附之。自谓悉心编次,然闻见之外正恐不能无漏也,阅者谅诸。

艺文志只采书目,不得已而编录诗文,亦取其有关事迹可以镜古,或游览山川足以考证,与操选家命意不同也。其今人著作因为体例所限,虽有珠玑均从割爱。

旧志强列八景,搜求傅会,殊乖大雅。兹亟为芟薙,补以名胜诸图,如天门山、黄桑峪之属,幽邃峻削,亘古不敝者也。其以八景形诸咏歌者,量录数什,以存其诗。

自旧志迄今百二十余年,时代辽远,虽采访诸君亦有立定衷指隐桓之叹,且箧中书籍无多,或有疑义,一时未能确证,此中疏漏之病知所不免,踵而增之,尚俟博雅君子。

《大清一统志》总述全国情况,《江南通志》统述江南诸地概貌,这两部志书所述内容涉及地域广,而萧县志则专述一县情况,所以没有办法完全按照两部志书的体例结构和收录内容进行编纂,只能根据萧县的所辖区域和实际情况选择内容,设计体例和类目,以求不悖志书编纂的总原则。旧志虽有引录,但均不注明出处,不知其依据为何。如今编纂志书所有转引内容全部都须注明出自何书,注或在每条之首,或在每条之末,或在标题之下,根据需要相宜而为。内容出自编修者,均注以"新增"二字,以示区别。从他书转引的内容,如果原文篇幅过大,则根据需要相应做些节略,但对于数字则照原文抄录,不敢妄改。旧志疏于考订,常有讹误,今加以考证,以明正误。萧县濒临黄河,自古以来水患较多,明朝潘季驯、当朝靳辅都曾治理河患。如今修志,则择其说,以备后世借鉴。职官制度和选举制度古今有所不同,为了说明其沿革变化,仿照史书之表、编年横览的做法,将其线索和内容说明清楚。人物传虽本诸史书之传,但有夸大之嫌,不宜采用。对于人物有史传的,则全篇引录,不加节略,不予改动。人物分门别类,均以小字注明。妇人之德理应彰显,根据采访所得,仔细筛选,慎加甄别,设立贞烈、贤孝和完节三大类,并以才媛和寿妇附于后。旧志列有八景,但其为传会之意,今则删去八景,补以名胜各图。只录歌咏八景的诗,以存其诗。

从体例结构和类目设置的情况看,《(嘉庆)怀远县志》[①]也是将纲目体和细目体结合在一起的,并且也基本上是仿照纪传体史书的结构层次编纂的。(见表9)

表9 《(嘉庆)怀远县志》卷目

卷数	纲	子目	细目
卷一	志第一	地域志	四至,都图,诸山,诸水,附分野。
卷二	志第二	赋税志	户口,丁赋,田赋,起解,坐支拨给,耗羡支解,粮米,漕耗支解,税课,盐课,关榷,附土产。
卷三	志第三	学校志	学宫,学署,名宦祠,乡贤祠,忠义祠,贞员祠,书院,义学,射圃,附风俗。

---

① 《(嘉庆)怀远县志》卷首《目录》,《中国地方志集成》本,南京:江苏古籍出版社,1998年。

续表

卷数	纲	子目	细目
卷四	志第四	祠祭志	秩祀，□祀，附古墓，公仪。
卷五	志第五	兵防志	营□，俸□，军装，教场，祭旗纛操演，哨船，铺传。
卷六	志第六	仓储志	仓廒，蠲赈，恩赐，附养济院、义田、义冢。
卷七	志第七	营建志	城，署，诸渡，诸桥，街巷，道路，集镇。
卷八	志第八	水利志	
卷九	志第九	五行志	
卷十	志第十	艺文志	载籍，石刻，辞章，补遗。
卷十一	记第一		建置沿革记
卷十二	记第二		历代大事记
卷十三			古城戍考
卷十四	表第一		职官表
卷十五	表第二		选举表
卷十六	表第三		世袭封荫表
卷十七	传第一	史册英贤传	桓氏
卷十八	传第二上	史册英贤传	魏至明
卷十九	传第二下	史册英贤传	明，国朝。
卷二十	传第三上	耆旧传	宋至明
卷二十一	传第三下	耆旧传	国朝，补遗。
卷二十二	传第四上	列女传	节妇
卷二十三	传第四下	列女传	烈妇烈女，未婚殉夫，未婚守节，孝妇孝女，贤媛，补遗。
卷二十四	传第五	方技传	
卷二十五	传第六	流寓传	
卷二十六	传第七	良吏传	
卷二十七		图	县境总图，县治图，淮东南境图，涡南境图，涡北西境图，涡北东境图，学宫图，县署图。
卷二十八		序录	

全书分为志、记、表、传四个部分,其设置与纪传体基本一致。卷八、卷九、卷十一至十六、卷二十四至二十六、卷二十八采用的是平目体,细目并列。其他各卷采用的则是纲目体结构,分纲立目,子目下再分细目,层次清楚,逐层递进。

二、旧志结构要目

一般来说,地方志是由志序、纂修姓氏、编修凡例、目录、图(包括图说、图例)、各部小序、各卷正文、志跋等部分组成,每一部分各自独立,虽具有自身的功能,但彼此间又相辅相成,互为补充。

1. 编修志序

志序的内容较为丰富,总体来说,志序常常会涉及修志的背景、前志的编修源流、前志的存佚情况、方志的功能、方志的性质、方志的来源、资料的选取、志书的结构、修志方法、编修者对方志的态度、修志人员素质等方面内容。但不同志序内容会有所不同,或多或少,各有侧重。

清光绪三年(1877年)缪钟汴撰写的"重修颍上县志序"侧重于志书的编修背景、方志的功能。缪钟汴序曰:"今使身膺一邑之寄,而于一邑中之山川、风土、民情、物产未能了如指掌,将顾名思义所谓知县事者果安在耶?光绪二年冬,钟汴承乏颍上,下车伊始亟欲索观邑志,以考地方之利弊,而验风俗之盛衰。讵有咸丰年间兵燹叠遭,前人所称《张志》《翟志》均已不可复得,惟前令都君任内本道光六年旧志,附入近年兵事,重加修葺,缮付手民,旋因经费不敷,未及竣事而去。余恐其日久散轶,后之征文考献者,益复茫无依据,嘉言懿行或至湮没弗彰,不特负都君苦心,抑亦后来者之责也。于是倡捐经费,积数月之力为之,补其残缺,订其伪舛,而是书乃得告成。非敢居兴废之功,聊以继阐幽之志,且使有兴利除弊、移风易俗之责者,览其山川、风土、民情、物产,因地而变通之,因时而增损之,于治道不无小补云。至于体例或有未合,搜罗或有未尽,考核或有未确,纪载或有未详,则以才学识三者一无所长,故未敢妄赘一辞,而拭目以俟后之君子。"①缪钟汴对方志十分重视,清光绪二年(1876年)当他到颍上就任时,即寻找邑志,以为考察地方利弊、校验地方风俗的参考。但因咸丰年间兵燹不断,明万历三十九年(1611年)张大业、清顺治十一年(1654年)翟乃慎编修的两部志书已不可得见,只见到道光六年(1826年)刘耀椿编修的旧志。缪钟汴担心道光旧志日久亡佚,后人无从考证,所以在道光旧志的基础上,补其残缺,订其伪舛,增加新的内容,最终成书。缪钟汴认为,地方志可以为人们提供参考和借鉴,知地利之所在,民情之淳漓,因地变通,因时增损,对于治道有补益之功。

清乾隆七年(1742年)砀山县县令郭浩主持编修一部砀山县志,邬承显为其撰写志序,序文涉及方志评论、方志价值、方志编修方法等内容。序曰:"邑志古今皆有论者,独推康对山《武功志》为善本,盖以其博雅详慎有古史之遗意也。然史以明信,志亦如之。苟阅百年而文献无征,则岁序之递嬗,风会之迁流,其中兴替不一,因革异宜。觇治化者忘所自,察风土者湮其由,不几同夏五薛鼓之无据乎,则志之当修而修之,不宜缓也明甚。第邑长为民社寄簿书钱谷,庶务倥偬,日不暇给,虽复欲究心掌故而势有所不能。砀志自明季纂修以来,历一百余年未之举行,旧简既缺,新迹将湮,福唐郭公莅任毅然任为己责,谓是风化所系而分所当为,博采旧闻,广谘众论,补其阙,正其讹,酌其可否,铢称而寸度之,裒益其多寡,次第以厘定之。既成,授之梓人将欲刊布,乃以予承乏是邦,继公之休与有责焉。问序于予,予惟公之德泽厚矣,教之入人深矣,三年遗爱不独甘棠。是役也,以百年创见之事告成于一旦,则士诵新书,民歌旧德,公之名当与是志并垂不朽矣。是为序。"②邬承显非常推崇康海的《武功志》,认为这部志书内容广博,行文清雅,文风谨严,具有古史之风。古史以内容准确可信为原则,地方志也是如此。邬承显担心,如果志

---

① 《(同治)颍上县志》卷首《缪钟汴序》,《中国地方志集成》本,南京:江苏古籍出版社,1998年。
② 《(乾隆)砀山县志》卷首《旧序·邬承显序》,《中国地方志集成》本,南京:江苏古籍出版社,1998年。

书久不修纂,则以往的历史发展无法记录下来,后世则无从考证,而想要征考地方民情则无所依据了,所以地方志必须要及时编修,不能拖延。明朝之后已有一百多年时间没有编修砀山县志了,所以当郭浩到砀山来做县令时,即开始着手编修志书。他广泛搜集资料,多方听取意见,补旧志之阙,校正旧志之讹,对搜集到的资料反复斟酌,仔细筛选,设计体例结构,设立大纲类目,渐次编成。志书修成,记录了砀山县的变化发展,可以垂之不朽,而修志之人也为世人称赞。

清顺治十三年(1656年)知州李大升重修寿州志,州人翰林院检讨邓旭序曰:"维今十有三年,寿侯李公奉督学使者檄厥寿志而新之,责叙于余。余曰:寿之有志昉于甄公谠,失其年月。弘治八年,重修于董公豫,未经付梓。健斋栗公、岐冈庄公两次续修,迄今七十九年未之缵述,则官兹土、生兹乡者将安考镜耶?郇阳李公从政成之候,延郡大夫士共图之,上以体朝廷右文之化,次以成督学李公加意南国之盛。予在中秘闻之甚喜,第详而繁冗,简则脱略,昭淑□悬,鉴惩巨为易事。乃公于退食之余,躬为裁定。首舆地、提封,则疆理明。次建置、封爵,则兴废昭。再次以学校、典礼、秩祀,则誉髦有造,神人胥悦。其言食货在前者,庀材以备礼。言水利尤先食货者,厚地以储财。至于人物、名贤、忠贞、孝义位置在典礼、学校之间,又征教育之功而彬雅所繇兴也。扬非溢美,抑非私憎,春秋之义也。而艺文诸篇犁然悉具,若公山加绘,淮水增彩,与班氏之地理志媲美者。予每阅修史传羡叔敖之治寿,今志之所载皆公之政谱也。因喜而为之序。"①邓旭在序中开篇即简单地叙述了历代寿州志编修的基本情况,说明明朝曾四次编修寿州志,而到顺治十三年(1656年)时已经七十九年未再编修寿州志。从"官兹土、生兹乡者将安考镜耶"一句可知,邓旭认为地方志可以为地方官、当地百姓提供参考和借鉴,具有重要的作用。所以当邓旭知道李大升修成寿州志,内心十分欣喜,而当李大升请他做序,他也欣然应允。邓旭在序中介绍了这部志书纲目设置的情况

---

① 《(光绪)寿州志》卷末《杂志类·旧志序跋》,《中国地方志集成》本,南京:江苏古籍出版社,1998年。

及类目排列顺序的逻辑关系,使读者清楚地知道志书的编纂结构和内在关系及编修者的所思所想。邓旭还指出,地方志要扬美抑非,但绝不能因私情而溢美和压制,应该秉承春秋之义。

清嘉庆二十三年(1818年),知县事孙让重修怀远县志成。孙让为志书所撰序文篇幅较长,内容丰富,涉及层面较多,在志序中具有一定的代表性。为了说明相关问题,现将孙让志序全文抄录如下:

> 怀远之志明万历三十三年知县王存敬属邑人副使孙秉阳重修之,而万历以前无可考。杨应聘序称孙前作《癸未志》,至是而再属笔焉。旧志亦云万历癸未秉阳纂修邑志,至己巳(当作乙巳,万历三十三年也。存敬以三十年任,三十七年去,中无己巳)复加删润成书,盖癸未至己巳二十三年经再订而始刊板也。国朝顺治、康熙间知县傅镇国、马汝骍、刘鉴皆续修未成,至雍正二年知县唐暄始修成。为八卷,曰地舆,曰建置,曰秩官,曰典礼,曰籍税,曰人物,曰艺文,曰杂记,而图地舆一、官治一、学宫一,冠之卷首。夫以百二十年之久屡修未成之书,一旦而有刊本,使百甲之内户籍、赋税有可稽省,政治、民俗有可览镜,忠孝、贞烈之行有可风劝,功固甚伟。然其地舆则志沿革而不详列前史,以明建置所因之故;志山川而不寻其络脉,上考《水经》诸书以证今昔之同异;志湖塘、堰坝、涧泉、沟浍而不辨其水利,以策因时便民之政;志古迹而不备考城戍之区,俾古疆理按籍而皆可论证,犹弗志也。其人物则志桓氏而不考诸汉晋诸书,志勋烈而不尽稽诸明代之典要,且缺略过甚。其艺文则杂采碑铭、传状、序记之各宜附著本事者,与诗赋同科而载籍阙如。夫自明三百年以至国朝文儒甲科不一二数,而别集目录皆放失无存,今且不可追纪非前此搜罗之未逮欤。营建、祠祭、仓储、学校、兵防、选举、封荫、良吏皆宜分别类叙者也,乃并入建置、典礼、人物,而人物一类标目太繁,杂记所载亦多可类附诸志者,稽诸史乘者不核,访诸故老者不详,至舆地一图,山川、沟浍、形势所在道里不可不著,乃苟

简特甚，此其所失也。让以嘉庆十九年夏来司是邦，甫任事即索观旧志，既知其得失欲重辑之，盖辍修已九十年，知府事建水倪公垂意方志，尝以命让，让因与教谕孙君起嵘言之。时适奉大府徽修郡县志，而当河决后淮流涨溢，县境无岁不大水，勘灾赈饥，簿书旁午，猝猝靡暇者数年。至二十二年春乃克，与县中贤士大夫筹之，幸无不踊跃乐观其成者。而前庶常知凤台县事武进李君兆洛适来主讲县之真儒书院，因质以编纂事，李君令凤台时作凤台志以精核见称，而凤台由寿州分出，于治为简，志怀远事宜详于凤台者数倍。爰共商榷，本其体例，恢而广之，条贯略定，纂辑过半矣。其冬李君以事去，代者为明经武进董君士锡，复与董君续加搜讨，至二十三年七月书成。因乎旧志者十之八，删其繁芜不当者十之二，增于其旧者三倍，遂以就正于倪公，刊诸木焉。夫怀远设县近自宋元，而汉晋隋唐建置改更分析极频数，南北朝及宋南渡后皆为边境，是故沿革最不一，分野杂荆、扬二州，经界跨淮南北，地高者宜黍，下者宜稌，而土宜又不一。界蒙城、宿、灵璧、凤阳、定远、寿、凤台之间，民气之刚悍轻剽，往往杂似乎他邑而风俗又不一。县于安徽布政使司，不当车马之冲，不设驿，故不为最繁。然四境辽阔，民积病于水，偶雨阳愆期，若重困者方诸望紧之邑抑又难焉。让以承乏尹兹剧区，惟惧失坠，冀时物丰阜民，业其业，平其情，相与休息，习而安焉。夫质朴劲直，爱其长，上县之旧俗也。自今始复能优游乎？文艺之林咸导其情，以适乎礼，乡士大夫率之以被及于四陬不亦善乎？《周官·土训》道地图地慝，《诵训》道方志方慝，盖谓知其土宜风俗善恶之故，以兴美而备败达，其好恶之情以入于无疵也。可不与贤士大夫共助之哉。故于地图、道里慎其采访，而山川、沟洫、津渡、桥梁、物产必加详焉，因革故事必加考焉，士之有德行文学，女之有节操者必加博载焉。文献不足因而阙之，庶几所以传信后之览者，或亦有取乎此耳。凡为志十，记二，考一，表三，传七，图一，序录一，二十有八篇。

四至辨而乖离正,都畺析而闾里联,早以官守于土而民守于官也。峨峨崙山,莫邪衔之。汤汤大淮,涡溆会之,孰是镇之,孰是润之。述地域志第一。

丁田、民屯、国帑、正供,转漕东南,天庾是充,为解为支,率循成制,课盐榷关,因民所利,土宜繁殖,各厘以类。述赋税志第二。

庠序之教隆,而名臣、贤士、孝子、贞妇之行作焉。书院之设所以辅学校,而损过就中、增美释回者莫讲习若也,维劝学綮先觉。述学校志第三。

礼莫重乎祭,祀事有常,苾芬其飨,诸欹兹民德,勖兹民之稼穑。述祠祀志第四。

神武不杀,而德不可弛,诘戎闲卫,乃齐乃止,于千万年治安上理。述兵防志第五。

府事孔修,圣化覃敷,备豫偏灾,谨兹仓储。皇仁荡荡,蠲复颍书。凡百君子,靖共尔位,哀此茕独,勤其抚字。述仓储志第六。

荆山岩岩,依之如城,孰则宜饬,官寺邮亭,圬墁以时,吏民以宁。津则有舟,川则有梁,车徒是济,惟安惟康。述营建志第七。

堤堰之兴,以稼下地,淮埧沮洳,潴可溉,淤可艺,弗云弃也。修而举之,曰察其宜,曰勿违其时。水①利志第八。

禨祥灾异,君子不言,而水旱疾苦,民隐在焉,记载所弗删也。述五行志第九。

太常稽古,为学士羽仪,迄乎有明,载籍纷披,搜采壹旷,千年阙遗,后有作者汇而录之。述艺文志第十。

汉建侯国,当涂、曲阳、平阿、义成、向及、龙亢,晋属、马头,梁隶谯汴,唐析四境,入于旁县。宋末置军,元明用因。述建置沿革记第十一。

---

① "水"字前疑缺一"述"字。

万国玉帛,涂山是会,征战侵伐,戎事之大,泛览前史,识其梗概。述历代大事记第十二。

郡邑□置,一废一兴,六代列戍,乃数十城,孰真孰侨,垒址纵横。述古城戍考第十三。

令长侯相,镇将戍主,汉晋梁魏,缺不可谱。元明以来乃备县尹丞簿焉,校官候人亦差得举数。述职官表第十四。

文武、甲科、辟举、贡士,登髦翼俊,代济厥美,良将名臣,时焉蔚起。述选举表第十五。

师臣分茅,远矣春卿,武功崛起,懿惟开平,东平赳赳,平阴矫矫,父勋子忠,长世斯保,李柳壮略,荣名亦实,裕后显亲,上下推恩。述世袭封荫表第十六。

龙亢桓世,传经作帝,师尊五更,晋元子遂,披猖冲守,贞元以亡。述桓氏传第十七。

子通辅魏,卒跻三公。明多勋戚,起于从龙,默齐忠贞,恭定廉正,诸杨接武,阀阅斯盛。圣清作人,朴醨莪菁,中丞总戎,为国干桢。述史册英贤传第十八、第十九。

孝友睦姻、任恤士行之最良,盍不可以弗彰,政事文学之妙、贞介之操而未见乎史籍之表,□者又乌容略也。述耆旧传第二十、第二十一。

贤孝贞顺,惟曰女士,涂山氏取之,桓氏似之,有以哉。或矢其愚以自立,介乎其弥不可及。述列女传第二十二、第二十三。

医卜巫皆术而已,研之而精,曰恒曰一,爰及神异,是为方技。述方技传第二十四。

□□适馆,所以安宾旅也。择里而处,以令闻长,世君子交许之。述流寓传第二十五。

为吏而良,臣职固宜,职则不稍,厥咎安辞。前哲所为,敬而志之,先事之劳,役事之师。述良吏传第二十六。

名山崇崇,作镇淮邦,经流十二,相维而东,四达者途,五经五纬,惟里有长,区以百二,千掫相闻,弗间鸣吠,规方画疆,了若掌示。述县境诸图第二十七。

在昔上君,始著邑乘。惟孙副使,再经删定。百二十载,唐君继之。别帙为八,灿然前规。迄兹重修,岁纪九十。伊余固陋,每怀靡及。圣皇立极,群枭成宪。道缵执中,方悦吹万。小臣不敏,职思官常。勤求民瘼,曷敢怠遑。述序录第二十八。①

孙让在志序中简单地介绍了历代怀远县志编修的情况,指出万历以前的怀远县志已无法考证,明万历三十三年(1605年)知县王存敬、副使孙秉阳主持编修一部,清朝顺治、康熙年间知县傅镇国、马汝骍、刘鉴等虽修志但皆未成书,雍正二年(1724年)知县唐暄才正式修成。《(雍正)怀远县志》共八卷,卷首为舆地图、官治、学宫,后为地舆、建置、秩官、典礼、籍税、人物、艺文、杂记八卷。因为已经有120年没有修成怀远县志了,所以雍正二年(1724年)编修的这部志书就显得十分珍贵了。地舆、山川、古迹、疆域、户籍、赋税、政治、民俗、忠孝、贞烈、勋烈、艺文等全部收录,览此志者可以充分了解怀远县各个方面的情况。然而这部志书也存在一些不足,如营建、祠祭、仓储、学校、兵防、选举、封荫、良吏等都应该分类叙述,人物一类则分目太过繁琐,山川、沟洫、形势所在道里也应该加以叙述。鉴于此,也是考虑到从雍正二年(1724年)到嘉庆二十三年(1818年)间怀远县发生了不少变化,孙让才再次编修怀远县志。孙让在序中简单介绍了这次修志的前后过程和基本情况,并指出这次修志是在继承旧志内容和体例的基础上进行的,"因乎旧志者十之八,删其繁芜不当者十之二,增于其旧者三倍"。孙让还进一步介绍了怀远县的地理位置,说明了怀远县虽界于蒙城、宿州、灵璧、凤阳、定远、寿州、凤台之间,但风俗与这些州县不完全相同。怀远县四境辽阔,民积病于水,水患治理、农业

---

① 《(嘉庆)怀远县志》卷二八《序录·孙让序》,《中国地方志集成》本,南京:江苏古籍出版社,1998年。

生产的稳定是关系这一地区生产生活的重要问题。从地方志的功能考虑,从怀远县的实际情况着眼,孙让修志对于地图道里慎其采访,对于山川、沟洫、津渡、桥梁、物产方面的内容则详加记载,有关怀远县因革变化方面的内容也予以考证,而士之有德行文学、女之有节操者则详细收录。孙让如此修志,就是希望志书能够为后人提供参考和资鉴。孙让所修之志,总共二十有八篇,志十,记二,考一,表三,传七,图一,序录一。孙让在志序中进一步分条分层地说明了每一个部分设置的原因及收录内容的原则。孙让的这篇志序,内容丰富,层次清楚,为读者提供了丰富的信息。

清乾隆十七年(1752年),分巡凤庐颍六泗滁和观察使闽中许松佶为颍州府志撰写序文一篇,序文也谈及诸多问题。

> 古有《九邱志》,志之为书由来旧矣。顾学者载籍极博,率于志鲜留意。不知天时地利、民物风俗,与夫川原、城郭之变迁,经制、赋徭之损益,悉备纪于志。官斯土者,稽览古今,因地制宜,治术所关,良匪浅鲜。颍于雍正三年改直隶州,领县二。十三年,始升为府,辖一州五县。前此千百年来统隶分合沿革不一,今通计疆域广狭,政事繁简,规画殆已出尽善欤。颍属之西北及南皆接连豫壤,而沙、涡、颍、雉、淝、芡、茨、宋、塘诸河为通身脉络,流贯而汇于淮。诸河设有壅塞,霪潦异涨时复为患,治沟洫而谋蓄泄,此水利之宜急讲也。民虽良顽不一,然古所称"民淳讼简"者,时会亦递迁,此风俗之宜急正也。二者尤有关于治术,可不缕载于志以示来兹乎?太守诸城王公诃垣先达擅良史才,两任此邦,泽洽民怀,念颍既改府而志仍阙略,非所以重文献也。于是取各属之志编辑纂订,汇为若干卷。既成,复问序于余,余非能文者,姑就志之有关于治术而略言之云尔。是为序。①

---

① 《(乾隆)颍州府志》卷首《许松佶序》,《中国地方志集成》本,南京:江苏古籍出版社,1998年。

序文开篇即提出地方志的源头是《九邱志》，地方志的编修历史悠久。虽然各类文献典籍十分丰富，但相比而言地方志的数量却很少，而且人们对地方志也不是十分在意。许松佶则认为一个地区的物产风情、地理状况、制度变化全部都收录于地方志中，地方志对于地方官具有稽古鉴今的作用，可以为地方官提供因地制宜的治理地方的参考，地方志的价值是不能忽视的。许松佶对颍州的建置沿革情况作了简要介绍，指出因古今地域变化，地方官的管辖区域就会有所不同。颍州一地沙、涡、颍、雉、淝、芡、茨、宋、塘诸河流贯并汇于淮河，水利的治理是至关重要的。颍州的风土民情也随着时间的变化有所不同，地方官必须要及时了解，在制定相关政策制度时加以考虑。水利和民情是地方官必须要重视的两大要素，也是必须要记录在地方志中的重要内容。颍州从州改府，地方志的编修有所阙略，所以王词垣来颍州府做太守即专注于颍州府志书的编纂，这是令人欣慰的。

明嘉靖庚戌（嘉靖二十九年，1550 年），蔡继芳为寿州志撰写序文一篇，序文着重对志书结构和类目排列顺序的原因作了说明。

> 夫志何谓也，君子立言垂不朽也。盖世远言湮，非志人盲无以彰往昭来、阐幽发微、以示劝惩也。继芳辱临兹土，欲观郡图籍，漫无可稽。今志幸成，条分八卷，是故先王体国经野，疆域定焉，形胜见焉，使民知旧家故址一览靡遗，地舆乃首书之。河岳流峙，宝藏呈祥，崇峰峻岭，洪源巨浸，表镇大方，古今弗易者，乃次书山川焉。建官室以临民，兴学校以育才，城郭、宗庙、桥梁、陂池，王政所先，然岁久易敝，役民有时，费出有经，君子节爱，乃次书建置焉。物产于地，民生攸系，国税攸关，君子慎重，宁政拙催科，藏富于民，乃次书食货焉。有人民社稷，贤者莅之，来暮有歌，甘棠有爱，君子观风，得无相契而相神者乎，乃次书官守焉。人极立而风俗厚，冠带圜桥，诗书家户，习尚淳和，民中于信，乃次礼制焉。德厚流芳，国有忠臣，家有孝子，野有遗贤，闺有贞妇，得无抚卷兴怀，旷世而同心者乎，乃次书人物焉。事异势殊，万变不同，凡可以淑人心、理性情、纲世教而终王

道者,悉书之。于是乎鉴戒昭几微著,令人慨今思古,恍然独慕,匪徒适情云耳已,乃以杂志终焉。是故善图治者征古,善作史者大同,善采摭者中孚。健斋栗公善图治者也,协前洲诸公大同中孚之懿,一志成而众善具焉,以维皇极,以大一统,以传百世,岂细故也哉。芳不敏,敢僭叙简末,勿以寡闻废言云。①

蔡继芳认为地方志能够记事载人,可以将过去的历史记录下来,从而垂之永久。地方志可以起到彰往昭来、阐幽发微、惩恶劝善的作用,所以必须要重视地方志的编修。虽然图籍散漫无可稽考,蔡继芳感到庆幸的是寿州志修成。寿州志首列地舆,由此可知疆域所在,形胜所在,旧家故址之所在。次列山川,以明寿州地理状况、物产分布。次列建置,修建宫室以为民居,修建学校以为育才,城郭、宗庙、桥梁、陂池都是治理地方的关键要素。次列食货,物产丰简、地之所产皆可了然于心,而赋税征敛也由此而清楚明白。次列官守,一方土地养一方人民,一方土地则要由官守管理,地方管理的好与不好是非常重要的。次列礼制,风俗淳厚,民尚诗书,民好信义,社会风气也由此而趋于良好。次列人物,忠孝节义,流芳百世。其他凡是能够垂鉴戒、重教化、扬善惩恶者皆收录于志书,统列于杂志之下。志序对志书的结构和类目设置作了说明,为进一步阅读和使用提供了指导。

安徽省淮河流域旧志不仅收录了本志志序,而且还收录前志序或旧志序。这为了解历代方志编修情况提供了更为明确的线索。

《(民国)重修蒙城县志》②不仅收录了民国四年(1915年)编修志书时知蒙城县事汪篪、前二品顶戴记名简放道邑人于振江、前同知衔庐州府调导世袭云骑尉邑人黄与绥撰写的三篇志序,还收录了历代蒙城县县志序,包括顺治十二年(1655年)赐进士第知蒙城县事频阳田本沛和蒙城县教谕汪作霖的

---

① 《(嘉靖)寿州志》卷八《杂志纪·艺文》,《天一阁藏明代方志选刊》本,上海:上海古籍书店,1963年。
② 《(民国)重修蒙城县志》卷首《序》,《中国地方志集成》本,南京:江苏古籍出版社,1998年。

两篇志序、康熙十五年(1676年)文林郎知蒙城事燕山赵裔昌、蒙城调导黎苑施阶、吴道伟、邑人何名隽的四篇志序、同治十年(1871年)候补知府代理蒙城县知县李炳涛和蒙城县教谕石廷枢的两篇志序。

《(光绪)宿州志》①也收录了旧志序和本志序,共十九篇序文。包括明万历二十四年(1596年)方逢时、崔维岳、孟旴甫,清康熙五十七年(1718年)董鸿图、潘仁樾、丁易、周开官,乾隆十五年(1750年)王锡蕃,道光五年(1825年)陶澍、戴聪、程怀璟、苏元璐、沈钦玗十三篇旧志序,光绪十三年(1887年)庐士杰、王廉谨、赵舒翘、何庆钊、陆显勋、李心铣六篇本志序。

2. 纂修姓氏

有些志书还列出参与修志的相关人员名单,藉此可知修志人员的身份、籍贯、数量和具体分工情况。

《(民国)重修蒙城县志》②专设"职名",列举修志人员及其相关情况。

  督修
    军法科科长衔蒙城县知事怀宁汪篪
  总校正
    蒙城县署第一科科长合肥陈克沅
  协修兼总纂
    前二品顶戴记名简放道邑人于振江
    前同知衔庐州府学训导邑人黄与绶
  同修兼协纂
    前廪贡生邑人邓鉴堂
    前廪贡生邑人张桂荨
    前附生邑人李迎甲

---

① 《(光绪)宿州志》卷首《序》,《中国地方志集成》本,南京:江苏古籍出版社,1998年。
② 《(民国)重修蒙城县志》卷首《职名》,《中国地方志集成》本,南京:江苏古籍出版社,1998年。

>　　安徽优级师范举业邑人赵本固
>
>　　安徽法政举业邑人段怀鼎
>
>　　前廪贡生邑人杨奇秀
>
>　　前拔贡生邑人李抡秀
>
>　　前增生邑人李锡斌
>
>　　前岁贡生邑人杨萼荣
>
>　　前岁贡生邑人葛擢廷
>
>　　前廪贡生邑人葛克绪
>
> 采访
>
>　　前廪贡生邑人赵萼廷
>
>　　前附贡生邑人张廷宾
>
>　　前附贡生邑人黄兆元
>
>　　前廪生邑人鹿廷献
>
>　　前廪生邑人邵振常
>
>　　前廪生邑人李兴仁①
>
> 缮抄
>
>　　戴藩江
>
>　　邓椿龄
>
>　　陈士杰
>
>　　葛克继
>
> 绘图
>
>　　测绘学堂举业邑人刘治安
>
>　　卢义湘

有些志书不仅列出本志的修志人员，还列出前志编修人员的情况，为进一步了解旧志编修提供了参考。

---

① 采访所列人数总共四十六人，因人数较多，只列六人，以为说明。六人之下从略。

《(道光)定远县志》在"纂修姓氏"①部分首先列出本志编修人员的情况。

道光志

纂修

恩赐荫生、文林郎、知定远县事金匮杨慧

同纂

钦赐六品孝廉方正、丁卯科举人、定远县教谕句容孔传庆

戊午科举人、以教谕管定远县训导事吴县朱昆玉

协修

奉政大夫邑贡生凌和銮

宝应教谕邑举人陈戩

署滁州训导邑贡生蔡应垣

随后又列出历代定远县志编修人员的情况。

定远县志纂修姓氏(原编在明弘治以前姓氏俱无所考,惟见于黄金《旧志》书序。)

明弘治十一年

定远知县曾大有,湖广麻城进士。

原仕广西布政司参议邑人黄金,东湖甲辰进士。

嘉靖三十八年

定远知县高鹤若龄,山阴进士。

邑生员陈校

邑生员黄凤来

国朝康熙五年

定远县知县徐杆,山东蓬莱进士。

原任合肥县训导邑人苏绍轼,眉源岁贡。

---

① 《(道光)定远县志》卷首《纂修姓氏》,《中国地方志集成》本,南京:江苏古籍出版社,1998年。

原任乡宁县知县邑人章宪文,舍峰甲子举人。

康熙二十九年

定远县知县曲震,奉升奉天广宁进士。

内阁中书邑人王溥,天一甲子举人。

原任广西永淳县知县、升霑益州知州邑人凌森美,□西丙寅拔贡。

邑贡生蔡洁,骞。

邑贡生杨璐,荆良。

刘良

钱涥,石简。

《(光绪)宿州志》在"修志姓氏"①部分详细地列举了志书的参修人员及其名衔、籍贯和分工等情况。

总裁

太子太保、兵部尚书、两江总督、一等威毅伯曾国荃,湖南湘乡人,优贡。

兵部侍郎、都察院右副都御史、安徽巡抚、兼提督衔陈彝,江苏仪征人,壬戌。

头品顶戴、兵部侍郎、漕运总督卢士杰,河南光州人,癸丑。

刑部右侍郎、提督安徽学政贵恒,满洲厢白旗人,辛未。

鉴定

头品顶戴、安徽等处承宣布政使司布政使阿克达春,满洲正白旗人,生员。

安徽等处提刑按察使司按察使、统辖驿传事务张岳年,浙江鄞县人,举人。

---

① 《(光绪)宿州志》卷首《修志姓氏》,《中国地方志集成》本,南京:江苏古籍出版社,1998年。

分管漕务江安等处十府督粮道马恩培,直隶昌黎人,优贡。

花翎分巡凤颖六泗兵备道、督理凤阳关部王廉,河南祥符人,辛未。

凤阳府知府赵舒翘,陕西长安人,甲戌。

运同衔、凤颖同知魏高骞,湖南邹阳人,监生。

凤阳府通判讷清安,满洲正蓝旗人,监生。

主修

运同衔、升补广德直隶州、宿州知州何庆钊,河南固始人,廪生。

覆校

宿州知州陆显勋,浙江山阴人,监生。

编纂

户部主事丁逊之,河南固始人,丙辰。

宿州学学正洪茂铨,徽州祁门人,举人。

宿州学训导吴振声,宁国府泾县人,赐举人。

校阅

前署潜山学训导、候选训导李心锐

恩贡生、候选州判邵心恒

盐运使衔、江苏候补知府周田畴

户部主事邵心豫[①]

收掌

监生李恒芬

童生郭可达

采访

副将朱廷芳

参将潘绍仲

---

① "校阅"人员总共十二人,因人数较多,只列前四人,以为说明。

生员李翰才

贡生王志嵩①

督梓

临涣州判潘玉鹏,浙江山阴人,监生。

时村巡检朱葆元,江西南昌人,监生。

四品衔、调补长淮卫掌印守备杨嘉谟,江苏淮安府山阳县人,军功。

吏目郎济臣,江苏上元人,监生。

在此名单之后,《(光绪)宿州志》还列出了"旧志纂修姓氏"②,为了解历史上宿州志的编修人员和相关情况提供了线索。该志所列修志人员姓氏及相关信息非常全面且完整,具有代表性。

明

按:宿志在前明创修于永乐,再修于景泰,再修于嘉靖,再修于万历,迨崇祯则任柔节著有志稿。

永乐朝

阳曲张氏,讳敬山,以进士任刑部员外郎,出知宿州。

郡人旷氏,讳敏,孝廉。

郡人陈氏,讳斌,明经。

郡人魏氏,讳圁,生员。

景泰朝

清江黎氏,讳用显,郡明府。

郡人赵氏,讳振,孝廉。

郡人谢氏,讳茂,生员。

---

① "采访"人员总共50人,因人数较多,只列前4人,以为说明。

② 《(光绪)宿州志》卷首《旧志纂修姓氏》,《中国地方志集成》本,南京:江苏古籍出版社,1998年。

嘉靖朝

永康应氏,讳照,郡明府。

贵溪甄氏,讳庚,郡别驾。

郡人夏氏,讳铎,明经,后任南城训导。

郡人曹氏,讳宗舜,生员,后贡大廷。

郡人施氏,讳伯祚,生员,后以明经任费县教谕。

万历朝

大明崔氏,讳维岳,孝廉,由国子监助教出知宿州。

嘉鱼方氏,讳曰兴,郡别驾。

休宁汪氏,讳文奎,郡学正。

兰阳管氏,讳护,郡训导。

金溪卢氏,讳邦俊,郡训导,后升盱眙知县。

龙里王氏,讳应期,郡训导。

郡人杨氏,讳效时,生员。

郡人沈氏,讳一麟,生员,后贡大廷。

郡人廖氏,讳世科,生员。

郡人赵氏,讳大试,生员。

崇祯朝

相城任氏,讳柔节,字定子,甲申选贡,著志稿,有《定子诗集》《文集》。

蕲城周氏,讳廷栋,号豫章,甲申恩贡,能文善书。

国朝

康熙朝

总裁

常鼐,江南总督、兵部尚书、兼都察院右副都御史满洲正黄旗人。

李成龙,安徽巡抚、都察院右副都御史,字陆御,奉天正蓝旗人,荫生。

施世纶,漕运总督、兵部右侍郎、兼都察院右副都御史,字浔江,福建晋江人,荫生。

赵世显,总督河道、提督军务、太子太保、兵部尚书、兼都察院右副都御史,字纯公,奉天镶红旗人。

谢履厚,江南提督学政、翰林院检讨,字坤侯,云南昆明人,己丑。

乾隆朝

总裁

黄廷桂,两江总督、太子少保、兵部尚书、兼都察院右副都御史、兼理粮饷、操江世袭云骑尉,字丹崖,奉天镶黄旗人。

卫哲治,安徽巡抚、都察院右副都御史,字我愚,河南济源人,拔贡。

双庆,日讲官、起居注、安徽提督学政、翰林院侍读,字有亭,满洲镶白旗人,癸丑。

道光朝

总裁

琦善,江南总督、兵部尚书、兼都察院右都御史满洲正黄旗人,廪生。

陶澍,安徽巡抚、兵部侍郎、都察院右副都御史湖南安化县人,壬戌。

张师诚,安徽巡抚、兵部侍郎、兼都察院右副都御史浙江归安县人,庚戌。

颜检,漕运总督、兵部侍郎、都察院右副都御史广东连平州人,拔贡。

严烺,江南河道总督、兵部侍郎、都察院右副都御史浙江仁和县人,监生。

张鳞,安徽提督学政、内阁学士、兼礼部侍郎浙江长兴县人,己未。

汪守和,安徽提督学政、礼部左侍郎江西乐平县人,丙辰榜眼。

康熙朝

鉴定

年希尧,江南安徽等处承宣布政使司布政使,字允庵,镶白旗人,贡监。

朱作鼎,江南安徽等处提刑按察使司按察使,字瞿堂,镶白旗人。

王希舜,督理江①安徽宁池太庐凤淮扬十府粮储道,字梅侣,镶白旗人。

徐克祺,整饬江南通省驿传、盐法按察使司副使,字征庵,湖广汉阳人,岁贡。

鲍铃,分巡庐凤道按察使司佥事,字箴庵,正红旗人,丙子。

蒋国祯,凤阳府知府,字枚臣,镶蓝旗籍,浙江诸暨人,监生。

张炯生,凤阳府同知、升湖广安陆府知府,字永鋆,山东平原人,廪生。

彭尔德,凤阳府通判,字质黄,镶白旗人,贡监。

乾隆朝

鉴定

李渭,江南安徽等处承宣布政使司布政使,字菉涯,直隶高邑人,辛丑。

德舒,江南安徽等处承宣布政使司布政使,满洲镶红旗人。

台柱,江南安徽等处提刑按察使司按察使,字治庵,满洲镶蓝旗人,举人。

---

① 疑"江"字后缺一"南"字。

和其衷，江南安徽等处提刑按察使司按察使，字敬庵，满洲正红旗人，甲辰。

李永标，督理江①安徽宁池太庐凤颖淮扬徐粮储道、按察使司副使，字纯九，奉天正白旗人。

钱度，督理江②安徽宁池太庐观颖淮扬徐粮储道、按察使司副使，字希裴，江苏武进人，丙辰。

周承勃，整饬江南通省驿传盐法、兼巡江宁道，字绛侯，陕西泾阳籍，咸宁人，丙辰。

许松佶，分巡庐凤颖六泗滁和广等处按察使司副使，字青岩，福建闽县人，监生。

尤拔世，凤阳府知府，字敬思，满洲正黄旗人，例贡。

汤应求，凤阳府清军同知，字简臣，广西灵州，举人。

徐廷琳，凤阳府通判，字宝臣，顺天大兴人，例监。

道光朝

鉴定

徐承恩，江南安徽等处承宣布政使司布政使，浙江钱塘县人，监生。

刘斯嵋，江南安徽等处提刑按察使司按察使，江西丰县人，辛未。

裕泰，江南安徽等处提刑按察使司按察使，满洲镶红旗人。

汤藩，督理江③安徽宁池太庐凤淮扬十府粮储道，江西南丰县人，丁未。

德启，分巡江宁等处地方整饬江南盐法道满洲镶红旗人，荫生。

戴聪，分巡庐凤颖六泗滁和等处地方兵备道，浙江浦江县人，己未。

---

① 疑"江"字后缺一"南"字。
② 疑"江"字后缺一"南"字。
③ 疑"江"字后缺一"南"字。

程怀璟,凤阳府知府,湖北云梦县人,拔贡。

曹攀华,凤阳府同知,山东汶上县举人。

张凤翔,凤颍同知,直隶天津县人,实录馆誊录,议叙。

颜尔楫,凤阳府通判,广东连平州人,拔贡。

康熙朝

主修

董鸿图,宿州知州,字朴庵,浙江会稽人,贡监。

乾隆朝

主修

王锡蕃,宿州知州,字接三,奉天海城人,丁酉。

道光朝

主修

苏元璐,宿州知州,山西长子县人,嘉庆庚申举人。

康熙朝

纂修

潘仁樾,宿州学正,字小林,桐城人,廪贡。

周开官,廪例国学业生,字建六,郡人。

乾隆朝

纂修

金鼎,宿州学正,字沂仲,金匮人,甲子。

王岩,拔贡候选教谕,字傅居,州人。

周国鼎,监生,字禹新,州人。

道光朝

纂修

徐用熙,宿州学训导,常州宜兴县人,举人。

李振翩,岁贡生,候选训导,庐江县人。

宋长鸾,岁贡生,候选训导,州人。

沈钦玘,恩贡生,候选直隶州州判,州人。

明朝修纂人员信息相对简略,而清朝康熙、乾隆、道光三志修志人员信息则非常详细,不仅列出了总裁、鉴定、主修、纂修人员的详细情况,还列举了校阅、采访、督梓人员的信息①,有利于充分了解和认识历代宿州志编修人员情况。

《(光绪)寿州志》在卷首"职名"②中列出了该志的编修人员。

纂修

赐进士出身、花翎同知衔、合肥县知县、调署寿州知州南丰曾道唯

盐课司提举衔、候补知县、署理寿州知州钱塘王万牲

协修

代理寿州知州、四品衔、寿州州同在任、候补知州会稽宗能征

一品封典花翎、刑部员外郎、奉天司行走州人孙家怿

参阅

寿州学正婺源俞志勋

兼理寿州学正、凤台县训导舒城高肇麟

前署庐州府教授、提举衔候选教谕州人孙家镛

花翎三品衔、江苏补用知府州人邵醴泉

分修

四品衔、补用州判、候选训导州人葛荫南

五品衔、兼袭云骑尉州人孙恩诒

校对

花翎盐运使司运同衔、直隶候补知县州人李葆森

---

① 因校阅、采访、督梓的总人数较多,故不再赘述,从略。校阅者,康熙朝两人,乾隆朝3人,道光朝4人。采访者,康熙朝8人,乾隆朝32人,道光朝28人。督梓者,康熙朝1人,道光朝3人。

② 《(光绪)寿州志》卷首《职名》,《中国地方志集成》本,南京:江苏古籍出版社,1998年。

恩候、选教谕州人孙傅斌

优廪生州人薛宜兴

监辑兼校刊

文生州人葛周望

采访①

恤案、旌表案兼校刊

候选从九品廖柄东

典吏顾恩荣

除列出修志人员及相应分工外，《(光绪)寿州志》还专设"捐输职名"部分②，详细地列出了捐款资助修志的人员姓名、职衔、捐款数量、捐款去向等情况。

花翎堪胜提督、本任寿春镇总兵、调补湖南永州镇总兵韩晋昌捐湘平银一千两，此项银两系在省兑，交知州王鼎臣比为借用，仅据韩将王立亲笔借约，交局后止解还二百零四两三钱六分，又为代理知州郑思贤留用，已付还一百两，下欠一百四两三钱六分，今尚未还。此外，王仍欠银七百九十五两六钱四分。

花翎记名提督、江西九江镇总兵、尚勇巴图鲁朱淮森捐原封湘平银三百两，州署收发，局用。

花翎记名总兵、署四川提督、励勇巴图鲁钱玉兴捐原封湘平银三百两，州署收发，局用。

花翎头品顶戴统领浙江温台防军记名提督、浙江定海舟山镇总兵、调署海门镇总兵、兼袭云骑尉世职、斐凌阿巴图鲁杨岐珍捐湘平银三百两，邵醴泉、谢孚中交局。

花翎记名提督、前署广东陆路提督、铿僧额巴图鲁蔡金章捐原

---

① "采访"总共62人，因人数太多，故略去人名。
② 《(光绪)寿州志》卷首《职名》，《中国地方志集成》本，南京：江苏古籍出版社，1998年。

封湘平银二百两,邵醴泉、谢孚中收存店。

花翎总兵衔、直隶推补副将葛胜林捐曹平银二百两,其侄孙同监生孙葛瑶交局。

花翎记名总兵、两江佇先副将耿凤鸣捐原封湘平银一百两,邵醴泉、谢孚中收存店。

花翎记名提督蔡福成捐曹平银五十两,邵醴泉、谢孚中交局。

二品封衔岁贡生鲍俊逸捐曹平银一百两,其子交局。

同知衔、直隶望都县知县、调署束鹿县知县戴华藻捐洋蚨一百元,廪贡生孙傅□交局。

花翎江苏补用同知、直隶州知州、署沛县知县朱公纯捐原封曹平银三十两,郡生张树德交局。

花翎记名提督梁秉成捐曹平银三十两,郡廪生权芷生交局。

花翎副将衔、两江补用参将权大胜捐曹平银四十两,权芷生交局。

花翎三品衔、江苏补用知府邵醴泉捐曹平银十两,谢孚中收存店。

世袭云骑尉谢孚中捐曹平银十两,书板作价。

蓝翎守备衔、署无为州千总李家升捐库平银十两,谢孚中交局。

花翎两江补用参将桑儒修捐洋蚨十元,顾恩荣交局。

试用训导龙春辉捐洋蚨十元,找书作价。

花翎两江堪升总兵、前潜山营游击朱淮俊捐曹平银十两,邵醴泉、谢孚中收存店。

候选盐知事李尚勤捐洋蚨十元,顾恩荣交局。

郡庠生李树藩捐洋蚨十元,权芷生交局。

正阳书院因利仓保婴局董事、五品顶戴、蓝翎候选从九品时振捐洋蚨十元,亲自交局。

花翎提督衔、记名总兵、协勇巴图鲁王春台捐洋蚨十元,□□□□□。

在志书中或详或略地列出修志人员姓名、职衔、籍贯、分工及捐输者姓名、职衔、捐款数量、捐款去向等情况,可以更为清楚地了解志书的编修情况和相关信息,为进一步研究和利用方志提供参考。

3. 编修凡例

志书一般都有"凡例",凡例内容丰富,包括旧志编修情况、志书编纂原则、旧志编修体例、新志编修体例、新志较旧志所作的调整和变化、方志编纂理论和方法、序论设置、地图设置、资料处理等问题,为充分了解志书的编修情况和编纂原则提供了线索。

《(同治)续萧县志》[①]有凡例十五则,每一则都从某一个层面说明了志书编修的相关问题,为进一步了解这部志书提供了资料。

"凡例"开篇有个总的说明:"续书宜仍旧体,兹因旧刻尚未漫漶,既惮工力繁费,又不欲攘美前人以为己功,故别揭凡例于首,用俟来哲之采择,其他诸细意见各篇者不辍。"编修者认为,新修志书应该承袭旧志体例,主要是因为当时旧志仍存,如果编修新志改换新的体例结构,不仅花费精力和时间,也会抹杀前贤修志之功,所以在志书篇首列出志书编修凡例,说明相关情况,为后世修志者所观览,而具体的修志细则则散见于各篇各目之下,不在凡例中一一列出。

第一则,"宸翰纶言,或袠登卷首,或分冠诸篇,其为尊敬一也。集中惟田赋、兵防两志多奉上谕,谨遵《四库书目》分门之例类冠各篇"。皇言圣语,或置于卷首,或分于各篇中,这样排列主要是表示尊敬之意。而田赋和兵防两部分基本上都是秉承皇帝和朝廷之意,所以根据《四库全书总目》的分类原则将其置于各类篇首。

第二则,"古人左图右书,《易》曰:'河出图,洛出书。'图先于书,图既明有不待书者。然图有图法,非只画绘山水树石,取为观美而已。四至八到,计里开方,某山水在某地何方,某地至某地几里,一披览间阖邑之形势曲折了然心

---

① 《(同治)续萧县志》卷首《凡例》,《中国地方志集成》本,南京:江苏古籍出版社,1998年。

目,不俟言说而知之,图所以获实用也。而兰台秘籍不易得窥,据坊刻善本惟德清胡氏《禹贡图》、阳湖李氏《皇朝一统舆地全图》至为精密,今仿其意摹图卷首,粗具梗概云尔"。河图洛书为古人所崇尚,而以图为先、以书为后。图一目了然,可以不必书其内容而为人知晓其中含义。不过图有其制作规则,不是只画画山水树石之类的以饱眼福,而是要将一个地区的四至八到、计里开方、山川所在位置、一个地方至另一个地方是多少里程都表示出来,所以这样的图非常实用,可以让人们对一个地区的情况了然于心。《(同治)萧县志》中的图就是模仿坊刻善本德清胡氏《禹贡图》、阳湖李氏《皇朝一统舆地全图》绘制的,以期让人们能够观图而知萧县的总体情况。

第三则,"《易》曰:'言有序。'象辞必后,六画之乾画无文字,象有文字矣。史先帝纪,礼在尊君,纪之下,次表、次志,而世家而列传,自然之序也。纪、世家等既非志乘所有,而表以谱年爵,必不可少,故表次图"。史书先列帝纪以为尊君,纪下为表,再其后则是志、世家、列传。但志书一般不设世家,所以图下设表,以列年谱爵次。

第四则,"天官之占,古今设有专职,其事重矣。案:象纬家以舆地二百里许,上当天星一度,大火之次,初氐五度,终尾九度,绵络四宿,而房心为宋分据。《汉志》房心各五度,计笼地径轮将二千里。此在省志、府志或可步算,弹丸小邑不足当天星之一席。又岁差推移,精析分秒,苍苍正色,其何以占。县志相沿,首列天文一门,徒为虚饰,毫无实际。且既志天文,又志祥异,互见错出,全不画一。故此不立天文志,其灾祥见于本邑者,悉附卷末杂录以备事实"。象纬家认为地上二百多里相当于天星一度,因地域较大,计算相对方便和准确,用于省志、府志较为合适,而一县之地,地域较小,无法精析分秒。加之旧县志既写天文,又写祥异,两者还互有出入,所以《(同治)萧县志》删去天文志,并将灾祥的相关情况收在卷末杂录之中。

第五则,"旧志有目无纲似觉太繁,兹分大纲为十志,诸多子目州别部居,各归其纲,使有条不紊。或疑书名某县志,又曰某志,某志'志'字为赘,因有倒题'志'字于上,仿《后汉书》者则亦朝三之技,考诸经史,如《尚书》分《虞书》

《夏书》等为纲,如《国语》分《周语》《鲁语》等为纲,以至传记家如《古列女传》分《母仪传》《贤明传》等为纲,纲复有纲,目复有目,非为赘也"。旧志为平目体,有目无纲,有些繁杂,《(同治)萧县志》则采用纲目体,设十个大纲,子目若干,归属明确,以求有条不紊。

第六则,"《夏书》《禹贡》《周礼·职方》地志之祖。《禹贡》俞州先疆界,次山川,次治绩,次田赋,次方物。《职方》分州先方位,次山水,次地利,次人民,次土宜。《班书》始出地理志,其篇后叙论则以星野为经,先疆域、都邑,次古迹、政治,次风俗、人物,农桑、渔猎,散见其中,而间引诗书之文,此大略也。十志次第,先后折衷,取则颇尽斟酌"。《(同治)萧县志》的编修者认为《夏书》《禹贡》《周礼·职方》是地方志的源头,后来《汉书·地理志》则模仿《禹贡》《周礼·职方》的体例设置,按照疆域、都邑、古迹、政治、风俗、人物、农桑、渔猎的次序来收录相关内容,并间引诗文。地方志的体例设置也应如此。

第七则,"例以义起,随事变通。如《续汉书》志舆服,《北魏书》志官氏,《唐书》表卓行,《宋史》崇道学,皆因时制宜,不必泥守前规。旧志分目有兵制,序次不满三页,兹因'团练'一节钦奉谕旨,条流甚长,谨采合杜氏《通典》篇目为'兵防志',附见其中,庶事体得所归宿。盖兵有常制,防无定形,述往事、思来者焉"。例是因义而设的,所以当义发生变化时,例也要随事变化,不必拘泥于旧志前规。旧志有兵制一目,内容不满三页,今团练内容丰富,则根据杜佑《通典》单独设立兵防志,收录相应内容。

第八则,"旧志搜罗赡博,各条一一引据成书。惟当时撰次者别曰新增,今续志莫非新增,如疆域等志,据册档存案,田赋志据《赋役全书》,人物等志据一时采访,无书可引矣。惟考证、补遗各条则必详据载籍,无敢臆说"。志书所收资料皆有来源,有的根据册档存案,有的根据《赋役全书》,有的根据采访所得,总之不敢随意乱说。

第九则,"书各有体,正名为先。班氏述《汉书》作古今人物表,意在囊括《史记》,而识者犹讥之,以为《汉书》纪汉事,人物表非汉有也。况帝王之兴事在天下各具国史,岂一隅方志所当僭载,且仍不免撦摭史书,徒为缀旒。萧有绥舆里为宋武帝故居,但志之古迹见之歌咏而不滥及帝事,不敢僭史故也。"史书和志书各有其体,因志书的编修不能僭越史书的体例,故有些内容是史书必须要收录,而志书不能收录的。

第十则,"其人生存,名有登于史传者,如《史记》冯王孙之类,本以牵连得书,若陈寿谓丁仪子曰为尊公作佳传,魏收谢阳休之曰当为卿作佳传,皆指其先人言之。而观《宋书》大明中撰国史,世祖自为义恭作传,韩昌黎有《答元侍御书论甄逢父子事》,则知生存未尝不可入史。邑志善善从长例,又当稍宽于此。然经曰六十不亲学,学既成,无可进也,曰七十老而传,齿足尚德乃尊也。若夫誉髦多士,蒸蒸日上,所造正远,安能预为论定,故人物志采录间有生存者,亦必杖国杖朝而后可彦回期颐。其人盖罕庶不失清议之公,列女生存未旌者年至五十则录"。根据相关历史文献记载的情况,并非生人不可入史,故志书编纂时应该更为宽松,志书中的人物志亦收录生者,当然这些生人必须是经过严格筛选的。

第十一则,"前明康对山《武功县志》各篇皆无序论,然宋潜溪《浦阳人物记》则篇篇有序赞,似不必拘。兹各篇小序仅述论次大意,不敢滥骋浮说,篇内事体有可发明者,间论断数语,不拘前后,亦不著论赞等字,窃取荀、袁《两汉纪》、欧《五代史》之例云"。康海《武功县志》各篇均无序论,而宋潜溪《浦阳人物记》则每篇都有序赞,所以志书是否有序论可以根据具体需要来确定。《(同治)续萧县志》则各篇均有小序,并模仿荀、袁《两汉纪》、欧阳修《五代史》体例,不书"论赞"二字,只概大意。

第十二则,"宋范石湖《吴郡志》艺文散附各条之下,《武功志》因之。今郡县志有用此例者洵属雅洁,但旧志既别辑艺文亦姑从同。兹于公牍、碑记等文关系一邑大端者,皆分类附入,余仍别辑如旧,刘子元更成文集之讥,固不自今始"。范成大《吴郡志》、康海《武功志》均将艺文散于各条之下,而以往的萧县志则是单独列艺文一目,《(同治)续萧县志》则采取了灵活的做法,将公牍、碑记之类关系一邑大事的随类编入相关条目之下,其他的则全部收入艺文志之中。

第十三则，"《汉志·艺文》《隋志经籍》名异而实则同，皆不以录词章也。总集词章挚仲洽，文章流别，既已不传则权舆萧选选例，凡当时其人存者文不登载，后世奉为选法，画守甚严。第县志一事与此殊科，古者太史陈诗观民好恶，无非采自一时舆人之诵。今游览怀古等篇，间有非萧人而为萧作者，若不及时采辑，久愈散佚，无从稽考。德州田纶霞《黔书》、石屏张月褿《河南府志》篇后并附己作，盖地志体例与选家各为一义，未可胶柱。故艺文不拘今昔，择有关系而典则者录之。至吟风弄月之词虽珠玉满前，均从割爱"。艺文志、经籍志名异实同，都是只收文献，不收诗词歌赋的，而且以往的惯例是生人诗文不登载于文献之中。但方志是一种特殊的文献，对诗文的处理方式也应有所不同，应将萧人所赋或与萧县有关的诗文尽量采辑，以免岁久散佚，无从稽考。当然，诗文应选择那些与地方关系较大的收录，而那些吟风弄月的均不录入地方志。

第十四则，"《三国志》有纪有传，彼史例也，州县曰志，但为志耳，然必执非史官不当为人作传之说为确不可易，又拘墟之见矣。此事归震川先尝论之，如《汝南先贤传》《襄阳耆旧传》《陈留风俗传》等作，其人非必史官也。溯传之名出于经，不起于史，孔子《十传赞易》非初祖乎，继此则左固史矣。而公穀老儒亦传春秋，以至历代诸公文集，如唐之韩固史矣，而柳亦作传，宋之欧固史矣，而苏亦作传，惟其公与是何限之有。且既志人物、列女各条，孰非小，传用其实，阳避其名，徒自欺耳。故此十志虽不立传之名，而有为人作传可备文献者，仍录艺文俟辂轩之采，或事迹已见各志，不妨详略两存，左氏有内传、外传，岂云复沓"。为人物作传是史书惯常的做法，地方志亦收录人物传以为后世采撷和稽考。

第十五则，"志系续前，凡无改者仍旧，故山水、古迹等不立篇目，但有考辨数则，附疆域之后，而《岳阳风土记》五洩山水志，前人有其名矣。此若再益山水、风土二志，次疆域志，后以古迹、冢墓等类附山水，以礼俗、物产等类附风土，共为十二志，则综括靡遗，足为完书，附存管见，譬洛阳千金堨筑功已讫，复刻石人西胁，用待踵事之君子"。《(同治)续萧县志》沿续前志体例，共设十二志,体例完备,以待后世征考。

《(光绪)凤阳府志》[①]凡例包含的内容也十分丰富。

"凤阳府旧志,康熙四年知府耿继志修,久佚。同治间重修《安徽通志》皆未见此书。今于光绪二十七年得于金陵书肆,具书编为四十一卷,一千余叶。按:国初时沿前明中都制,凤阳知府辖境与今凤颍六泗兵备道略同,故纪今之凤郡事转多缺略。迄今又二百六十[②]余年,叠经兵火,文献散佚,搜采甚难,故此书成与旧志体例迥不相同,非因而实创也"。这一则说明了以往凤阳府志编修的大体情况及志书存佚状况。清康熙四年(1665年),凤阳知府耿继志虽编纂一部凤阳府志,但此志早已亡佚。同治年间重修一部,《安徽通志》的编修者并未见到这部志书。《(光绪)凤阳府志》的编修者于光绪二十七年(1901年)在金陵书肆发现了这部志书,该志共四十一卷,一千多页。清朝初年沿袭明中都之制,因当时凤阳府辖区与光绪年间的凤颍六泗兵备道大体相当,所以旧志记凤阳府之事不是非常丰富。加之中间又经二百六十多年,战火不断,文献散佚较多,搜集资料十分困难,所以《(光绪)凤阳府志》的体例与旧志完全不同,不是沿袭旧志体例,而是根据具体情况创新了体例。

"录用古事采择贵当,今书中必注出处,即今人所著书亦必标姓氏、书名,以备后人可取原本考证,惧有传伪,故加审慎。若各处案牍咨详者,或曰某公奏疏,或曰采访册,亦一一注明。"《(光绪)凤阳府志》的编修者修志态度严谨,对引用的资料和内容均注明出处,即使是时人之作,亦注明作者姓氏和书名,以后备人考证。如取自于奏疏、采访册的资料,也一一注明,务求审慎。

"古今沿革考核最难,如唐虞时之涂山今怀远境,春秋时之钟离今凤阳境,春秋时之州来今凤台境,秦之阴陵今定远境,秦之九江郡治寿春今寿州境,汉之沛郡治相今宿州境,尧时之夏丘今灵璧境,县界分明,历代人物即因之详其里贯。"一个地区的古今建置沿革是非常复杂的,也是最难考证的,所以志书所录内容涉及地区建置沿革和人物籍贯乡里的,必须说明清楚,不能

---

① 《(光绪)凤阳府志》卷首《凡例》,《中国地方志集成》本,南京:江苏古籍出版社,1998年。
② 原文"十"为"千"字。"千"字误,应为"十"。笔者据改。

敷衍了事。

"纪事表皆经史志原书一一摘录,故鲜伪误。如《新唐书》咸通十年冬十月戊戌,免徐、宿、濠、泗四州三岁税役,《旧唐书》作秋九月。《宋史·五行志》太平兴国三年正月甘露降寿州廨,太宗纪作'二月',足订史家之伪。如《通鉴》秦始皇二十四年置楚郡。(注:秦置楚郡,治寿春,兼有淮南之地。)梁中大通元年十二月,土豪蔡伯龙起兵攻陷北徐州。(胡注:此北徐州治钟离。)足与《沿革表》相发明。又《梁书·武帝纪》普通五年冬十月,曹世宗破魏曲阳城;十一月,裴邃攻寿阳之安城;十二月,魏荆山城降。《通鉴》陈太建五年,吴明彻攻寿阳,齐兵退据相国城及金城,(胡注:二城在寿阳城中。)鲁天念克黄城,(胡注:黄城在寿阳西。)足与《古迹考》相发明。"志书中涉及一个地区大事纪的内容,往往都是从经史等书中照原文抄录的,力求准确无误。

"明太祖为凤阳人,一代创基,备详明史,志不具书。其潢派緐多,或迁他处,或就藩封,久离故国,与民间占籍不同,今亦不录,凡藩王之在凤郡者悉列爵封表。"因凤阳为明太祖创业之地,所以关于明太祖兴起和创业的内容均要详细登载。在凤阳府的藩王也全部列爵封表,收录在志书中。

"选举人数太多,科目自进士起至五贡止皆列表,武科次之,异途仕进附焉。荐辟冠于篇,补列传所未及。寿典缀于末,存征聘之所遗。用刘慈民、方元征所编《徐州府志》例,惟间录元以前人,旧志有之,不敢妄删。"因选举部分涉及的人数太多,所以全部列表以示进士至五贡之人。按照《徐州府志》体例,旧志所录元以前之人也全部收录,不敢私自删去。

"食货篇中先列户口,本朝自乾隆时极繁庶,嗣后增耗所报亦非实数,故叙其大略。物产则以凤郡最宜者详列于篇,田赋重在征,今以现行规制为纲。国初以来沿革编入小注。关榷新章,撮要胪列,徭役杂税,聊举旧规,凡非凤郡所专行者,概从删汰。"户口列在食货篇之首,因人口变化较大且申报之数并非实数,所以只能录其大体情况。物产部分则首先收录最适宜于凤阳府生长的,田赋则以现行规制为准。而食货中不是凤阳府专有的内容全部删略。

"学校篇多依姚惜抱所定《江宁府志》例,徐郡志于祀典大略,此则择善而从,东西两庑位次增入,从祀先贤以近年奉部文议准为断,亦未容略也。"学校篇根据姚鼐确定的《江宁府志》体例,祀典部分择善而从,从祀先贤以近年奉部文议准为断,不敢私定。

"艺文上卷只载书目,用孟坚之例。下卷载金石,远稽汉魏,上溯殷周,用薛尚功钟鼎款识例,古篆八分皆摹其形。古今名人诗文则入他卷,如柳子厚《涂山铭》入山考注,苏子瞻《禹会村诗》入古迹是也。各以类从,庶归简约。"艺文分为上下卷,上卷只登载书目,下卷专载金石,采用薛尚功钟鼎款识例,收录殷周至汉魏时的金石之作。古今名人诗文则各以类从,以便简约。

"山考仿《山经》例,分县叙次,各先其主山,凡有藻饰与夫辩证之文,并附细注以省篇幅。"山考部分依据《山经》之例分县叙述,先列主山,如有藻饰和辩证之文则以细注附录,以节省篇幅,简洁文字和结构。

"水考仿《水经注》例,淮水为纲,群流系焉,长淮自上游入凤郡境至下游出凤郡境,六百余里。南北左右溪河小水注入,依次分叙,故无繁复之病。徐郡志水名重见叠出,兹不必从,陂塘别为下卷,以不尽与淮河相通,故不屡入前篇也。"水考部分则仿《水经注》体例,淮水为凤阳府主要河流,故以淮水为纲,其余支流附于其后。淮河从上游流入凤阳府到在下游流出凤阳府境,六百余里河道,南北左右大小支流全部依次叙述,线索清晰,不至混杂。

"《江南通志》于汉儒林传所言沛人皆入徐州府沛县,其言九江人多不录,并误。不知沛郡治相(今宿州),九江郡治寿春(今寿州),墙为凤郡人,今编人物传于儒林,补入沛人,爱礼见许慎《说文解字》序,于义行补入浚人孔车,见《史记·主父偃列传》之类,皆各志所未载,仍患有疏漏,拾遗补阙俟后之君子。"根据凤阳府及其下辖各县的建置沿革,虽较旧志补充增加了一些人物,但仍恐有所遗漏,故希望后世君子加以补充和完善。

"古人多为本郡之官,如召信臣、桓伊等已入人物传,又见宦绩传,言行载于人物,政迹载于宦绩,详略不妨互见,如魏之胡威,宦绩有传,父质已详人物篇中,威则略焉,亦从徐郡志例也。"如果人物事迹较多,或载于宦绩,或载于人物,可以各有详略,各篇所载内容互见。

"列女、贤淑、节孝依徐州府志例,宋元以前采自史乘多用专传,明以后人数既多,事迹略同,俱用双行小注,俾省简篇。间有奇节数人,采于名贤,文概亦附专传后。"采用徐州府志体例,宋元以前列女转引于史书,所以多有专传,而明以后列女人数太多,且事迹略同,所以用双行小注说明其节行,以省篇幅。

"八公神仙之说本属无稽,然旧史多载仙释,今不概册。又或无类可系者皆录入杂记,分记地、记事、记人、记言四目,聊为博观之助。"八公神仙之类的虽是神话传说,但旧史多将之载在仙释之中,《(光绪)凤阳府志》将这些内容收录在杂记中,又分记地、记事、记人和记言四目分别加以收录,以为观览。

"流寓一门登载漫无限制,今概不录。"流寓一门没有严格的限制和标准,无法妥当处理,所以全部略去不录。

"旧府志刊于康熙四年,是编叙事自国初起,截至光绪二十七年冬止,采访各册亦终是岁,生存人无传。兹记成书年月于此,俾后修乘者有考焉。"凤阳府旧志刊刻于康熙四年(1665年),本志叙事则起于清朝初年,止于光绪二十七年(1901年)冬天,故采访册所记各类事情均终于这一年,而志书本着生不立传的原则,人物传也止于此年。将成书年月标注于此,希望后世修志者有所稽考和参照。

志书凡例内容丰富,为了解志书的编修情况、编修体例、编修原则、体例变化、编纂理论、资料选取、收录内容等方面的情况提供了线索,是研究和利用一部志书的重要参考。

4. 志书目录

通过目录,不仅能够知道志书体例结构的大体情况,而且可以了解志书的主要内容。

《(嘉庆)五河县志》[①]首一卷,主要收录"凡例"和"图说"两项内容,正文部分分为十二卷,除第十二卷为"原修姓氏"收录旧志编修人员姓名、旧志序和新志跋外,正文其余十一卷均以"志"为名。该志为纲目体,以"志"为纲,下

---

① 《(嘉庆)五河县志》卷首《目录》,清嘉庆八年(1803年)刻本。

设子目。(见表10)

表10 《(嘉庆)五河县志》卷目

卷数	纲	目
卷首		凡例,图说。
卷一	疆域志	星野,沿革,山川,城垣,堤坝。
卷二	间里志	坊乡,市集,道路,桥渡,风俗,物产。
卷三	经制志	赋役,蠲赈,引盐,公署,邮驿,武备。
卷四	经制志	祀典,学校,选举。
卷五	经制志	职官
卷六	人物志	名宦,乡贤,孝义,耆英,流寓。
卷七	人物志	列女
卷八	艺文志	传,碑,记,序,论,赋。
卷九	艺文志	诗
卷十	杂志	古迹,寺观。
卷十一	杂志	纪事,拾遗。
卷十二	原修姓氏	旧序,新志跋。

"间里志"和"经制志"是一般志书比较少见的类目,是《(嘉庆)五河县志》与其他志书相区别的地方。

《(光绪)五河县志》也是纲目体志书,首一卷,正文二十卷。(见表11)

表11 《(光绪)五河县志》卷目

卷数	纲	目
卷首		序,职名,凡例,图考,目录。
卷一	疆域志	分野,沿革。
卷二	疆域志	山川
卷三	疆域志	坊乡,市集,道里,风俗。
卷四	建置志	城垣,公署,书院,学校。
卷五	建置志	祀典,学宫(礼制仪节附)。
卷六	建置志	堤坝,桥渡(井泉附)。
卷七	武备志	邮递,兵事,兵制,兵防。

续表

卷数	纲	目
卷八	食货志	户口,赋役,杂税,蠲赈。
卷九	食货志	续修蠲赈,引盐,储积。
卷十	食货志	物产
卷十一	官师志	县官,学官。
卷十二	官师志	杂职,武汛,名宦,政绩附。
卷十三	选举志	科第,荐辟,贡士表(例贡附),例仕(例监附),封赠。
卷十四	人物志	乡贤,文苑,武勋,武功,忠节,孝义。
卷十五	人物志	孝友,义行,耆英,耆寿(乡饮大宾附),流寓,方技。
卷十六	列女志	节孝,节烈,贞烈,贞孝,孝妇(寄籍节烈贞孝附)。
卷十七	艺文志	书籍,碑记,传序,论赋。
卷十八	艺文志	续修碑,序,议,赋,歌,行,诗,古。
卷十九	杂志	古迹,祥异,寺观,仙释,佚事。
卷二十	杂志	旧志各序王志例言

从目录来看,《(光绪)五河县志》与《(嘉庆)五河县志》设置的类目有所不同,子目设置更加细化,收录内容更为丰富。

《(光绪)泗虹合志》虽然也是纲目体,但其结构设置与五河县志有所区别,反映了编修者修志思想的不同。(见表12)

表12 《(光绪)泗虹合志》卷目

卷数	纲	目
卷一	舆地志	图考,沿革表,至到,分野,山川,形胜,风俗。
卷二	建置志	城池,公署,坛壝,祠庙,邑里,保甲,关津,桥梁,古迹,陵墓。
卷三	水利上	河总,淮河,洪泽湖,汴河,濉河。
卷四	水利下	堤,堰,沟,围,三县河道,泗虹河总论,淮河论,濉河论,淮黄考。
卷五	食货志	户口,田赋,漕运,盐策,积储,蠲赈,物产。
卷六	学校志	学宫,祀典,书籍,学额,学田,义学,书院,试院,附各礼仪。
卷七	武备志	兵制,兵事,驿传,铺递。
卷八	职官志上	官制,文职表一,文职表二,武职表三。

续表

卷数	纲	目
卷九	职官志下	名宦,政绩。
卷十	选举志	选举表,文武进士表,文武举人表,诸贡年表,杂进仕宦表,武阶附表,封荫附表。
卷十一	人物志上	乡贤,乡宦,忠节,文苑,武功。
卷十二	人物志下	孝友,义行,隐逸,方技,乡饮宾,耆寿,流寓。
卷十三	列女志一	录前志
卷十四	列女志二	已旌录
卷十五	列女志三	待旌录
卷十六	艺文志一	文一
卷十七	艺文志二	文二
卷十八	艺文志三	诗一
卷十九	杂类志	祥异,仙释,摭佚,辨伪。

《(光绪)泗虹合志》将"舆地志"设为首卷,并将"图考"置于其下。古迹、陵墓之类则置于建置志之下,水利志之下则有泗虹河总论、淮河论、濉河论、淮黄考诸篇,职官志和选举志多设表格,以济文字之穷。列女志则分录前志、已旌录、待旌录三个部分,眉目清晰,归属分明。

《(民国)涡阳风土志》则是将纲目体和细目体糅合在一起,有其自身特点。(见表13)

表13 《(民国)涡阳风土志》卷目

卷数	纲	目
卷首		题名,序,目录,纂修姓氏。
卷一	图	全境总图,四县分拨分图,县城全图。
卷二	疆域	沿革,咫度,境界,村堡表,圩寨表,交通,道路,形胜。
卷三		山川
卷四		古迹
卷五		建置
卷六		藩封

续表

卷数	纲	目
卷七	名宦	职官表
卷八	食货	物产
卷九	学校	选举表
卷十		宪典
卷十一		礼俗
卷十二	人物上	
卷十三	人物中	
卷十四	人物下	列女,忠烈表。
卷十五	兵事	兵防
卷十六		艺文
卷十七		后叙
卷十八		乐输题名,跋。

《(民国)涡阳风土志》首一卷,正文十八卷,卷一、卷二、卷七、卷八、卷九、卷十四、卷十五有纲有目,卷十二、卷十三有纲无目,卷三至卷六、卷十、卷十一、卷十六到卷十八有目无纲。《(民国)涡阳风土志》收录内容较一般志书为简。

5.图与图例

图是地方志不可缺少的一个部分,图往往置于地方志正文之首。地方志用图来展示一个地区自然地理状况、行政区划分布、宫室楼阁布局等方面的情况,可济文字之穷。

《(同治)续萧县志》[①]有图七幅,包括山水总图、东北乡村寨图、东南乡村寨图一、东南乡村寨图二、西南乡村寨图、西北乡村寨图、龙城书院图,前六幅图皆用计里画方的形式标注距离。

"山水总图"每方十里,右上部分有说明,"凡河渠用双钩,堤岸用墨画,村

---

① 《(同治)续萧县志》卷一《图》,《中国地方志集成》本,南京:江苏古籍出版社,1998年。

庄用●,有圩者用◌,废圩用⊙,驿拨用△,墩堡用╀,惟城垣用✿,后放此边界用|",说明不同符号代表不同对象。(见图1)

图 1　山水总图

东北乡村寨图、东南乡村寨图一、东南乡村寨图二、西南乡村寨图、西北乡村寨图五幅图皆每方五里。(见图2~6)

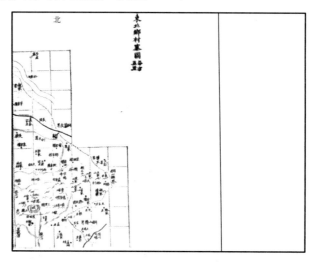

图 2　东北乡村寨图

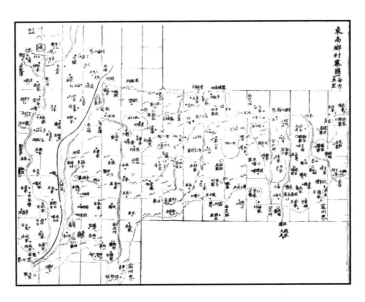

图 3　东南乡村寨图一

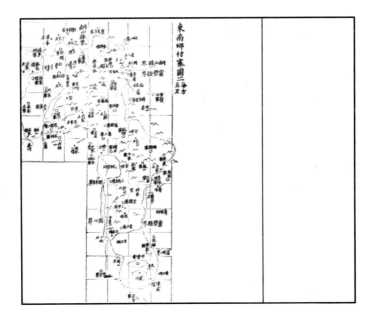

图 4　东南乡村寨图二

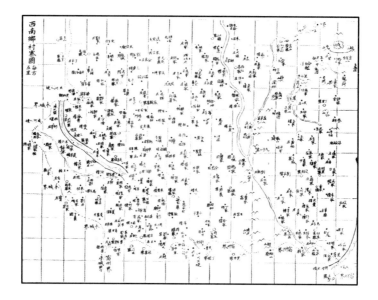

图 5 西南乡村寨图

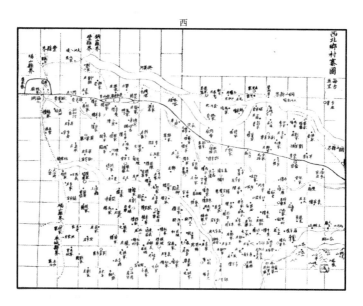

图 6 西北乡村寨图

"新龙城书院图"标明书院坐落方位,画出院落布局及各建筑物彼此关系,呈现立体形态。(见图7)

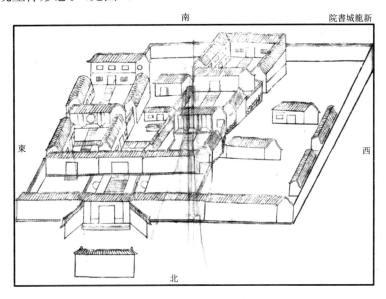

图7 新龙城书院图

计里画方的形式是中国舆图绘制中较为传统的方式,而到了民国时期地方志舆图则采用了新的模式,出现了比例尺、图例等新形式。

《(民国)阜阳县志续编》①有五幅图,包括阜阳县城厢图、阜阳县直属区暨洄溜集区分乡镇、阜阳县王化集区分乡镇图、阜阳县大田集区分乡镇图、阜阳县王老集区分乡镇图五图,每图皆有图例和比例尺。

"阜阳县城厢图"右侧注明绘制时间为"中华民国三十五年元月",左侧注明此图为"阜阳董延凯绘制"。图左上部分为"附注",说明图中数字对应的地点名称,图右上部分为"图例",说明图中河流、道路、水闸、仓库等所对应的符号。图中还说明了东西方向所在。(见图8)

---

① 《(民国)阜阳县志续编》卷一《图》,《中国地方志集成》本,南京:江苏古籍出版社,1998年。

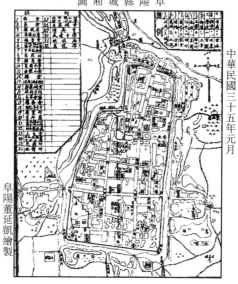

图 8　阜阳县城厢图

"阜阳县直属区暨洄溜集区分乡镇图"右上部分有"图例"和"比例尺",该图比例尺为十九万分之一,图左侧则标明方向。图右下部分还有一个小图,是"阜阳县城关六镇图",该图比例尺为"三万分之一"。(见图 9)

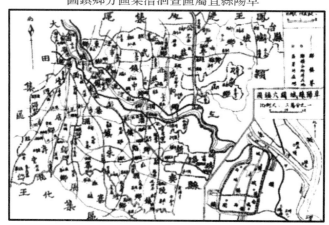

图 9　阜阳县直属区暨洄溜集区分乡镇图

"阜阳县王化集区分乡镇图"右上部分有"图例",右下侧标明比例尺为"十七万分之一",左上部分标明方向。(见图10)

图 10　阜阳县王化集区分乡镇图

"阜阳县大田集区分乡镇图"左上部分有"图例",有方向标识,右下部分有比例尺标识,该图比例尺为"十六万分之一"。(见图11)

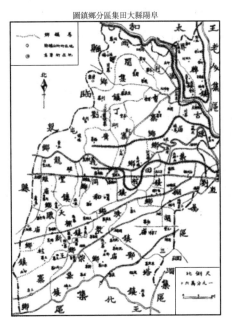

图 11　阜阳县大田集区分乡镇图

"阜阳县王老集区分乡镇图"右上部分为"图例"和"比例尺",该图比例尺为"十九万分之一"。(见图12)

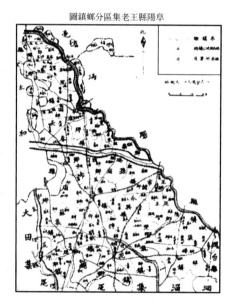

图12 阜阳县王老集区分乡镇图①

《(民国)涡阳风土志》②有六幅图,包括涡阳县城池图、涡阳县境全图、阜阳拨四集、亳县拨十三保、蒙城拨十五村、宿县拨十九集。其中,蒙城拨十五村、宿县拨十九集两图合并在一页之上。"涡阳县城池图""涡阳县境全图"两幅图皆有"指示记号表",说明图中符号代表的意思,相当于图例。"涡阳县城池图"还用图标说明东西南北方位。"阜阳拨四集""亳县拨十三保""蒙城拨十五村""宿县拨十九集图"上皆有"步度比例尺",阜阳拨四集步度比例尺为7∶100000,亳县拨十三保步度比例尺为1∶200000,蒙城拨十五村步度比例尺为1∶200000,宿县拨十九集步度比例尺为1∶200000。(见图13~18)

---

① 《(民国)阜阳县志续编》卷一《图》,《中国地方志集成》本,南京:江苏古籍出版社,1998年。
② 《(民国)涡阳风土志》卷一《图》,《中国地方志集成》本,南京:江苏古籍出版社,1998年。

第三章 旧志体例结构

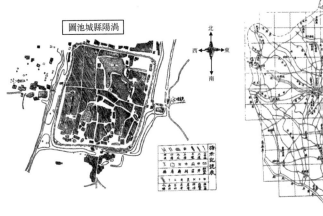

图 13 涡阳县城池图

图 14 涡阳县境全图

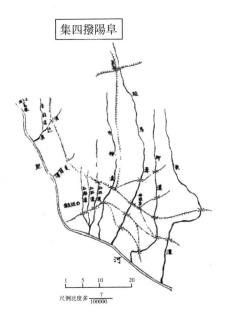

图 15 阜阳拨四集

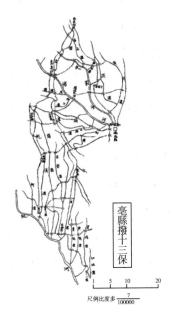

图 16 亳县拨十三保

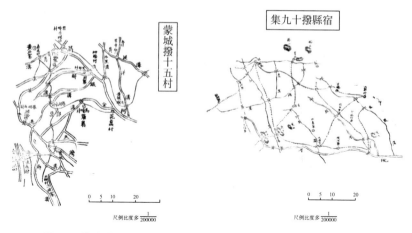

图 17　蒙城拨十五村　　　　　　图 18　宿县拨十九集

地方志中的舆图一般来说应置于正文之首,然而也有些方志对舆图的位置安排有所不同。《(嘉庆)怀远县志》[①]的图就没有置于正文之首,而是专设"地域图"类目收录县境总图、淮东南境图、涡南境图、涡北东境图、涡北西境图、城郭图、县署图、学宫图八幅图。舆图采用计里画方的形式,标明距离,县境总图每方十里,淮东南境图、涡南境图、涡北东境图、涡北西境图均为每方五里,城郭图每方一里。(见图19~26)

"地域图"之下有小序一篇:"山川之大势,庐井之位置,书之所不能详者,按图则示掌可晰矣。然或东西失方,远近无准,反足以疑误观者。今之所图划方计里纤悉皆得之,目验其尺幅所限不能尽列者,仍详于书,可推此而得也。"小序指出山川、庐井之类的地理情况,不能用文字说明清楚的,就以图明示。须注意的是,图一定要准确,以免疑误读者。如果图不能列举完整的,那么仍要用文字加以描述和说明,以便读者清晰明了。

---

① 《(嘉庆)怀远县志》卷二七《地域图》,《中国地方志集成》本,南京:江苏古籍出版社,1998年。

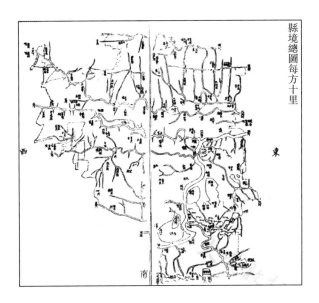

图 19　县境总图

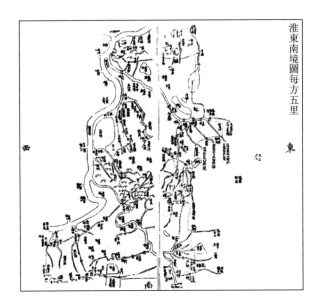

图 20　淮东南境图

图 21　涡南境图

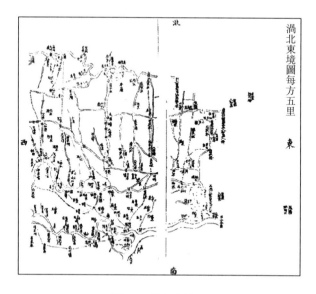

图 22　涡北东境图

图 23 涡北西境图

图 24 城郭图

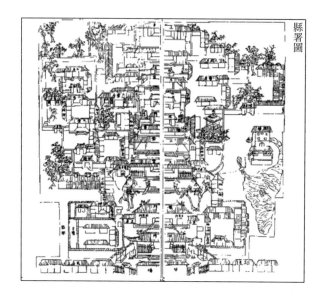

图 25　县署图

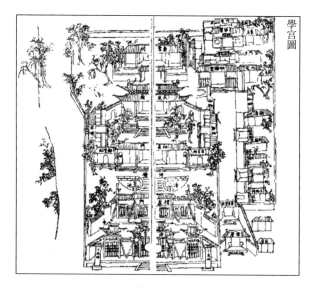

图 26　学宫图

《(嘉庆)萧县志》①将舆图置于卷首,并开列"图目":萧县全境图,萧县旧境图,县城图,县署图,学宫图,龙城书院图,萧境河道图,子张子墓图,萧县十二胜境图(天门山,黄桑峪,圣人石,三仙台,圣泉寺,白茅冈,子贡山,五洞山,龙驹嘴,箕谷,雾猪泉,画岩)。图后还附有"图说":"言地者亦曰舆图,自周大司徒掌土地之图,司险掌九州之图,于是汉有《三辅黄图》,隋有《区宇图志》《诸州图经》,唐有《十三道元和郡县图志》,盖非是弁诸简端,指掌之示蔑由晰焉。萧邑道里牙错,林麓蜷连,以及城池建置之迹,河渠沟洫之形,凡厥胪陈皆当绘列。惟旧志有八景图,蹠实求之,徒资谭助,因易以十二胜境图,百里弹丸,亦分扶舆清淑之气。按图搜索,呈露目前,是邦人文濯秀,山水钟灵,有美斯传即绘事后素之意也。吴兴潘镕识。"吴兴潘的这段解说有几层含义,一是说明了舆图的来源和发展,二是介绍了萧县自然地理的特点,三是描述了该志对旧志的继承和变化,四是点明了舆图绘制的意义所在。

6.各部小序

地方志在各纲目之下往往都有小序一篇,用来说明该纲目设置的目的和具体情况,为进一步全面了解志书的内容提供了方便。

《(嘉靖)宿州志》共八卷,包括地理志、食货志、职官志、兵志、人物志、建设志、古迹志、杂志八个大纲,下设子目,每个大纲下均有一篇小序,以按语形式分述各纲编修原则和思考。

地理志小序称:"地有郡邑而沿革异名,有疆域而广袤不一,有风俗而升降不同,有山川而形胜斯见,有土田以养民,有坊乡以聚民,匪志则无所考,故类其事而通志焉。"②疆域沿革、山川形胜、土地乡坊对一个地区、对这个地区的民众而言,都是非常重要的,而如果没有地方志的记载,则无以稽考,所以要将这些内容收录在地方志中。

食货志小序曰:"户口之登耗,物产之盈缩繁焉,而赋役之征胥此焉,出长

---

① 《(嘉庆)萧县志》卷首《图目》,《中国地方志集成》本,南京:江苏古籍出版社,1998年。
② 《(嘉靖)宿州志》卷一《地理志》,《天一阁藏明代方志选刊》本,上海:上海古籍书店,1963年。

民者使生齿日繁,而生之者众,为之者疾,则货泉渊渊,民可使富,国用可取盈也。故志食货而先户口。"①户口、物产、赋役是必须要记录在地方志中的,而百姓是国家发展的基础,民富则国强,所以食货志之下先述户口。

职官志小序言:"吏兹土者例固得书,但载籍散溢,莫考其详,而政绩无述者则亦不必求其人也。故惟因郡志中名氏存焉者与今近而可知者书之,其不可考者则阙之也。至于功业风节表表著闻与凡一政一行昭被吾民者,乃从而特书之。若纪载未详与其人之存者姑阙焉,嗣而书之期于来者。"②官于宿州者,有政绩可考者必须要收录在地方志中,因典籍散佚政绩无可考述的就不再收录。姓氏可考并存于世者、近世知其行名者皆可收载在地方志中,不可考者皆阙而不录。有功业风节能作为表率者、有政绩被百姓称赞者,皆加以收录。如果事迹不清、记载不详的,则加以阙略,待后世修志再进行补充。

兵志小序称:"古者制兵必有法,其法必有志,三代之制远矣,汉唐以下其法变更不一。我朝内而京畿,外而郡县皆建卫设所,联之以官军,养之以屯田,而又患其不足也,乃益之以民兵。此盖籍之州县即寓兵于农之意,故悉录之以备兵志云。"③历代虽皆有兵有法,但上古三代之制因年代久远不必考证,汉唐以下兵制变化频繁无法一一述说。明朝全国各地大多在郡县之外还建立卫所,用来加强防卫,卫所基本上是寓兵以农、以屯田养兵。

人物志小序曰:"旧志以闵子为宿人,今从之。其余名贤不一,凡节为可取者亦足不朽,勋旧世臣也,选举贤科也,咸宜著之于篇,以备古今人物。考贞节为女中之贤,尤开风化,间有未蒙旌典者,亦据其实而书之,以俟观风者

---

① 《(嘉靖)宿州志》卷二《食货志》,《天一阁藏明代方志选刊》本,上海:上海古籍书店,1963年。
② 《(嘉靖)宿州志》卷三《职官志》,《天一阁藏明代方志选刊》本,上海:上海古籍书店,1963年。
③ 《(嘉靖)宿州志》卷四《兵志》,《天一阁藏明代方志选刊》本,上海:上海古籍书店,1963年。

采焉。"①遵循旧志,将闵子当作宿州人仍收录在宿州志中,其他名贤勋臣、选举贤科皆收录在志书中以为不朽。贞节女子实为女性之名贤,可开一代风尚,仍有未蒙旌典之人,故将这些人的行实如实记录在方志中,以为后世修志所采摭。

建设志小序称:"城池以设险,公署以施政,学校以育才,仓廪以广储蓄,铺舍以传命,桥梁以济涉,恤典以赒无告,祀典以事神,凡此数者无一可缺,故合之而为建设志。仕进节孝诸坊所以树风声也,宜志及之。"②城池、公署、学校、仓廪、铺舍、桥梁、恤典、祀典、仕进节孝诸坊均为一地不可缺少的,故设立建设志,将这些内容全部收录进来。

古迹志小序言:"宿之故城六,灵璧故城四,或为封国,或为郡县,其遗址犹有存者,与夫宫室丘墓之类自今视之皆古迹也。怀古者见其迹而思其人、咏其事,无他兴亡贤愚而已。故志古迹而以杂咏系焉,崇表劝惩之意,盖因之而有寓也。"③故城遗址、宫室丘墓存于世者皆列于古迹志之下,并附以歌咏之文,以为劝惩之意。

杂志小序曰:"周穆王居尹轨、杜冲于草楼,汉明帝处摄磨腾于精舍,此寺观所由始。寺盛于梁普通时,观盛于宋宣和时,今俱渐衰,其道宫佛刹鲜有完好者,亦可以观化矣。灾祥非理之常,五行传固拘泥,然人为感之之说亦不可诬,而献瑞者,每取讥焉。故于寺观也、灾祥也,合之而为杂志。"④寺观起源很早,寺盛于南朝梁普通年间,观则盛于宋宣和时期,然寺观至今已经衰微,很少有保留完好的。灾祥虽并非天之所常,但却是不可不记之事。将寺观与灾祥合在一起收录于杂志中。

---

① 《(嘉靖)宿州志》卷五《人物志》,《天一阁藏明代方志选刊》本,上海古籍书店,1963年。

② 《(嘉靖)宿州志》卷六《建设志》,《天一阁藏明代方志选刊》本,上海古籍书店,1963年。

③ 《(嘉靖)宿州志》卷七《古迹志》,《天一阁藏明代方志选刊》本,上海古籍书店,1963年。

④ 《(嘉靖)宿州志》卷八《杂志》,《天一阁藏明代方志选刊》本,上海古籍书店,1963年。

《(乾隆)砀山县志》共十四卷,纲目体结构,纲下有目,纲有大序,目有小序。兹以卷一"舆地志"为例,列舆地志下大序,列子目沿革、疆域、形势、星野(附祥异)、山川、古迹、风俗、水土、物产下小序,以说明相关情况。

"舆地志"下大序曰:"志必昉乎舆地者何?志为地设也。何志乎?地明疆域也,疆域明而地知所守矣。然疆域无改易而建置有沿革,数千年或合或并具载史册,此明封域者所宜亟考焉。乃若仰观星野以测天,俯察形势以设险,山川、古迹、风俗因乎地者也,物产产乎地者也,故次第及之。志舆地。"①地方志因地而设,地明则疆域明,疆域明则知所守之地。疆域更易较少,而建置变化较多,所以建置沿革及其变化应该在地方志中记录清楚,供人们参考和稽察。山川、古迹、风俗、物产皆因地而生,所以次第收载。地方志应首录舆地。

子目"沿革"下小序曰:"砀自秦置郡县,分属不一,为砀郡,为砀县,为梁国,为梁郡,为辉州,沿革多以代异,而封域亦尽变矣。今之砀弹丸耳,非昔之所为郡为国为州为县也,然而仍其名不得废其实,谨按史册所载捃拾书之,庶考古者可指掌数也。至封域之广袤,以今核古,岂可以沿革定之哉。"②砀山自秦即已置县,后归属屡易,沿革变化封域也随之而有所变动。今按历代沿革变化的实情,将相关内容收载于志书之中,以核查古今。

子目"疆域"下小序曰:"四至八到,疆域之定准也,不可以不书。"③四至八到是确定一个地区疆域的基准,所以必须登载在地方志中。

子目"形势"下小序曰:"非高山大川无以表形势,而砀平衍也。然大河襟

---

① 《(乾隆)砀山县志》卷一《舆地志》,《中国地方志集成》本,南京:江苏古籍出版社,1998年。
② 《(乾隆)砀山县志》卷一《舆地志·沿革》,《中国地方志集成》本,南京:江苏古籍出版社,1998年。
③ 《(乾隆)砀山县志》卷一《舆地志·疆域》,《中国地方志集成》本,南京:江苏古籍出版社,1998年。

带,沃野棋布,夫孰非一方雄胜哉。"①虽然砀山没有高山大川,但河流棋布,形势雄胜一方。

子目"星野"下小序曰:"《周礼》九州皆有分星以观妖祥,故使星临而□□先见,荧惑现而齐景知惧,况九州中星分躔次各异,其度数难以臆言也,姑摭其著说以俟夫精象纬者定焉。"②星野较为复杂,估收录各文献所载,以便了解相关情况。

子目"祥异"下小序曰:"《春秋》书异不书祥,志为实录史体也,故祥异并书。砀罹水患数矣,旧志漫漶无可考,从诸史征录数条附星野后,以明天人感召之机,且使职是土者知所修禳焉。"③地方志应祥异兼书,砀山历来水患频仍,但旧志散佚漫漶不可查考,故从各史书中抄录数条附在星野之后,以说明天人感应之事,并使在此为官之人有所稽考。

子目"山川"下小序曰:"天地灵秀之气多钟于山川,砀无山而邑独以山名者,盖旧治在今芒砀山之阳、保安山之阴,故诸山原砀有也,因载一二,庶几毓秀于其间者知所本云。不书黄河者,另为一志也。"④砀山县虽无山却以山名县,是因为旧县治曾在芒砀山之阳、保安山之阴。鉴于此,砀山县志也登载一二山川,以彰显该地之灵秀。黄河在河渠志下设子目专门记述,故山川之下不书黄河。

子目"古迹"下小序曰:"《公羊》云:'所见异辞,所闻异辞,所传闻异辞。'矧生千百载下而欲证往古不綦,难哉。尝见史籍所载一事而书者互异,甚矣。稽考典博,虽古人亦未可尽信。砀固僻壤,无佳山水可以宿名人之驾,故游览

---

① 《(乾隆)砀山县志》卷一《舆地志·形势》,《中国地方志集成》本,南京:江苏古籍出版社,1998年。
② 《(乾隆)砀山县志》卷一《舆地志·星野》,《中国地方志集成》本,南京:江苏古籍出版社,1998年。
③ 《(乾隆)砀山县志》卷一《舆地志·祥异》,《中国地方志集成》本,南京:江苏古籍出版社,1998年。
④ 《(乾隆)砀山县志》卷一《舆地志·山川》,《中国地方志集成》本,南京:江苏古籍出版社,1998年。

所不及且数遭河患,即有一二旧迹亦为阳侯夺去,都邑之沧桑久矣。纪信而传疑,是在有识之君子。"①史书典籍中的记载并非完全一致的,有的也存在不同说法。砀山县无佳山佳水以寄名人,且常遭受水患,即使有遗迹也被水所淹没。古迹部分所载内容,承袭以往记载,或有传疑,还望后世君子予以更正。

子目"八景"下小序曰:"每志中例必有八景,皆牵合附会,好事者为之。况砀已非旧治,诸景鲜存,仍附其名于后者,恐好事者复起藉为口舌也。"②地方志一般虽有八景之设,但大多为好事者牵强附会之说,加之砀山已非原治,诸景鲜有留存者,本志仍沿袭前志将其录于志书中,是为了防止好事之人以此为藉口挑起口舌之争。

子目"风俗"下小序曰:"上之所化为风,下之所成为俗,移风易俗,机固自上操哉。若夫豪杰之士,当必有善变之者。"③因风俗会随时代不同而有所变化,应加以记载,以便了解相关情况。

子目"水土"下小序曰:"水土有质地之理也,赋物之形居多,观乎水土以殖物产,而树畜之教得矣。"④因水土不同,物产不同,所以将这些内容收录在地方志书中,以便了解不同情况,从而根据水土的特点进行种植。

子目"物产"下小序曰:"砀山以产文石得名,见《后汉书·郡国志注》。外此则布帛菽粟而已,今山已归入永城,而石并非所有矣,人咸以无所产惜之。嗟乎!天下安得布帛菽粟尽如砀者乎?吾深为砀之人幸也。"⑤砀山以盛产

---

① 《(乾隆)砀山县志》卷一《舆地志·古迹》,《中国地方志集成》本,南京:江苏古籍出版社,1998年。
② 《(乾隆)砀山县志》卷一《舆地志·八景》,《中国地方志集成》本,南京:江苏古籍出版社,1998年。
③ 《(乾隆)砀山县志》卷一《舆地志·风俗》,《中国地方志集成》本,南京:江苏古籍出版社,1998年。
④ 《(乾隆)砀山县志》卷一《舆地志·水土》,《中国地方志集成》本,南京:江苏古籍出版社,1998年。
⑤ 《(乾隆)砀山县志》卷一《舆地志·物产》,《中国地方志集成》本,南京:江苏古籍出版社,1998年。

文石而闻名,其他的诸如布帛菽粟也很有名。但现在山已隶属永城县境,所以文石不再是砀山物产,人们以为可惜,也认为砀山没有什么物产了。实际上,砀山的物产还是十分丰富的,故录其名目,以为观览。

《(乾隆)砀山县志》卷一"舆地志"下大序和各子目小序均分别说明了各纲各目的相关情况,为了解舆地志这一部分的内容提供了参考。

《(光绪)凤阳府志》"人物传总序"称:"《唐书·艺文志》载:'江敞有《陈留人物志》十五卷,阳休之有《幽州古今人物志》三十卷。'是州郡之志即史之传通称久矣。凤阳贤哲自周秦汉魏六朝迄于前明攀龙附凤之俦蔚然兴起,上为士大夫所传,下为妇孺所称,至国朝亦盛矣。爰列十目,曰先贤,曰儒林,曰义学,曰政事,曰忠节,曰武功,曰孝友,曰义行,曰隐逸,曰方技。详近略远,存信阙疑,则犹史传之例也,作人物传。溯《礼经》有'儒行'之篇,解者曰'儒''濡'也,以先王之道能濡其身。著书稽古,知命乐天,可以垂教于后世,乃得入儒林,故儒者兼三才之名也。学可以理万事,道可以维万世。太史公作《史记》叙儒林,言孔子卒后七十子之徒散游诸侯,大者为师傅、卿相,小者友教士大夫。尊孔曰世家,尊弟子曰列传,其非孔子弟子则曰儒林。后世从祀孔子庙廷,又分先贤、先儒。今遵其例,先贤只叙闵子一人,儒林叙汉施仇以下迄今,合为一卷,庶得尊贤之等焉。述先贤、儒林。"[①]这篇序文开篇不但介绍了人物传的来历,而且说明了凤阳府人物众多,故将人物分为十类,列为十目,并按照史书详近略远、存信阙疑的原则来作人物传。序文还进一步说明了先贤、儒林的由来,并将先贤和儒林列于人物传的第一位和第二位。

政事类人物下小序称:"凤郡仕族勋望之盛,权舆于楚都寿春,在汉则有沛国之陈氏,在晋则有龙亢之桓氏,在宋则有寿春之吕氏,至明勋阀尤著,国朝则推寿州孙氏、定远方氏、怀远林氏,英俊之域,绂冕所兴已足冠于皖邦。故正其学术,宦游四方,其政事皆彰彰在人耳目间。今考诸史传,上溯周秦,

---

① 《(光绪)凤阳府志》卷一八上之上《人物传》,《中国地方志集成》本,南京:江苏古籍出版社,1998年。

录自蹇叔始。述政事。"①凤阳府仕族勋望兴盛,官宦名人辈出,在安徽省是非常突出的。凤阳府志从周秦蹇叔开始,记录历代为官之人。

孝友类人物下小序曰:"孔子曰:'吾志在《春秋》,行在《孝经》。'又曰:'惟孝友于兄弟,施于有政,故移孝可以作忠,孝弟为人之本。'凤郡自汉赵孝之论瘦肥,隋郎方贵之争首坐,笃于天性,情无矫饰,虽殊伟俊之才,其流风被于淮南未沫也。至我圣旌旌间者尤盛焉。述孝友。"②历来凤阳府孝友之人频出,故将孝友列为一目,述其始终。

方技类人物下小序则以按语称:"《宋史》《明史》以仙道入方技传中,则淮南炼筑八公方术之士,似宜载焉。然古者神仙之说,皆属眇茫,学者疑之,故《搜神记》语皆不叙。今惟叙医卜者流、书画之家,杂伎众长则信而有征,余从盖阙。述方技。"③对于神仙传说之类的,因其渺茫无抚,故略去不录,只录医卜之人、书画之家等信而有征者的传记。

《(光绪)凤阳府志》人物志总序和各类人物下小序皆介绍了该类人物的来源,并说明了该志收录人物的标准以及处理原则,为读者了解志书中收录的人物提供了线索。

7. 志书跋尾

有些地方志在卷末还有志跋,对一些问题作解释说明或补充,有助于读者更为完整地了解志书的编修情况和内容。

《(乾隆)灵璧县志略》有贡震所书志跋一篇,志跋写于乾隆二十五年(1760年)八月,跋曰:"是书脱稿于乾隆二十三年之夏,余以睢河局务由符离移寓濠梁,明年春有京师之行,夏六月到建平任,与灵璧士民益远。诸生张遐淑以书来请余稿,余惟灵邑积歉之后,难望捐资付梓,此书未有副本,或恐传

---

① 《(光绪)凤阳府志》卷一八上之下《人物传·政事》,《中国地方志集成》本,南京:江苏古籍出版社,1998年。
② 《(光绪)凤阳府志》卷一八上之下《人物传·孝友》,《中国地方志集成》本,南京:江苏古籍出版社,1998年。
③ 《(光绪)凤阳府志》卷一八下之下《人物传·方技》,《中国地方志集成》本,南京:江苏古籍出版社,1998年。

观遗失。今年夏建邑时和民乐山署修,闻酷暑中不惜目力乎。写一本,募工开雕,始于六月之朔,八月十二日卒业。而余又调任凤阳,束装启行,将手是编以惠灵人矣。二十五年八月望日贡震书。"①这篇志跋介绍了《(乾隆)灵璧县志略》的成书时间,以及修成之后因经费困难没有及时付梓,过了一些时间才募工开雕,花了两个月左右的时间雕印完成。

明正德六年(1511年),储珊为《(正德)颍州志》写跋文一篇:"余惟郡之有贤守宰,犹国之有贤宰相。守宰宝图志以治分土,宰相宝图籍以治弼服,其气象规模虽势不能无广狭,而甸治区画其致一也。贰守刘公重修颍州志,试尝观焉,图书兼举,义例精到,纲纪较若画一。举而措之,天下亦犹是耳,公所具者宰相之方,而毕竟屈于守宰之任,不得已而寄其为治之迹于郡志。余以故重惜之,遂庸刻梓,以与知言知德君子共之,后之欲崇公之勋烈者,其亦咏叹于斯云。正德六年秋九月重阳日,寓浙江按察司官舍颍川后学储珊谨跋。"②储珊认为,贤守宰和贤宰相是一样的,贤守宰重视地方志就如同贤宰相重视文献典籍,虽然管理的区域大小有所不同,但其实质是相同的。颍州州守刘节重修一部颍州志,储珊非常欣赏这部志书,认为这部志书图文兼备、义例精审、纲纪画一。储珊也非常欣赏刘节,认为刘节虽居于一州州守之位却具有宰相之才。正因为如此,储珊对刘节、对这部颍州志都非常推崇,积极促成志书刻梓印行,并希望后来之人也如刘节一样重视志书编修,做一个政绩卓著的地方官。

顾佐在《(顺治)寿州志》志跋中曰:"甚哉!文学政事兼擅之难也,非兼善之难,得其人者难也。我父师李公知寿春百废俱兴,以文翁治蜀者治寿。适督学移檄,郡邑修志,公遂于簿书之暇濡墨挥毫,而疆域、山川、风土、人物犁然大备,佐谬承互定莫赞一词,惟拜服其因革损益,精核至当而已。夫治称召杜不闻雄向之才,学擅董贾未奏龚黄之绩,今公之文学、公之政事卓绝一时,

---

① 《(乾隆)灵璧县志略》卷四《杂志·灾异》,《中国地方志集成》本,南京:江苏古籍出版社,1998年。
② 《(正德)颍州志》卷首《储珊跋》,《天一阁藏明代方志选刊》本,上海古籍书店,1963年。

昭垂千古。其利赖于寿春者,岂浅鲜也哉。"①这篇志跋主要是赞扬了李大升编修寿州志的功绩及其才学政绩。

《(民国)太和县志》卷末有邓衍祺、于子卿、巴清光三人撰写的志跋,从不同角度对相关问题作了解释和说明,藉此可以使读者更为全面地了解太和县及这部志书的相关情况。

民国十四年(1925年),邓衍祺为太和县志撰写的志跋则对历代太和县志编修的大体情况以及《(民国)太和县志》的相关问题作了说明。跋曰:"地志首重沿革,沿革不明,其余事类皆无所附丽也。太和旧刊成志四卷,其沿革仅有细阳、颍阳、万寿,余则未详,以致后汉郭宪、汝南宋人亦未曾编入,盖其疏略也。吴吉甫《存徵录》虽间有补正,而袭其旧说者犹十之四五。今志得吴述庵先生总纂其成,往古疆域考核翔实,遗者增,略者详,误者正,宁谨勿苛,条例井然,于赋役百数十年积弊为疏凿明晰,以待后人改革,尤为关心于民瘼之深焉者也。予与于君湘岑经理局务,甚以失修年久、搜访未及周备为憾,第年久则公论易昭也。若事近转易,暧于私情,欲无滥无偏尤难。吾邑仕宦文学校他大县固多逊,而前清咸同间忠节义行以及巾帼中之贞烈彰彰在人耳目间,皆发乎至性,为宇宙正气所钟孕,则多有足述者,虽志仅一邑事,与国史异,而风土所尚不无足备辎轩之采云尔。"②地方志首重沿革,沿革明各项事务才有所归属。成兆豫曾编修四卷本太和县志,虽述沿革,但只有细阳、颍阳、万寿的相关情况,其他内容都未登载,以至于后世修志也未能完善。吴吉甫《存徵录稿》虽有补正,但十分之四五为沿袭旧志内容,仍不完备。民国十四年(1925年)吴述庵再纂一部太和县志,该志在继承前志内容的基础上,遗者增,略者详,误者正,对疆域、赋役等问题考核详备,记述清楚。邓衍祺还指出,地方志关系一地之重,应搜访周备、不徇私情、无滥无偏。

---

① 《(光绪)寿州志》卷末《杂类志·旧志序跋》,《中国地方志集成》本,南京:江苏古籍出版社,1998年。
② 《(民国)太和县志》卷六《杂志·跋》,《中国地方志集成》本,南京:江苏古籍出版社,1998年。

于子卿志跋曰:"太和旧有《成志》一书,体例虽简,然其备载里役利害,恤民之意可鉴焉。其后吴先生吉甫《存徵录》,援旧增新,即或有讹谬者,然卒使吾邑接续遗闻,有所凭藉也,功不可没。天下道县无虑千百计,风化靡不载诸志,倘或讹谬杂糅,则司徒所掌诸图籍几难征信。甲子春,邑人士谋辑县志,邑宰丁公子莘属予与邓次蕃董局务,复具书辞礼延吴先生述庵总纂,曰非欲以官书相渎也。志与史体同,众举之不若先生专主之为有条贯也。先生允诺以成志。《吴录》所次沿革颇讹谬,参诸正史,大率改定者十之四,增益者十之三,其他河渠、赋役、人文等兼考私家著述及官牍,旁采缙绅绪论,皆本一心,独断而旁无商榷,劬劳甚矣。而先生犹以时日匆促,虑未能尽副吾邑相属之意也。予乃因是得尽识邑中疆域、风土与往古之胜迹,间尝登城东北隅,远眺谷水中流盘折,而与茨、沙交汇,揽鹿上之胜,慨然想古诸侯会盟之遗烈,莽莽近郊,扶舆磅礴,庶其有大节大勇,如先哲苑、吕辈兴起者乎。第一邑之风化使无载笔者为之宣扬也,则思古者求昔年遗行轶事,往往荡然湮晦,虽有百岁野叟传五世,先泽空言亦虑无征。是志之成,益以感丁公与吴先生加意于吾邑至深且远也。"①志跋开篇对太和旧志的编修情况进行了介绍。成兆豫所修之志虽然简略,但太和县赋役利害方面的情况全部都收录在志书里,反映了编修者体恤百姓的心情。吴吉甫《存徵录》沿袭旧志,亦有新增,虽有些讹误,但已将太和县历史发展记录下来,为后人提供了参考和资鉴。《成志》《吴录》功不可没。民国甲子年(民国十三年,1924年)春,太和县人商议编修县志一事,县令丁子莘请于子卿、邓次蕃督理志局事务,又延聘吴述庵担任总纂。方志与史书相同,众人参修不如一人总纂更有条理。吴述庵以《成志》和《吴录》为基础,参照正史、私家著述及官牍,旁采缙绅绪论,订其讹误,改定者十之四,增益者十之三。《吴志》即成,借此可以了解太和县的疆域、风土与往古之胜迹,可以仰慕大节大勇、哲苑吕辈的精神风貌。太和县的历史发展及相关情况得以保存。

---

① 《(民国)太和县志》卷六《杂志·跋》,《中国地方志集成》本,南京:江苏古籍出版社,1998年。

巴清光志跋则曰："太和僻处皖省西北隅,地瘠民贫,风气闭塞,民生不见外事,惟安于田亩衣食,以乐生送死,洵有如宋欧阳永叔治滁时所云者。民国来士之俊秀者,稍稍知外出求学,然视他邑则亦微矣。以故缀闻之士日少且艰于集资,至令邑志编次历百数十年缺而弗举者皆职此故也。甲子秋,丁公子莘承乏是邑,慨然忧之,爰邀集士绅共同磋商决议进行,复输廉俸为倡,以邓次蕃、于相岑两君董其役,聘吴述庵先生为总纂。先生,吾皖宿儒也,熟悉国故朝章,勤事著述,负清望,吾邑特倾心响之,可谓得其人矣。稽太和志书创始于万历甲戌,继修于乾隆辛未,迄今又百七十余年。其间政治之沿革,风气之变迁,宜为纪载者不一,与夫名德、硕学、仁人、长者、孝子、悌弟、贞女、烈妇宜为纪载者又不一。倘长此阙如,迟之又久,必至文献无征,后虽继起有人,有欲显微阐幽而无从者,不大可惧乎。幸得丁公、吴先生经始,图成得付剞劂,使后之览斯志者,某也贤,某也善,某也志节,某也尚义,当必有油然而兴者,则异日辀轩之采,此其嚆矢也。夫至体例之谨严,事实之详确,有诸弁言在前,兹不复赘云。"①志跋首先介绍了太和县的民风,太和地瘠民贫,较为闭塞,民国以前百姓极少接触外界事物,多安于田亩衣食。民国以来则开始外出求学,但相比于其他地区仍显得不足。因经费难以筹措等原因,太和县志已有一百多年时间没有编修了。民国甲子(民国十三年,1924年)丁子莘来守太和县,开始过问修志一事,并邀集士绅共同商议谋划,聘请邓次蕃和丁相岑两人董理修志之事,延请吴述庵为总纂。为了促成志书修成,丁子莘还捐俸作为修志经费。吴述庵熟悉国章典故,勤于著述,非常符合总纂的人选标准。太和县志创始于万历甲戌(万历二年,1574年),继修于乾隆辛未(乾隆十六年,1751年),到民国十三年(1924年)已经有一百七十多年时间了,太和县各个方面的情况都发生了变化,必须要编修县志将这些发展变化加以记录,以存史资鉴。

三篇志跋各有侧重,是进一步了解太和县历史发展和太和县志编修情况

---

① 《(民国)太和县志》卷六《杂志·跋》,《中国地方志集成》本,南京:江苏古籍出版社,1998年。

的参考。

8.捐输经费姓氏

有些地方志还会列出捐输人员姓氏名单，说明当地人资助修志的相关情况。

《(光绪)亳州志》在卷二十"杂类志"中就专门开列"捐输经费姓氏"[①]。

> 升用道补用知府、即补直隶州知州、前署亳州知州王懋勋捐钱一百串文
>
> 封授正二品赏戴花翎、四品衔、升缺升用亳州知州宗能征捐癸巳、甲午、乙未等年经费不计数
>
> 统领桂字营淮勇记名提督、云南临元澂江镇总兵、霍伽春巴图鲁姜桂题捐银三百两
>
> 统领豫军精锐马步各营提督衔、记名总兵、信勇巴图鲁蒋尚钧捐银二百两
>
> 总理河南营务处、统领嵩武威靖各营、头品顶戴、记名提督、广东潮州镇总兵、法式尚阿巴图鲁刘士俊捐银一百五十两
>
> 统领良字营记名提督、健勇巴图鲁张士元捐银六十两
>
> 统领新毅左军、花翎提督衔、记名总兵李家昌捐银五十两
>
> 统领豫靖营、记名提督、强勇巴图鲁李永芳捐银五十两
>
> 候选同知、荫袭主事刘宗翰捐银五十两
>
> 前署河南归德镇、考城营游击花翎、倅先补用参将杨忠义捐银五十两
>
> 花翎副将衔、河南补用游击阎士俊捐银三十两
>
> 江南驻京提塘、蓝翎都司衔、补用守备张占元捐银二十两
>
> 记名副将、署河南开封营游击蒋广明捐银十两

---

① 《(光绪)亳州志》卷二〇《杂类志·捐输经费姓氏》，《中国地方志集成》本，南京：江苏古籍出版社，1998年。

花翎头品顶戴、赏穿黄马褂、记名提督、借补河南荆紫关副将、果勇巴图鲁李葆珠捐钱十串文

小猪村保捐钱六十串文，小黄村、凤头村、凤尾村、保安集、光武庙、泥台店、梁家集等保各捐钱五十串文，卢家庙保捐钱四十九串六百文，聂家桥保捐钱四十九串四百文，三丈口保捐钱四十九串二百文，贾家集保捐钱四十八串文，立德寺、隆德寺、安家溜、阎家铺、双沟集、麦秸沟、咸家店等保各捐钱四十串文，翟村寺保捐钱三十一串三百文，小奈集、杨家信、沙土集、高公庙、忠心集、仁和集、卞家铺、观音堂、大颜集、梅城集、北曹村、常兴店、涧清铺、半截塔等保各捐钱三十串文，西钓台保捐钱二十九串七百文，三官庙新桥集等保各捐钱二十九串六百文，洛家湖保捐钱二十九千五百五十文，牛市集保捐钱二十九串五百文，岳方寺、五马沟等保各捐钱二十九串四百文，油河集保捐钱二十八串文，东柳林保捐钱二十五千文，西柳林保捐钱二十四千七百文，清水河保捐钱二十四千五百文，车埠口保捐钱二十二千八百文，丁固寺保捐钱二十一千五百文，魏家岗保捐钱二十一千文，南关、十字河、独孤村、东钓台、半个店、孙官口、宋颜集、刘家集、张信溜、歇马店、十九里沟、五岗营等保各捐钱二十串文，古城集保捐钱十九串七百文，东关保捐钱十八串八百文，永清集、辛岗寺等保各捐钱十七串六百文，西关保捐钱五串一百文，众杂货行、众药材行各捐钱一百六十串文，众钱庄捐钱一百五十二串文，众京货店捐钱一百十串文，众杂货店捐钱一百串文，众染坊捐钱四十串文，众酱园捐钱三十二串文，众醋坊捐钱二十九串四百文，众估衣店捐钱二十八串文，众皮行捐钱二十五串六百文，蓆市粮米坊捐钱二十四串文，众放赈铺、众铁货店、众扫帚厂各捐钱二十千文，众竹木行捐钱十八千四百文，众烟店捐钱十八千文，众油坊、众盐行、众药店、众碎货铺、众机坊、众股条铺、众干果行各捐钱十六千文，众嫁妆店、众纸店、众漆店、财神阁粮米坊各捐钱十千文，南市粮坊捐

钱九千二百文,众丝行、众布行各捐钱八千文,西市粮坊、观门口粮坊各捐钱五千文,东市粮坊捐钱四千四百文,东北角粮食坊捐钱四千二百文。

《(光绪)寿州志》卷首"捐输职名"①中也列出了捐输经费资助修志人员及相关情况。

> 花翎堪胜提督、本任寿春镇总兵、调补湖南永州镇总兵韩晋昌捐湘平银一千两,此项银两系在省兑,交知州王鼎臣比为借用,仅据韩将王立亲笔借约,交局后止解还二百零四两三钱六分,又为代理知州郑思贤留用,已付还一百两,下欠一百四两三钱六分,今尚未还。此外,王仍欠银七百九十五两六钱四分。
>
> 花翎记名提督、江西九江镇总兵、尚勇巴图鲁朱淮森捐原封湘平银三百两,州署收发,局用。
>
> 花翎记名总兵、署四川提督、励勇巴图鲁钱玉兴捐原封湘平银三百两,州署收发,局用。
>
> 花翎头品顶戴、统领浙江温台防军记名提督、浙江定海舟山镇总兵、调署海门镇总兵、兼袭云骑尉世职、斐凌阿巴图鲁杨岐珍捐湘平银三百两,邵醴泉、谢孚中交局。
>
> 花翎记名提督、前署广东陆路提督、铿僧额巴图鲁蔡金章捐原封湘平银二百两,邵醴泉、谢孚中收存店。
>
> 花翎总兵衔、直隶推补副将葛胜林捐曹平银二百两,其侄孙同监生孙葛瑶交局。
>
> 花翎记名总兵、两江倅先副将耿凤鸣捐原封湘平银一百两,邵醴泉、谢孚中收存店。
>
> 花翎记名提督蔡福成捐曹平银五十两,邵醴泉、谢孚中交局。

---

① 《(光绪)寿州志》卷首《捐输职名》,《中国地方志集成》本,南京:江苏古籍出版社,1998年。

二品封衔岁贡生鲍俊逸捐曹平银一百两，其子交局。

同知衔、直隶望都县、知县调署束鹿县知县戴华藻捐洋蚨一百元，廪贡生孙傅□交局。

花翎江苏补用同知、直隶州知州、署沛县知县朱公纯捐原封曹平银三十两，郡生张树德交局。

花翎记名提督梁秉成捐曹平银三十两，郡廪生权芷生交局。

花翎副将衔、两江补用参将权大胜捐曹平银四十两，权芷生交局。

花翎三品衔、江苏补用知府邵醴泉捐曹平银十两，谢孚中收存店。

世袭云骑尉谢孚中捐曹平银十两，书板作价。

蓝翎守备衔、署无为州千总李家升捐库平银十两，谢孚中交局。

花翎两江补用参将桑儒修捐洋蚨十元，顾恩荣交局。

试用训导龙春辉捐洋蚨十元，找书作价。

花翎两江堪升总兵、前潜山营游击朱淮俊捐曹平银十两，邵醴泉、谢孚中收存店。

候选盐知事李尚勋捐洋蚨十元，顾恩荣交局。

郡庠生李树藩捐洋蚨十元，权芷生交局。

正阳书院、因利仓保婴局董事、五品顶戴蓝翎候选从九品时振捐洋蚨十元，亲自交局。

花翎提督衔、记名总兵、协勇巴图鲁王春台捐洋蚨十元，□□□□。

《(民国)太和县志》卷六也设有"捐输经费姓氏"[①]，列出捐款人姓名及经费数额。

---

① 《(民国)太和县志》卷六《杂志·捐输经费姓氏》，《中国地方志集成》本，南京：江苏古籍出版社，1998年。

知事丁炳烺银币壹百捌拾圆

徐氏支祠银币壹百圆

徐希三制钱贰百串文

张春霖制钱伍拾串文

程殿选制钱伍拾串文

邓鼎铸制钱伍拾串文

邓云凌制钱伍拾串文

孙宝善制钱伍拾串文

邢秉和制钱伍拾串文

邓衍祺制钱伍拾串文

高希龄制钱伍拾串文

曹清溪制钱伍拾串文

李鸿鸣制钱伍拾串文

邓壮文银币拾伍圆

邹华堂制钱叁拾串文

曹正明制钱叁拾串文

王鸣义银币拾圆

桑从龙银币拾圆

于鸿猷银币拾圆

于子卿银币拾圆

曹汝谦银币拾圆

朱氏宗祠银币拾圆

正是因为有众人的出资出力,地方志才能够如愿编修并顺利付梓印行。

三、志书体例调整

后世修志往往会在继承前志的基础上,对志书体例、类目归属、收录内容、修志原则等进行调整和变化,反映了不同编修者、不同时代修志的不同情况。

《(光绪)五河县志》①即在嘉庆癸亥(嘉庆八年,1803年)邑令王启聪主修的县志基础上,作了适当的变化和调整。

"《王志》为卷十二,为纲五,并杂志为六,其中子目三十有六,纲曰疆域,曰闾里,曰经制,曰人物,曰艺文,体例尚多未备,且其中之应分应并者亦多,兹依婺源志例改订为纲十,为目六十有一。采《王志》各门旧文录之于前,其应分者分之,应并者并之,而以续修者附之于后,另提续修一行以示区别"。《王志》为纲五,为目三十六,仍有应分未分、应并未并之处。《(光绪)五河县志》进行了分并,为纲十,为目六十一,将旧志之文列于前,续修之文列于后,并以续修一行加以提示,以为区别。

"《王志》每卷各有小引,今既录其全文以存本来体例,其卷首小引自亦不便删汰。况其书仅存一部,录之亦足见前人用意之深。但其文之俚琐繁复者,亦略为删润之耳"。今志以录《王志》全文为其基本原则,所以《王志》每卷小引亦加以抄录,而且《王志》仅存一部,全文抄录可以保全《王志》原貌。对于《王志》中俚琐繁复之处,则加以删略和润色。

"今之续修已隔百年,中经兵燹案牍无存,耆旧凋零,见闻亦鲜。孔子曰:'所见异辞,所闻异辞,所传闻又异辞。'是以春秋二百四十年中详于定、哀而略于隐、桓,其势然也。今于乾嘉中所见闻未确者概从其略,而近事亦惟取其实,征文考献不敢谓无滥无遗,而据事直书但求达其辞,亦不敢以文采,是尚阅者谅之"。距离上次修志已有一百多年,期间因兵燹频繁文献无存,很多情况都已经无法考证。孔子编著《春秋》详于定哀时期而略于隐桓,鉴于此,光绪年间修五河县志也作了详略处理,乾嘉年间所闻未确者从略,近世属实之事则详加叙述。据实直书,不敢以文采浮夸。

"图考,《王志》所绘各图,不惟公署庙宇今已改形,即水道河图亦有移易。今绘旧图于前,以见本来面目,另绘新图于后,以昭核实。读者毋谓其为重复

---

① 《(光绪)五河县志》卷首《凡例》,《中国地方志集成》本,南京:江苏古籍出版社,1998年。

也,幸矣"。因公署庙宇历经年久已经有所改变,水道河流亦有所迁移,《(光绪)五河县志》作图考之时,将《王志》旧图置于前,保持本来面貌,又将新图置于后,以明前后变化之实。

"星野,录《王志》全文以见前人之考核,今所续者乃考之《通志》及《泗虹合志》以补缀之也,并依婺志增绘北极出地一图,乃使人知昼夜永短之由。而昏丧各事选择时日亦得有所考证,而无贻误也。若沿革一门,考五河之立县在宋咸淳时,其后之隶属亦无多改易,兹志已于考核确凿者略加润色,无庸再续"。星野部分抄录《王志》全文,以明前人考核之功,光绪年间修志则参考《通志》《泗虹合志》加以补充完善,并根据婺源县志增绘北极出地图,使读者明白昼夜长短变化的原因,也可以据此安排各项事宜以免贻误。沿革一门《王志》已经考证清楚,所以无须再加任何调整和变化。

"山川,《王志》有图有文,惜未详细。五河地平衍,本无高山峻岭,所有之冈阜亦培塿耳。然五水合流,地居卑下,正赖此冈峦回护以为屏障,否则冲突溃溢在在堪虞,是不可以不详记之也。况水道时有变更,今昔迥异,故备录旧志以见当年之形势。而续修者增考其所入所归之水,以见各水之源流,庶几一览而可了然于目也。"《王志》有山川一门,且有图有文,不过不是特别详细。虽然五河没有高山峻岭,山势矮小,但五河地势卑下,正是有这些山冈护卫才不至于使合流之水冲溢溃漫,所以山虽小也必须记载详细,详加说明。而且相较于以往,河道有所变更,所以先录旧志以展现以往河道走势,而新志则增入各水汇流情况,从而了解五河县水流的整体状况。

"坊乡、市集,旧志所载者均有兴有废,概有不同。今于原文之下旁注其'存废''增设'字样,亦足见盛衰之迹。至道里一门,旧志附于沿革之末,殊为不类,今依通志例,另分为一门,纪于坊乡、市集之次"。旧志所载坊乡、市集有兴有废,相比于过去到光绪年间已经有所变化,《(光绪)五河县志》抄录旧志原文,并根据实际情况标注"存废""增设"等字,以说明其中的变化和盛衰。旧志将道里置于沿革之末,不符合方志的体例,所以根据通志体例,将道里单独设为一门,置于坊乡、市集之后,以明其归属。

"旧志建置门,虽有原文,不无简略,兹凡学宫、庙祀、书院、院田、义学、学田、公宇、弟子员额、乡饮、读法各礼仪有关修举者,征文考献参录之,亦愿有举行之人也"。旧志虽有建置一门,但所录内容较为简略,《(光绪)五河县志》将学宫、庙祀、书院、院田、义学、学田、公宇、弟子员额、乡饮、读法等与礼仪教化有关的全部都收录在建置门之下,希望后人重视这些礼仪并将之推行下去。

"堤坝、桥渡乃水利所关,而民生系焉。录旧志以存古迹,而续修者皆当今之亟务,故不惮详细以告后来"。堤坝、桥渡等水利关系五河县的民生问题,所以必须要重视。《(光绪)五河县志》抄录旧志内容以存为古迹,而与当今关系密切的则新增入志,并详加记载,为后世提供资鉴。

"邮驿即徭役也,五河地瘠民贫,岂堪受此扰累。所幸者地处偏隅,不当孔道,其往来者只有泗州及盱、天二县皆取道于五,抑且西去七十里,即抵临淮驿,竟日可达,固甚便也。惟学宪按临、泗属,而考棚建于盱眙,往来皆取道于凤阳属地。同治初年,旱道梗塞,改由水道,且得以炮划护送,后遂援以为例,而地方已不胜其累矣"。邮驿是一种徭役,五河县本已贫瘠,民不堪其累,而所幸的是五河不是交通孔道,只有泗州、盱眙县和天长县往来需要取道于五河县,西去七十里即可抵达临淮驿,一天时间即可到达,十分方便。但考棚建于盱眙县,往来都要取道于凤阳属地。原本以陆地往来,但同治初年因旱道梗塞则改由水道交通,需要派出炮划护送往来船只,这一做法遂为定例,五河县深受其扰。

"武备,旧志列于经制一门,惟载营汛、兵额而已,中且阑入民壮及召募等语,殊未尽善。考婺源志另为兵防一门,其子目有二,曰防守,曰兵事,颇为详赡。五河地处淮滨,东界盱眙,西达临淮,当楚义帝立国于盱眙,以五河北界有霸王城之古迹。在东晋时五胡云扰,当亦为南北之要冲,但其时犹未置县,是以无可考证。及宋绍兴时其地已为金有,而旋得旋失,弃取靡常。咸淳七年立县后,邑为元据。惟明太祖发祥于凤,此地实丰镐故地。耿、费诸公实生长于兹,夫岂无可纪哉。即明之季世,流寇横行,扰及陵园,五地亦遭荼毒,我朝大兵南下，虽属取道淮扬，而此地亦为间道。且发捻之乱，袁公甲三驻扎临淮，防其北窜，且设粮台于五河，是更未可以偏隅忽之也。谨考之史乘及通志所载者，详细翻阅，续修武备一卷，庶足以补旧志之阙"。旧志将武备列于经制门之下，而且只录营汛和兵额，总体来说内容比较简略。婺源县志单独设立兵防一门，其下设防守和兵事两个子目，内容非常详实。历史上五河县归属更易频繁，又为明太祖发祥之地，且战事不断，不能不详为记载。《（光绪）五河县志》则广泛搜集史乘及通志所载内容，沿袭旧志体例，续修武备一卷，以补充旧志内容之不足。

"食货门，旧志分列子目为七，曰户口，曰赋役，曰杂税，曰蠲赈，曰引盐，曰储积，曰物产。但户口自乾隆中年已停编，审旧志所载者已无可再续。惟现征丁漕俱遵曾文正公《奏定章程》，是所当为补辑。若赋役、杂税二条今皆备录原文，并参定新章以俟将来考核。惟蠲赈一条，凡遇荒歉偏灾均沐皇仁有加无已，谨照通志所载者，恭录全文以志厚泽。至储积一条，则尤当加意。五河地势洼下，荒歉为多，苟能于熟岁广为储积，庶几有备无患而岂可忽哉。物产则本旧志所有者笺注之，所阙者补辑之，非所产者不载"。旧志在食货门下分户口、赋役、杂税、蠲赈、引盐、储积、物产七个子目，因乾隆中期户口已不再编审，故新志无可再续。而丁漕之事应遵曾文正奏定的章程进行补辑，以为完全。赋役、杂税按照旧志抄录原文，并参定新章，以为后世考核之用。蠲赈一事反映了皇恩浩荡，故遵照通志体例，抄录全文以示仁恩。五河地势卑下，荒歉较多，积储之事尤为重要，新志不可不载。物产之事则本著旧志所录，并加以笺注，旧志阙者补之，而非五河所产之物略而不载。

"选举、官师二门，旧志均至嘉庆年间而止，所当续修者正自不少。但经兵燹，文献无征，而嘉道年间代远年湮，无从考核，其间不无缺略，惟冀阅者谅之"。选举和官师二门旧志虽载，但止于嘉庆年间，所以阙略较多，宜为补充。但因战争频仍，文献无征，又加之嘉道年间之事无从考证，《（光绪）五河县志》所载内容亦有所不足。

"人物志仍旧志原文按门全录，所续修者均附于后，但乡贤务须名实相副,不敢滥登。如孝友、义行、武勋自必有确实事迹在人耳目,更非秉笔者所能传会。又有孝妇、烈女、淑媛、贞姬总以年例相符为断,其未经旌表者,凡年例已符,亦皆采录,庶幽光潜德不致沉沦"。人物志相沿旧志门类,并抄录原文,新增之人均附于旧志原文之后。乡贤、孝友、义行、武勋各类人物均应据实而书,不得随意滥登,弄虚作假。孝妇、烈女、淑媛、贞姬之类则应以年例相符为原则,虽未经旌表而年例已符者亦皆采录,以使其幽光潜德永存。

"艺文志所有碑记、传序、诗赋必于地方实有关系,庶可登录。若颂扬盛德、褒许懿行等类在当时作文者自必与有瓜葛,其中不无谀词。虽云藻采纷披而究非实录,倘误行采录而信以为真,实足以滋物议。兹惟有鉴于是,故不敢妄置一词"。与五河县有实际关系的碑记、传序、诗赋等方可收录地方志,那些颂扬盛德、褒许懿行之类文辞往往是与作文者有瓜葛,并且其中常常有谄谀之词,所以如果不加以考证而误行采录,则会贻误后人。

"杂志内所列子目有寺观、佚事二卷,凡《王志》所载者均仍其旧,而续修者于寺观则必考其实。而一切淫祠或村寺之公所概置不录,于佚事则无稽之语、不实之事亦不敢以滥登"。旧志在杂志下设有寺观、佚事两个子目,《王志》所录均抄录无遗,并予以考证以核其实,一切淫祠和村寺公所不再收入地方志中,并且那些无稽之语、不实之事亦不载于佚事之下。

"婺源志例尚有修志源流一卷,备载从前纂修之人及各志之序。兹五河旧志仅存《王志》一部,而从前各志均已无存。今惟录《王志》各序以及例言并修志诸人姓名,均附卷末以备稽考,亦不敢没前人之苦心也"。婺源县志有修志源流一卷,将以往所修之志及各志序文总录其中。五河县志仅存《王志》一部,以前所修各志均已不存。《(光绪)五河县志》仅录《王志》各序、例言及修志人员,附于卷末,以明前人修志之功。

从上文所述内容来看,《(光绪)五河县志》对旧志,即嘉庆八年(1803年)邑令王启聪所修之志有继承、有变化、有补充、有删略,既反映了不同历史时期地方志的发展,又反映了修志者的不同思想。

《(乾隆)砀山县志》①也是在前志基础上作了适当的调整和变化,以适应新志的编修需要。

"志立门类,比事分属,阅者方可依类相求。前志混而未分,终觉未惬。今仿《后汉书》定为十志,取其义相附丽者别为小类,属之卷厘一十有四,为纲者十,为目者七十有七,纲以挈目,目以隶纲,各归部署,不相棼乱"。前志纲目设立较为混杂,《(乾隆)砀山县志》依据《后汉书》的体例模式设立十纲,下列子目七十七,以纲统目,归属分明,互不相杂。

"今志与旧志不同,如旧无而今有者为舆地志中之物产,河渠志中之河沟,建置中之兵卫,学校志中之褒崇、位次、仪节、祭品、乐章、舞谱、乐器、考舞、器考、书籍、书院,赋役志中之户口、起运、杂税、蠲赈,人物志中之忠节、儒林、文苑、艺术,艺文志中之揭之赋,皆系新补。有旧同而今异者,为沿革,为星野,为列传,皆系创构。有旧略而今详者,为疆域,为形胜,为山川,为古迹,为黄河,为堤防,为坊表,为学宫,为职官,为选举,为祠祀,为人物,为艺文,皆系增订。有旧有而今删去者,为旧勋,为帝系,为笃行。盖旧勋并之列传,而帝系不特与志例不符,且汉高系丰沛人,与砀无关。至笃行则分载之忠孝廉节中可矣,历览史书无此名目也"。相较于前志,《(乾隆)砀山县志》作了较大的调整和变化。增加了一些前志没有的门目,如物产、河沟、兵卫、褒崇、位次、仪节、祭品、乐章、舞谱、乐器、考舞、器考、书籍、书院、户口、起运、杂税、蠲赈、忠节、儒林、文苑、艺术、揭赋,这些皆为新补。有与前志不同的门目,如沿革、星野和列传,均为新创。有前志阙略而今志详实的门目,如疆域、形胜、山川、古迹、黄河、堤防、坊表、学宫、职官、选举、祠祀、人物、艺文,均为增订。有前志有而今志删去的门目,如旧勋、帝系、笃行。将旧勋并入列传,因为汉高祖是丰沛人,与砀山县无关,所以删去帝系。历代史书没有笃行之名目,而将笃行中的相关人物分载到忠孝廉节各目之中。

"志首舆地,次河渠,河渠亦舆地也,以其事繁而关系甚巨,故另为一志。

---

① 《(乾隆)砀山县志》卷首《凡例》,《中国地方志集成》本,南京:江苏古籍出版社,1998年。

分郡县即有建置,建置定而后有学校,有赋役。学校先赋役者,民无信不立也。然必设有司以主宰之,故次职官。职官有贤否,故次名宦。由是而尊贤使能,则有选举。崇德报功,则有祠祀,而人物生矣。艺文者记古今、考疆域以备志之全局者也,故以此终之"。《(乾隆)砀山县志》对各类目的排列顺序有其自身考虑,首列舆地,河渠居次,因河渠之事关系砀山县之利害,所以单独列为一门。郡县制确立之后即有建置之称,建置则有学校,有赋役,先学校而后赋役是因为民之信确立则赋役可得。学校、赋役等必须有人去进行管理,故有职官之设。职官有贤者否者,所以开列名宦一门,居于职官之后。选贤任能则有选举,选举居名宦之后。崇德报功特设祠祀一门。艺文一门收录记古今、考疆域之类的文辞,以总全书所述,故列于末,以终全书。

"志自陈公修辑后相隔四十七年,而有刘公。然刘公辑而未刻,遗书已亡。又隔一百一十五年而有郭公,其间纪载缺如。及开馆后力为搜罗,几有无征之叹。久之得《砀山实录》抄白一本,乃顺治四年前令赵公启建纂辑,以应史馆之采,中得忠臣、孝子、烈妇、名宦以及田赋、户口、祥异皆前志所未及载者,鬼神呵护,应时而见,亟分类纂入,以成完书"。陈公、刘公、郭公虽相继修志,但仍有所阙略,且书有亡佚。乾隆年间开馆修志,经多方搜找,后得顺治四年(1647年)县令赵启建应史馆之征纂辑的《砀山实录》抄本一部。其中,有忠臣、孝子、烈妇、名宦、田赋、户口、祥异等内容,这些内容皆为前志所未载,故将这些内容收入《(乾隆)砀山县志》,以成完备之书。

"学校为兴贤育才之地,诸生习礼,氓庶观型,一切名物器数勿可略也。用是细加考订,较他志为独详"。学校关涉人才培养的问题,所以必须要重视。《(乾隆)砀山县志》详加考证,学校志一门较前志更为详细。

"选举志为荐辟,为进士,为举人,为贡生,为应例,为武科,为武功,而附以封荫,皆得书名旧志,载候选典吏诸员几成户口册籍矣,悉削之"。选举志继承了前志中的荐辟、进士、举人、贡生、应例、武科、武功、封荫,不过也删去了一些内容。

"人物志最关激劝,旧志寥寥数语,未免简略。今各据史书有传者,悉采原文补入。如正史未见亦必详参各书,及家乘以备一方人物。至从汉高起兵于砀,如灌婴、陈濞十余人,既非桑梓,又非流寓。旧志列之人物滥也,今悉削而不书"。旧志中人物志部分较为简略,不能起到激劝的作用。《(乾隆)砀山县志》将正史中的人物传原文全文收录,如果是正史中没有但其他史书有的,则参考各书以及家乘,撰写人物传收录于志书之中。而汉高祖、灌婴、陈濞等十余人,既不是砀山人,也没到过砀山,却被旧志收录,这是不合适的,所以删去这些人物。

"人物必须盖棺论定,方为立传,其现存者,虽品行、学问、德业、文章彪炳烜赫,附录简末以俟将来"。生不立传,对于品行、学问、德业、文章能够彪炳一方的现存之人,只以附录存于简末,以备后世修志所用。

"孝友、节烈必已经请旌方为登载,然孝弟、贞行之原,夫妇人伦之始,事属庸德,操行实难,故不拘成例,破格书之,亦维持风化之意云。"孝友、节烈之人必须是已经被旌表过的才收入志书,孝弟、贞行是风化之本,所以不拘成例,破格收录。

"史兼褒贬,故美恶同载,志则义取劝勉,体制各别。今纂修邑乘,期于传信,必确有实据乃为立传,非是宁严勿滥。若前志已经载入,则稍加删润,以存其旧,不敢妄为去取也"。史书兼顾褒贬,美恶同书,而志则只记善言善行。《(乾隆)砀山县志》所收善人善事必须是确有实据者,宁缺勿滥。对于前志已经收录的,不妄加去取,只是适当予以删润。

"《郭志》列女一类多削去节孝事实,仅书姓氏,未免有乖阐幽之意。今据江南通志、州志、府志、明邑志补入,□间有子孙呈请及采访闻见真实者亦录焉。其无从考核,悉仍其旧,附刻之。"乾隆七年(1742年),县令郭浩所修之志只书列女姓氏,删去节孝实情,实为不妥。《(乾隆)砀山县志》根据江南通志、州志、府志、明邑志将这些内容全部补齐,如有子孙呈请或采访情节属实者,皆录入志书;对于事实无法考证的,仍从其旧。

"诗文与地相发明,及有掌故可稽考者始录,外此则忠孝节义可以扶持名教者载之。若《郭志》所编歌功颂德之章,统属繁文,概从删汰"。诗文与砀山有关的,或者有掌故可以稽考的,全部收入砀山县志,另外如有关于忠孝节义有助于风化的诗文亦收录进来。但如《郭志》所收之歌功颂德之类的文辞均属繁文,全部删去。

《(乾隆)砀山县志》在继承前志体例、类目和内容的基础上作了相应的调整,有增补的,有删去的,有加详的,有从略的,有合并的。

《(民国)阜阳县志续编》①相较于旧志的调整和变化,更能够体现出时代的变化和特征。

"阜阳旧称颍州,颍州有志,始于明成化时同知刘节。嘉靖时,修于判官吕景蒙。万历时,修于郡人张鹤鸣、宁中立、刘九光。清康熙时,修于郡人鹿祐。至雍正十三年,升州为府,治阜阳,阜阳名县自兹始。乾隆时邑令潘世仁,延聘王麟徵先生等,因郡志创修阜阳县志。道光五年,复经邑令李复庆、周天爵等重修之,历五载而后成,即今之道光旧志,亦即所谓'本志'也。计自道光九年迄今凡一百十有六载,中经数次变革,政教礼俗、国计民生,已多考察难周之处。失今不图,诚恐日渐就湮,后来弥难措手。故姑将搜罗各稿,辑而印之,聊备异日重修者之采撷耳"。阜阳旧为颍州,颍州志曾多次编修,明成化同知刘节、嘉靖判官吕景蒙、万历郡人张鹤鸣、清康熙郡人鹿祐均修过颍州志。至清雍正十三年(1735年)颍州升为府,府治在阜阳,阜阳县自此始。乾隆年间县令潘世仁、王麟徵等人创修阜阳县志。道光五年(1825年)县令李复庆、周天爵等人花费五年时间修成阜阳县志,今称之为道光旧志,也就是所谓"本志"。道光九年(1829年)之后一百一十六年时间里数次变革,很多方面都已经发生了变化,应将这些内容汇集起来,收入阜阳县志,以备查考,以为后世修志参考。

"此次续修县志,限于环境,局于时间,故对道光旧志,不敢轻议重修,惟将近百余年人事变迁,蒐而辑之,命曰'续编',缀道光本志后,一并印行。庶几本续两志,世代界划,一览可知"。因环境、时间等原因,民国间修阜阳县志

---

① 《(民国)阜阳县志续编》卷首《凡例》,《中国地方志集成》本,南京:江苏古籍出版社,1998年。

不敢轻言重修，而是将百余年间人与事汇合成书，名为"续编"，附于道光本志之后，一并印行。本续两志，眉目清晰，便于观览。

"道光旧志，曾分舆地、建置、食货、风俗、学校、武备、秩官、选举、宦业、人物、列女、艺文各部，今时移事迁，往往名同而实异。故续编虽多仍旧名，而内容实不无出入。此外，于人物志，增革命贤达、革命先烈两门；而纳宦业于志中。另辟党团、灾异及抗战史料三志，共为十四志焉"。道光旧志曾设舆地、建置、食货、风俗、学校、武备、秩官、选举、宦业、人物、列女、艺文各门，《（民国）续编阜阳县志》虽多加继承，但相关内容却有所不同，所谓名同而实异也。《（民国）续编阜阳县志》还在原有类目基础上增加了一些新的类目，如人物志下新增革命贤达和革命先烈两门，将宦业一门并入人物志中，新增党团、灾异和抗战史料三门，总共合为十四门。

"中国旧为君主专制国，自同盟会推翻满清，始改民主。同盟会者，中国国民党之前身也。民①十七北伐完成，国民党以党治国十余年，种种新猷，类非前代所有。故续修之始，原拟增入党务、法团、文化、建设、司法、交通、革命各志，旋以费用短绌，时间匆促，材料搜集困难，并党务、法团为党团志，附文化机关表于其后；建设则经济方面，率无成果，其他姑分列建置志中；法院组织变迁表，则入秩官志；交通则入舆地志，以类相从也。列女有尚在者，则志后另列备采一门，符旧例，亦防湮灭也。革命事迹，分列人物、艺文等志内。盖辛亥、癸丑、讨袁、护法、讨曹、北伐以至近八年之抗战，皆国民革命必经之阶段，而能自始迄终，无役不与者，为数无几，或且尚在人间，准诸盖棺论定之义，其人其事，虽与地方攸关，不得不从割爱，知我罪我，不遑计已"。同盟会推翻清朝，建立民主体制。民国十七年（1928年）北伐完成之后，国民党治国十余年时间里，有许多新变化和发展是以往所没有的，新修阜阳县志原本拟增党务、法团、文化、建设、司法、交通、革命等志，但因经费短缺，时间仓促，搜集材料困难，所以新修之志未能增设新的类目，而是作了适当的调整。将党

---

① "民"字后应缺"国"字。

务和法团并为党团志,将文化机关表附于其后;建设中的相关内容则列入建置志中;法院组织变迁表列入秩官志中;交通则归于舆地志中;列女尚活于世者则于志后列备采一门,以防湮灭;革命事迹则列于人物、艺文等志中。参与辛亥、癸丑、讨袁、护法、讨曹、北伐以至近八年之抗战的人,如尚在人间,因秉承盖棺定论之义,均不收入志书。

"旧志建置,今日变迁甚夥,除已见《道光志》者外,自咸、同、光、宣及民国以来之建置,兹已分别载入"。《道光志》所收建置在沧桑岁月中已发生很大变化,而咸、同、光、宣及民国时期的建置情况均收入志书,以反映时代之变迁。

"旧志食货,除物产无多变易外,赋税征纳,公产增减,如两次划县,分去不少;而十七年没收倪姓等之逆产,复增二百十余顷;皆曾经中央、司法行政两院定案,永归县有者,今于有关各志中,择尤加注。较前悬殊皆甚大,除逆产没收原委、定案经过,目前未便特叙外,余悉分别记明,并列表,俾便查阅"。食货一门,物产虽没有多大变化,但因两次划县,阜阳地域减少,赋税、公产之类则有所增减;民国十七年(1928年)没收倪氏家产,增加二百十余顷收入;凡经中央、司法行政两院决定,属于阜阳县所有者,必收录于志书中,加注说明。食货一门相关情况变化较大,如能详加说明者必在志书中分别记明、列表,以便读者查阅。

"旧志学校,仅列学田、书院、义学等。然自清季,本县已设学校。民国以来,寖至黉舍林立,故此次将公私立各校分别列入,而于中等各校,尤力求详赡焉"。旧志学校一门只列学田、书院、义学等内容,而民国以来公立、私立学校增多,《(民国)阜阳县志续编》将这些内容全部收录,对中等学校的记载则特别详细。

"旧志最重节孝,国家今亦注重四维八德,故将道咸以来之节孝,一并列入"。旧志重视收录节孝方面的内容,而民国时国家亦重视四维八德,所以道咸以来的节孝内容全部收录无遗。

"旧志所绘诸图,多已不切实际,且河川道路,时有变迁,故此次另绘新图,力求精确"。旧志虽有舆图,但已不合现实情况,而且河流道路有的已经发生变化,旧图已无法说明问题,所以新志另绘新图,以求真实反映相关情况和变迁。

"旧志选举,仅列举贡、进士各表。今之选举,办法虽殊,名称命意,犹颇近似。故除清季举贡外,并将依法当选之国、省两级议员,分别表列"。旧志在选举之下列举贡、进士之表,今日的选举办法虽发生了变化,但实质却很相似,所以新志在列举举贡之外,还依民国时期的新情况,将当选的国、省两级议员列表附入志书中。

"旧志宦业人物,为立传者,咸以盖棺为定。采选艺文,亦同此例。今于立传者,仍从旧例,以杜冒滥。于艺文,则本'立言自足不朽'之旨,不以存殁论去取也"。旧志宦业人物皆以盖棺为定,生不立传。艺文一门亦同此例,生人文辞均不收入志书。新志立传仍以生不立传为原则,以防冒滥。但艺文一门,只以"立言自足不朽"为宗旨,无论生死,其文均可收入志书。

《(民国)阜阳县续编》在旧志的框架之下,作了适当的变化和调整,补充了新的内容,反映了时代的发展和变化。

安徽淮河流域旧志的编修者不仅对前志的优秀部分加以继承和沿袭,而且根据时代、地区的变化增加新的内容,对志书体例作了相应的变化和调整,反映了中国地方志不断发展完善的态势,也为后世方志的发展完善打下了基础,有助于建立新方志编修的范式,从而进一步探讨和研究新方志的守正创新之路。

第四章 旧志史料价值

安徽淮河流域旧志保存了丰富的内容,为了解地区历史发展全过程提供了参考。旧志保存的资料也从不同层面上反映了安徽淮河流域的地方特色和时代特征,展现了这一地域的文化传统,是研究这一地域历史发展的重要参考资料,具有重要的史料价值。

一、保存历史资料

安徽淮河流域旧志内容十分丰富,涉及这一地区历史发展各方面的情况,是关于这一地区的全史。兹举数例,以说明相关问题。

《(光绪)寿州志》[①]共三十六卷,记录了光绪十五年(1889年)之前寿州社会历史发展过程中方方面面的事情。"图说"部分通过寿州境总图、东南乡图、南乡图、西南乡图、州境水道图、州城图、州署图、州同署图、学宫图、文昌宫图、循理书院图、考棚图、镇署图、安丰塘图、蔡城塘图、广济局图等十六幅图,直观展示了相关事物的基本情况。地理方面的内容,包括建置沿革、星野、占星、疆域、坊保、形胜、山川、风俗、古迹、坊表、冢墓等情况,既有自然地理方面的内容,也有人文地理方面的内容。营建方面的内容,包括城郭、公署、关津、善堂、坛庙、寺观、塘堰、沟渠等,为了解光绪以前寿州的基本建设情

---

① 《(光绪)寿州志》卷首《目录》,《中国地方志集成》本,南京:江苏古籍出版社,1998年。

况提供了资料。经济方面的内容,包括田赋、徭役、户口、丁赋、关榷、盐引、硝额、蠲赈、储积、物产等,关于寿州经济发展的历史与现状得以全面展现。学校方面的内容,包括学制、仪制、学额、学署、学田、书院、义学、社学、考棚等,寿州教育文化发展状况和历程清晰明了。军事方面的内容,包括兵制、屯田、驿传、铺递、马政、兵事等,历史上寿州的军队建设、军事布防、军事储备以及发生的兵事全部记录下来。职官方面的内容,包括封爵、文职、武职、名宦等,寿州历代各类职官情况得以汇总。选举方面则包括各类形式的选举,朝廷选拔人才,寿州人才辈出的情况均得以记录。人物方面的内容,包括名贤、宦绩、忠节、忠义、儒林、文苑、武功、孝友、义行、隐逸、方技、流寓、戚畹、贤淑、烈妇、烈女、节妇、贞女、孝妇、孝女、义妇、才媛、寿妇等,各类人物的事迹都收录录在地方志中,起到激励教化的作用。艺文方面的内容,包括诏敕、著述、金石、文、赋、诗、词等,寿州人写的或者与寿州有关的艺文得以保存。另外,还有祥异、老寿、仙释、摭记、附载、辨讹、补遗等方面的内容,记录了寿州大大小小、不同方面的事情。寿州地区社会历史发展过程中的基本情况都被记载在地方志中,内容丰富而翔实,可为研究清光绪十五年(1889年)以前的寿州历史提供参考。

《(同治)蒙城县志》①共十卷,收录的内容广泛,基本上涵盖了蒙城县历史发展各个方面的情况。地理方面的内容,有自然地理和人文地理两个方面的内容,包括星野、疆域、乡图、集镇、图考、建革、形胜、山川、风俗、城池、公署、关津、坛庙、寺观、古迹、陵墓、黄河、运河、淮、水利等。经济方面的内容,包括户口、田赋、漕运、杂课、盐法、蠲赈、积储、物产等。学校方面的内容,包括学宫、学额、礼记崇封考、书院、试院、社学等。军事方面的内容,包括兵制、兵事、驿传、铺递等。职官方面的内容,包括文职、武职等。选举方面的内容,包括进士、举人、副榜、拔贡、武进士、武举、仕籍、荐辟等。人物方面的内容,包括名宦、乡贤、宦迹、儒林、孝友、义行、隐逸、方技、流寓、仙释、忠节、烈女

---

① 《(同治)蒙城县志》卷首《目录》,清同治九年(1870年)钞本。

等。艺文方面的内容,包括子、史、记、序、传、杂著、诗、赋等。此外,还有祥异、摭记、辨讹等内容。研究蒙城县历史发展,蒙城县志是必须要参考的资料。

《(乾隆)砀山县志》①十四卷,内容丰富,涉及面广,可为研究清乾隆三十二年(1767年)前砀山县历史发展的相关情况提供参考。地理方面的内容,包括沿革、星野、祥异、疆域、形势、山川、古迹、风俗、物产、黄河、堤闸、河沟等。建置方面的内容,包括公署、仓廒、城池、堤防、里社、市集、坊表、兵卫、桥梁、坛壝、祠庙、寺观、陵墓等。学校方面的内容,包括学宫、褒崇、位次、仪节、祭品、乐章、舞谱、乐器、舞器、书籍、书院、社学、学田等。经济方面的内容,包括户口、田赋、起运、存留、杂税、蠲赈等。职官志方面的内容,包括县令、县丞、主簿、典史、教谕、训导、武职等。选举方面的内容,包括荐辟、进士、举人、贡生、应例、武科、武功、封荫等。人物方面的内容,包括名宦、孝友、义行、忠烈、儒林、文苑、艺术、流寓、仙释、义烈、完节、贞孝等。艺文志方面的内容,包括制诰、记、序、传、揭、书、赞、颂、祝文、诗、赋等。

《(光绪)宿州志》②修于光绪十五年(1889年),三十六卷,收录的内容涉及宿州地区历史发展的各个方面,为研究宿州历史提供了参考,具有重要的史料价值。地理方面的内容,包括沿革、古地考、图说、星野、形势、山川、疆域、坊乡、风俗、城池、公署、坛庙、寺观、陵墓、古迹、堤堰、沟洫、桥梁等,既有自然地理内容,也有人文地理内容。经济方面的内容,包括户口、田赋、杂税、屯粮、盐法、徭役、恤政、积储、土产等。学校方面的内容,包括学宫、文庙、礼制、学官、学额、书院、义学等。军事方面的内容,包括兵制、驿传、铺递、兵事等。官爵方面的内容,包括封爵、文职、武职等。选举方面的内容,包括荐辟、科目、文籍、武籍等。人物方面的内容,包括名宦、名贤、宦迹、武略、儒林、忠义、孝友、义行、隐逸、流寓、才技、耆年、贤淑、孝淑、节妇、贞烈、烈妇、烈女、贞女等。艺文方面的内容,包括皇言、历代制诰、书集、疏、书、移、论、表、启、状、

---

① 《(乾隆)砀山县志》卷首《目录》,《中国地方志集成》本,南京:江苏古籍出版社,1998年。
② 《(光绪)宿州志》卷首《目录》,《中国地方志集成》本,南京:江苏古籍出版社,1998年。

铭、誓、记、碑、文艺、诗词等。另外,还有仙释、祥异、摭记、辨讹等方面的内容。

庄周为蒙城人,蒙城县旧志中有其传。《(民国)重修蒙城县志》在"名贤"下有传曰:"庄周,字子休,蒙人也。尝为漆园吏,与梁惠王、齐宣王同时。其学无所不窥,然其要本归于老子之言。故著书十余万言,大抵皆寓言也。作《渔父》《盗跖》以诋訾孔子之徒,以明老子之术。垒虚元桑之属,此空语无实事。然善属书摘词,用剽剥儒墨,虽当世宿学不能自解免也。其言洸洋自恣适已,故自王公大人不能器之。楚威王闻庄周贤,使厚币迎之,许以为相。庄周笑谓楚使者曰:'千金重利也,卿相尊位也。子独不见郊祭之牺牛乎?养食之数岁,衣以文绣,以入太庙,虽欲为孤豚,岂可得乎?亟去,无污我。我宁游污渎之中,自决无为,有国所縻,终身不任,以快吾志焉。'"这篇传记对庄周的基本情况作了介绍,其重点在于说明庄周的与众不同。蒙城县将庄周供奉于乡贤祠中。有些文献称庄周为"蒙城人",有些文献则称其为"归德人"。《(民国)重修蒙城县志》还对这一问题进行了考证:"按史,庄子产于蒙,马迁之传、东坡之记、荆公之诗皆历历可考。《广舆记》《定远志》《一统志》皆载为归德人,大抵皆以蒙非梁国之蒙,误之耳,不知蒙与睢阳皆属梁国之东南境。汉隶梁国,今隶江南,相去不越百余里也。彼未细加考稽,谬以传谬。庄子弗受也,屡著征应,若自解免。一迎谒郡守张登云称治民庄道人,登云为记传之。一谒,蒙侯李时芳有'非张是庄'之语。侯至邑睹其像,宛然也,为碑以传及后蒙。今蒋录楚种种征验,皆昭然耳。自其不乐湮没故里,若此则庄子之为蒙人也明矣。附记于传后,以正世人附会好异之妄。"①

《(民国)重修蒙城县志》对庄子的重视可以从"艺文志"小序中反映出来,小序曰:"庄子著书二十卷,为山桑艺文之祖。后虽乏著作之才,而传记、咏歌亦有关于政治。其宦于斯、游于斯者,虽非此邦之人,文要皆此邦之言。噫!庄子之书,人以为诋孔子,苏氏以为尊孔子。斯言也,不独有功庄氏,后之作

---

① 《(民国)重修蒙城县志》卷九《人物·名贤》,《中国地方志集成》本,南京:江苏古籍出版社,1998年。

者亦可因以探其本,而知所宗矣。"庄子被看作蒙城县艺文之祖,所以在"艺文志·子部"之下首列:"《庄子》二十卷,蒙人庄周著。《汉书·艺文志》:庄子五十二篇。《隋经籍志》:《庄子》二十卷。(《唐书·艺文志》)"①对庄子之作,有人认为是诋毁孔子的,而苏氏则认为是尊奉孔子的。苏氏之言不仅为庄子正了声名,也为后人了解蒙城县学术源流提供了线索。

宋代高氏一族数人被供奉于乡贤祠中,《(民国)重修蒙城县志》②也为这些人立了传。"高琼,家世燕人,徙蒙城,少勇鸷。宋太祖召至帐前,即位擢御龙直指挥使,积战功累官保大军节度使、镇州都部署。真宗时为府州都部署,有政绩,终检校太尉,追封卫国烈武王。曾孙女配英宗,为宣仁圣烈皇后。琼不识字而晓达军政,善教诸子。真宗尝问:'卿几子?'对曰:'臣子十有四人,臣诚愚不肖,然未尝不教以知书。'于是赐诸经史于其家。每戒诸子毋曲事势要,以祈进身。若吾奋身行间至秉节钺,岂因人力哉。卒,葬山麓。祀乡贤"。高琼累获战功得到宋太宗、宋真宗的重用,累官保大军节度使、镇州都部署、府州都部署、检校太尉,在任期间均有政绩,死后被追封为卫国烈武王。他虽然目不识丁,但却非常注重对子孙的培养,他告诫子孙不能曲事势要,要有真才实学。其曾孙女为英宗皇后。"高继勋,琼子,真宗时为益州兵马都监,历知数州,累迁建雄军节度使。宅心谦谨,通晓军机,善抚士卒,其镇蜀威名远著。君子谓其无忝于琼之教云。其孙女为英宗皇后,宋神宗追封为康王。祀乡贤"。高琼之子高继勋为人谦谨,通晓军机,善于统兵作战,曾任益州兵马都监、建雄军节度使,又曾担任数州知州,战功赫赫,政绩卓著。死后被追封为康王。其孙女为英宗皇后。"高遵甫,继勋子,官至北作坊副使,其女为宣仁圣烈皇后。宋神宗即位,建封为楚王"。高继勋之子高遵甫官至北作坊副使,死后被封为楚王。其女为英宗皇后。"高遵惠,琼孙,其从兄遵裕以战功

---

① 《(民国)重修蒙城县志》卷一一《艺文志·子部》,《中国地方志集成》本,南京:江苏古籍出版社,1998年。
② 《(民国)重修蒙城县志》卷九《人物·名贤》,《中国地方志集成》本,南京:江苏古籍出版社,1998年。

累官神龙指挥使,知熙州。遵惠以荫入官。熙宁间试经义中选,累官户部侍郎,以龙图阁学士知庆州。方宣仁皇后绳检族人,乃今遵惠主族中事,躬表率之,人无间言"。高遵裕因战功任神龙指挥使,知熙州。高遵惠高琼之孙,因从兄高遵裕之功绩以荫入官。后试经义入选,任户部侍郎,并以龙图阁学士任庆州知州。受宣仁皇后之命,管理族中之事,得到族人赞赏。高氏一族家世燕人,从高琼开始即徙居蒙城。高琼、高继勋、高遵甫、高遵惠等人皆历任高官,建有功勋,因而得到宋太祖、宋真宗、宋英宗的赏识和重用,高琼、高继勋、高遵甫死后还被追封为王。蒙城县人感高琼、高继勋、高遵甫、高遵惠之政绩,将其供祀于乡贤祠中。

寿春历史上乃兵家必争之地,此地也曾修筑过许多城池,不过在历史发展的过程中,不少城池已经废弃。《(光绪)寿州志》在"古迹"部分对这些废城故址作了说明和介绍,为了解相关情况提供了线索。现将相关情况抄录如下,以为说明。

废西寿春县,在州西南四十里,一名楚考烈王故城。城中有楚王祭淮坛,其东北隅有棘门。

寿春县故城,亦曰南城,即今州城。其外郭包今之束陡涧,并肥水而北至东津渡,又并肥水而西尽于大香河入肥处。城中有金城及相国城,其城门有芍陂渎门、石桥门、长逻门、象门、沙门。其地绵延曲折三十余里。

金城,即古寿阳中城,在古寿春城中。一名小城,又曰子城,其西门有逍遥楼。

相国城,在古寿阳城中,晋相国刘裕筑。

罗城,即寿春外郭,一曰南城。

西南小城,楚相春申君黄歇所居。

六国故城,在故安丰县南,即汉六安国。唐时尚有故城。

蓼国城,在寿州南安丰乡,故皋陶国。

陈留旧郡,在故安丰县东北五里。

浚仪废县,在故安丰县东二百五十步。

雍邱废县,在故安丰县南六十里。

崇义旧县,在州治南。

安丰城,在州南六十里。

义昌城,在州治西南。

安城县城,在州南。

都陆城,在故安丰县南。

黄城,在州治西,有大小二城。

郭默城,在黄城西。

苍陵城,在州治西。

诸葛城,在州治东。

白捺城,在古寿春合肥境上。

成德旧县,在州东南。

荻城,在州东南九十里。有邱高七八丈,广三十余亩。邱上有寺,名荻邱寺。

甓城,在州南。

鸡备城,在安丰故城西南。

鱼林城,在安丰塘侧下鸳鸯门,水至北六十里。

刘备城,在正阳镇,与颍州接界。

关某城,在正阳镇。

张飞城,在正阳镇东南四里。

西北小城,在故寿春城西北肥水上,南齐垣崇祖筑。其南即肥水堰。

齐北谯废城,在州治东南。①

---

① 《(光绪)寿州志》卷三《舆地志·古迹》,《中国地方志集成》本,南京:江苏古籍出版社,1998年。

《(光绪)凤阳府志》中有"兵制考",小序曰:"淮南戍兵远古无考,自汉宣帝时发沛郡材官诣金城始见于史册。《晋书》言寿阳至京师屯兵连属,南北朝以寿春为重镇,此凤郡兵防所由昉也,然无定数。至唐大历九年,诏每道岁有防秋兵马,淮南四千人。宋南渡绍兴间,诏淮南帅臣兼营田使,守令以下兼管营田。开庆初,选精锐安丰、濠州各千五百人。元至元中,设万户府于宿州,寿阳立民屯二十。明制设留守司于中都,统辖八卫一所,皆所以练材武、固藩篱、安民人者也。历代之制今不详载,惟以本朝沿革驻防凤郡境内者悉著于篇,驿递铺兵附焉,作兵制考。"①由此可知,淮南一地兵戍之事远不可考,在文献记载中已知的最早兵戍是在汉宣帝时期。《晋书》中明确指出魏晋南北朝时期曾以寿春为军事重镇,这是凤阳府地区设置兵防的开始,但当时的兵戍并无定数。唐大历九年(774 年),在全国各道派设防兵,淮南道有兵马四千人。南宋绍兴年间,又下令每道长官兼营田使,守令之下各管兼理营田之事。开庆初年(1259 年),又调选精锐,安丰、濠州各一千五百人。元朝至元年间,曾在宿州寿阳设立万户府,民屯二十。明朝则在中都设立留守司,统辖八卫一所,其目的是训练部伍、巩固军防、安定民心。历代兵制较为复杂,《(光绪)凤阳府志》均不详载,唯详细记载清朝凤阳府境内兵防的相关情况。这则小序不仅说明了作"兵制考"的原因,也介绍了凤阳府地区兵防设置的总体情况,同时还说明了"兵制考"的内容主要在于清朝兵制。

  因为奸党所忌,欧阳修曾在颍州、亳州为官,《(乾隆)颍州府志》有欧阳修传,对其在颍州的情况作了介绍:"欧阳修,字永叔,庐陵人。皇祐元年,杜、韩、范、富相继以党议去。修慨然上疏,奸党忌之,出知滁州,徙颍州。尝塞白龙沟,蓄水西湖,灌田以为民利。建书院于西湖上,俾颍人咸知向学。累迁参知政事,为蒋之奇所讦。治平四年,复知亳州。修历郡不见治迹,不求声誉,宽简而不扰所至,民便之。或问之,曰:'以纵为宽,以略为简,则政事弛废而民受其弊。吾所谓宽者,不为苛急;简者,不为繁碎耳。'为文天才自然,丰约

---

① 《(光绪)凤阳府志》卷一四《兵制考》,《中国地方志集成》本,南京:江苏古籍出版社,1998 年。

中度,在朝以风节自持,与人尽言无所隐,以请止散青苗钱为王安石所诋,求去益切。熙宁四年,以太子少师致仕,居颍州。明年卒于颍,谥曰'文忠'。后裔有家颍者。"①欧阳修兴修水利,蓄水溉田,有助于农业生产。修建书院,促成当地人向学之风的形成。在颍州和亳州为官时,崇尚宽简,政不扰民,深得百姓爱戴。

《(乾隆)颍州府志》收录了苏轼所作的《陪欧阳公燕西湖》诗,诗曰:"谓公方壮须似雪,谓公已老光浮颊。揭来湖上饮美酒,醉后剧谈犹激烈。湖边草木新着霜,芙蓉晚菊争煌煌。插花起舞为公寿,公言百岁如风狂。赤松共游也不恶,谁能忍饥啗仙药。已将寿夭付天公,彼徒辛苦吾差乐。城上乌栖暮霭生,银釭画烛照湖明。不辞歌诗劝公饮,坐无桓伊能抚筝。"②另外,还收录了苏辙的《陪欧阳少师永叔燕颍州西湖》诗,诗曰:"西湖草木公所种,仁人实使甘棠重。归来筑室傍湖东,胜游远与邦人共。公年未老发先衰,对酒清欢似昔时。功成业就了无事,令名付与他人知。平生著书今绝笔,闭门燕居未尝出。忽来湖上寻旧游,坐令湖水生颜色。酒行乐作游人多,争观窃语谁能呵。十年思颍今在颍,不饮奈此游人何。"③两首诗从不同角度展示了欧阳修在颍州的生活状态和心境。

宿州茅屋毗连,如有火灾则会连绵起火,隐患不容忽视。鉴于此,当地设立"水龙会"以备救火之需。

> 古人云:"有备无患。"宿州茅屋毗连,最惧祝融之厄。光绪六年,官绅议设水龙会,庆钊倡制钱一百缗,绅商踊跃书捐。又立日捐簿,共酿钱一千余串。置大水龙四架,小水龙四架,水炮二十八根,大火钩二十四把,小火钩十六把,以及木梯、铜锣等件,四门派定水

---

① 《(乾隆)颍州府志》卷六《名宦志》,《中国地方志集成》本,南京:江苏古籍出版社,1998年。
② 《(乾隆)颍州府志》卷九《艺文志·诗》,《中国地方志集成》本,南京:江苏古籍出版社,1998年。
③ 《(乾隆)颍州府志》卷九《艺文志·诗》,《中国地方志集成》本,南京:江苏古籍出版社,1998年。

夫,规模颇具。余款存有四百串。近年久未演试,亟须切实讲求。计所存火器。

州署:大水龙一架,大火钩一把,水炮八根。

宿州营:大水龙一架,大火钩八把。

东门一二三段:大水龙一架,大火钩二把,水火钩三把,水炮五根,木梯二张,铜锣一面,小锯一张,小铡一口,大绳一条。

北门四五六段:小水龙二架,大火钩二把,小火钩四把,水炮五根,木梯二张,铜锣一面,小锯一张,小铡一口,大绳一条。

西门七八九段:小水龙二架,大火钩二把,小火钩四把,水炮五根,木梯二张,铜锣一面,小锯一张,小铡一口,大绳三条。

南门十、十一、十二段:大水龙一架,大火钩二把,小火钩四把,水炮五根,木梯二张,铜锣一面,小锯一张,小铡一口,大绳一条。

八家槽坊:大水桶八架。①

这段资料较为详细地列举了宿州设置火龙会的原因、火龙会的经费来源,以及每段救火设备的配置情况。

安徽淮河流域旧志中对凤阳府城的建设问题也有所说明:"凤阳府城在县城东三里,乾隆十九年总督鄂容安奏请创建。周围一千一百八十一丈,高二丈,无池,原设六门。东曰镇濠,南曰肇庆,西曰集凤,北曰靖淮,皆有楼。东南曰文治,西北曰九华,无楼。以二十年二月兴工,二十一年正月告竣。承办者,颍州府通判吕辙、凤阳县知县郑时庆也。按:明时诸臣请修凤阳府城,皆奉旨许可,而会勘之后或以风水不宜,或以经费不足,迁延二百余年,迄未举行。及国朝始城之,特减小其十之七八耳。"②明朝已有大臣奏请修建凤阳府城,虽诏旨许可,但因风水不宜或经费不足等原因,迁延二百余年未能建设。至清乾隆十九年(1754年),安徽总督鄂容安奏请修建,才始得付之实

---

① 《(光绪)宿州志》卷七《恤政》,《中国地方志集成》本,南京:江苏古籍出版社,1998年。
② 《(光绪)凤阳县志》卷三《舆地·城池》,《中国地方志集成》本,南京:江苏古籍出版社,1998年。

施。乾隆二十年(1755年)二月开工,乾隆二十一年(1756年)正月修成,前后不到一年时间。凤阳府城有城无池,共设六门,周围一千一百八十一丈,高二丈,东南西北四门皆有楼,东南、西北两门则无楼。清朝所建凤阳府城实际上是明朝设计的最初规模的十分之二三。

安徽淮河流域留下了不少金石碑刻,反映了这一地区历史发展的相关情况,《(光绪)凤阳府志》在《艺文志》下专设"金石",收录了不少金石文字。"金石"小序曰:"古彝断碣凡凤郡出土者无多可考见者,宋王黼《宣和博古图》、薛尚功《历代钟鼎彝器款识》二书钩摹笺释之例,今亦仿之。汉砖唐碑皆以年代相次,宋元以下真书不抚字形,从王兰泉《金石萃编》例也,不载全文者注时代、撰人姓氏,省篇幅云。述金石。"①《(光绪)凤阳府志》按照年代先后收录了汉砖唐碑上的文字,宋元以后的金石则有的抄录全文,有的为了节省篇幅只注明时代和撰人姓氏。

《(光绪)凤阳府志》收录了三十三种砖上刻写的文字,每条之下还列出李兆洛的考证之语。这些内容既有助于人们了解金石文字反映的历史发展情况,也有助于了解李兆洛的考证之功。

信平君墓砖:文曰"癸亥信平君之墓"。砖长尺寸,博四寸,厚寸有十分寸之七。

汉建元砖:文曰"建元二年孙"。缺半截,长不可计,博□②,厚一寸三分。

---

① 《(光绪)凤阳府志》卷一六《艺文考下·金石》,《中国地方志集成》本,南京:江苏古籍出版社,1998年。
② 原文空一格,以□代之。

汉建元砖：文在两端横列，一端曰"建元乙巳"，似隶书。一端曰"李氏"，篆书，长博□①，厚一寸三分。

元光砖：文曰"元光"。砖破碎，长博不可计，厚寸有半寸。

元朔砖：文曰"元朔元年卓氏"。在砖端一侧绘斜方格，错点于格间，其一端一侧无文。长八寸半，博四寸半，厚一寸半。

始元瓦：文曰"始元六年"。在瓦端横列，瓦质下广上□②，下端博□③寸，上端博□□④，长□□⑤，厚一寸。

章武砖

晋泰始砖：一侧文曰"泰始十年"，一端文曰"陈黑"。其一端一侧为阑干文、圆文。长九寸二分，博四寸二分，厚寸五分。

---

① 原文空一格，以□代之。
② 无法辨识，以□代之。
③ 原文空一格，以□代之。
④ 原文空两格，以□□代之。
⑤ 原文空两格，以□□代之。

晋泰始砖：此砖文小异。

晋泰始砖：此砖无"陈黑"字，两端皆为圆文。

晋咸宁砖：文曰"咸宁五年八月寿春县民丁川砖"。文在砖端，砖中断。长不可记，博四寸，长半之。

太康砖：文曰"太康七年寿春舍人谢毅砖"。在砖侧一端，为圆文。背绘三泉形，绕泉为四出文。长九寸，博□①，厚一寸有十分寸之三。

元康砖：文曰"元康四年"。一侧为曲薄文，下半断缺。长不可计，博四寸半，厚一寸三分寸之一。

元康砖：文曰"元康年八月一日陈匡"。其一侧中为圆文，旁为阑干文，两端皆为圆文。长尺，博四寸半，厚一寸八分。

---

① 原文空一格，以□代之。

元康砖：文曰"元康五年八月廿日张穆作"。一侧为半月文，间以乳文。长九寸，博四寸，厚一寸半。

元康砖：文曰"元康五年八月廿日张"。其一侧两端为半圆文，中错丁字文，其一端为圆文。长八寸半，博四寸，厚一寸半。

永和砖：文曰"永和八年造"。在砖端一侧为方胜纹，间以交□①纹三。长八寸五分，博三寸二分，厚一寸三分。

永嘉砖：文曰"陈奉车以晋永嘉二年不禄泰岁在"。下端一侧为重叠方胜纹，亦不全。长不可计，博五寸，厚一寸半。

---

① 原文空一格，以□代之。

太元砖：文曰"太元七年八月一日寿春舍人谢"。其一侧与背面文俱与太康谢毅砖同，长博亦略相等。

宋元嘉砖：一端文曰"元嘉廿六年"，一端文曰"岁次己丑尹氏"，皆为菊花圆纹，三面以小书间于花之隙。一侧为雷文，极细密。长尺而强，博五寸而弱，厚一寸有半。

中军督砖：文曰"□康元年八月□日中军督谢象作砖"。长九寸，博半之，厚十之一。

大明砖：文曰"明二年"。与前砖皆反书。

北魏正光砖：文曰"正光二年田宁陵墓"。文在侧横列，下侈而上窄。一端博□①，一端博□②，长一尺一寸四分，上颠绘菊花纹一。

大明砖：文曰"明二年"。与前砖皆反书。

唐咸亨砖：文曰"咸亨四年"。砖存其半，文在端旁，多剥裂。

随③开皇砖：文曰"开皇元年造作"。左行范反也。砖残缺长博不可计，厚寸二分。

朱君砖

长寿砖：文曰"长寿二年四月廿日处士皇甫□墓"。一端为花叶文，长尺，博三寸半，厚一寸半。

---

① 原文空一格，以□代之。
② 原文空一格，以□代之。
③ "随"字疑误，应作"隋"。

关内砖

司马砖

任是壁砖

阳俞砖

钟离砖

有氏砖

仪元砖

阁字砖：砖一侧仿佛有字，一侧为半圆文，一端有阁字。长八寸，博三寸半，厚一寸余。

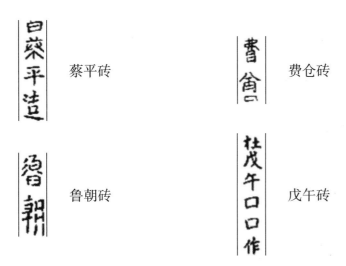

三十三种砖大多有相关介绍,包括砖文内容、砖的长宽厚尺度、砖文字体和纹饰、砖的保存状态等情况。

"章武砖"下李兆洛曰:"正阳镇有刘备、关羽、张飞三城,俗以为先主依袁术时居此所筑。考诸史则先主未尝至寿阳,盖传讹耳。至其即位于蜀,此地属曹魏,不当用汉纪年,此砖纪'章武',殊不可解,或从异地流转至此耳。"① 李兆洛对正阳镇发现的"章武砖"上的文字提出了质疑,并推测"章武砖"有可能是从其他地方流转到正阳镇的。

"宋元嘉砖"下首先列出砖上文字情况,后有李兆洛曰:"宋文帝元嘉二十六年,帝锐意经略中原时,豫州刺史南平王铄镇寿阳,闻魏主将入寇,帝敕淮泗诸郡,若魏寇小至则各坚守,大至则拔民归寿阳。明年,魏永昌王仁败,刘康祖于尉武遂围寿阳,铄婴城固守,未几而解。砖绘画致华藻,当是民间以饰第宅者。"② 通过李兆洛的考证和解说,可以知道此砖的用途。

"北魏正光砖"下李兆洛曰:"北魏孝明正光二年,梁武帝普通六年也。时魏扬州刺史长孙稚镇寿阳,是岁梁豫州刺史裴邃欲袭寿阳,阴结寿阳民李瓜

---

① 《(光绪)凤阳府志》卷一六《艺文考下·金石》,《中国地方志集成》本,南京:江苏古籍出版社,1998年。
② 《(光绪)凤阳府志》卷一六《艺文考下·金石》,《中国地方志集成》本,南京:江苏古籍出版社,1998年。

花等为内应,稚觉之而败。"①李兆洛对于北魏正光二年(521年)的相关史实作了说明。

砖文的抄录、砖相关情况的介绍以及李兆洛的考证,为人们了解安徽淮河流域的文化遗存和历史发展过程提供了参考。

安徽淮河流域旧志保存了丰富资料,全面记录了这一地区历史发展过程的面貌,具有重要的史料价值。

二、呈现地方特色

地方性是地方志最突出的特点之一,安徽淮河流域旧志记载的内容表现出明显的地方性,这些内容有助于更为深入且细致地研究安徽淮河流域地区历史发展中的相关问题,有些内容还可以为研究全国性问题提供参考。

关于淮河的相关情况,在安徽淮河流域旧志中多有记载。《(光绪)寿州志》就记录了淮河在寿州境内流经地区的基本情况:"淮水出河南桐柏山,绕湖北随州境,经河南信阳、罗山、光山、息县、光州、新蔡、固始境入江南,经阜阳、霍邱、颍上,历行八百余里在正阳关入州境。颍水从西北来注之,谓之颍口。淮水东北行历丰庄铺,在今州治西南四十里为古寿春县故城。又东北迳菱角嘴,又东北至屈家沟入凤台县境,又北合焦冈湖水,《水经注》谓之椒水。又东至两河口,肥水合众水从东北流注之,谓之肥口。又西北行,西肥水注之,《水经》谓之夏肥水。又北迳硖石口,出两山中,又东迳下蔡故城。又东北入怀远县境。肥水今名东肥河,出合肥西北之将军岭,自将军岭分流西行,合南北诸水,经铁索涧为金城河。至廖家桥入州境,始通舟,曲折行三十里至船张埠,北二十里至白洋店,又北二十里至邢家铺,又东北五里,会红石桥水,又东北五里,会蓼王硐水,至苇摆渡。北十余里,至瓦埠,又北十余里,会庄墓桥水,十余里,至马兰渡,有滩周二里余。又北至枣林滩、黄家滩、孙家嘴、神树庙,北会东陡涧水,至杨家脑,十里至东津渡,迳城东北入凤台县境。过北门

---

① 《(光绪)凤阳府志》卷一六《艺文考下·金石》,《中国地方志集成》本,南京:江苏古籍出版社,1998年。

大桥至两河口入淮。"①这段资料介绍了淮河的源头是河南桐柏山,从源头绕湖北又回到河南境内诸多地区,然后经阜阳、霍邱、颍上从正阳关流入寿州辖境,淮河从寿州又分流入凤台县境、怀远县境。淮河一路吸纳了诸多河水,曲折前行。由此可知淮河在寿州境内的基本情况。

芍陂,又称安丰塘,是我国古代四大水利工程之一,芍陂成功入选2015年的世界灌溉工程遗产名单。《(光绪)寿州志》对芍陂的情况作了介绍,并说明了历史上芍陂发展变化的基本过程。

> 芍陂,在州南六十里,亦曰期思陂,又为龙泉陂,今名安丰塘。楚令尹孙叔敖所造,周一百二十里,灌田万余顷。旧有五门,隋赵轨更开三十六门,后存二十八门,滚水坝一,减水闸二。有义民,有塘长,有门头,有闸夫,启闭以时。来源三,一渒水,今湮塞;一肥水,今失故道;一龙穴山水,发源六安州龙穴山,由莱河(一曰蔡河),会番山白堰河、石堰河水入陂。《读史方舆纪要》曰:芍陂在安丰城南百步。《淮南子》:孙叔敖决期思陂之水,灌雩娄之野。《意林》:孙叔敖作期思陂,而荆之土田赡。《水经注》:肥水东北迳白芍亭,东积而为湖,谓之芍陂,周百十二里,在寿春县南八十里。陂有五门,吐纳川流,西北为香陂门。北迳孙叔敖祠,下谓之芍陂渎。又北分为二水,一东注黎浆,一北至肥水。《皇览》:楚大夫子思造芍陂。崔实《月令》:孙叔敖作期思陂。《华夷对境图》:芍陂周回二百二十四里,与阳泉大业陂并孙叔敖所作,开沟引渒为子午渠,开六门,灌田万顷。《通释》:芍陂首受渒水,西自六安北界驺虞石,东自濠州之南横石水皆入焉。《汉书·王景传》:建初八年,徙庐江太守。郡界有故芍陂稻田,景驱吏民修其芜废,灌田可万顷,由是境内丰给。《魏志》:建安十四年,曹操军谯引水,军自涡入淮,出肥水,军合肥,开芍陂屯

---

① 《(光绪)寿州志》卷三《舆地志·山川》,《中国地方志集成》本,南京:江苏古籍出版社,1998年。

田。盖自芍陂上施水则至合肥也。建安五年,刘馥为扬州刺史,镇合肥,广屯田,修芍陂、茹陂、七门、吴塘诸堨,以溉稻田,公私有积,历代为利。后邓艾重修此陂。堰山谷之水,旁为小陂五十余所,沿淮诸镇并仰给于此。《吴志》:赤乌四年,全琮略淮南,决芍陂,魏将王凌与琮战于芍陂,琮败还。晋初,吴王奉诸葛靓①皆出芍陂,攻合肥。又刘颂为扬州,亦修治芍陂。永和八年,谢尚与苻秦将苻雄战于许昌,败奔淮南。姚襄送尚于芍陂。九年,姚襄自淮南进据芍陂,寻徙屯于盱眙。伏滔曰龙泉之陂,良畴万顷,谓芍陂也。宋元嘉七年,长沙王义欣为豫州刺史,镇寿阳,芍陂久废,义欣修治堤防,因旧沟引渒水入陂,溉田万顷,无复旱灾。齐建元二年,豫州刺史垣崇祖修理芍陂屯田。隋开皇中,赵轨为寿州长史,芍陂旧有五门堰,轨更开三十六门,灌田五千余顷。唐上元中,亦于寿春置芍陂屯田。《元和志》:芍陂周二百二十四里,径百里。宋熙宁中,尝议修治。元至元二十一年,江淮行省言安丰芍陂可溉田万顷,若立屯田实为便益,从之。于安丰立万户府,屯户一万四千八百有奇。后废。夫芍陂,淮南田赋之本也。曹公置扬州郡县。长吏开芍陂屯田而军用饶给,齐梁间皆于芍陂屯田而转输无扰,乃弃而不事何欤?明永乐十二年,修凤阳安丰塘水门十六座。成化二年,修寿州安丰塘。十九年,监察御史魏璋发官银一千余两修芍陂。嘉靖二十七年,知州栗永禄重修,立退沟为界。隆庆二年,知州甘来学修芍陂,又立新沟为界。万历十一年,知州黄克缵重修,立积水界石。四十三年,后兵备道贾之凤、知州阎同宾、州同朱东彦又修之。国朝顺治十二年,知州李大升重修芍陂。康熙三十七年春,知州傅君锡详请修复,州同颜伯珣董其役,筑新堤二,补增旧堤,修复二十七门。三十八年春,补筑新移门,筑梁家洼。三十九年夏,疏理诸沟,禁绝流筑坝。四十年春,

---

① 原文为"青见"。

筑江家潭，种柳七百株，增筑庙东堤。夏浚阜口，秋增筑沙涧堤，作孙相国新庙，有州人张逡颜公重修芍陂碑记及伯珣自作碑记。四十一年秋，补筑老庙口。四十二年春，大凿阜口，复水故道，作新庙两庑。雍正九年，知州饶荷禧于塘南建滚水石坝，塘北修凤凰闸以泄余水。乾隆二年，知州段文元详请帑银三千两有奇，改修滚水石坝。乾隆十四年，知州陈韶详请帑银一万三千两有奇，挑浚塘身，修筑塘埂。三十七年，知州郑基详请重修。嘉庆十年，生员陈厂等呈称六安州民晁在典等于上游高家堰等处中流筑坝阻遏来源，巡抚胡克家委员会勘，檄饬拆毁，仍勒石示禁，以杜后讼。二十三年，士民陈厂等捐修凤凰闸。道光五年，六安民晁燕恺等复筑坝，阻截水源，署知州傅怀江详请凤庐道戴聪亲诣履勘，饬令拆毁。八年春，知州朱士达捐廉银一千两，会州同长椿捐廉银一百五十两，倡劝环塘士民许廷华、江善长等输助重修众兴坝、阜口坝，疏通中心沟一道，长五十余里，挑挖塘身，增补堤埂，改修凤凰闸坦坡，更换各水门石板、木桩之朽裂。二月兴工，九月竣事。用银一万一千七百六十四两有奇。冬十一月复以塘工余银增捐重葺孙公祠、并将修理始末勒于石以记之。十八年，生员戴秉衡等呈称塘民开田，经总督陶澍札饬本府舒梦龄查勘示禁，知州续瑞勒诸石。同治五年，知州施照重修滚坝。光绪三年，候补道任兰生拨款修浚塘堤、桥闸、沟坝、水门及孙公祠，用制钱三千一百五十六千四百五十四文，州人孙家鼐有记。五年，任兰生于凤颖道任内拨款重修双门，用制钞四百九千四百文，并重刊夏尚忠《芍陂纪事》，附以新议条约，计板五十五块，发交塘董领储孙公祠。八年，复拨银三百两，旋署臬篆经署道刘傅桢添拨银四十一两三分一厘八毫，修葺凤凰、旱口二闸滚水坝、孙公祠。十五年，巡抚陈彝拨银四千余两浚治芍陂大土门，既为民所私废，复添设永安门,仍为二十八门。①

这段资料介绍了历代不同时期对芍陂水闸等设施的重修、补葺、新增的相关情况,说明了历代地方管理者对芍陂的重视。随着历代不断增建,芍陂的灌溉能力虽逐渐加强,但也因为一些人为因素,有些河道、塘堰、闸口废弃,在一定程度上影响了芍陂灌溉能力的发挥。芍陂不仅在农业生产上具有重要的意义,在军事屯田上也具有一定价值。

凤阳是明太祖朱元璋出生之地,故而《(光绪)凤阳府志》在"古迹考"中对"明陵"有所介绍:"明陵,在府治南十八里,明太祖父陵。《明史·礼志》:仁祖墓在凤阳县太平乡,太祖至濠尝议改葬,不果,因增土以培其封。今陵旁故人汪文、刘英等守视。洪武二年,荐号曰'英陵',后改称'皇陵'。设皇陵卫,并祠祭署奉祠。《凤阳新书》:皇陵有土城一座,中有砖城一座,内有皇城一座。其间享殿具备,殿左右庑、官厅、直房、神厨、宰牲厨、酒房等屋数百间,碑亭二座,祠祭署铺舍数百间,松柏数百株,石人马数十对。崇祯八年,张献忠破凤阳,尽遭焚毁。今存者惟二碑及石人马而已。"②这段资料介绍了明陵的建置过程、规模结构、毁坏原因、当时状况等方面的情况。明陵是朱元璋父亲的陵墓,原称"英陵",后改称"皇陵"。为了对其岁时祭祀,专门设立皇陵卫及祠祭署。皇陵规模宏大,土城一座,砖城一座,皇城一座,各类房屋数百间,松柏数百株,石人马数十对,碑亭二座。崇祯八年(1635年),张献忠攻破凤阳城,皇陵被焚毁,到光绪二十三年(1897年)编修凤阳府志时,只存有两座石碑和石人马数对。《(光绪)凤阳府志》"古迹考"中还收录了明太祖皇陵碑的碑文,为人们了解相关历史情况提供了参考。

《(光绪)凤阳府志》"古迹考"中还收录了"十王四妃墓"的情况。"十王四妃墓,《凤阳新书》:墓在府城西北二十五里粉团洲、淮水南岸白塔湾。王坟乃

---

① 《(光绪)寿州志》卷六《水利志·塘堰》,《中国地方志集成》本,南京:江苏古籍出版社,1998年。

② 《(光绪)凤阳府志》卷一五《古迹考》,《中国地方志集成》本,南京:江苏古籍出版社,1998年。

太祖以前筑,后有天下,追封曰寿春王、霍邱王、安丰王、蒙城王、下蔡王、六安王、英山王、来安王、都梁王、宝应王。寿春王妃刘氏、霍邱王妃翟氏、安丰王妃赵氏、蒙城王妃田氏,俱攒一处建茔域,以便祀焉。有小白塔一座在外,直房内旧有殿庑,门垣屡被淮水淹没。成化二十年,命重建殿宇,有华表、石人、石兽。《明史·诸王传》:熙祖二子,长仁祖、次寿春王。王有四子,长霍邱王,次下蔡王,次安丰王,次蒙城王。霍邱王一子,宝应王。安丰王四子,六安王、来安王、都梁王、英山王。下蔡、蒙城、宝应、六安皆先卒无后,洪武元年追封,二年定从祀礼,附享祖庙东西庑。寿春、霍邱、安丰、蒙城四王皆以王妃配食。蒙城王妃田氏早寡有节行,太祖甚重之。十王四妃墓在凤阳白塔祠,官祭祀焉。《县志》:十王四妃墓,今唯周围土城尚存,中间一冢即十王四妃并攒一处者也。西南一冢即驸马黄琛墓,石人、石兽、白塔无一存者"[①]。熙祖即明太祖朱元璋的祖父朱初一,仁祖是朱元璋的父亲朱世珍,朱元璋建立明朝,做了皇帝以后追封自己祖父和父亲分别为明熙祖和明仁祖。明熙祖有二子,长子朱仁祖,次子寿春王。十王四妃墓在凤阳白塔祠,实际上就是寿春王及其四子、五孙、包括寿春、霍邱、安丰、蒙城四王王妃的攒葬之处,设官祭祀。这段资料介绍了明太祖朱元璋家人的相关情况。

《(民国)太和县志》在"风俗"中附载《知县阮文藻谕民诗》四首,因"诗足为近代风俗箴贬,故采入",以此来说明太和县风俗民情的相关情况。

  生民如殖禾,禾生稗亦产。治民如艺兰,兰滋蓁必薙。厚薄泯心存,是非凭理遣。本无覆日冤,何用谈天辩。东坞一枯株,西溪一破筦。调停理正忙,勾摄衙胥趼。所得仅毫毛,所防犹疥癣。城狐饱橐囊,田鼠盗畦畎。坐告诚含羞,优宽亦幸免。用谕侦讼人,公庭勿轻践。老僧勤说法,阶下虎心善。

  什一沿殷周,经邦有常赋。俭岁幸蠲除,丰年应挽输。长官拙

---

① 《(光绪)凤阳府志》卷一五《古迹考》,《中国地方志集成》本,南京:江苏古籍出版社,1998年。

催科,下考凭记注。无奈代丁缙,又将筹里布。花分鳞册名,火耗蝇头数。籴谷且卖丝,昔襦今有库。了公眠亦稳,白著牒容诉。府帖如星驰,官程敢刻悮。用谕积逋人,纳金匪存库。不然租吏来,鸡犬鲜逃处。

壮士虬紫须,剚刃入仇腹。誓天许头颅,斫地杂歌哭。矫节魏军椎,实铅秦殿筑。仇深为国家,恩重轻骨肉。后世犹盗书,当世第奴畜。汝何慕侠游,相率欺茕弱。斗狗自呼朋,放鹰还啸族。屠沽杂叫嚣,酒食相征逐。嘲谑随揕胸,睚眦遂瞋目。用谕斗狠人,谁曾逃讯鞫。有田且力耕,何必佩刀犊。

曲蘖原乱性,樗蒲不救饥。百艏还十橦,醉梦醒何时。五枭又六雄,狂呼骨岂知。祖宗事纤啬,孙子得娱嬉。今岁田书券,明年地立锥,全家口怨谇,百孔身疮痍。掩面羞欲死,低头诉向谁。谋生佣畚锸,炊爨仰门廖。酤债无从贳,殷场合作师。用谕饮博人,十金八口资。豪华岂不贵,冻馁切肤肌。①

这四首诗从不同层面介绍了太和县风俗的基本情况。

管仲是颍上著名历史人物,因辅佐齐桓公建立霸业而名闻天下。颍上县旧志基本上都有管仲传,介绍管仲的人生经历和辅佐齐桓公的相关情况。《(顺治)颍上县志》收录的《管仲传》称:"管仲夷吾者,颍上人也。少时常与鲍叔牙游,鲍叔知其贤。管仲贫困,常欺鲍叔,鲍叔终善遇之,不以为言己。而鲍叔事齐公子小白,管仲事公子纠,及小白立为桓公,公子纠死,管仲囚焉。鲍叔遂进管仲,管仲既用,任政于齐,齐桓公以霸。九合诸侯,一匡天下,管仲之谋也。管仲曰:'吾始困时,尝与鲍叔贾,分财利多自与,鲍叔不以我为贪,知我贫也。吾尝为鲍叔谋而更穷困,鲍叔不以我为愚,知时有利不利也。吾尝三仕三见逐于君,鲍叔不以我为不肖,知我不遭时也。吾尝三战三走,鲍叔

---

① 《(民国)太和县志》卷一《舆地志·风俗》,《中国地方志集成》本,南京:江苏古籍出版社,1998年。

不以我为怯,知我有老母也。公子纠败,召忽死之,吾幽囚受辱鲍叔不以我为耻,知我不羞小节而耻功名不显于天下也。生我者父母,知我者鲍子也。'鲍叔既进管仲,以身下之。子孙世禄于齐,有封邑者十余世,常为名大夫。天下不多管仲之贤,而多鲍叔能知人也。管仲既任政相齐,以区区之齐在海滨,通货积财,富国强兵,与俗同好恶,故其称曰:'仓廪实而知礼节,衣食足而知荣辱。'上服度而六亲固,四维不张,国乃灭亡。下令如流水之源,令顺民心,故论卑而易行。俗之所欲,因而予之;俗之所否,因而去之。其为政也,善因祸而为福,转败而为功,贵轻重,慎权衡。桓公实怒少姬,南袭蔡,管仲因而伐楚,责包茅不入贡于周室。桓公实北征山戎,而管仲因而令燕修召公之政。于柯之会,桓公欲背曹沫之约,管仲因而信之,诸侯由是归齐。故曰:'知与之为取,政之宝也。'管仲富拟于公室,有三归、反坫,齐人不以为侈。管仲卒,齐国遵其政常强于诸侯。太史公曰:'吾读管氏《牧民》《山高》《乘马》《轻重》《九府》,详哉其言之也。既见其著书,欲观其行事,故次其传。至其书,世多有之,是以不论,论其轶事。管仲,世所谓贤臣,然孔子小之。岂以谓周道衰微,桓公既贤,而不勉之至王,乃称霸哉?'语曰:'将顺其美,匡救其恶,故上下能相亲也。'岂管仲之谓乎?"①这篇传记介绍了管仲与鲍叔牙的友情和相知相交的情况,用一些实例说明了管仲足智多谋、深谋远虑,辅佐齐桓公"九合诸侯,一匡天下",成就齐国霸业,并以司马迁的评论来说明管仲在世人心中的地位。

寿州吕氏在历史上颇有影响,安徽淮河流域旧志也收录了这个家族的一些情况。吕氏原籍京东路莱州(今属山东),因吕龟祥曾任寿州知州,故吕氏移居寿州。寿州吕氏名人辈出,影响很大,安徽淮河流域旧志为寿州吕氏家族中的著名人物作了传,以此说明寿州吕氏的基本情况。《(嘉靖)寿州志》②中有吕龟祥、吕夷简、吕公弼、吕公著、吕希哲、吕好问、吕祖谦、吕颐浩等人的

---

① 《(顺治)颍上县志》卷一三《古今文集·文翰》,清顺治十二年(1655年)刻本。
② 《(嘉靖)寿州志》卷七《人物纪·名贤列传》,《天一阁藏明代方志选刊》本,上海古籍书店,1963年。

小传。

（五代）吕龟祥，其先河南洛阳人。父孟奇户部侍郎，生二子，长龟图，次龟祥。宋太平兴国二年，龟祥登进士及第，为殿中丞，知寿州，有惠政及民。民爱留之，不忍舍去，遂家焉。长子蒙亨举进士，次子蒙选虞部员外郎，三子蒙周进士及第。其后子孙皆至显官。

（吕蒙亨之子）（宋）吕夷简，字坦夫，登进士及第，真宗朝尝奏免农器策。宰相王旦奇之，谓王沂公鲁曰："此人异日当与舍人对秉钧轴。"乾兴元年，为给事中参知政事。天圣七年，以本官平章事。庆历二年，感风眩疾，诏拜司空平章军国重事。夷简力辞，帝手诏曰："古人言须可疗疾，今剪须合药表予意也。"三年罢以司徒，议军国大事。四年，卒。仁宗谓群臣曰："孰有忧国忘身如夷简者。"封许国公，赠太师中书令，谥"文靖"。帝篆其碑曰"怀忠"。配享仁宗庙廷。公绰、公弼、公著，其子也。

（吕夷简二子）（宋）吕公弼，字宝臣，赐进士出身，积迁直史馆、河北转运使。自宝元、庆历以来，民疲馈饷，公弼始通御河，浙粟实塞下，治铁以助经费，移近边屯兵就食，京东增城卒给板筑，蠲冗赋及民逋数百万。仁宗知名识于殿柱，擢龙图阁直学士，尝奏事退，帝目送之谓宰相曰："公弼甚似其父。"英宗时公以言事者数与大臣异议，乃谏曰："谏官、御史为陛下耳目，执政则为股肱，股肱、耳目必相为用，然后身安，而元首尊。宜考言观事，视其所以而进退之。"会王安石立新法，公弼数言宜务安静且将劾之。从孙嘉问私其稿以示安石，先白之帝，不乐，遂罢为观文殿学士，知太原府，后拜宣徽西院使，判秦州，以疾求解，为西太一宫使。薨，赠太尉，谥"惠穆"。

（吕夷简三子）（宋）吕公著，字晦叔，嗜学不倦。父夷简异之。登进士第，召馆职不就，通判道州。仁宗时除崇文馆检讨，因议追崇濮王典礼不听，乞补外出知苏州。神宗立，召为翰林学士，复擢御史中丞，极言青苗不可行，惠卿不可用。安石怒其不附己，出知颍州。

八年,彗星见,诏求直言,公著言人才反覆,政事乖戾,乃起知河阳,寻改端明殿学士,知审官院。未几,以论治道转同知枢密院事。后因沮伐夏之兵不听,以疾乞去,除资政殿学士、定州安抚。兵败,帝思公著之言,乃徙扬州,加大学士。章惇入相,论其更变熙丰法度,削谥毁碑,贬为司户参军。徽宗立,追复太子太保。蔡京擅致①,复降左光禄大夫。公著平生抗疏多所裨益,识精言约,温公甚敬畏之。当时推为学行之士。

(吕公著长子)(宋)吕希哲,字原明,以荫入官。父友王安石劝其勿事科举,以侥幸利禄,遂绝意进取。安石欲引用之,固辞乃止。后范祖禹荐为崇政殿说书,劝导人主以心正意诚则身修而天下化。会绍圣党论,起御史。刘极论其进不由科第,以秘阁校理知怀州。徽宗初召为秘书少监,寻改光禄少卿,希哲乞外知曹州,旋遭崇宁党祸夺职。知相州,徙邢州,罢为宫观,羁寓淮泗间十余年,卒。

(吕希哲长子)(宋)吕好问,字舜徒,希哲长子,以荫补官。靖康元年,擢御史中丞,疏蔡京过恶,及削王安石王爵,正神宗配享,谏修武备,大臣不听。至金人陷真定、攻中山,上下震骇。好问劾大臣畏懦误国,出知袁州。钦宗思其言,进兵部尚书。金人立张邦昌,邦昌入居都省,虽不改元而文移必去年号,独好问所行文书存之。靖康二年,因金人谋取康王,即遣人以书白王"天命人心"语,邦昌亟奉传国宝往大元帅府,遂遣使诣大元帅府劝进。高宗即位,劳之曰:"宗庙获全,卿之力也。"除尚书右丞、侍御史。王宾论其尝汗伪命不可以立新朝,高宗曰:"邦昌僭号,初好问募人赍白书具道其事,金人遁退,又遣人劝进。考其心迹,非他人比。"除资政殿学士,知宣州,提举洞霄宫,以恩封东莱郡侯,避地。卒于桂州。

(吕大器之子)(宋)吕祖谦,字伯恭,好问孙也。初以荫补官,后

---

① "致"字疑误,应为"政"字。

举进士,中博学弘词科,召为博士兼国史院编修、实录院检讨官。尝劝孝宗留意圣学及恢复大事,悉言国家治体有远过前代者,有视前代为未备者,论议皆切直精当。后以馆职铨择《圣宋文海》,赐名《皇朝文鉴》。孝宗云:"祖谦所进采取精详,有益治道。"明年,除著作郎兼国史院编修官。卒年四十五,谥曰"成",史臣曰:"其才猷可以经邦,其风节可以励世。"

（吕夷简曾孙）（宋）吕颐浩,夷简之曾孙,举进士。宋高宗时历知江宁府,会苗傅作倡议勤王语,张浚曰:"今事不谐,不过赤族,为社稷死,岂不快乎?"高宗曰:"颐浩奋不顾身为国讨贼,群臣不及也。"后以淮南民未服业须威望,大臣措置,遂以颐浩兼宣府领寿春府知府,官至浙西安抚制置大使,寻知临江府行宫守。后以明堂礼成,进封成国公。卒赠太师,封秦国公,谥"忠穆"。

通过这些人物传记,人们可以了解五代、宋寿州吕氏家族相关人物的基本情况。

安徽淮河流域旧志收录的内容突出地反映了地方特色,反映了这一地区历史发展过程中的独特内容。

三、反映时代特征

不同时期编修的地方志都会有一定时期的时代特征,反映历史发展的阶段性特点。安徽淮河流域旧志收录的内容,为一定历史阶段某一地区历史发展情况提供了翔实的资料。

《（民国）太和县志》修于民国十四年（1925年）,收录的警察、警备队、清乡保卫团、汽路、邮务、农会、商会、图书馆等方面的内容都是时代发展的写照。

"（太和）县警察所管理县区内之警察事务,于民国元年十月组织成立。初设有警务长、区长,后改有警察事务所长、区员。三年,改警察所。未几,太和奉省令裁撤,改编保卫队。民国三年八月二十九日教令县警察所官制第一条,但县无设所之必要,时得以保卫团代之。至十三年奉省令筹备,有警佐一员、巡官一员,巡士无定额。此外,如乡区内繁盛地方得设警察分所,肥河口、界首集各分所有区长一员,巡士无定额,均成立。民国元年未裁,由知事呈请委任后,旧县集、清泥浅亦增有分所区长,暂摄警察事务。惟县内向无固定经费,仅由商民募捐支应,改良为难,亦地方所应筹备而厉行其事焉"①。民国元年(1912年),太和县设立县警察所,最初有警务长、区长之设,后设有警察事务所长、区员。民国三年(1914年),改为保卫队。至民国十三年(1924年)又设警佐一名、巡官一名,巡士没有定额。后旧县集、清泥浅还增设分所区长,暂时管理警察事务。因太和县一直没有固定经费用于警察所相关事务,都是由商民募捐开支各项活动,要想进行改良实在是非常困难的事。通过这段资料,人们可以了解到民国时期太和县警察所的设置和其他相关情况。

"警备队原名保卫队,于民国三年七月遵省令设立。有队长一员,薪饷由国帑支给,嗣奉部令改称今名。地方警备队于民国二年遵本省督军令编制二连,嗣以白狼之乱续增一连。民国十二年春,豫匪猖獗,窜扰太和边陲,复增一连。有管带一员,营副一员,连长四名,排长八名,薪饷由地方附加税内支给"②。民国三年(1914年),太和县原来的保卫队更名为警备队,设立队长一名,其薪饷由国帑支付。民国二年(1913年),地方警备队则根据本省督军令设为二连,后因白狼之乱又增设一连。到民国十二年(1923年)春,因豫匪侵扰太和边界,再增一连。设有管带一名、营副一名、连长四名、排长八名,其薪饷全部从地方附加税内支付。太和县警备队的建设情况由此可一目了然。

民国年间,太和县还设立了清乡保卫团,《(民国)太和县志》载:"地方保卫团本为巡缉盗匪、保卫善良而设,太和于民国十三年五月,就原有团防,依照中央颁布之保卫团条例改组,并参酌地方情形订定章程遵守。统全县为十

---

① 《(民国)太和县志》卷六《武备志·警察》,《中国地方志集成》本,南京:江苏古籍出版社,1998年。
② 《(民国)太和县志》卷六《武备志·警备队》,《中国地方志集成》本,南京:江苏古籍出版社,1998年。

二团,本沿前清咸丰间剿匪成规,今复分十二团为十二区,各堡隶之,每区设团总一人,每堡设团董一人办理防务,期能守望相助,协辅军警,以资捍御,经费系量地方筹给。"①太和县保卫团是民国十三年(1924年)在原有团防的基础上,根据中央颁布的保卫团条例改组建设的,并参考地方情形制定了相关章程。太和县清乡保卫团总共十二团,后又分十二团为十二区,所在各堡归其管辖。每区设立团总一人,每堡设团董一人,两者相互配合,共同担当捍御重任。清乡保卫团的经费全部由地方筹给。由这条资料可以了解到太和县清乡保卫团的基本情况。

太和县汽车交通和运输是在民国时期才开始出现的,《(民国)太和县志》称:"太和居偏僻地,水陆交通滞阻。民国十三年,由士绅创组汽车公司,营业在于豫皖交界处。先自太和勘定路线,北通亳县,西达豫省周家口。购备汽车两辆,逐日开驶,以期上行货物,连络运输,便利交通。间有开驶往阜阳、蚌埠等处,非常例。一俟营业发达,增加车辆,再使路线扩充,下行开驶不绝。现赁县北门民宅为车站。"②因太和县地处偏地,水陆交通不方便,民国十三年(1924年)士绅创建汽车公司,租赁太和县北门民宅为车站,主要在河南、安徽交界处营运。太和县向北至亳县、向西到达河南省周家口,两辆汽车每天运行,希望能够通行货物,方便交通。另虽有通往蚌埠、阜阳等处的班车,但不是常制。汽车公司还规划等营业发达以后再添置车辆,增加路线,促进交通业的进一步发展。汽车运输的开通为太和县的进一步发展提供了基础条件。

邮务也是近代历史上才出现的,《(民国)太和县志》收录了邮务方面的内容。"太和邮务,光绪二十八年始设立邮寄代办所,民国五年十二月改为三等邮局。安庆管理局派主任员兼辖六代办所,旧县集、苏集、税子铺、三塔集、玄

---

① 《(民国)太和县志》卷六《武备志·清乡保卫团》,《中国地方志集成》本,南京:江苏古籍出版社,1998年。

② 《(民国)太和县志》卷二《舆地志·汽路》,《中国地方志集成》本,南京:江苏古籍出版社,1998年。

墙集、倪丘集等代办所。六年七月，升为二等邮局，遂增一切汇兑事宜。至九年六月增设村镇邮站十七处，八里店、双浮图、齐桥、黑虎庙、胡集、李兴集、光武庙、蔡庙、龙冈集、高庙集、西新集、滑集、闻集、两河口、界牌集、草寺集、双河集，四日一班。十二年九月，将繁盛邮站之黑虎庙、李兴集、光武庙、蔡庙、高庙、草寺集等处改升为信柜。十一年九月，因汇兑发展并改升为乙丙兑汇办法，以便利地方"①。光绪二十八年（1902年），在太和县设立邮寄代办所。民国五年（1916年），将其改为三等邮局。民国六年（1917年），又升为二等邮局，并增加了汇兑事宜。原有代办所六个，民国九年（1920年）又增设村镇邮站十七处。民国十二年（1923年），又将其中的几处升为信柜。民国十一年（1922年），因汇兑方式改革，又调整了汇兑方式，以方便地方。邮务不仅涉及通讯，还兼及汇兑之事。时代发展变化的特征非常突出。

《（民国）太和县志》对"农会"也有相关记载："农会于□事上改良，应共图其进行，并得建议于主管官署。太和于民国九年设立，置会长一人，总理事务，副会长一人，协助之，评议六人，凡有学识经验以及有耕地、牧场、原野、土地并经营农业者，皆得为会员。经费由该会分担，不足者由地方公款酌拨。依法定任期内，每年应将该会事务及区域内农业状况编成报告，书呈送官署察核。"②民国九年（1920年），太和县设立农会，会长一人总理事务，副会长一人协助会长处理相关事务，评议六人，另外还有会员。经费由农会分担，如有不足，则由地方公款酌拨。在法定任期内，农会每年都必须将该会事务及辖区内农业发展状况汇报官署查核。农会的设立有助于规范农业生产，促进农业发展。

民国时期太和县还设立了商会，《（民国）太和县志》有相关记载："各地方行政长官所在地或所属地工商业繁盛者，得设立商会。太和于民国九年十二

---

① 《（民国）太和县志》卷二《舆地志·邮务》，《中国地方志集成》本，南京：江苏古籍出版社，1998年。

② 《（民国）太和县志》卷四《食货志·农会》，《中国地方志集成》本，南京：江苏古籍出版社，1998年。

月设立,公举正、副会长各一人,主持全会一切事务。会董三十人,并举特别会董四人,办理工商业一切学术及技艺等项,均有法定任期。其中途补充者,仍按前任者之任期接算。定期会议,分年会、职员会,年会每年一次,职员会每月须二次以上,特别会议,无定限。每年遵章将事业之成绩报告农商部备核,经费由会员负担之。"① 按照要求,各地方行政长官所在地和工商业繁盛的地区都要设立商会,民国九年(1920年)太和县正式设立商会,并公举会长一人、副会长一人,共同处理商会事务。另有会董三十人、特别会董四人,办理工商业学术及技艺等方面的事务。会长、副会长、会董、特别会董都有法定任期,如中途有补充者,其任期按前任接续计算。商会必须定期召开会议,年会每年一次,职员会则每月须二次以上,如有特别事情则可以召开特别会议,而特别会议没有定限要求。每年也必须将商会相关工作及成绩上报农商部备案核查,商会经费由会员负担。商会的设立有助于规范工商业活动,引导工商业发展。

图书馆是近代历史上的一个新事物,《(民国)太和县志》中有相关记载。为了说明问题,现将相关内容抄录如下。

> 图书馆在城内大街东社仓西院,民国十三年六月邑人吴风清剑立,定名为太和县图书馆。藏书楼三间,阅书室三间,阅报室三间,会议室及职员室三间。购置中西各种有用图书及报章备人观览,蕲有以增扩常识、传导文化以辅教育之普及。其经费由劝学所在学款项下按年拨给银币四百圆,补助费由财政局在公益项下按年拨给银币一百圆,呈准在案,岁以为常。图书目录附后。

> 经类:《十三经注疏》及经类说文,计十种,共若干卷。

> 史类:《战国策》《国语》《史记》《汉书》《后汉书》《三国志》及正续《资治通鉴》并《清史》,共若干卷,附历史地理科学十七种。

---

① 《(民国)太和县志》卷四《食货志·商会》,《中国地方志集成》本,南京:江苏古籍出版社,1998年。

子类:周秦诸子三十八种,共若干卷。附哲学类宋元明清诸儒学案共若干卷,西洋哲学、伦理学、美学十六种,法政类二十二种,教育类二十七种,普通科学类二十四种,社会小说类十二种,丛书一百十九种。

集类:陶渊明集、韩柳欧苏各文集及近代文集共若干卷,附外国文类五十二种,杂志十四种。

图类:中国舆图、世界新舆图及历史图、理科标本图五十四幅。①

由这段资料可以看出,太和县图书馆的设立时间、设立目的、规模、经费来源以及收藏图书的种类和数量,反映了近代历史发展的新面貌。

抗日战争是中国历史上的大事件,全国人民同仇敌忾,团结抗敌。民国三十六年(1947年)编修的《阜阳县志续编》专设"抗战史料"一目,介绍了阜阳地区抗战的相关情况。"抗战史料"小序曰:"粤自民国二十六年卢沟桥事变,日本军阀逞其大陆政策之凶焰,不宣而战。我全国朝野愤异族之侵陵,凛覆亡之惨祸,精诚团结,一致抵抗,祸结兵连,于今八载。阜阳为皖北重镇,敌骑频来窜扰,所幸全县民众敌忾同仇,争先恐后,除有钱出钱、有力出力供应驻在及过境国军外,若组织团队捍卫地方,若供献财产毁家纾难,壮丁则踊跃应征,军民则合作抗战,以及数年来出征游击,阵亡军人之为国捐躯,迭遭轰炸,官绅士庶之效死勿去,义勇热诚,不胜枚举。其关系之巨,已见舆地志序,兹谨约略分志其较著者如次。"②民国二十六年(1937年),卢沟桥事变发生,中国抗日战争全面爆发。阜阳为皖北重镇,遭到日本侵略军窜扰,全县人民团结一致,共同抗敌,有钱出钱,有力出力,为驻扎在本地和路过的抗日军队提供物资,也组织起抗日队伍,军民联合作战,为国捐躯者不胜枚举。《(民

---

① 《(民国)太和县志》卷五《学校志·图书馆》,《中国地方志集成》本,南京:江苏古籍出版社,1998年。
② 《(民国)阜阳县志续编》卷一四《抗战史料》,《中国地方志集成》本,南京:江苏古籍出版社,1998年。

国)阜阳县志续编》将阜阳地区抗日战争中非常重要的内容收录在一起,包括自卫军之组织与缘起、自卫军组织与点编之时期、自卫军缩编之过程、两支队分任防务之经过、一二两支队回防阜城之经过、李指挥官改编自卫军之过程、南照集战役、小曹集战役、九十二军却敌记、骑二军却敌记、阜城数被敌南惨炸、阜阳县政府故秘书吕若枋殉国事略、黄河决口为灾、吴秉彝毁家纾难、三队长抗战不力伏法、本县征出兵役数目、阜阳抗战军人姓名住址番号暨阵亡年月地址一览表、小曹集游击战役阵亡官兵姓氏里居一览表,为人们了解阜阳地区军民抗战的相关情况提供了重要的参考资料。

时代不同,风俗不同,《(民国)阜阳县志续编》专设"风俗志",对阜阳县不同时期的风俗作了介绍。"风俗志"小序曰:"风俗沿革随思想、文化、经济、政治之生活以演进,而储能效实,又足使世道人心,随以俱转,治国闻者不可不知也。道光旧志,已将本县之习尚、婚礼、丧礼及社会常行之礼节,乃至岁时习惯载之綦详。兹略考道光十年以后之风俗,除其相沿者不再赘述外,谨将此百余年来礼俗变更之处,撮举要端,以备考征焉。续志风俗。"①因风俗随着思想、文化、经济、政治等的变化而发生变化,而人心世道也随着风俗而有所改变,所以治国者必须要弄清一个地区的风俗,才可以加强对这个地区的管理。《(道光)阜阳县志》已经将道光九年(1829年)以前阜阳县风俗加以记载,故《(民国)阜阳县志续编》则汇总道光十年(1830年)以后阜阳县的风俗,其中世代相沿没有多少变化的风俗不加复载,只将百余年来风俗变化之处撮其指要,记录在志书中。"风俗志"首先记载"咸同光宣时代之风俗":"习尚礼节与嘉道时代相仿佛,惟届光绪末年民智渐开,男女之婚嫁间有主用自由结婚仪式者耳。光绪年间,人民于咸同以后休养生息,日臻富庶,商业中多有主张出会者,其法每日按商业之大小捐钱,积少成多,至次年十一月一日以前出城隍会。出时先盘义会续帚哥(人顶孩童,中有铁条如站刀尖,极危险。)二十余架,橙哥(如帚哥,然在桌上橙着)四五架,高脚三四对,次三仙会,次鬼会,

---

① 《(民国)阜阳县志续编》卷五《风俗志》,《中国地方志集成》本,南京:江苏古籍出版社,1998年。

次十殿阎罗,及面前油锅锯解,各鬼魔之变像皆由人扮,又次旗伞銮驾、提炉烧苦香者,最后即木雕城隍神像乘八檯之肩舆,由城隍庙(即现在之中山纪念堂)转鼓楼南大街,经大隅首往东出东门,走老牛市,往北经顺河街至双柏寺,西停城隍回宫,越一日,晚各故事上再加灯彩,进北门回城。每次出会各处来观者,动一二十万人,商贩旅店均获利甚丰。民国改元,出会事即停止,丧礼之跪拜礼遂渐渐改为脱帽鞠躬礼,教前穿蓝衫至此已改为礼帽马褂矣。"①

在此之后,《(民国)阜阳县志续编》又记述"民国时代之风俗":"民国以来上元节食糯米,元宵、端阳节包米粽、烹油糕,六月六制炒面,中秋节制月饼,九月九制米糕,腊八食米粥,与以前大致相同。"②并特别指出民国时期婚礼仪式发生了巨大变化。为了说明婚礼及其仪式的变化情况,现将相关内容抄录如下。

> 惟婚礼改文明结婚者日多,按民国以后之结婚有自由缔结者,有友人介绍者,亦有仍照从前用媒妁说合者。结婚时多仍先期请人择吉,其仿效大都会集团结婚者尚少,且即使文明结婚往往亦用花轿,不过届时由男家先设喜堂,上悬总理遗像、国旗、党旗,中间设一礼案,案上置花瓶等物。请一公正耆德之证婚人居中,男主婚人居左,女主婚人居右,介绍二人在礼案左右相对立,新郎、新妇向内并立,男引导员二人,引导新郎,女引导员二人,引导新妇。由男家预备结婚证书二份,上写如左:
>
> 结婚证书
>
> 伏以比翼呈图,关雎赋好逑之句;如实集瑞,简编传佳偶之风,女嫁男婚配合本由定数,乾亨坤顺,姻缘岂是偶然,兹由　　二君介绍,某君/女士　　于　年

---

① 《(民国)阜阳县志续编》卷五《风俗志》,《中国地方志集成》本,南京:江苏古籍出版社,1998年。

② 《(民国)阜阳县志续编》卷五《风俗志》,《中国地方志集成》本,南京:江苏古籍出版社,1998年。

月　日结婚,已特请某　先生为证婚人,由此行文明婚礼(中略)爰立证书,用为永据。

证婚人　　盖章

介绍人　　盖章

男主婚人　盖章

女主婚人　盖章

新郎　　　盖章

新妇　　　盖章

中华民国　年　月　日

外请人奏乐或风琴,其秩序单为:

一、奏乐;二、男宾入席;三、女宾入席;四、证婚人入席;五、主婚人入席;六、介绍人入席;七、新郎新妇入席,向内并立;八、奏乐;九、全体肃立;十、全体向党国旗暨总理遗像行三鞠躬礼,一鞠躬,再鞠躬,三鞠躬;十一、复位;十二、证婚人展读证书;十三、男女主婚人用印;十四、介绍人用印;十五、证婚人用印;十六、新郎新妇用印;十七、新郎新妇交换饰物;十八、奏乐;十九、新郎新妇相向行鞠躬礼,一鞠躬,再鞠躬,三鞠躬;二十、新郎新妇谢证婚人及介绍人,行鞠躬礼,一鞠躬,再鞠躬,三鞠躬;二十一、新郎新娘向男女主婚人敬礼,一鞠躬,再鞠躬,三鞠躬;二十二、演说;二十三、全体向主婚人及新郎新娘致贺,行三鞠躬礼;二十四、主婚人及新郎新娘向全体至谢,行三鞠躬礼;二十五、证婚人退;二十六、礼成奏乐,全体俱退。

各礼行后,然后再拜家堂,到开拜时与以前无多变更,不过改鞠躬。贺喜者致谢者亦多改为鞠躬,其余与以前无异。[①]

民国新式婚礼座席的排列也有了新变化,《(民国)阜阳县志续编》绘图加

---

① 《(民国)阜阳县志续编》卷五《风俗志》,《中国地方志集成》本,南京:江苏古籍出版社,1998年。

以说明。(见图 27)

图 27 民国新式婚礼座席图

除婚礼之外,《(民国)阜阳县志续编》在"民国时代之风俗"中还介绍了阜阳地区其他的风俗。"至乡村妇女仍多信从以前礼教,其中茹素诵经念佛者亦复不少,间有少数妇女服从福音教或天主教者。以前妇出外工作者甚少,近二十年来女子入学校者既多,有大学毕业者,有出洋留学者,所以女子为校长、为主任、为各处委员者亦所在多有。且近来青年女童多知入校求学,此阜阳近二十年女界改进之现象也,因均与风俗有关,故志之""民间旧日习俗女子率多缠足、留发、挽髻,自民国以来,女子概易为天足,将缠足之风一律革除,远近称快。其留发、挽髻一节亦半剪成短发,迎风披拂。而男子亦概将满人制度之发辫剪去,老年人、中年人多薙成光头,少年人或留发数寸,亦稍加梳掠,效欧美流行之状。此亦阜阳近日习俗之随时代而变迁者也"[①]。妇女

---

① 《(民国)阜阳县志续编》卷五《风俗志》,《中国地方志集成》本,南京:江苏古籍出版社,1998 年。

除了信奉中国传统的道教、佛教,又开始信服福音教和天主教,并且越来越多的女子走进学校学习文化知识,有大学毕业的,也有出国留学的。她们学成之后,有担任校长的,有担任主任的,有担任各处委员的。青年女子包括女童入校求学,是近二十年来阜阳女界改进的新现象。过去旧俗女性多缠足、留发、挽髻,民国以后女子不再缠足,头发亦剪成短发,而男子则剪去发辫,留短发或光头,这些都是模仿欧美流行的样式,也反映了阜阳风俗随着时代变迁而发生的变化。

《(民国)阜阳县志续编》专设"党团志",小序指出:"民国成立,全国暨各省县多设有国民党(其前多为中国同盟会)党部。因民国为所创立,且在以党治国期内,其机关权力高于一切,其人选亦极慎重。及党政以下,遵令组织之法团,乃至依法呈请党政许可之人民团体,皆辅助政令之所不及,而堪以代表社会人士之心理者也。故为党部变迁表一,法团沿革表一,人民慈善团体表一,文化机关一览表一,俾后日有所考证焉。志党团。"中华民国成立之后,全国各地纷纷建立国民党党部,在以党治国的时期内,国民党党部的权力高于一切,故而其人选非常慎重。在国民党党部之下设立的各种法团、人民团体党,都会辅助国民党党部政令之所不及,以代表社会人士的利益和心愿。在"党团志"下还列有党部变迁沿革表、地方法团沿革表、人民慈善团体沿革表、文化机关一览表,为日后进行考证提供参考。[①]

安徽淮河流域旧志收录的具有时代性特征的内容,反映了这一地区历史发展的阶段性状况,为人们了解不同历史时期阜阳县社会历史发展的情况提供了参考。

四、凝聚传统文化

安徽淮河流域历史悠久,人文底蕴深厚,传统文化内涵丰富。孝悌是中国传统美德,自古以来就一直提倡和推崇。地方志为孝悌之人立传,宣扬孝

---

① 《(民国)阜阳县志续编》卷三《党团志》,《中国地方志集成》本,南京:江苏古籍出版社,1998年。

者的行为和精神。

《(光绪)凤阳府志》"人物传"中设有"孝友"一目,小序曰:"孔子曰:'吾志在《春秋》,行在《孝经》。'又曰:'惟孝友于兄弟,施于有政,故移孝可以作忠,孝弟为人之本。'凤郡自汉赵孝之论瘦肥,隋郎方贵之争首坐,笃于天性,情无矫饰。虽殊伟俊之才,其流风被于淮南未沫也,至我圣清旌闾者尤盛焉。述孝友。"① 孝是忠的基础,尽孝之人既会尽忠于君,也会友爱于弟,虽不如伟俊之才的轰轰烈烈,却也影响深远。从汉朝赵孝到隋郎方贵再到清朝,凤阳府孝友之人数不胜数,《(光绪)凤阳府志》选取其中的一些人物,收入"孝友"一目,以彰显其孝友之行。

"汉赵孝,字长平,沛国蕲人。父普为田禾将军,任孝为郎。尝从长安还,欲止邮亭。亭长先时闻孝高名,扫洒待之。孝既至,不自名。长不官内,因问曰:'闻田禾将军子当从长安来,何时至乎?'孝曰:'三日至矣。'遂去。及天下乱,岁饥,人相食。弟礼为饿贼所得,孝闻之即自缚诣贼,曰:'礼瘦不如孝肥。'贼并放之,谓曰:'可且归,更持米糒来。'孝求不能得,复往报贼,愿就烹。众异之,遂不害。永平中,辟举孝廉,显宗素闻其行,诏拜谏议大夫。历迁长乐卫尉,复征弟礼为御史中丞。礼亦恭谦,行已类于孝。帝宠异之,诏礼十日一就卫尉府,大官送供具,令兄弟相对尽欢"②。这篇赵孝传参考了《后汉书》,介绍了汉朝赵孝论瘦肥的故事,说明了赵孝和弟弟赵礼都是知书达礼之人,也都是孝友之人。

"隋郎方贵,淮南人,与从弟双贵同居。方贵出行遇雨于津,所寄渡船人挝方贵臂折。至家,双贵笃问,遂向津殴船人致死。县官案问,以方贵为首,双贵从坐。兄弟二人争为首坐,悬不能断,送州。州以状闻,高祖原之,表其

---

① 《(光绪)凤阳府志》卷一八上之下《人物传·孝友》,《中国地方志集成》本,南京:江苏古籍出版社,1998年。
② 《(光绪)凤阳府志》卷一八上之下《人物传·孝友》,《中国地方志集成》本,南京:江苏古籍出版社,1998年。

门闾"①。郎方贵遇雨躲避船中,却不幸被人折断手臂,其从弟双贵知道情况后去责问对方,却将人打死。县官判定郎方贵首罪,郎双贵从罪,而方贵、双贵却争为首坐。县官不敢定罪,州官也不能定案,故上呈高祖。高祖感兄弟二人之孝友,故赦二人无罪,并表其门闾,以宣扬他们的孝友之情。

唐朝寿州安丰人李兴,"父疾,兴刃股肉假托馈献,父已不得哎而死。兴号呼抚膺,口鼻垂血,捧土成坟。坟左作小庐,蒙以苦茨,伏匿其中,昼夜哭。庐上产紫芝、白芝,庐中醴泉涌出。刺史承思请表其间,柳宗元为作孝门铭"②。李兴为父守孝,得到人们认可,柳宗元还为他作孝门铭。

元朝张燧,下蔡人,"至元中任太平路总管府治中,因家当涂。母殁,庐墓有红莲变白之异,郡为立孝莲坊。大德二年旌表"③。张燧为母亲庐墓守丧得到旌表。

赵铭,明朝宿州人,"父畿官金华府推官,母病于官署,刲股和药以进,得愈。同州人张应登母病,刲股和药亦愈。王延龄年十二,父病十年不起,刲股以进,亦得愈。王德教,庠生,父病十年不起,衣不解带。父殁,德教亦毁卒"④。赵铭、张应登、王延龄、王德教均以孝顺父母而名闻于乡。

秦昇,明朝定远人,"成化间任福建全州卫前千户所正千户。性至孝,祖以上三世俱没王事而皆葬于外,昇遵例替职北走潼关,祭奠高祖,安修其坟茔。南浮江淮,遍求祖父雄故阡不得,号泣于道。至环堡得之,启圹载柩,沿江下抵福之北岭,祭其曾祖。惟坟重葺之,乃扶祖柩归。未至,闻父讣,哀号顿绝,执礼惟谨。既卒哭,买地葬祖若父而庐其侧。会山寇萧丙三等起,撤

---

① 《(光绪)凤阳府志》卷一八上之下《人物传·孝友》,《中国地方志集成》本,南京:江苏古籍出版社,1998年。
② 《(光绪)凤阳府志》卷一八上之下《人物传·孝友》,《中国地方志集成》本,南京:江苏古籍出版社,1998年。
③ 《(光绪)凤阳府志》卷一八上之下《人物传·孝友》,《中国地方志集成》本,南京:江苏古籍出版社,1998年。
④ 《(光绪)凤阳府志》卷一八上之下《人物传·孝友》,《中国地方志集成》本,南京:江苏古籍出版社,1998年。

庐,率官军捕剿至永春、长溱二县界,获其党王清仔、苏尾子,生擒丙三而母氏洪尚在,所以事洪甚。至洪享寿八十余龄而昇亦老矣,正德三年旌门"①。秦昇以孝父祖而扬名,并对俘获的萧丙三之母也孝养有加。

"陈元绶,凤阳人,年十七,母病,刲股不效,哀毁成疾而卒。同邑罗子明、沈律、陈汝联、连思恭皆以亲疾割股闻。又庠生刘凤举,父殁,哀毁骨立;母疾祷天,愿以身代,妻谢氏复割股以进,得愈"②。凤阳人陈元绶、罗子明、沈律、陈汝联、连思恭、刘凤举及刘凤举妻谢氏均对父母尽心孝养。

清朝灵璧人谢官相,"年十四,父病,医言须用人参一枝,恐不易得",官相听说此事,误以为"人参一枝"是"人身一指",于是折断自己的一根手指,将其入药,没想到其父吃了药以后出了一身汗,病竟然痊愈了。灵璧县另一位年龄只有十五岁的武岱,也曾刲股入药,治愈父病。③ 谢官相、武岱如此年少却已知孝敬父母,精神可嘉。

"王永康,宿州诸生,母殁,庐墓三年。同州朱汝维,父母疾,衣不解带,及相继卒,庐墓三年。庠生涂玉书,母疾,尝粪以卜生死,父卒,庐墓三年。庠生王正世侍孀,母病亦尝粪,母殁,哀恸几绝。又诸生邢廷相、郭存诚,父母继殁,庐墓三年"④。王永康、朱汝维、涂玉书、王正世、邢廷相、郭存诚皆是孝养父母的表率。

地方志中收录了诸多孝友之人的事迹,其目的就是要通过这些实例,让人们学习和实践孝道,从而让孝成为人们日常生活的一种惯常行为。

仁义是中国传统文化的核心内容,讲仁行义的形式多种多样,安徽淮河

---

① 《(光绪)凤阳府志》卷一八上之下《人物传·孝友》,《中国地方志集成》本,南京:江苏古籍出版社,1998年。
② 《(光绪)凤阳府志》卷一八上之下《人物传·孝友》,《中国地方志集成》本,南京:江苏古籍出版社,1998年。
③ 《(光绪)凤阳府志》卷一八上之下《人物传·孝友》,《中国地方志集成》本,南京:江苏古籍出版社,1998年。
④ 《(光绪)凤阳府志》卷一八上之下《人物传·孝友》,《中国地方志集成》本,南京:江苏古籍出版社,1998年。

流域旧志中收录了诸多这方面的事例,很好地诠释了仁义的内涵。

"李贤,怀远人,家不丰而好施,凡公私营建必竭力以助。尝拾遗金悬于门,无认者乃增资买香木雕大士像供之佛寺。后于路复见遗金,遂去而不顾。天顺间饥,与同邑钱忠、张友盛各输粟四百石备赈,诏旌其门"①。李贤家赀虽不丰裕,但行善好施、拾金不昧,并与同乡钱忠、张友盛分别捐粟田四百石用以赈济,得到旌表。

"廖冠平,怀远人,正统五年输小麦一千一百石助赈,弟冠正、冠玉景泰间各输粟五百石助赈,俱奉敕旌为义门,赐玺书褒劳"②。廖冠平、廖冠正、廖冠玉兄弟三人都曾输麦捐粟救助灾贫,朝廷旌其为义门,并赐玺书以为表彰。

"贾大成,怀远人,明末黄河西决,涡水泛滥,渡者苦之,捐资特置义渡,往来称便。其他施予利济不能悉述"③。黄河决口,涡水泛滥,百姓苦于无渡,怀远人贾大成捐资设置义渡方便往来行人。除此之外,贾大成还做了不少其他形式的善行善事。

"宋义,字仲宜,怀远人。嘉靖间饥,捐粟千石,不受冠带,抚孤侄恩义备至。恤贫睦亲,掩骼瘗殣,义无不为。孙允殖祀孝义祠"④。怀远人宋义捐粟赈饥,抚孤养贫,掩骼瘗殣,无所不为。

"加三乐,凤阳人,精医术。崇祯二年大疫,三乐卖产制药济人。一日早起,拾遗金,候于门,日中有服衰绖者哭过,还之。岁饥,独力施粥,活一乡民"⑤。加三乐捐资制药,救治疫病,拾金不昧,施粥赈饥,帮助一乡百姓。

---

① 《(光绪)凤阳府志》卷一八上之下《人物传·义行》,《中国地方志集成》本,南京:江苏古籍出版社,1998年。
② 《(光绪)凤阳府志》卷一八上之下《人物传·义行》,《中国地方志集成》本,南京:江苏古籍出版社,1998年。
③ 《(光绪)凤阳府志》卷一八上之下《人物传·义行》,《中国地方志集成》本,南京:江苏古籍出版社,1998年。
④ 《(光绪)凤阳府志》卷一八上之下《人物传·义行》,《中国地方志集成》本,南京:江苏古籍出版社,1998年。
⑤ 《(光绪)凤阳府志》卷一八上之下《人物传·义行》,《中国地方志集成》本,南京:江苏古籍出版社,1998年。

"程奇肇,字纪先,凤阳人。本徽郡人,尝贩豆过长淮。时流寇未靖,难民千余人临流无渡,奇肇以豆船十余艘济之,令量力携豆为粮,船为之空。其后复过淮受惠者知之,登舟谢,强留之,为宅以居,遂籍凤阳"①。徽州人程奇肇贩豆过淮,难民无以为渡,他将豆船连辍成桥,帮助难民渡河,又以豆济予难民,难民得以存活。难民感恩程奇肇,极力留之,他便定居凤阳。

"邵光先,怀远人。顺治六年,有淮安客谢涵玉遗银三百七十两。光先获之,及寻至,引入家中,款以饮食,举原囊还之。其孙兰、蕙二人尚幼,亦还醉客银百二十两"②。邵光先拾得他人遗银三百七十两,寻找到主人,将银归还。更难得的是,邵光先两个年幼的孙子,也能将拾得的银子还给了主人。

"林恩,凤阳临淮乡人。邑东司家村旧有上桥,不时冲没,恩捐资改建石桥,人不病涉。又置义冢、施棺木,数年不倦,输粟振饥,恤贫焚券,义行甚多"③。凤阳临淮乡人林恩修建石桥、设置义冢、施予棺木、捐粟赈饥、焚券恤贫,凡是善举无所不为。

"唐培韬,怀远人,乾隆间太学生。为人豪爽,最好施与,凡建庙宇、造桥梁、修道路无不竭力襄助。乡里称善人焉"④。唐培韬喜为善事,受到乡人称赞。

"刘天行,怀远人,候选州同。乾隆丙午、嘉庆辛酉岁皆大饥,凡捐一千五百余金助赈。从弟天言亦捐千金助赈。又于学宫前建亭以为士人息游之所。同邑姚德盛贡生,乾隆丙午大饥,捐三百金赈粥。子尚志、尚友嘉庆辛酉捐一

---

① 《(光绪)凤阳府志》卷一八上之下《人物传·义行》,《中国地方志集成》本,南京:江苏古籍出版社,1998年。
② 《(光绪)凤阳府志》卷一八上之下《人物传·义行》,《中国地方志集成》本,南京:江苏古籍出版社,1998年。
③ 《(光绪)凤阳府志》卷一八上之下《人物传·义行》,《中国地方志集成》本,南京:江苏古籍出版社,1998年。
④ 《(光绪)凤阳府志》卷一八上之下《人物传·义行》,《中国地方志集成》本,南京:江苏古籍出版社,1998年。

千一百八十金助赈。又潘名焕候选州同,嘉庆辛酉捐一千一百七十余金助赈"①。刘天行和从弟刘天言、姚德盛和儿子姚尚志、姚尚友以及潘名焕均在灾荒之年捐金赈饥,救助灾民。

"宋杰三,寿州人,尝拾遗金二百两,候不至,携归藏之。两年后,遇其人,询其年月与银数合,举而还之。同邑赵育化亦还遗金百两"②。宋杰三也是拾金不昧的典范。

"周宏禧,怀远监生。康熙甲申岁,捐资修学宫。壬午岁饥,立厂赈粥。己丑又饥,贸米平粜。他如施棺、施稷,周急恤贫,二十余年乐行不倦。年七十七卒"③。周宏禧修建学校、救助灾民,坚持了二十多年。

乐善好施者不可计数,反映了安徽淮河流域地区民风淳朴,社会风气良好。

中国教育文化渊源流长,形式多样。学宫是教育的最基本形式,从中央到地方都十分重视学宫的建设,并制定了相关的教规。

清顺治九年(1652年),礼部在天下学宫颁布卧碑,碑曰:"朝廷建立学校选取生员,免其丁粮,厚以廪膳。设学院、学官以教之,各衙门官以礼相待,全要养成贤才,以供朝廷之用,诸生皆当上报国恩,下立人品。所有教条开列于后。"④清廷非常重视学校教育,选派专门人员教育生徒,并免学校生员丁粮,给其廪膳,以期将其培养成贤才,上报国恩,下立人品。

朝廷为学宫订立八条教规,现将其抄录如下,以窥清初学校教育之面貌。

生员之家父母贤智者,子当受教。父母愚鲁或有非为者,子既

---

① 《(光绪)凤阳府志》卷一八上之下《人物传·义行》,《中国地方志集成》本,南京:江苏古籍出版社,1998年。

② 《(光绪)凤阳府志》卷一八上之下《人物传·义行》,《中国地方志集成》本,南京:江苏古籍出版社,1998年。

③ 《(光绪)凤阳府志》卷一八上之下《人物传·义行》,《中国地方志集成》本,南京:江苏古籍出版社,1998年。

④ 《(乾隆)砀山县志》卷四《学校志·学宫》,《中国地方志集成》本,南京:江苏古籍出版社,1998年。

读书明理,再三恳告,使父母不陷于危亡。

生员立志当学为忠臣清官,书史所载忠清事迹,务须互相讲究,凡利国害民之事更宜留心。

生员居心忠厚正直,读书方有实用,出仕必作良吏。若心术邪刻,读书必无成就,为官必取祸患。行害人之事者,往往自杀其身,常宜思省。

生员不可干求官长,结交势要,希图进身。若果心善德全,上天知之必加以福。

生员当爱身忍性,凡有司官衙门不可轻入,即有切己之事,止许家人代告,不许干与他人词讼,他人亦不许牵连生员作证。

为学当尊敬先生,若讲说皆须诚心听受。如有未明,从容再问,毋妄行辩难。为师长者,亦当尽心教训,勿至怠惰。

军民一切利病不许生员上书陈言,如有一言建白,以违制论,黜革治罪。

生员不许纠党多人,立盟结社,把持官府,武断乡曲,所作文字不许妄行刊刻。违者,听提调官治罪。①

这八条教规体现了清朝初年教育的理念和要求。父母贤智之家,生员当听从父母的教诲。如果父母愚钝或做了不该做的事,读过书的生员应再三劝告,使父母远离危亡。生员应立志成为忠臣清官,故史书中记载的有关忠臣清官的事迹,一定要仔细阅读,反复琢磨,深入了解,对其中利国利民的事情一定要格外注意,同时要避免害国害民的事情发生。生员要忠厚正直,读书才能得到实效;如果做官,也会成为良吏。如果心术不正,读书则不会有什么成就,如果做官则有可能做出伤天害理之事,甚至招来杀身之祸。所以生员一定要有忠厚之心,同时要常常反思。生员不能结交权势,以此为进身之途。

---

① 《(乾隆)砀山县志》卷四《学校志·学宫》,《中国地方志集成》本,南京:江苏古籍出版社,1998年。

只有心善德全,上天必会庇佑,福气也自然会降临。生员应该洁身自好,不可轻入衙门,如有切己之事需要诉讼,应由家人代为诉讼。其他人如有诉讼,则不允许让生员出面作证。生员应该尊敬师长,虚心诚心听从师长的教诲。如果有不清楚的地方,可以从容请教,不得妄自辩难。师长应尽心尽力教育子弟,不能有任何懈怠。生员不能参与军民之事,不允许生员上书陈言军民一切利病之事。如果生员对军民之事发表了意见,则以违制论罪。生员不能合众立盟结社,把持官府,任意曲断。生员所写的任何文字性材料不允许刊刻,违者将论罪。八条教规从不同层面对生员提出了规范,其目的就是要求生员以端正忠厚的态度安心在学校里学习,不能结交权贵,不去掺和其他事情,虚心听取师长的教诲,力求成为一个读书明理的人,学成之后成为国家忠臣清官,做利国利民之事。

书院教育是一种特殊的教育形式,书院文化是中国教育文化的一个重要组成部分。根据安徽淮河流域旧志的记载,这一地区的各府州县均设立书院,如凤台县的循理书院、州来书院,怀远县的西山书院、洪山书院、真儒书院,定远县的青云书院、仁寿书院、曲阳书院,凤阳县的凤临书院、淮南书院,灵璧县的正学书院,阜阳县的清颖书院、聚星书院,霍邱县的翠峰书院,太和县的寿山书院、文峰书院、经锄书院,蒙城县的正旧书院、正新书院,霍山县的南岳书院、会胜书院、东书院、西书院(即潜台书院)、衡山书院,涡阳县的义正书院,天长县的同人书院,五河县的溧河书院,萧县的易安书院、东壁书院、龙城书院,宿州的文山书院、古睢书院、正谊书院、培菁书院,颍上县的河洲书院、蔡津书院,砀山县的龙峰书院、安阳书院,颍州府的仰高书院,寿州的循理书院、寿阳书院、淮南书院、安丰书院、涌泉书院,亳州的柳湖书院,泗州的夏邱书院,等等。书院的普遍设立为安徽淮河流域地区的教育发展提供了基础条件。

清乾隆年间,亳州知州华度曾撰《柳湖书院记》一篇,谈到了学校教育的意义、亳州柳湖书院的建设情况和书院概貌,以及书院给亳州教育带来的积极影响。记文曰:"国家造士之法备矣,辟雍钟鼓隆于国学,而一州一邑之中人文辈出,又令建设义学广为陶铸,以备他日舟楫监梅之用,典甚盛也。予始承之金坛,即宣上德意,遵奉举行。及乙卯岁迁知是州,辄复留意。知有柳湖书院者,为州绅行人刘君思沛所建。屏除芜秽,结构精严,士子负笈而来者,寝食讲诵,各有其所。而且地处城隅,绝远尘境,柳岸轻风,湖□活水,颇有鱼跃鸢飞之致。予既服刘君之善推乡国,而又喜多士之足以相与有成也。乃捐资延傅,设帐传经,集城乡之秀者肄业其中,朝夕咏诵,春冬不辍。越二年,于兹门墙日众,有志之士皆以读书明理为己任矣。方今圣天子加意作人,菁莪棫朴,远迈成周。士子生逢明盛,仰承德泽,果其好学,深恩浸淫不倦,必有扬扢风雅,鼓吹休明,以上膺君相之旁求者。余将拭目而观文教之成焉。"①国家培养人才的制度已经非常完善了,学校的设置为各省府州县培养人才提供了条件,各地人才辈出。此外,还广泛设立义学,帮助贫困学子,让他们能够顺利入学。各类学校的建设,为国家培养了后备人才。华度到亳州为知州,了解到亳州有柳湖书院,是州人刘思沛修建的。书院地处城隅,绝远尘境,自然环境优美,结构精严,日常起居、读书研习各有场所,前来书院读书学习的人可以在这样幽静的环境里静心读书。华度感慨刘思沛在书院建设上花费的心思和精力,感慨书院在培养人才方面的贡献,于是捐资进一步建设书院,汇集城乡优秀的年轻学子到书院读书,长年不辍。两年之后,有志之士已经以读书明理为己任,书院的教育成效显著。华度为此欣喜,为此激奋,并希望书院教育一直持续下去,以促成文教的进一步发展。

颍州西湖书院是安徽淮河流域影响较大的书院,由欧阳修创建,后人维修扩建,明嘉靖年间再次扩建,当时的颍州州判吕景蒙撰《重建西湖书院记》记录了西湖书院的前世今生。记文曰:"书院者何?君子用以兴贤也。然则学校非乎?曰:学校,贤士之关也。君子之化莫先于此,然则又何事乎?书院也。曰:学校之制在三代已有之,而书院之设则自宋始。其复书院固将导其机也。其机维何?曰:人心之有思慕,良心也。良心之发,患无以导之耳,张

---

① 《(乾隆)颍州府志》卷九《艺文志·文》,《中国地方志集成》本,南京:江苏古籍出版社,1998年。

而导之,斯勃然矣。然则颍人之所思者,独欧阳文忠已乎?曰:文忠之出守也,在兹;其退老也,在兹。言行教化之孚于民最深,人之感而思之,虽久不忘,宜也。此西湖书院之所以不可不复也。复之何如?曰:复西湖则筑堤防,环树木,置佃丁,额水利,岁取直以备书院之费。复书院则中为四贤祠,前为门,又前为坊,后为梧月柳风堂,最后为胜绝亭,东西直为厢,周为垣,入垣为直道,驾湖为步。虽未敌昔者之盛,而昔贤之踪迹其亦可象也已。其兼祀晏、吕、苏三贤者何?曰:报功也。元献出守,植柳建亭,西湖之名始著,所以开文忠之先也;正献踵之,为建堂于湖之浒;端明则又播之声律,传之缙绅。而西湖之盛,洋洋乎在天下人之耳目矣。皆所以继文忠之后也,并祀不亦宜乎?夫书院之重建,监司李公宗枢创始于前,从而成之者则有陈公洙、孔公天胤及吾寅友茅公宰也。其木石之属则易,诸地直撤诸淫祠,其工食之资则又得取于妖巫之积,故予承诸公之谋而终厥事也。总观斯举获三助焉,盖妖巫虽罔,利害民实,鬼神欧之,以备此用,是有助于天也;湖废岁久,今忽平地生莲,是有助于地也;上下同心,先后继轨,欢欣鼓舞,乐睹成功,是有助于人也。呜呼!颍地其将昌乎!淳厚清丽之风可复见乎!游于斯、息于斯者,其思所以昌颍风民矣乎!若但流连光景以取夫一时之乐,则作者之志荒矣。是役也,始于乙未之秋,告成于丁酉之夏。因碑以识岁月,而并纪其由。"①学校在夏商周三代时即已设立,书院则是到宋朝才开始创设,学校是教育的最基本形式,为人开化之先,而书院则是兴贤之地,两者互为补充。西湖原本为荒芜之地,晏殊到此地为官时,在西湖周边植柳建亭,西湖才慢慢有了些名气;欧阳修在西湖边上建立了西湖书院,开创了一种新的局面;吕祖谦到颍州后,进一步扩大了书院的规模;苏轼在书院讲学,"播之声律,传之缙绅"。这四人对西湖书院的发展各有功劳。随着西湖书院不断发展壮大,其声名也为天下人所知。所以到明嘉靖年间扩建西湖书院时,在书院中间增设四贤祠,并祀晏殊、欧阳修、吕祖谦、苏轼四位先贤,以表颍州人"报功"之心。吕景蒙认为,扩建

---

① 《(乾隆)颍州府志》卷九《艺文志·文》,《中国地方志集成》本,南京:江苏古籍出版社,1998年。

西湖书院得以成功,是得到了天之助、地之助、人之助。他还希望西湖书院能一直传承下去,在淳化颍州民风、培养人才方面继续发挥应有的作用。

学宫、书院是安徽淮河流域教育中的双璧,其秉承的教育理念、教育方式等不少内容可以为当今社会的教育所借鉴和参考。

义学为北宋范仲淹创立,是一种专门为民间孤贫子弟设立的学校。义学,有的是由官员、有钱人出资开办的,有的是以祠堂地租或私人捐款而设的。义学虽属基础性教育,但在帮助贫寒子弟读书学习、长大成才方面发挥着独特的作用。安徽淮河流域地区普遍设立义学,为这一地区的贫寒学子提供帮助。《(道光)阜阳县志》"学校志"中专设"义学"一目,记载了当地"城乡义学"的一些情况。现将相关内容抄录如下,以说明问题。

伍名集义学,嘉庆八年,监生郑起福两次捐地三顷四十二亩,于伍名寺侧创修,讲堂、学舍十间,名棒经义学,岁延师讲授。其族郑允、郑寅慕其义,亦捐地一顷十一亩,助修费。后伍名寺住持僧明远亦捐地一顷五十七亩,于义学旁建立书斋,岁以地租延师训教童蒙,因名童蒙义学。

中村集义学,嘉庆十年,监生卢持中捐贽于集西创建,讲堂、学舍三十余间。又捐二千金置产收租为束脩膏火之资,每岁延师教授。

龙王堂义学,嘉庆七年,监生徐西藩捐地二顷,生员徐瀞等捐资买地八十亩,建讲堂、学舍共二十间于集中。每岁以百余金延师教授成童,以数拾金延师教授童蒙。今移集东文昌宫旁,房舍如前数。

周家棚义学,道光二年,节妇姚宗德妻刘氏捐地两顷八十亩,建讲堂、斋房、学舍共二十间,岁收地租延师教授。学使胡敬批准立案。

驿虎桥义学,嘉庆二十三年,知府杨国桢、分防同知曹攀华倡捐,属监生于梓等劝谕乐输,得金数百两,建立讲堂、学舍,岁延师教授。

土陂集义学，监生周对墀捐赀建讲堂、学舍于润水之阳，延师教授有年。对墀卒，子心存恂、心恕遵父遗嘱，用价两千五百余千，买地三顷余亩，每岁所出为束脩膏火之费。于嘉庆二十二年禀存县案。

方家集义学，道光五年，本集绅民捐赀于集北建讲堂、学舍二十余间。

沈邱集义学，道光五年，本集绅民捐建。

柴家集义学，道光四年，生员倪会曾捐买集市收租建设，计用价一千余金。

北城义学，道光八年，候选教职宁仁修遵父恩光遗命，于北城捐置瓦讲堂三间，寝室二间，生徒学舍八间，庖湢、门廊共十三间，名传经义塾。外钱一千五百串，禀县饬发盐典商生息，为每岁延师脩脯之用。

城中义学，道光八年，府县佥筹用前易存城守千总衙署草房二十六间修改，讲堂、学舍及厨房门楼完整。本府胡捐钱伍百千，刘陞县、周县共捐钱伍百千，户库书冯彩章、程宝名、乔奎斗、罗秀莹、邢士宰、王中孚等公捐钱四百千，通发盐典商生息，岁延馆师二人以教城中无力读书子弟，名之曰启秀义学。其学规章程均存户、礼、工三房卷。①

清嘉庆、道光年间，阜阳县曾设立多所义学，基本上都是由私人捐资捐款而建。捐建之人有监生、绅民、县职、教职、僧人、节妇等，反映了当地人对义学的重视。捐助的钱财，或直接用于修建讲堂、学舍、厨房、门楼等，或发盐典商生息，作为延师经费、生徒膏火。这些义学的章程学规大多到官府备案，以便管理。义学为贫困生徒解决了经费问题，为他们提供了免费上学的机会，

---

① 《（道光）阜阳县志》卷六《学校志·义学》，《中国地方志集成》本，南京：江苏古籍出版社，1998年。

在基础教育阶段起着重要作用。

救助贫困是中国的一种传统,人们以各种形式帮助贫困之人度过生活难关,使其保持正常的生活状态。地方志对这方面的内容有着较多的记载。

贫困之民在社会上借钱往往要偿还重利,其压力之大苦不堪言。清光绪年间在许多地区设立"因利局",筹措资金,贷给贫民。《(光绪)宿州志》载:"贫民重利借钱受人盘剥,苦累不堪。光绪十三年,抚宪陈通行扬州借钱局章程,饬令因地制宜,先行试办,当即禀明睢溪镇,由同知魏高骞设局州城,由庆钊捐廉二百串,挪英公祠息钱二百串,于四月初一日设局。不另立司事,即派十二段练董经理,不领薪水,不开饭食,以节縻费。续据盐局地方捐凑钱四百串,截至光绪十四年腊月,因利局共有本钱八百串,谨将章程四条列后。"①宿州因利局是由州同知魏高骞在光绪十三年(1887年)四月初一设立的,由庆钊捐俸二百串,并挪英公祠息钱二百串,作为因利局的初始资金。因利局不再单独设立司事,而是派十二段练董负责相关事务。十二段练董不拿薪水,不安排饭食,节约费用,以便将因利局的资金全部用于贫民。除上述两笔资金外,盐局地方后来又凑钱四百串,至光绪十四年(1888年)腊月,因利局共有本钱八百串。为了更好地管理这些经费,将之用于合理之处,因利局还制定四条章程,以规范借贷事务。

第一条章程:"仿照扬州不借章程,无室家者不借,无连环保者不借,外来客民及不住城关者不借,僧尼、道士不借,兵勇、差保不借,剃头、修足不借,最要在责成练董破除情面,赌博游荡者不借,吸食洋烟者不借。"②按照扬州订立的章程,确立了几种情况不予借款,以保证借款用到实处。

第二条章程:"借钱之数自五百文起至三串,文止照扬州章程,量加变通。

---

① 《(光绪)宿州志》卷七《食货志·恤政》,《中国地方志集成》本,南京:江苏古籍出版社,1998年。
② 《(光绪)宿州志》卷七《食货志·恤政》,《中国地方志集成》本,南京:江苏古籍出版社,1998年。

借钱一串者,每日还本钱二十文,五日一送,以五十日为限收清。"①根据扬州章程的规定,借钱数五百文至三串不等,借钱数额根据实际情况酌情变通。借钱一串的,每天需还本钱二十文,每天一还,五十天内还清,不得拖延。

第三条章程:"借钱之人须有家有保,挂号时将姓名、住址、作何生理一一注簿,饬十二段练董各就所知切实承保。如过期拖欠不还,即责令保人赔补。"②借钱者需要有家有保人,登记借钱时必须要同时登记姓名、住址、经营项目等情况,十二段练董要根据了解到的实际情况进行担保。借钱人必须按照章程在规定时间内还款,如逾期不还则由担保人负责还款。

第四条章程:"按日送收本钱,当面于簿上加收字戳记。另立小折,亦加收字戳记,交借钱户收执。非前借还清,不准再借。"③借钱人每天还本钱到因利局,必须要登记在簿,写明还款数额,并加盖印章。另外,还要单独开具收据,写明借钱户还款数额加盖印章,交与借款人保存,以为证据。如果上一次借款没有全部还清,则不能再次借款。

宿州因利局由政府筹措资金,借贷给贫困百姓,收取低于社会的利息,帮助贫穷之人经营度日。

泗虹也设立了"因利局",其情况与宿州因利局不完全相同,《(光绪)泗虹合志》记载了相关情况。

> 因利局,附设泗虹社仓内。案:光绪十三年,陈大中丞究心民瘼,甫莅任即行文各州县,以为天下贼盗半起于饥寒,饬令俱仿照扬州因利局章程,克期筹款兴办,济贫民而清盗源,实为当今牧令之至要。州守方瑞兰捐廉为倡,先后筹制钱四百千,于四月初一日在泗虹社仓内开局发放。所有办理条规俱遵照扬州刊发旧章,因地制

---

① 《(光绪)宿州志》卷七《食货志·恤政》,《中国地方志集成》本,南京:江苏古籍出版社,1998年。

② 《(光绪)宿州志》卷七《食货志·恤政》,《中国地方志集成》本,南京:江苏古籍出版社,1998年。

③ 《(光绪)宿州志》卷七《食货志·恤政》,《中国地方志集成》本,南京:江苏古籍出版社,1998年。

宜,斟酌变通,期必尽善。并移知双沟州同、半城州判,克期照章举行,务使宪恩广被,不令一夫向隅。一时城厢内外,僻镇穷乡无不讴歌四起,妇孺交称,以是叹大中丞之轸念民依无微不至,而在下州之推广宪意,更当实心奉行也。局内规条悉为开列,以期垂诸久远云。

此举专为小本营生而设,不取分文利息。借钱一千文,每日还本钱十文。五日一送,一百日为期,收清为止,不准延期拖欠。

借钱数目自八百文起至五千文止,看其生业之大小、需本之多寡酌量借与,不准争多论寡。

借钱之人须要有家有保,或有住居一处者,连环或保或借,均可先行到局挂号,将姓名、住址、生业及保人姓名、住址、生业说明注簿,候司事查明的确实系在本地作小本生意者,方准借与。若兵勇、丁役及游荡、赌博、吸食洋烟、抵债、不习正务等人,概不准借。

借去之钱按期还清,方准再借。若前次未清,不准再借。

按日送收本钱,当面加收字戳,记收入帐簿,并由该借户自立小折一个,亦加收字戳记,令其自行收执,以免讹错。

吸食洋烟者不借,赌博游荡者不借,无家室者不借,无保者不借,城厢四阛之外者酌借,僧尼、道士不借,船户不借,优人不借,兵勇、差保、丁役不借,剃头、修足不借,若开设铺面者可借。①

光绪十三年(1887年),陈大中丞到泗虹做官,认为天下有盗贼,其最主要的原因就是贫穷,如果贫苦之人能得到帮助,则盗贼数就会减少。于是,陈大中丞仿照扬州章程,在泗虹社仓内设立因利局。州守方瑞兰带头捐出俸禄,并倡导众人捐助,先后筹得制钱四百千。泗虹因利局设立之后,又通令双沟、半城照扬州章程,筹立因利局,希望恩泽广被,救助贫苦百姓,从而减少盗贼数量。泗虹因利局有严格的章程,有效地管理着借钱的相关事项。泗虹因

---

① 《(光绪)泗虹合志》卷五《食货志·积储》,《中国地方志集成》本,南京:江苏古籍出版社,1998年。

利局专为小本营生而开设,故借钱予人不收分文利息。借钱一千文,每日需还本钱十文,五日一还,一百天还清,不许拖欠。借钱数目根据营生大小以及需要本钱多少为准,自八百文至五千文不等,不允许百姓讨价还价。借钱之人需要有家有保,或有住居一处,可以先行到因利局将姓名、住址、生业及保人姓名、住址、营生等注册,等因利局查明实情,信息准确者方能借钱。借的钱必须按期还清,还清之后允许再借,拖欠不还,不准再借。还钱之时,因利局当面登记数据并加盖印章,同时也在借钱人自立的小册上记录同样的信息,并加盖印章,以为凭证。不开设铺面、没有营生的人,如吸食洋烟者、赌博游荡者、无家室者、无保者、城厢四阖之外者等,不能借钱。严格的规章制度,杜绝游手好闲之人的投机取巧,将有限的经费用于需要的地方,救助贫苦之人,使其能维持正常的生业,保证基本生活。

清光绪年间,陕西人赵舒翘至凤阳府做知府,筹措资金,设立"善堂",将资金交与钱铺生息,用利息开办保婴、恤嫠、惜字、馈药、施棺、掩骼六件善事,其中五件都是救助贫困的。

《(光绪)宿州志》记载了善堂的设置情况:"宿州兵燹后未设善堂。陕西赵公舒翘守凤,首讲保婴之政,捐廉银三百两,饬发下州,庆钊会同游击米占鳌、卫守备杨嘉谟暨幕友、蹉员、营员并州绅周田畴等量力捐凑,共得银一千七百两。在署前创立善堂,开办善事六则。此款交殷实钱铺一分五厘生息,按月搏节支用,不动本银。通详各宪勒石永垂,其倡捐衔名载之碑记。"①众人合力捐钱助资,为善堂筹集一千七百两白银。平时各项花费均以息银为主,每月支用,尽可能不动用本银。对于捐款捐资之人,还将其名衔刻于石碑之上,以为垂远。

善堂开办的第一件善事是"保婴":"宿州溺女之风虽少,遇有极贫人家续生子女无力收养者,准其报局注册。管事人查访确实,发给执照,按月助钱五百文,以一年为限。体察情形,应否续行伙助。间有暧昧不便收养者,准其切

---

① 《(光绪)宿州志》卷七《食货志·恤政》,《中国地方志集成》本,南京:江苏古籍出版社,1998年。

邻含糊报局。届时无问男女开具年月日时,出管事人验明、注册。觅远村有乳之妇素无瓜葛者代哺,按月给钱一千文,每月朔抱验一次。如五六个月有人抱作螟蛉,即于册内注抱养之姓名,作为开除。若无人抱养,照常代哺。"①虽然宿州溺女之风较少,但也有家庭极贫无力抚养幼弱子女的,为了避免死婴、弃婴现象的出现,官府允许极贫家庭上报善堂注册。若情况属实,则由善堂每月给钱五百文,资助一年。一年之后是否需要接续资助,则要勘验实情再定。若善堂无法再行资助,则将婴儿的相关情况登记、注册,由善堂帮助寻找有乳之妇而无任何瓜葛者哺养。每月给哺者一千文钱,每月朔之时查验哺养情况。婴儿到了五六月之时,有人愿意收养的,则将收养人姓名及相关情况登记在册,并将婴儿从善堂除名。但如果没有人收养,婴儿仍由善堂代为抚养。

善堂开办的第二件善事是"恤嫠":"善堂经费无多,恤嫠难以遍给。然遇有志矢柏舟而贫无赡养,或遗腹待育而奸人妄肆淫诼者,访查确实,不得不极力保全。拟发给守节执照,按月助钱一千文,遗腹所生无问男女,照保婴章程加给钱五百文。此事与保婴相辅而行,俟经费稍充,随时推广。"②善堂经费有限,不可能照顾所有的嫠妇。但如果是矢志守节又无力自养者,或者有遗腹在身需要抚育而奸人妄肆诽谤的,经核查情况若属实,则必须要极力保全。对于这样的嫠妇,善堂发给守节执照,每月给钱一千文作为生活费用,所生遗腹不管是男是女都按照保婴章程每月加钱五百文。恤嫠与保婴相辅实行,等经费更为充裕之时,则恤嫠范围进一步扩大。

善堂开办的第三件善事是"惜字":"字纸会行已数年,今归入善堂办理。凡学舍、店铺各给竹篓一具,再于街首悬挂木匣,无论何人遇有字纸随手收存外,雇老成一人,每日挑大篓到各书房、店铺加意搜寻,所检字纸存文昌宫,至

---

① 《(光绪)宿州志》卷七《食货志·恤政》,《中国地方志集成》本,南京:江苏古籍出版社,1998年。

② 《(光绪)宿州志》卷七《食货志·恤政》,《中国地方志集成》本,南京:江苏古籍出版社,1998年。

月杪过秤,每斤给大钱十六文,其外人送至者,每斤给大钱八文。秤毕归惜字亭焚化,其灰送长流水中。"①"惜字"实际上就是"敬惜字纸",这是中国古代文化传统中的一种良好美德,反映了古人敬重文化的思想。善堂办理惜字之事,学舍、店铺均给竹篓,用于收放字纸。街首悬挂木匣,供路人投放字纸之用。由善堂雇老成之人一名,每天挑着大篓去各书房店铺搜寻字纸,搜得的字纸先存于文昌宫,到月底一并过秤,每斤给大钱十六文,如果是外人送来的,则每斤给大钱八文。秤完之后将字纸送到惜字亭焚化,纸灰则送入水中任其流走。

善堂开办的第四件善事是"馈药":"旧志有惠民药局,废近百年矣。今创立善堂,苦无经费,不能多购药材。姑择其易者,配制如玉真散、辟瘟丹、藿香正气丸等药,随时施送。间有极贫无力、命在旦夕者,管事人查明,助以药资。不援以为例,其推广俟诸将来。"②历史上曾有惠民药局之设,为贫困军民提供免费医药,但惠民药局废弃不置已有百年时间。因善堂经费不多,不能购置太多的药材,只能制作像玉真散、辟瘟丹、藿香正气丸等药,免费送给贫困病者使用。如果有命在旦夕而极贫无力自保者,则由管事者查明情况为其提供药资。但这一情况不能作为常例,其推广也只能等到将来经费充足之时。

善堂开办的第五件善事是"施棺":"贫民病毙,见者每有凑给棺木之举。今由善堂预备,虽未能多,然稍有资力之户断不肯受人施。拟由局备棺、匣二种,棺价不出五千文,给贫民毫无亲属及流寓身故无人葬埋者,匣价不出二千文,给乞丐路毙者,暂用桐柳木质。俟经费稍充,随时推广。"③因贫困者经费不足,人们常常会凑钱给死者买棺安葬。善堂建立之后,棺木则由善堂准备,虽然不是很多,但稍稍有点经济条件的人是不会接受救济的。为此善堂预备

---

① 《(光绪)宿州志》卷七《食货志·恤政》,《中国地方志集成》本,南京:江苏古籍出版社,1998年。
② 《(光绪)宿州志》卷七《食货志·恤政》,《中国地方志集成》本,南京:江苏古籍出版社,1998年。
③ 《(光绪)宿州志》卷七《食货志·恤政》,《中国地方志集成》本,南京:江苏古籍出版社,1998年。

棺、匣两种，一副棺价不超过五千文，供给贫困且没有亲属或者流寓身故无人帮助葬埋者使用，匣用桐柳木做成，一副匣的价格不超过二千文，提供给路毙乞丐使用。等以后经费充裕，则会将施棺之事进一步推广。

善堂开办的第六件善事是"掩骼"："每年清明前后一月，雇夫二名于近城十里内，凡有骨骸及病故婴儿暴露者，即便掩埋，由局发给饭食。其义冢、荒坟无人祭扫，亦代为添筑。每年十月初一日前后，复行之一月。至随时见有暴露婴儿，由善堂派人收掩，酌给钱文。"①有些人因贫困无力安葬死者，死者的遗骸往往会暴露于荒郊野外。善堂于每年清明前后一个月的时间内，雇夫两人在近城十里的范围内，搜找暴露于外的骨骸和病故婴儿，将其掩埋，雇夫的饭食费由善堂发放。如果义冢、荒坟无人祭扫，也由二名雇夫代为添筑。每年十月初一前后的一个月时间内，二名雇夫仍然要做同样的事。而如果随时看到暴露于外的婴儿，则由善堂派人收掩，并给收掩者酬劳。

善堂开办的六件事，除第三件事"惜字"外，其余均是关于救助贫困的。虽然善堂经费有限，救助范围有限，但这一做法在一定程度上可以帮助贫苦之人度过难关。

宿州民人、监生、职员、同善堂等还捐钱捐地设置义冢，供贫民安葬之用。

> 西关兴福寺南义冢一区，监生张肆诏置。
> 西关五里铺义冢一区，职员陈绍嗣置。
> 临涣集义冢二区，民人陈永福置一，监生王志仁、生员孙楷、乡民刘凤仪置一。
> 睢溪镇义冢三区，监生丁恺置一，监生赵绍煜、监生秦廷玉、生员蒋梦熊置一，监生丁廷璧、郑开远置一。
> 西关老龙潭东首，光绪四年，因晋豫病毙灾民无地瘗埋，用价四十九串四百四十文买杨如山地四亩一分二厘，价由官给，弓口载卷

---

① 《(光绪)宿州志》卷七《食货志·恤政》，《中国地方志集成》本，南京：江苏古籍出版社，1998年。

银过掩骼堂四分九厘五毫,秋米三合。

西关南兴龙寺前,光绪十三年,同善堂三十六人用价七十二串,公置江家珠地五亩九分三厘三毫九丝作为义地,弓口载卷银过掩骼堂七分一厘二毫,秋米一升七合八勺。①

《(光绪)寿州志》中也有关于"义地"的记载:"在城附郭,官设义地六区,计二十亩。正阳镇官设义地三区,共九亩。又一区巡检陶岳屏捐,计一亩。三义集义地一区,生员杨盛捐,计三亩。红石桥义地一区,岁贡刘彝俭捐,计十亩。下塘集义地一区,监生陶浴捐,计十亩。丰庄铺义地三区,一州民曹□舟捐,计三亩;一州民杨振捐,计五亩;一吏员康祥捐,计一亩。青莲寺义地一区,监生戴增捐,计一亩。真武庙义地一区,廪生杨缵西捐,计八亩二分。隐贤集义地一区,增生杨邦平捐,计十亩三分。二十店义地一区,坊民张世龙捐,计二亩六分。姚皋店义地一区,监生吴坦捐,计二十五亩。九里桥义地一区,监生杨敬修捐,计十一亩。东紫金坊义地一区,道光五年,广济局董事柏节等以局中羡余置,计八亩。十五里桥义地一区,道光五年,州人孙克依具呈捐入孙氏宗祠,计十亩。"②寿州义地的设置较为普遍,为贫困之人解决了后顾之忧。

民国时期的救助机构虽然名称、经费来源、救助对象等有所变化,但救助贫弱的宗旨依然没变。《(民国)泗县志略》专设"救济"一目,介绍了民国时期泗县救济的相关事宜。"泗县救济事业:一、为政府所办者,则有养济院附设贷款、育婴、施医、残废、养老、孤儿六所。院设正、副院长各一人,以董其事。所各设主任一人,专司其事。务使贫苦、老弱、妇孺、废疾之人,各得所养。其经费系由房地租产业收入。原名救济院,鲁兼县长到任后,鉴于既往,名实不符,于民国二十四年八月始改今名,遴员主办,实事求是,四境无告之民,咸欣

---

① 《(光绪)宿州志》卷七《食货志·恤政》,《中国地方志集成》本,南京:江苏古籍出版社,1998年。

② 《(光绪)寿州志》卷四《营建志·义地》,《中国地方志集成》本,南京:江苏古籍出版社,1998年。

欣然,有来苏之象云。二、为社会所办者,则有泗县红十字会,其所办事业,救灾济贫,种痘施药。附设红十字会小学校一所,以救济失学儿童及其他公益救助等事项。其经费来源,或为产业收入,或出私人捐助,尚能量入为出,不假他求。以上两院会,均为常年设置救济机关与团体,悉受泗县政府管辖监督,此外各乡区遇有特殊灾祲,则由地方临时组织团体,设法救济。"①泗县救济事业由两种力量举办:一是政府所办,以养济院为主体,附设贷款、育婴、施医、残废、养老、孤儿六所,务使贫苦、老弱、妇孺、废疾之人得有所养;二是社会所办,主要形式是设立红十字会及红十字会小学校,救灾济贫,种痘施药,救济失学儿童,并举办其他类型的公益救助事项。政府和社会两种力量设置的相应救助机构,为特殊人群提供了帮助。

临泉县设立较晚,政府原来举办的各种救济机构在建县初期均未设置。民国二十四年(1935年),临泉县遭遇水旱灾害,灾情异常严重,民不聊生,流离失所,县长刘公于当年十一月设立救灾委员会,开启了临泉县的救济事业。《(民国)临泉县志略》载:"政府所办救济事业,原为救济院,及附属之养老院、育婴堂、苦儿院、残废所、妇女教养所、施医所、贷款所等机关。临泉以县府成立未久,所有一切救灾院所,均属缺如。兼以民国二十四年秋,水旱为灾,异常奇重,人民食粮,均属不敷,流离逃亡,咸不安生。令县长刘公深以为忧,乃于是年十一月十五日召集各机关团体开会,设立救灾委员会。至于一切赈款,由地方绅士募捐。又于是年十二月十三日设立贫民借贷所,款由地方财委会暂拨洋一千元以作基金,救济无力营业之贫民。至于农民当典,正在筹备中,一俟基金有着,即行开设。其他各种救济机关,现均赶速着手进行筹备,不久即可设立矣。社会应办救济事业如救灾、济贫、养老、恤孤、施棺、掩埋公益救助等事项,及各种慈善团体机关,已经县府迭次通告令饬地方慈善人员负责筹备,以便有成。纵一时水旱灾变奇荒,联合各机关团体,从事救济,亦可稍补于万一也。"②民国二十四年(1935年),临泉县救灾委员会、贫民

---

① 《(民国)泗县志略》卷首《救济》,民国二十四年(1934年)石印本。
② 《(民国)临泉县志略》卷首《救济》,《中国地方志集成》本,南京:江苏古籍出版社,1998年。

借贷所等相继成立,救助灾民,救济因穷困而无力经营的贫民。同时筹备建立农民典当,其他各类救济机关也在筹建之中。

安徽淮河流域地区设立的各种类型的救助机构,为贫病、老弱、妇孺、嫠妇、孤贫、废疾之人提供了相应的财物救助,帮助他们解决了生活的基本难题,保证正常生活。

安徽淮河流域旧志收录的内容十分丰富,涉及地理、经济、政治、文化、人物、军事、奇闻佚事等方面的内容,为研究这个地区乃至于全国社会历史发展的全过程提供了丰富而且重要的参考资料。这些志书保存的资料凝聚了中国传统文化的丰富内涵,是新时代增强文化自信、民族自信的坚实基础。

第五章　旧志文献学价值

安徽淮河流域旧志编修者修志态度严谨,广泛搜集资料,注重志书质量,对相关史事进行考证,对存在的讹误进行校勘,提高了志书内容的准确度,增强了志书的价值。安徽淮河流域旧志收录的资料都注明了出处,故具有辑佚旧志的作用,这在另一个层面上提高了志书的实用价值。

一、考证价值

安徽淮河流域旧志的编修者对方志的质量非常重视,注重考证,且形式多样。考证主要包括纠正讹误、提出疑问、解释说明、列举异说几个方面。

(一)纠正讹误

对相关文献里的内容进行了考证,指出错误所在,并予以纠正。

"月华峰,在(凤阳县)万岁山西,即马鞍山也。三山相联并,国初建都时改名。《新志》云:'万岁山东西有二峰,东曰日精,西曰月华。'不言即盛家、马鞍二山而又载二山于后,误也"[1]。《(成化)中都志》认为,《新志》论及万岁山却不提马鞍山,但又将万岁山载于盛家、马鞍山之后,这是不对的。

"峡石山,在(寿州)城北二十五里。郡县志云:'在下蔡西南。'《寰宇记》

---

[1] 《(成化)中都志》卷二《山川》,《四库全书存目丛书》本,济南:齐鲁书社,1996年。

云:'两峰相对,淮水经中,对岸山上筑二城以防津要。淮水以中流分界,在西岸者属下蔡,在东岸者属寿阳。魏诸葛诞举兵,王昹据硖石以逼诞即此城。晋胡彬援寿春既陷,退保硖石,亦此处也。一崖石上大禹疏凿旧迹犹存。'怀远志载之误也"①。《(成化)中都志》认为,硖石山在寿州,王昹占据硖石逼迫诸葛诞的就是这个地方,胡彬退保硖石也是在此处,所以怀远县志收载硖石山是不正确的。

"大别山,又名安阳山,在(霍丘)县西南八十里,界于固始县。《汉地理志》云:'安丰有大别。'《图经》云:'在安丰西南。'《史记索隐》亦云:'在安丰。'县志引陶隐居云:'汉武帝以衡山之远而迁其祠于霍山之巅,即此山。'按:汉之南岳霍山,一名天柱山,在六安州西南九十里,非此山也"②。《(成化)中都志》认为,霍山又名天柱山,在六安州西南,与这座大别山不是同一座山。

"相城,在(宿)州西北九十里相山下。宋共公尝徙都于此,秦泗水郡,汉高帝改沛郡,东汉为沛国,治相。莽曰:'吾符亭今为相城乡。'《新志》谓在虹县,非是,又云商之先相土所居亦臆说也。《东汉志注》云:'相故城在符离县西北'"③。《(成化)中都志》认为,《新志》说的相城在虹县是不对的,并且关于商的先人在这里居住也是臆说,不准确。

"郪丘城,《颍州志》云:'(颍)州东五里有土阜,屹然高大,疑古郪丘也。'《新志》云:'去州治八里。'《汉志》:'新郪县属汝南郡。'应劭曰:'秦伐魏取郪丘即此。'莽曰:'新延光武封殷后,于宋章帝建初四年徙宋公于此,俗呼颍阳城。'今按:郪丘去汝阴五里,置县不应如此之近,亦非魏地也。《通鉴纲目》:'秦拔魏邢丘。'《括地志》云:'在怀州武陟东南'"④。《(成化)中都志》指出,郪丘城和汝阴县相距五里,按习惯是不应该在这么近的距离上再置县的,而且这地方也不属于魏地,相关文献记载有误。

---

① 《(成化)中都志》卷二《山川》,《四库全书存目丛书》本,济南:齐鲁书社,1996年。
② 《(成化)中都志》卷二《山川》,《四库全书存目丛书》本,济南:齐鲁书社,1996年。
③ 《(成化)中都志》卷三《城郭》,《四库全书存目丛书》本,济南:齐鲁书社,1996年。
④ 《(成化)中都志》卷三《城郭》,《四库全书存目丛书》本,济南:齐鲁书社,1996年。

"(临淮县)开元寺,在攀桂坊,俗名庄台寺。旧志云:'始于唐开元间创建。'曰都道场李绅寓此寺,后因兵燹,殿宇俱废。洪武初,濠梁卫即寺置军器局。洪武十五年,开设僧纲司,奏准仍为寺都纲。圆洽重建殿宇,年久损坏。弘治元年,都纲信洪募缘重修。按:唐玄宗开元二十六年,诏天下州郡各建一大寺以纪年为额,南唐主李昇微时尝寓此寺,旧有潜龙殿并龙井。旧志以为李绅,误也。"①旧志认为,李绅寓居于开元寺,这是不正确的,应该是南唐主李昇在此寓居。

"刘金,(盱眙县)曲溪人,吴时贵将与杨行密俱起合肥,号三十六英雄,金其一也。子仁赡为南唐清淮节度使,详见名宦类。曲溪堰在盱眙县西南十里。《五代史传》云:'仁赡彭城人。'误也。《新志》亦传讹。"②《五代史传》和《新志》认为,刘仁赡是彭城人,是不正确的,刘仁赡应该是盱眙县曲溪人。

"管仲,名夷吾,颍上人。……《新志》云河南颍阳人,误也。"③管仲是颍上人,而《新志》却误以为他是河南颍阳人。

"刘馥,字元颖,沛郡相人。……《新志》载馥于今之沛县,误也。"④刘馥是沛郡相县人,不是沛县人,《新志》所载有误。

"郑真,鄞县人,研究六集而尤长于《春秋》。……《新志》云慈溪人,误也"⑤。郑真是鄞县人,《新志》却误以为他是慈溪人,《(成化)中都志》对此作了更正。

"孔安国,字子国,武之弟,鲁甲公弟子。治《古文尚书》,承诏作传。武帝时为谏议大夫,文章、政事名当时。出为临淮太守,以《诗》《书》教化,一郡称治。《盱眙志》云武子安国继为临淮太守,误也"⑥。孔安国应该是武之弟,而不是武之子,故《盱眙志》所载有误。

---

① 《(成化)中都志》卷四《寺院》,《四库全书存目丛书》本,济南:齐鲁书社,1996年。
② 《(成化)中都志》卷五《人才》,《四库全书存目丛书》本,济南:齐鲁书社,1996年。
③ 《(成化)中都志》卷五《人才》,《四库全书存目丛书》本,济南:齐鲁书社,1996年。
④ 《(成化)中都志》卷五《人才》,《四库全书存目丛书》本,济南:齐鲁书社,1996年。
⑤ 《(成化)中都志》卷六《名宦》,《四库全书存目丛书》本,济南:齐鲁书社,1996年。
⑥ 《(成化)中都志》卷六《名宦》,《四库全书存目丛书》本,济南:齐鲁书社,1996年。

"许慎,字叔重,东汉汝南召陵人。博通经籍,马融尝推敬之。时人语曰:'五经无双许叔重。'举孝廉,除洨长。所撰《五经异义》《说文解字》传于世。洨县故城在灵璧南,《新志》云慎为沛县长,误也。"①许慎曾担任洨县知县,而洨县在灵璧南边,《新志》称许慎是沛县长,是不正确的。

"徐邈,字景山,燕国人。魏谯郡相,历平阳、安平太守、颍川典农中郎将。所在著称,迁司隶校尉,百僚敬惮,拜司空。邈曰:'三公论道之官,岂可以老病忝之?'固辞不受。卒,谥穆侯。《颍州志》云汝阴太守,误也。"②徐邈曾任平阳、安平太守,而《颍州志》误以为他曾任汝阴太守。

"元胄,洛阳人,魏昭成帝六代孙。仕隋,位上柱国,封武陵郡公,拜右卫大将军,出为豫州刺史,历亳、浙二州刺史,素有威名。后拜灵州总管,北夷甚惮焉。旧府志云历豪、豫二州刺史,误也。"③旧府志称元胄曾任豪、豫二州刺史是错误的。

"唐王质,字华卿,龙门人。五世祖通,号文中,子为大儒。质少孤,侨居寿春。力耕养母,讲学不倦。后中甲科,官至左散骑常侍,谥曰定。旧志。按:《唐书·王渔传》称,通,隋末大儒,质既通之五世孙,当为唐人,旧志列之于隋,误。"④王质应该是唐朝人,而旧志却认为他是隋朝人,这是不正确的。

(二)提出疑问

"周闵子,名损,字子骞,鲁人,或曰齐人。……。按:《太平寰宇记》云闵子墓在符离县东北九十里,符离今宿州。《一统志》云闵子墓在徐州沛县东南八十里骞山,骞山今属宿州境。又《四库目录》云闵子本宿人,春秋时宿属青州,为齐地,故《家语》以为齐人,据此则明陈经邦序《闵氏宗谱》以闵子为山东

---

① 《(成化)中都志》卷六《名宦》,《四库全书存目丛书》本,济南:齐鲁书社,1996年。
② 《(成化)中都志》卷六《名宦》,《四库全书存目丛书》本,济南:齐鲁书社,1996年。
③ 《(成化)中都志》卷六《名宦》,《四库全书存目丛书》本,济南:齐鲁书社,1996年。
④ 《(光绪)寿州志》卷二四《人物志·流寓》,《中国地方志集成》本,南京:江苏古籍出版社,1998年。

历城人之说不可从。"①参考《太平寰宇记》《一统志》《四库目录》,明陈经邦所作《闵氏宗谱序》称闵子为山东历城人是不可信的。

"宋步游张,张姓失其名,少失母,徒步寻访,因称步游张。访至宿州,见病妪究问,乃其母也。相持大哭,遂就养,因家于宿。《江南通志》。按:《宿州志》以为汉人,为县令,遇一病妪于苻离之东,马踟蹰不进,访问乃其母,因家于宿。其言与此绝异。汉无宿州,故从《通志》,然亦未知《通志》之何所本也。"②因汉朝无宿州之设,故宿州志中记载的这件事不可信,所以应该以《江南通志》中记载为准。

"明《天文清类分野书》:斗三度至女一度,属吴越,分扬州,直隶应天府,斗分星纪之次。太平、宁国、镇江、池州、徽州、常州、苏州、松江八府,广德州、凤阳府寿、滁、六安三州,泗州之盱眙、天长二县,扬州府高邮三州,皆斗分。按:下蔡在宋淮南路,为淮北一隅之地,史家言其大略,故未分晰。明《分野书》因州治在淮南而忘之淮北地为大火之次,遂专以寿州为斗分,盖天文家不考地理之过也。"③天文家对相关地区的斗分因未考证地理出现了问题,《(光绪)寿州志》的编修者对此提出了质疑。

"左史倚相墓,在(寿)州城南五里,俗呼相王冢。按:倚相,楚人,死葬于此,理或然也,故旧志及《明一统志》皆载之。相王之称不知何据。"④地方志及《明一统志》皆称左史倚相为相王,不知依据为何,《(光绪)寿州志》的编修者对此提出了疑问。

"朱御史墓,在(寿)州南十五里桥东。碑题'明湖广按察司佥事前山西监

---

① 《(光绪)凤阳府志》卷一八上之上《人物传·先贤》,《中国地方志集成》本,南京:江苏古籍出版社,1998年。
② 《(光绪)凤阳府志》卷一八上之下《人物传·孝友》,《中国地方志集成》本,南京:江苏古籍出版社,1998年。
③ 《(光绪)寿州志》卷一《舆地志·星野》,《中国地方志集成》本,南京:江苏古籍出版社,1998年。
④ 《(光绪)寿州志》卷三《舆地志·冢墓》,《中国地方志集成》本,南京:江苏古籍出版社,1998年。

察御史朱',其余漫灭不可辨。按:选举表、人物志俱无朱姓御史。"①寿州有一个朱御史墓,《(光绪)寿州志》编修者核查地方志的选举表和人物志都没有朱姓御史这个人,故对此说法产生了怀疑。

"高皇后陵,(蒙城)县北三十里。世传英宗宣仁皇后葬于此,恐误。"②《(嘉靖)寿州志》对明英宗宣仁皇后葬于蒙城县北三十里的说法有所怀疑。

"赵草城,《江南通志》云:'在临淮县东,距邵阳洲数里。'按:此城今不可考,疑在淮北不在淮南,详辨误。"③《江南通志》认为赵草城在临淮县东,位于淮南,而《(光绪)凤阳县志》编修者则认为赵草城在淮北不在淮南,还专门撰文对这个问题进行讨论。

"冯善,建文元年己卯科,任山西榆县知县,升府同知。查山西太原有榆次县,辽州有榆社县,并无榆县,恐《临淮县志》误。"④《临淮县志》中记载冯善曾任山西榆县知县,但山西太原有榆次县,而辽州有榆社县,山西没有榆县,所以《(光绪)凤阳县志》编修者怀疑《临淮县志》的记载有误。

"《弘简录》:万适,字纵之,宛邱人,自号通元子。……《旧志》:韩丕荐适在知亳州时,而此云为学士时。又适受诏未莅颍卒,而《旧志》称其有惠政,殊不知何所据也。"⑤对于万适的情况,《弘简录》和颍上县旧志记载不同。《弘简录》称韩丕举荐万适是在他做学士时,且受诏后还没来得及到颍上就去世了。而颍上县旧志则称韩丕举荐万适是在他任亳州知州时,万适有惠政。《(道光)颍上风物纪》的编修者对颍上县旧志的记载表示疑惑,不知其依据为何。

"按,《昭明文选》:'梁任昉有刘先生、王夫人墓志。'《注》以为即贞简先生

---

① 《(光绪)寿州志》卷三《舆地志·冢墓》,《中国地方志集成》本,南京:江苏古籍出版社,1998年。
② 《(嘉靖)寿州志》卷二《山川纪·丘墓》,《天一阁藏明代方志选刊》本,上海:上海古籍书店,1963年。
③ 《(光绪)凤阳县志》卷四《舆地·古迹》,清乾隆四十年(1775年)刻本。
④ 《(光绪)凤阳县志》卷八《经制·选举》,清乾隆四十年(1775年)刻本。
⑤ 《(道光)颍上风物纪》卷中《纪人》,清道光六年(1826年)刻本。

夫人王氏也。又吕向注曰：'瓛与妻终身道义相得。'以此观之，本传出妻之事殆未足信。"①从《昭明文选》《昭明文选注》以及吕向注的记载来看，刘瓛与妻王夫人情义深厚，因此《（光绪）宿州志》对刘瓛本传中所言刘瓛休妻之事产生质疑，认为此言不足为信。

"宋玉墓，《明一统志》：'在萧县西南三十里。'案，《广舆记》：'襄阳有宋玉墓。'似较此处为是。"②《明一统志》认为宋玉墓在萧县西南三十里的地方，而《广舆记》则称襄阳有个宋玉墓。对这两个不同的记载，《（嘉庆）萧县志》的编修者提出了疑问，又谈了自己的看法，认为《广舆记》所言比较正确。

"吕蒙墓，《通志》：'在萧西南六十里。'《府志》：'蒙，吴人，墓不当在此。'案，《吴志·蒙本传》：'蒙卒于公安。'墓安得在此，姑仍之，以传疑耳。"③《通志》认为吕蒙墓在萧县西南六十里，《吴志·蒙本传》则称吕蒙卒于公安县，而且《府志》称吕蒙为吴人，所以《（嘉庆）萧县志》的编修者提出疑问"墓安得在此"，不过还是沿袭此说，将吕蒙墓收录于萧县县志中，其目的是传疑以为后人阅览。

"江洋，寿州人，嘉靖五年，女被选册立肃妃，授洋锦衣卫千户，历升卫都指挥佥事。旧志。按：江肃妃不见于史，姑从旧志，附录以备参考。"④旧志称江洋女被册立肃妃，而在其他史书中没有关于江肃妃的相关记载，《（光绪）寿州志》对此提出质疑，不过仍将这一内容载于地方志中，以为观览。

对文献里记录的内容提出疑问有助于引发读者思考，从而理清相关问题。

(三) 解释说明

对文献中收录的内容不是很全面或者不是非常清晰明白的，安徽淮河流

---

① 《（光绪）宿州志》卷一七《人物志·名贤》，《中国地方志集成》本，南京：江苏古籍出版社，1998年。
② 《（嘉庆）萧县志》卷七《冢墓》，《中国地方志集成》本，南京：江苏古籍出版社，1998年。
③ 《（嘉庆）萧县志》卷七《冢墓》，《中国地方志集成》本，南京：江苏古籍出版社，1998年。
④ 《（光绪）寿州志》卷二四《人物志·戚畹》，《中国地方志集成》本，南京：江苏古籍出版社，1998年。

域旧志的编修者作出解释和说明,为读者更加清楚和全面地了解相关内容提供了线索。

《(民国)重修蒙城县志》"涡水考"称:"《尔雅》曰:'涡'为'洵'。郭景纯注:大水溢出,别于小水也。本作'濄',省文为'涡',义取旋流也。源于豫省通许县,南至太康、鹿邑、睢州之旧,黄河绕柘城而来会焉。东流入亳境,又东南入蒙城,过怀远入淮。许氏《说文》以为出蒗荡渠。《水经注》:浍沟始乱,蒗荡终别于沙,而濄水出焉。濄水受沙于扶沟县。《汉志》为蒗荡,南曰蒗荡,北曰浚仪,即汴河地。今汴河不通涡河。考元大德间,黄河泛溢,自通许分流,一枝由陈州合颍,一枝入涡河,则通许而上必有流可通,故引黄而南注也。至贾鲁疏汴河,自朱仙镇至张家口,与颍水合,涡河与汴河遂各为一支。明正统十三年,河决荥泽,又经陈留入涡。弘治三年,命侍郎白昂导河由涡入淮。六年,平江伯陈锐凿孙家渡及贾鲁河至朱仙镇,经扶沟、通许、颍、寿诸州邑合涡入淮。正德四年,侍郎崔岩浚孙家渡,引水达涡,以杀水势。八年,侍郎赵璜疏亳州河渠。崇祯十五年,河决入涡。终明之世,涡时为黄所夺。清顺治元年,黄河复故道,嗣后沿河堤防岁加修筑,亳蒙之间,黄流始绝,而涡水遂为安流。"①这篇考文对涡河名称的来历和变化、涡河的发源地和流经地区、涡河河道的变化、明清对涡河的疏理等问题进行了解释和说明,让人们对涡河的相关情况有了大体了解。

《(民国)重修蒙城县志》"沱河考"称:"按,水以'沱'为名有三,此北沱河也。源出涡阳龙山湖,自县西北入境,绕邑东北,经宿州境东南流出怀远县,由沫河口入淮。乾隆十二年,请帑疏通。"②沱水有三条,蒙城县境内的这条是北沱河。这段考文说明了北沱河的发源地和流经地区,以及清乾隆年间疏浚北沱河的情况。

---

① 《(民国)重修蒙城县志》卷一《舆地志·山水》,《中国地方志集成》本,南京:江苏古籍出版社,1998年。
② 《(民国)重修蒙城县志》卷一《舆地志·山水》,《中国地方志集成》本,南京:江苏古籍出版社,1998年。

《(民国)重修蒙城县志》"芡河考"称:"芡河在(蒙城)县南五十里,源来自西北涡阳县,绕邑境东南流出怀远县,由荆山口入淮。乾隆十二年,请帑疏通。道光年,复由知县刘曾用民夫疏通。光绪二十六年,知县李应珏用民夫疏通。"①蒙城县芡河源头来自于西北的涡阳县,清乾隆、道光、光绪年间曾多次疏通。

"薛兼,字令长,沛郡竹邑人。父莹仕吴,著声誉"。编修者按语称:"薛氏仕吴,后徙居丹阳,故《晋书》以为丹阳人。"②编修者以按语说明,薛氏本为沛郡人,因仕吴后徙居丹阳,故《晋书》称其为丹阳人,这是不矛盾的。

"朱敬则,字少连,沛国相人。"编修者按语曰:"《新唐书·宰相表》云邾附庸于鲁,子孙去邑,为朱氏。世居沛国相县,至敬则时相已废。地与萧、永毗连,故其本传又以为永城人,而相城实其故居也。"③因朱氏世居沛国相县,故朱敬则是沛国相人,但到朱敬则生活的时代相县已经废置,而因原来的相县地域与萧县、永城且相连,所以《新唐书》中说朱敬则传是永城人,却不知相城才是朱敬则的故居。

"戴逵,字安道,谯国铚人。"编修者对戴逵是谯国哪里人作了考证,并在按语中指出:"《晋书·隐逸传》:戴逵谯国人。不言其县,今考《宋书·戴颙传》乃知其为铚人也。"④因为《晋书》里记载的较为简单,只称戴逵是谯国人,却没有说明是哪个县的人,《(光绪)宿州志》的编修者查考了相关文献,依据《宋书·戴颙传》认为戴逵是谯国铚人,进一步丰富了相关信息。

"绥舆里,《府志》:在(萧)县绥舆山下,宋武帝故居。案,绥舆山《元和志》

---

① 《(民国)重修蒙城县志》卷一《舆地志·山水》,《中国地方志集成》本,南京:江苏古籍出版社,1998年。
② 《(光绪)宿州志》卷一七《人物志·名贤》,《中国地方志集成》本,南京:江苏古籍出版社,1998年。
③ 《(光绪)宿州志》卷一七《人物志·名贤》,《中国地方志集成》本,南京:江苏古籍出版社,1998年。
④ 《(光绪)宿州志》卷一八《人物志·隐逸》,《中国地方志集成》本,南京:江苏古籍出版社,1998年。

《寰宇记》及《金史·地理志》皆属萧县。《元和志》谓因里以名山,《寰宇记》谓因山以名里,而《宋书·高祖纪》《符瑞志》《刘延孙传》皆以绥舆属彭城。盖以二县接壤,前后分隶不常,故纪载互岐,若此耳。"①《元和郡县图志》《太平寰宇记》和《金史·地理志》都认为绥舆山属于萧县,而《宋书》的《高祖纪》《符瑞志》和《刘延孙传》却将绥舆里归属于彭城之下。《(嘉庆)萧县志》的编修者对此作了解释说明,因为萧县和彭城县接壤,而且从建置沿革来看,两县归属变化较多,所以不同文献对绥舆里的归属问题看法不同。

元朝人石普,字元周,《元史》本传称其为"徐州人",而砀山县旧志及题名录都称其为"砀山人",《(乾隆)砀山县志》按语则称:"(石)普旧志及题名录俱砀山人,与《元史》异,今从旧志载入,仍曰徐州人者不敢妄改本传也。"②按语对《(乾隆)砀山县志》的处理办法作了解释和说明。

借助方志编修者的解释和说明,读者可以对一些困惑的问题有进一步清晰的了解。

(四)列举异说

对于一个事物,不同文献说法不完全相同,而有些则无法辨别孰是孰非,安徽淮河流域旧志的编修者将这些不同的记载都收录在方志中,以便人们了解文献记载的异同。

"宋吕本中《春秋解》二卷,《童蒙训》三卷。《宋史·艺文志》。按,本传《春秋解》作十一卷。"③关于宋朝人吕本中《春秋解》这部著作的卷数,《宋史》的《艺文志》和吕本中传中记载不同,《艺文志》部分认为吕本中《春秋解》是二卷,吕本中传部分认为该书是十一卷,因无法辨明是否,故存两说。

"晋薛莹《后汉记》六十五卷。《隋书·经籍志》。《唐经籍志》《艺文志》皆

---

① 《(嘉庆)萧县志》卷七《古迹》,《中国地方志集成》本,南京:江苏古籍出版社,1998年。
② 《(乾隆)砀山县志》卷一一《人物志·忠节》,《中国地方志集成》本,南京:江苏古籍出版社,1998年。
③ 《(光绪)凤阳府志》卷一六上《艺文考上·载籍》,《中国地方志集成》本,南京:江苏古籍出版社,1998年。

作一百卷。"①关于晋人薛莹《后汉记》卷数问题,也存在不同观点。《隋书·经籍志》认为该书是六十五卷,《旧唐书·经籍志》和《新唐书·艺文志》认为该书是一百卷。这两种观点,《(光绪)凤阳府志》均予以收录。

清乾隆年间岁贡"方羽化,官五河县训导。按,《通志》乾隆十九年文职表作'化羽',五河教谕。又按,《席志》亦作'羽化'"②。"方羽化"这个人物的字究竟是"羽化"还是"化羽",不同的文献里也有不同的记载,《通志》认为是"化羽",清乾隆三十二年(1767年)席芑的《寿州志》则认为是"羽化"。因无法辨识,估存两说。

"檀城山,在(蒙城)县北四十里,故山桑城内。高七十丈,周三里许。峰峦耸秀,远视若芙蓉檀。道济尝屯兵于此,故今呼为檀城山。按,《路史》为盘庚驻跸之所,即北蒙山也。"③蒙城县志认为道济曾屯兵于檀城山,《路史》认为檀城山是盘庚驻跸之处,也就是北蒙山,两者说法不同,两存之。

"《桓谭集》五卷。《隋书·经籍志》。按:新旧唐志皆作二卷。"④《隋书·经籍志》和新旧《唐书》记载的卷数不同,将两种情况都列举出来。

"夏勤,字伯宗,寿春人,南阳樊儵弟子。初为京、宛二县令,零陵太守,所在有理能称。永初三年,以大鸿胪代鲁恭为司徒。元初二年十二月己酉,罢。《后汉书·安帝纪》参樊儵传。按:《礼仪志》注引勤为司徒策文,在永初六年,与《纪》不合。"⑤关于夏勤任司徒的时间,《后汉书》有两种记载,《(光绪)寿州志》列举了两种说法。

---

① 《(光绪)凤阳府志》卷一六上《艺文考上·载籍》,《中国地方志集成》本,南京:江苏古籍出版社,1998年。

② 《(光绪)寿州志》卷一七《选举志·选举表》,《中国地方志集成》本,南京:江苏古籍出版社,1998年。

③ 《(民国)重修蒙城县志》卷一《舆地志·山水》,《中国地方志集成》本,南京:江苏古籍出版社,1998年。

④ 《(光绪)凤阳府志》卷一六《艺文考上》,《中国地方志集成》本,南京:江苏古籍出版社,1998年。

⑤ 《(光绪)寿州志》卷一九《人物志·宦绩》,《中国地方志集成》本,南京:江苏古籍出版社,1998年。

"宋郑黑,淮西人,前奉朝请率子弟部曲及淮右郡起义于陈郡城,有众一万,太宗以为司州刺史。后寇淮西,战败见杀,追赠冠军将军。(见《宋书·殷敬珉传》。《江南通志》云:'黑,寿阳人,为豫州刺史。时殷敬珉叛,黑起兵淮上捍之,迁司州刺史。寇淮西,战败见杀。'按,是时豫州刺史即殷敬珉也,《通志》之言未知所本"①。)豫州刺史是郑黑还是殷敬珉,不同记载有不同说法,《(光绪)寿州志》将两种说法都列出来了。

"《东莱诗集》二十卷,《宋史·艺文志》作《吕本中诗》。"②《东莱诗集》又称《吕本中诗》,两存其说。

"《僧惠崇诗》三卷。《宋史·艺文志》。《文献通考》作十卷。"③《僧惠崇诗》有作三卷的,也有作十卷的,估存两说。

列举不同的观点和记载,有助于人们更为全面地了解事物的相关情况。

二、校勘价值

鉴于文献记载有误,安徽淮河流域旧志的编修者还参阅了大量的文献记载,对讹误之处进行校勘,最大程度地确保志书内容的准确性。校勘内容涉及范围较广,包括对寺观、山川、人物、祥异、艺文、古迹、建置沿革等方面,提高了地方志内容的可信度。

(一)关于寺观

"广教寺,在恩桂坊。旧志云:居民刘全宅也。其子仁瞻施为寺,石塔一座,宋延祐丙寅造,咸淳间修,洪武二十四年重修,二十五年以寺属龙兴寺。按,《唐书·杨行密传》:乾宁二年,行密袭濠州,执刺史张璲,以曲溪将刘金守之。金子仁瞻南唐清淮节度使,寺址盖金守濠时故宅也。旧志以'金'为

---

① 《(光绪)寿州志》卷一九《人物志·宦绩》,《中国地方志集成》本,南京:江苏古籍出版社,1998年。
② 《(光绪)寿州志》卷三〇《艺文志·著述》,《中国地方志集成》本,南京:江苏古籍出版社,1998年。
③ 《(光绪)寿州志》卷三〇《艺文志·著述》,《中国地方志集成》本,南京:江苏古籍出版社,1998年。

'全',以'赡'为'瞻',盖字之误耳。"①核查《唐书·杨行密传》,刘金之子为刘子赡,广教寺遗址是刘金守濠州时的故宅,旧志将"刘金"误作"刘全",将"刘仁赡"误作"刘仁瞻",《(成化)中都志》对这些错误进行了更正。

(二)关于人物

"张镒,字季权,一字公度,河南人。……旧志以为张谧,误也。"②旧志误将"张镒"写作"张谧",《(成化)中都志》编修者对此进行了说明。

"三国王基,字伯舆,曲城人。魏明帝时为中书侍郎,出为安丰太守。为政清严,有威惠明。设防御,敌人不敢犯。加讨寇将军,转征东将军,都督扬州诸军,封东武侯,卒,谥'景'。《新志》作'王綦',误。"③《新志》将三国人"王基"误作"王綦",《(成化)中都志》编修者纠正了这个错误。

"王克恭,濠人,尚太祖女福成公主。……按,《安徽通志》作'王恭',误。今据《明史·福成公主传》作'王克恭'。"④考核相关文献,《(光绪)凤阳府志》编修者指出,《安徽通志》误将"王克恭"写作"王恭"。

"冯绲,字鸿卿,巴郡宕渠人。……按,旧志作'马绲',误。今据《汉书》改正。"⑤根据《汉书》的记载,应为"冯绲",而旧志却误作"马绲",《(乾隆)寿州志》的编修者对此作了更正。

"萧遥昌,字季晖。……按,旧志作'萧遥望'。今查齐史系'萧遥昌',改正。"⑥旧志写作"萧遥望",核查其他文献记载应为"萧遥昌",《(乾隆)寿州志》纠正了这个错误。

(三)关于山川

"鼓山,在宿州北三十里,高一里,周四里。《元揭奚斯望先楼记》。《安徽

---

① 《(成化)中都志》卷四《寺院》,《四库全书存目丛书》本,济南:齐鲁书社,1996年。
② 《(成化)中都志》卷六《名宦》,《四库全书存目丛书》本,济南:齐鲁书社,1996年。
③ 《(成化)中都志》卷六《名宦》,《四库全书存目丛书》本,济南:齐鲁书社,1996年。
④ 《(光绪)凤阳府志》卷一八上之下《人物传·政事》,《中国地方志集成》本,南京:江苏古籍出版社,1998年。
⑤ 《(乾隆)寿州志》卷八《名宦》,清乾隆三十二年(1767年)刻本。
⑥ 《(乾隆)寿州志》卷八《名宦》,清乾隆三十二年(1767年)刻本。

通志》作'望光楼',误。云彭城南百余里有三峰倚天,名曰鼓山,山中隐隐有声如鼓自鸣,岁则大熟,俗名打鼓山。山东北有二泉可溉田数十亩"①"鼓山,在宿州北三十里,高一里,周四里"出自《元揭傒斯望先楼记》,而《安徽通志》却将"望先楼"写作"望光楼",这是错误的,《(光绪)凤阳府志》的编修者明确指出这一错误并予以纠正。

"三山,在(寿)州治东三十里,与凤台县接壤。三十里,旧志误作'六十里'。"②三山应该在寿州州治东三十里,而旧志却误作在州治东六十里,《(光绪)寿州志》对此作了更正。

(四)关于艺文

"余陈獬《音均识略》二十卷。(《寿州志》)按,《安徽通志》作'金陈獬',误。"③《安徽通志》误将"余陈獬"写成"金陈獬",《(光绪)凤阳府志》的编修者予以更正。

"《八宅经》一卷。(《宋史·艺文志》)《安徽通志》作'四卷',误。"④《八宅经》应该是一卷,而《安徽通志》则将这部书籍著录为四卷,是错误的,《(光绪)凤阳府志》的编修者对讹误进行了校勘。

"袁文新《凤阳新书》八卷。按,本书作'袁文新',《明史·艺文志》作'袁又新',误。"⑤《明史·艺文志》将《凤阳新书》的编修者"袁文新"误作"袁又新",《(光绪)凤阳府志》编修者对此作了更正。

"《江西宗派诗》一百五十卷。《文献通考》作《诗派》一百三十七卷,《续

---

① 《(光绪)凤阳府志》卷九《山考》,《中国地方志集成》本,南京:江苏古籍出版社,1998年。
② 《(光绪)寿州志》卷三《舆地志·山川》,《中国地方志集成》本,南京:江苏古籍出版社,1998年。
③ 《(光绪)凤阳府志》卷一六上《艺文考上·载籍》,《中国地方志集成》本,南京:江苏古籍出版社,1998年。
④ 《(光绪)凤阳府志》卷一六上《艺文考上·载籍》,《中国地方志集成》本,南京:江苏古籍出版社,1998年。
⑤ 《(光绪)凤阳府志》卷一六上《艺文考上·载籍》,《中国地方志集成》本,南京:江苏古籍出版社,1998年

派》十三卷。《宋史·艺文志》作一百十五卷,误。"①《江西宗派诗》应为一百五十卷,《文献通考》著录时分为《诗派》一百三十七卷和《续派》十三卷,总共一百五十卷,而《宋史·艺文志》却误作一百十五卷,《(光绪)寿州志》提出了这一错误并予以纠正。

(五)关于祥异

"晋武帝咸宁元年四月,白雉见安丰。(《宋书·符瑞志》)太康二年二月庚申,淮南地震。(《晋书·五行志》《帝纪》同)四年,扬州大水。(《武帝纪》)五年九月,淮南平原霖雨暴水,霜杀秋稼。(《五行志》)六年十二月甲申朔,淮南郡震电。(《晋书·武帝纪》)旧志误作:惠帝元康六年三月甲申,淮南郡雨雹。今按,《通志》于四年下载寿春山崩地陷三十丈,考此乃惠帝元康四年事,《通志》将'元'字误作'太'字,故也。"②晋武帝太康六年(285年)十二月甲申淮南郡雨雹,而旧志却误作"惠帝元康六年三月甲申"。究其原因,是因为《通志》将"元康"误作"太康",故而将太康年间发生的事记在元康年下了。《(光绪)寿州志》找出了错误的原因,指明错误所在并予以更正。

"(晋)惠帝元康四年五月壬子,寿春山崩,洪水出城坏,地陷方三十丈杀人。六月,寿春大雷,山崩地坼,人家陷死。(《五行志》)按,《惠帝纪》所载'四年五月淮南寿春洪水出'云云,与此正同。而旧志将帝纪之文复载于怀帝永嘉三年,误为两事,今删之。五年五月,颍川淮南大水。(《五行志》)《帝纪》云:荆扬等六州大水。又元康中,安丰有女子周世宁,年八岁,渐化为男,至十七八而气性成。(《五行志》)今按,《通志》载'太康六年安丰有女化为男'云云,'太'字想是'元'字之讹。《集异志》亦作'元康'。"③旧志误将晋惠帝四年发生的事记在了晋怀帝永嘉三年之下,误将一事分作两事。而《通志》又误将

---

① 《(光绪)寿州志》卷三〇《艺文志·著述》,《中国地方志集成》本,南京:江苏古籍出版社,1998年。
② 《(光绪)寿州志》卷三五《杂志类·祥异》,《中国地方志集成》本,南京:江苏古籍出版社,1998年。
③ 《(光绪)寿州志》卷三五《杂志类·祥异》,《中国地方志集成》本,南京:江苏古籍出版社,1998年。

"元康"写作"太康",故而记载的内容年份出错。《(光绪)寿州志》明确指出这两个错误并进行了纠正。

(六)关于建置沿革

"唐为颍州汝阴郡,寿州寿春郡地。……《太平寰宇记》:唐武德四年,改为淮川,寻复下蔡之额,属颍州。按,'淮川'盖'涡州'之讹。"①《(嘉庆)凤台县志》指出《太平寰宇记》里的"淮川"是错误的,应该是"涡州"。

除了在正文相关内容叙述时进行校勘,以更正文献记载中出现的讹误,安徽淮河流域旧志编修者还针对志书编纂、刊印中出现的错误,专门设立"勘误""校勘记""勘误表",指出志书中的问题,并予以更正。

《(民国)涡阳风土志》专设"勘误"②说明本志中出现的讹误,并作了订正。为了说明问题,现将其内容抄录如下。

> 卷首,刘纶阁序老友马君朴仙,"仙"误"山"。
>
> 卷三,山水,雉河屈迳丁家集,至王家桥矩折得三会沟水。"矩"下遗一"折"字。苞水注源出亳州舒安湖,"舒"字下衍一"舒"字。又东南迳石弓山集西,又屈迳其南,左得稽沟水,"屈"误"届"。
>
> 卷四,古迹,老城在县东半里,"半"误"二"。
>
> 卷五,建置,黄佩兰撰,"撰"误"修"。王汝砺建修文庙,记邑人王开朗,"朗"误"郎"。
>
> 卷七,名宦,刘志存传知县石成之谋修县志,征县人武生杨雨霖,"杨"字下遗一"雨"字。
>
> 卷八,食货,人口四五十万,"五"字下遗一"十"字。又马忠武省墓归籍,下遗"纳族侄马敦仁之议"句,又衍一"尝"字。
>
> 卷九,学校,黄佩兰撰,"撰"字上衍一"笔"字。
>
> 选举,杨腾龙,"腾"误"胜"。马香谷奉祀官,"祀"误"礼"。

---

① 《(嘉庆)凤台县志》卷一《舆地志·建置沿革》,清嘉庆十九年(1814年)刻本。
② 《(民国)涡阳风土志》卷一八《勘误》,《中国地方志集成》本,南京:江苏古籍出版社,1998年。

卷十二,人物上,张相泰传,论板荡识臣,"识"误"诚"。

卷十三,人物中,田振邦传,学技击术颇精能,不施羁勒,"羁"误"霸"。请假省亲,张阻之,"阻"误"祖"。马骥才传,绍统哭之哀顿失常度,"失"误"夫"。夏馥超传,提督熊君思立,"熊"误"态"。

卷十四,忠烈,"马廷璧庐墓孝子"误入"程家寨遇害"内。民国烈妇丁怀勋妻马氏,"勋"误"勤"。

卷十六,艺文,方修龄义仆行序,斌收履得书,"履"误"屡"。

"勘误"末尾还注明:"丙寅丁卯间,南北俶扰,交通阻滞,印书馆未能如期付书。余多病,勘误不无遗漏,后之君子校正是幸。马敦仁识。"①

《(民国)涡阳风土志》对本书的校勘涉及讹字、衍字和阙字等情况。

《(光绪)五河县志》则有一"校勘记"②,对志书中存在的讹误作了说明。

首卷图考,县境旧图,东湾柿树园中漏一"树"字。

二卷疆域志,山川第八页,漻河下比时,"比"字误作"此"。

三卷疆域志,风俗第三十二页,秋分,"分"字误作"风"。

四卷建置志,学校第十七页,"燕麦免葵"误作"免麦燕葵"。又第十三页,院田陈丁构讼湖田二顷一十七亩,奉前署县孙断归书院,近奉桑署县仍断归陈丁执业,以息讼端。

十三卷选举志,进士表,谢履道系嘉庆辛未科,恩授翰林院检讨,当列续修第一,今误列王殿英前。

十四卷人物志,第十四页,武功吴秉铨传下窜"踞","踞"字误作"距"。

十五卷第四页,义行,陈开衡传"愉色","愉"字误作"渝"。又第七页,耆英张佩芸传下"豕"字上误加二点。寿算,"算"字误作"真"。

---

① 《(民国)涡阳风土志》卷一八《勘误》,《中国地方志集成》本,南京:江苏古籍出版社,1998年。
② 《(光绪)五河县志》卷二〇《杂志·校勘记》,《中国地方志集成》本,南京:江苏古籍出版社,1998年。

十六卷列女志,第二页,沈邓氏名下,抱恨,"抱"字误作"报"。

十八卷艺文志,第六页,大王庙碑何如,"何"字误作"河"。又第四十五页,吊武生朱锦标阵亡诗,"愤"字误作"牛"旁,"扫"字误作竖心。

十九卷杂志,祥异第二十页,道光二十年夏大旱,"旱"字上误加一点。

《(光绪)五河县志》还在文末对"校勘记"进行了说明:"以上所校各条恐仍不无伪谬之处,无如卷帙字数殷繁,以一人之精力校刊全书更非易易。兼以经费支绌未例旷日持久,谨将已校伪误之字作校勘记,殿订全书,聊正伪谬,阅者谅之。"①

《(光绪)五河县志》的编修者对志书中的讹字、内容顺序等问题进行了校勘,修正了错误。

《(民国)太和县志》也设置了一个"勘误表"②,更正了志书中的讹误。

序,第二篇,六行,第十六字,"损"误"捐"。

卷首,第三页,七行,徐曦下落"初"字。

卷一,第二十页,十七行,附图里亩数表应低一格,误平格。

第三十七页,二行,第九字,"寨"误"集"。

第三十九页,十行,夹注第十字,"创"误"亳"。

第四十页,十二行,第十九字,"寨"误"堡"。

第六十八页,边格,目录,"坛"误"庙"。

第七十页至七十四页,边格,目录,"坛庙"二字应删。

卷二,第十二页,二十行,第十九字,"里"误"墓"。

卷三,第十三页,十五行,第十五字,"达"误"违"。

---

① 《(光绪)五河县志》卷二〇《杂志·校勘记》,《中国地方志集成》本,南京:江苏古籍出版社,1998年。
② 《(民国)太和县志》卷六《杂志·勘误表》,《中国地方志集成》本,南京:江苏古籍出版社,1998年。

第二十八页,十六行,第二字,"六丈"误"百尺"。

卷四,第十六页,十八行,蠲赈应另页,误连行。

第二十九页,□行,盐引应低二格,误平格。

卷五,第五十页,三行,第四字,"创"误"剑"。

卷八,第二十六页,九行,第二十字,"绪"误"诸"。

第三十四页,首行,第八字,"剿匪"误"交战"。

第七十二页,十行,字"际昌"下落"以"字、"行"字。

卷九,第三十三页,十九行,麦格下第二字,"昭"误"绍"。

卷十,第五十一页,十五行,第四字,"妻鄷"误"鄷妻"。

第五十七页,十四行,夹注"年十七"下落"夫故无子"字。

第六十页,四行,表格下夹注第七字,"现"误"举"。

第六十八页,九行,康如姐夹注以上二字应删。

第八十一页,十八行,夹注第三字,"刎"误"缢"。

第八十三页,六行,表格下夹注十九上落"年"字,下"岁"字应删。

卷十一,第五页,十行,第八字,"损"误"捐"。

第一十页,十行,夹注"道光"下落"二十"字。

根据"勘误表",《(民国)太和县志》既对志书正文部分进行了校勘,也对夹注部分进行了订误;既有对字词错误的更正,也有对缺字、衍字、乙字的订正,还有对志书内容排版形式的修改。

《(同治)续萧县志》在"杂录·补遗"[①]部分有单培基所列《补正旧志遗误四则》,指出了旧志中的讹误和阙略,并予以订正和补充。

一十二卷第十四页,孟骥传云"以荐授驿丞,历迁贵州左布政使",但云驿丞未著地名。考洪熙元年孟骥□身由驿丞十二任至布

---

① 《(同治)续萧县志》卷一八《杂录·补遗》,《中国地方志集成》本,南京:江苏古籍出版社,1998年。

政使,惜于咸丰六年寇至,骥身毁于火,其后人不能全记矣。

一十三卷第八页,张成等传"一千一十石"句,考《张氏宗谱》,"十"作"百",未有折衷。及阅《皇明纪略》云"正统中,民间有输谷一千二百石遗行人,赍玺书旌异之,表其门",则"一十石"当作"二百石"。

一十三卷第十四页,汪亭槐传云"祖如春",考《王氏宗谱》,如春生锡,锡生藻,藻生亭槐,今"祖"字上当益一"曾"字,则世系不紊矣。

一十八卷第四页,引《府志》"万历九年徐、萧、砀大水",按此条"九"字考《府志》是"元"字。

经过校勘,安徽淮河流域旧志的整体质量得以提升,为后人提供了更为可信的参考资料。

三、辑佚价值

安徽淮河流域旧志收录了众多其他文献的内容,而有些文献早已亡佚,故安徽淮河流域旧志成为辑佚古书的资料来源。笔者从现存的安徽淮河流域旧志中辑出总志、府志、州志、县志和其他类型文献。安徽淮河流域旧志在辑佚古书方面具有一定的价值。

(一)总志之属

辑出两部全国总志,即晋《太康地记》和顾野王《舆地志》。

1.晋《太康地记》

《太康地记》是一部全国地理总志性质的地记,成书于西晋太康年间,撰人名氏不明。早佚,至清代始有多种辑本。《太康地记》亦称为《太康地志》。

《(成化)中都志》转引《太康地记》一条建置沿革方面的资料。临淮县,"《太康地记》云:以扬州渐近太阳位,天气奋扬,履正含文,故取名焉"[①]。

《(嘉庆)怀远县志》转引一条山川方面的资料。"《太康地志》云:涂山,古

---

① 《(成化)中都志》卷一《建置沿革》,《四库全书存目丛书》本,济南:齐鲁书社,1996年。

当涂国,夏禹所娶也。山西南又有禹会村,盖禹会诸侯之地。"①

2. 顾野王《舆地志》

《舆地志》为南朝陈时顾野王抄录众家之言所作,共三十卷。② 此书早已亡佚。《太平御览》有这样的记载:"顾野王《舆地记》曰:九华山,高一千丈。"③可见顾野王的《舆地志》亦称《舆地记》。

《(嘉庆)怀远县志》收录一条《舆地志》资料,是古城考辨方面的内容。马头郡即当涂故城,"至义熙元年立为马头郡,缘山形为名。顾野王《舆地志》云:其界即当涂山国之旧地也。梁大通元年,刺史刘公茂移居新城,从兹遂废"④。

《(光绪)凤阳府志》收录一条《舆地记》资料,是古迹方面的内容。怀远县"相国城金城,《舆地记》:寿阳城中有二城,一曰相国城,宋武帝伐长安时筑"⑤。

(二)府志之属

根据《中国地方志联合目录》《中国地方志综录》,现存最早的兖州府志是明万历元年(1573年)编修的,《(成化)中都志》修于明成化二十三年(1487年),故其收录的《兖州志》已经亡佚。该志只有一条冢墓方面的资料。

管鲍墓,"《兖州志》:鲍叔牙墓在滕县北十五里"⑥。

除兖州府志外,安徽淮河流域还收录了已经亡佚的凤阳府志、颍州府

---

① 《(嘉庆)怀远县志》卷一《地域志·县境诸山》,《中国地方志集成》本,南京:江苏古籍出版社,1998年。
② 《隋书》卷三三《志二八》,北京:中华书局,1973年。
③ (宋)李昉:《太平御览》卷四六《地部十一》,北京:中华书局,1960年。
④ 《(嘉庆)怀远县志》卷一三《古城戍考》,《中国地方志集成》本,南京:江苏古籍出版社,1998年。
⑤ 《(光绪)凤阳府志》卷一五《古迹考》,《中国地方志集成》本,南京:江苏古籍出版社,1998年。
⑥ 《(成化)中都志》卷四《冢墓》,《四库全书存目丛书》本,济南:齐鲁书社,1996年。

志①,为辑佚这些志书的佚文提供了资料来源。

(三)州志之属

1.青州志

根据《中国地方志联合目录》《中国地方志综录》,现存最早的青州志是明嘉靖四十四年(1565年)编修的。《(成化)中都志》修于明成化二十三年(1487年),故其收录的《青州志》已经亡佚。该志只有一条冢墓方面的资料。

管鲍墓,"《青州志》云:在临淄牛山之阿。在颍者,盖先世之墓也"②。

2.王僧虔《吴郡地志》

《(嘉庆)怀远县志》收录了王僧虔的《吴郡地志》,只有一条山川方面的资料。根据《中国地方志联合目录》《中国地方志综录》提供的线索,现存志书中没有《吴郡地志》,故该志早已亡佚。

"王僧虔《吴郡地志》云:吴人造剑二,阳曰干将,阴曰莫邪,其妻名。"③

核查文献记载,王僧虔(426—485),琅邪临沂(今山东临沂)人,出身"琅邪王氏",东晋丞相王导玄孙、侍中王昙首之子,南北朝时期刘宋、南齐大臣。刘宋时期历任武陵太守、太子舍人、吴郡太守等职。曾仕于豫章王刘子尚、新安王刘子鸾帐下。仕宦期间皆有政绩。王僧虔擅长书法,被当权者所欣赏。"宋文帝见其书素扇叹曰:'非唯迹逾子敬,方当器雅过之。'"南齐时期,拜王僧虔为持节、都督湘州诸军事、征南将军、湘州刺史,不久又升任侍中、左光禄大夫、开府仪同三司。齐高帝永明三年(485年),王僧虔去世,年六十。追赠司空,谥号"简穆"。④ 王僧虔曾在南朝刘宋时期担任过吴郡太守,故其所修《吴郡地志》当在刘宋时期。

---

① 凤阳府志、颍州府志属于安徽淮河流域方志,将在第六章《旧志内容辑佚》部分详细论述,故此处从略。
② 《(成化)中都志》卷四《冢墓》,《四库全书存目丛书》本,济南:齐鲁书社,1996年。
③ 《(嘉庆)怀远县志》卷一《地域志·县境诸山》,《中国地方志集成》本,南京:江苏古籍出版社,1998年。
④ 《南齐书》卷三三《列传一四》,北京:中华书局,1972年。(明)周圣楷:《楚宝》卷三三,《宦迹》,明崇祯十四年(1641年)刻本。

除青州志和《吴郡地志》，安徽淮河流域旧志还收录了已经亡佚的宿州志、寿州志、泗州志、亳州志、六安州志①，在辑佚这些志书方面有着重要的价值。

(四)县志之属

关于盱眙县建置沿革，文献中多有记载。《明一统志》载："盱眙县，在州城南七里。春秋时为吴善道地。汉置盱眙县，属临淮郡。东汉属下邳国。晋为临淮郡治，后置盱眙郡。南齐于此置北兖州。陈属北谯州。唐属楚州。宋置盱眙军，复仍为县。绍定中，改招信军。元升招信路，寻改临淮府，后仍为盱眙县，属泗州。本朝因之。"②盱眙县始设于汉，后几经更易，宋朝设立盱眙军，又复为盱眙县，后又改为招信军。元朝则初为招信路，后改为临淮府，最后定为盱眙县。明朝则仍为盱眙县，不再更改。

1.《盱眙志》

《(成化)中都志》修于明成化二十三年(1487 年)，根据《中国地方志联合目录》《中国地方志综录》，现存最早的盱眙县志是明正德十三年(1518 年)李天畀、陈维渊等人纂修的。因此，《(成化)中都志》中收录的《盱眙志》应已亡佚。该志有一条冢墓方面的佚文。

"张元伯墓，《盱眙志》云：在县东二十里张范村。"③

张元伯，名劭，字元伯，汝南人。生卒年不详，约东汉初年前后在世。据此，该《盱眙志》应修于东汉以后。根据盱眙县建置沿革，《(成化)中都志》收录的这部《盱眙志》应修于汉、宋、元三个时期设立盱眙县的几个时间段内，以及明朝且在成化二十三年(1487 年)之前。

2.《(盱眙)新志》

《(成化)中都志》修于明成化二十三年(1487 年)，现存最早的盱眙县志

---

① 宿州志、寿州志、泗州志、亳州志、六安州志属于安徽淮河流域方志，将在第六章《旧志内容辑佚》部分详细论述，故此处从略。
② (明)李贤等撰：《明一统志》卷七，《文渊阁四库全书》本。
③ 《(成化)中都志》卷六《辨疑》，《四库全书存目丛书》本，济南：齐鲁书社，1996 年。

是明正德十三年(1518年)李天畀、陈维渊等人纂修的。《(成化)中都志》收录了一部《新志》,根据收录的内容和前后文判断,该《新志》应为盱眙县志,且应已亡佚。该志有一条冢墓方面的佚文。

"张元伯墓,《盱眙志》云:在县东二十里张范村。《新志》云:元伯名邵,与山阳范式期鸡黍会者。"①

3.《盱眙图经》

核查《中国地方志联合目录》《中国地方志综录》,现存方志里没有以《盱眙图经》为名的志书,《(光绪)盱眙县志稿》里收录的《盱眙图经》已经亡佚。

"《盱眙图经》引许慎曰:张目为盱,举目为眙,因城在山上可以眺远。"②

东汉建光元年(121年)许慎的《说文解字》定稿,《盱眙图经》引用了《说文解字》里的内容,故这部《盱眙图经》应修于东汉建光元年(121年)以后。

除盱眙县志外,安徽淮河流域旧志还收录了已经亡佚的天长县志、蒙城县志、霍邱县志、颍上县志、怀远县志、五河县志、虹县志、灵璧县志、临淮县志、定远县志、砀山县志、霍山县志③,为辑佚这些旧志提供了资料来源。

(五)其他文献

安徽淮河旧志还收录了其他类型的文献,这些文献均已亡佚,故将其辑佚于此。

1.《砀山实录》

《(同治)徐州府志》载:"吕湖,字夏珍;王之本,字务滋;汪鏉,字滋兰,皆岁贡生。胡国光,字子灿,廪生。陈尔耆,字眉龄;陈尔寿,字松龄,皆贡生。王世德,字凌衢。此数人者皆博学能文,有声于时。又有纪甲第、仝际昌、曹廷翼、汪公澍、张三元、汪大受、胡麟趾皆诸生。顺治六年修明史,知县赵启建

---

① 《(成化)中都志》卷六《辨疑》,《四库全书存目丛书》本,济南:齐鲁书社,1996年。
② 《(光绪)盱眙县志稿》卷一七《杂记》,清光绪十七年(1891年)刊本。
③ 天长县志、蒙城县志、霍邱县志、颍上县志、怀远县志、五河县志、虹县志、灵璧县志、临淮县志、定远县志、砀山县志、霍山县志属于安徽淮河流域方志,将在第六章《旧志内容辑佚》部分详细论述,故此处从略。

延请采纂《砀山实录》,皆砀人。"①据此可知,清顺治六年(1659年),砀山知县赵启建曾经聘请十几个砀山人纂修了一部《砀山实录》。查阅相关文献,未见该书,疑其已经亡佚,故将其佚文辑佚于此。从文献著录的情况看,《砀山实录》亦有人称之为《砀邑实录》。从安徽淮河流域旧志中辑出六条《砀山实录》的资料。

李春鲸,北直开州举人。崇祯七年,知砀山县。时值荒乱,无籍之民乘间攘窃。鲸至剪除凶顽,邑大治。砀治新迁,百凡草创。文庙尤卑隘,鲸欲新之而无其财,乃委曲定为捐赎例,凡笞杖听水赎工赎砖石赎积岁余料,□复捐俸资工,躬亲董率。经始乙丑夏,丁卯春告竣。至今栋宇隆崇,皆鲸力也。被诬去,邑民数百人千里拥从,号泣辩冤,事始白,复建祠祀之。(《郭志》遗采,顺治六年邑令赵启建所撰《砀山实录》补。)②

江泰,籍失考。崇祯十三年,为砀山令。时灾异叠见,民苦饥寒,道路饿莩接踵。前令因输公日夕征比丁粮,民益苦之。庚辰冬,饥民群起为寇,上官欲剿除之。适泰至,心存仁爱,念民不得已为之,不忍请兵问罪。多方抚绥,民尽革,乡安堵。泰亦以过于劳瘁竟卒官,百姓哀之,罢市数日。(《郭志》遗采,顺治六年邑令赵启建所撰《砀山实录》补。)③

(明)生员杨烓妻王氏,烓患重疾,氏委曲调护,未几殁,氏哀吁甘殉。姑袁氏衰老,语曰:"儿死我已无依,妇再死,老人固不足惜,奈弱孙何?"氏承姑命,艰辛孤苦,以奉养为己任。自夫死以及姑葬,节孝几三十年。按院范良彦旌之。(《郭志》遗采,前令赵启建《砀邑实录》补。)④

刘承杰,乡里失考,明末为邑教谕。立品高洁,善课士,邑人化之。甲申,

---

① 《(同治)徐州府志》卷二二下之上,清同治十三年(1874年)刻本。
② 《(乾隆)砀山县志》卷六《职官志下·名宦》,《中国地方志集成》本,南京:江苏古籍出版社,1998年。
③ 《(乾隆)砀山县志》卷六《职官志下·名宦》,《中国地方志集成》本,南京:江苏古籍出版社,1998年。
④ 《(乾隆)砀山县志》卷一二《人物志下·完节》,《中国地方志集成》本,南京:江苏古籍出版社,1998年。

京都陷,杰泣曰:"何以官为?"即封印挂冠长往,囊橐尽弃,弗顾也。时同城主簿王应昌、典史胡晋锡皆有胆识,值流寇至,分城坚守,能却敌。闻杰行,慕其义,即弃官同去。邑人高之,传为"挂冠三隽"云。(《郭志》遗采,《砀邑实录》补。)①

(明)邵重谦妻李氏,靖海丞桂之女。二十一岁夫死,二子襁褓,室如悬磬,氏以女工易粟,画荻训子。年八十终,茹荼六十余年。长子宗黄列黉序,次子宗忍官守备。有司屡旌其门。(《郭志》遗采,《砀邑实录》补。)②

(明)生员汪秉钧妻蒋氏,二十一岁,钧故,氏矢志教子大,受读父书,补邑庠。苦节五十三年终。(《郭志》遗采,《砀邑实录》补。)③

2.《南中记》

查阅文献,《香宇集》中收录了汉朝陆贾《南中记》中的一首诗《以玉香花缀纱幰中》,诗曰:"花如白玉重南方,叶叶晴翻碧露光。素馥只宜天上种,清标合作帐中香。炎威乍减风生簟,醉梦初醒月满床。记得苍梧朝雨后,曾教陆贾眩明妆。"④刘涛《陆贾〈新语〉赋化倾向探析》一文称:"陆贾还曾写过《南中记》一书,已佚。不过,西晋人嵇含的《南方草木状》曾引用过该书中的文字,题为《南越行记》,或许这是现今所能见到的关于陆贾《南中记》的唯一资料。"⑤据此,陆贾《南中记》早已亡佚。

《(乾隆)砀山县志》收录了《南中记》的一条资料,虽无法完全确认该《南中记》就是陆贾的《南中记》,但仍将这条资料列于此处,以为参考。

"莫邪山,《南中记》云:'濠水流合千金塘,源出县西莫邪山,是也。'引见

---

① 《(乾隆)砀山县志》卷六《职官志下·名宦》,《中国地方志集成》本,南京:江苏古籍出版社,1998年。
② 《(乾隆)砀山县志》卷一二《人物志下·完节》,《中国地方志集成》本,南京:江苏古籍出版社,1998年。
③ 《(乾隆)砀山县志》卷一二《人物志下·完节》,《中国地方志集成》本,南京:江苏古籍出版社,1998年。
④ (明)田艺蘅:《香宇集·续集》卷二七《辛酉稿诗》,明嘉靖刻本。
⑤ 刘涛《陆贾〈新语〉赋化倾向探析》,《山东教育学院学报》,2007年第6期,第84页。

《太平御览》。"①

3.《彤管拾遗》

夏燮《明通鉴》卷八六《庄烈皇帝》中提到了"毛大可《彤管拾遗》"②一书。核查文献,未见该书,疑毛大可《彤管拾遗》已经亡佚。

《(乾隆)砀山县志》收录了《彤管拾遗》的一条资料,虽无法确定该书就是毛大可的《彤管拾遗》,但仍将这条资料列于此处,以为参考。

"(清)徐二妻王氏,二死,止一女,无近亲。族有利其产且美其貌、可得多金者欲夺其节,日说之,氏闻辄泣,说不已,辄骂,遂病发,终岁不与人言,且不与女人言。三十年非骂则哭,人畏其悍,而夺嫁之说乃息。至六十岁后不病亦不骂人,为其佯狂守节云。《彤管拾遗》。"③

安徽淮河流域旧志因收录了亡佚文献的内容,并注明出处,具有了辑佚这些古书的价值,为恢复佚书的原始面貌提供了线索。

安徽淮河流域旧志的编修者大多是治学态度严谨的文人学者,他们广征博引,不仅注意对选用的资料注明出处,还注重对相关内容进行考证和校勘,补前志之阙漏,订前志之讹误,具有考证和校勘价值。这些旧志转引了一些原书已经亡佚文献的内容,因而也具有辑佚的价值。

---

① 《(嘉庆)怀远县志》卷一《地域志·县境诸山》,《中国地方志集成》本,南京:江苏古籍出版社,1998年。
② (清)夏燮编:《明通鉴》卷八六,清同治刻本。
③ 《(乾隆)砀山县志》卷一二《人物志下·完节》,《中国地方志集成》本,南京:江苏古籍出版社,1998年。

第六章　旧志内容辑佚

安徽淮河流域旧志收录了一些方志的部分内容,其中有些是安徽淮河流域方志,有些已经亡佚,本章将这些亡佚的安徽淮河流域旧志佚文辑出,以便人们更加全面地了解佚志的原始面貌。

一、府志之属

(一)凤阳府志

根据本书第一章《旧志编修源流》里叙述的凤阳府建置沿革情况,隋开皇初年钟离改为濠州,大业初年又改为钟离郡,唐朝复为濠州,天宝初年又改为钟离郡。五代南唐时则改为定远军。宋建炎年间又复为濠州。元至元十三年(1276年)升为濠州路,至元十五年(1278年)升为临濠府,至元二十八年(1291年)又改为濠州,朱元璋吴元年(1367年)改为临濠府。明洪武三年(1370年)改为中立府,洪武七年(1374年)改为凤阳府。《明一统志》亦称"濠梁""钟离",为凤阳府古郡名,故以"濠州""濠梁"为名的志书属于凤阳府志的范畴。

1.《濠州志》

现存最早的凤阳府志是《(成化)中都志》,修于明成化二十三年(1487年)。根据《中国地方志联合目录》《中国地方志综录》的统计,现存凤阳府方志没有以"濠州"为名的志书,所以《(成化)中都志》《(光绪)凤阳府志》和《(康熙)庐山志》收录的《濠州志》都已经亡佚。因不知《(成化)中都志》《(光绪)凤阳府志》《(康熙)庐山志》三书收录的《濠州志》是否为同一部志书,故将三者分别加以辑佚。

(1)《(成化)中都志》收录的《濠州志》

《(成化)中都志》收录的《濠州志》有一条池塘方面的资料。

> 凤凰池,在(临淮县)涂山门内。《濠州志》云:世传尝有凤凰止于此,因名莲花池,在西关通远坊。①

根据濠州的建置沿革,这部《濠州志》应修于隋开皇初年(581年)到元朝至元十五年(1278年)、元至元二十八年(1291年)到朱元璋吴元年(1367年)这两个时间段里。

(2)《(光绪)凤阳府志》收录的《濠州志》

《(光绪)凤阳府志》收录的《濠州志》有一条古迹方面的资料。

> 三贤堂,《濠州志》:在(凤阳县)城东北隅。宋时建,祀彭祖、庄子、惠子。②

"宋时"这一称法,应该是宋朝以后人的说法。再结合"濠州"建置沿革的情况,这部《濠州志》应该修于忽必烈建立元朝(1271年)到至元十五年(1278年)、元至元二十八年(1291年)到朱元璋吴元年(1367年)这两个时间段里。

(3)《(康熙)庐山志》收录的《濠州志》

《(康熙)庐山志》卷四"般若峰耶舍塔董奉馆杏林"条下载有:"《濠州志》:濠州钟离县有杏山,亦云秦所种杏处。"③

关于钟离县建置沿革的情况,《元和郡县图志》中有如下记载:"钟离县,

---

① 《(成化)中都志》卷四《池沼》,《四库全书存目丛书》本,济南:齐鲁书社,1996年。
② 《(光绪)凤阳府志》卷一五《古迹考》,《中国地方志集成》本,南京:江苏古籍出版社,1998年。
③ 《(康熙)庐山志》卷四《山川分纪三》,清康熙五十九年(1720年)顺德堂刻本。

上郭下,本汉旧县,属九江郡,至晋属淮南郡。安帝时因东郡燕县流入钟离者于此置燕县,至高齐复为钟离县。"①《明史》则曰:"临淮,秦钟离县,本濠州治。洪武二年改曰中立县,寻曰临淮。"②据此并结合上文所述凤阳府建置沿革情况,汉时即有钟离县之设,至隋朝初年归属濠州,后相沿未改。明洪武二年(1369年)改钟离县为中立县,后又改为临淮县。此后未有钟离县之设。因此,《(康熙)庐山志》收录的这部《濠州志》应修于隋开皇初年(581年)到元至元十五年(1278年)、元至元二十八年(1291年)到朱元璋吴元年(1367年)这两个时间段里。

2.《濠州旧志》

根据《中国地方志联合目录》《中国地方志综录》的统计,现存凤阳府方志没有以"濠州"为名的志书。现存最早的凤阳府志是《(成化)中都志》,修于明成化二十三年(1487年),《(成化)中都志》收录的《濠州旧志》应该已经亡佚。《濠州旧志》有一条名宦方面的资料。

王雍,文正公侄,元祐中通判。《濠州旧志》云:王旦、尹洙皆尝通判濠州。元祐四年,通判王雍刻石题名甚详。③

根据"濠州"的建置沿革和佚文提供的时间线索,这部《濠州旧志》应修于宋元祐四年(1089年)到元至元十五年(1278年)、元至元二十八年(1291年)到朱元璋吴元年(1367年)这两个时间段里。

3.《濠梁志》

现存最早的凤阳府志是《(成化)中都志》,修于明成化二十三年(1487年)。根据《中国地方志联合目录》《中国地方志综录》统计的情况,现存凤阳府方志没有以"濠梁"为名的志书,所以《(成化)中都志》《(光绪)凤阳府志》《(光绪)凤阳县志》收录的《濠梁志》应该都已经亡佚。

---

① (唐)李吉甫:《元和郡县图志》卷一〇,《中国古代地理总志丛刊》本,北京:中华书局,1983年。
② 《明史》卷七九《志五三》,北京:中华书局,1974年。
③ 《(成化)中都志》卷六《名宦》,《四库全书存目丛书》本,济南:齐鲁书社,1996年。

(1)《(成化)中都志》收录的《濠梁志》

《(成化)中都志》收录的《濠梁志》有十条山川方面的资料,八条城郭方面的资料,十条古迹方面的资料,两条宫观方面的资料,一条祠庙方面的资料,一条冢墓方面的资料,一条池沼方面的资料,一条名宦方面的资料。

十条山川方面的资料如下。

升高山,在(临淮)县西南五十里。《濠梁志》云:俗以九日登此山游乐,故名。

钟乳山,一名濠塘山。在(临淮)县南六十里。《濠梁志》云:濠水之源出于此,以水流灌城。又山穴出钟乳,故名。又出白蝙蝠,干死倒悬穴中,微带紫色。居人或九月以后、二月以前取食之,颇益寿。

韭山,在(定远)县西北四十五里。《濠梁志》云:地暖多韭,故名。

郎公山,在(定远)县东南六十里。《濠梁志》载:宝公山在定远东南六十里,即此山也。

横涧山,在(定远)县西北七十四里。《濠梁志》载:上垒石为城,有洞泉可饮,兵火中常为屯御之地。故老相传昔有许大夫营于上,不记何时人。有集仙观、城隍庙遗址。

银岭,在(定远)县东四十里。《濠梁志》载:银坑岭在定远东北三十里。

池河,在(定远)县南六十里。《濠梁志》载:自庐州巢县界流入县境,凡一百四十里,东北流入淮。

洛水,在(定远)县西九十里。《濠梁志》:自定远西北白望堆流入寿州境,与寿春县洛水口中流分界,至新城村南十五里入淮。

韭山洞,在(定远)县西北四十里。《濠梁志》云:洞水长流不绝,其形如器物,甚众。左右多唐人诗刻。石深,岩中有石观音及石老人像。

《濠梁志》云:浮山洞夏潦不能没而冬不加高,故人疑其浮也。①

八条城郭方面的资料如下。

(临淮县)旧城,按《濠梁志》云:天监五年筑,旧有东西二城。魏中山王元英围钟离,曹景宗募军士言文达、洪骐麟等赍敕,潜行水底,得达东城。宋建炎间,连南夫作守,谓濠水界于两城不合一,乃决濠水径达于淮而城始为一矣。洪武元年,因旧基修砌,周九里三十步,高二丈五尺。有六门,曰临淮、移风、间贤、曲阳、清流、涂山。各门有谯楼,城上铺三十座,周有濠。

(临淮县)三牛城,即今之旧城是也。《濠梁志》云:旧府治内有石牛三,其二在厅前,一在府治后。故老相传谓郡界濠淮之间,岁多水灾,吴乃斗分野,牛土畜,故以厌之。宋大中祥符中,郡守梅询先从东封祷于岳神,梦三牛斗于庭,有称相公来上谒者。及得郡州廨,有三石牛。未几,吕夷简来为倅,恍如梦中。

(定远县)土城,周五里二百三十六步。按《濠梁志》云:元至元十三年仍还旧址为县者,即此城也。

(定远县)马丘城,《濠梁志》云:一名蓝栅城,在(定远)县西南二十五里,地名孙家湾。《汉书》云:当涂有马丘聚,徐凤反于此,即此地也。

古曲阳城,《濠梁志》云:在(定远)县西北九十五里。秦曲阳县,汉因之。《汉地理志》云:曲阳莽改为延平亭。《隋书志》云:旧九江郡,后齐废为曲阳县,寻废。

废定远城,《濠梁志》云:在(定远)县西南八十里。故老传云:梁魏交兵时筑为垒,在文坊塘下流,水夹城西注。梁普通七年,胡隆至虏文浦城生擒五千人即此。

废间城,《濠梁志》云:在(定远)县西北一百五十里。故老传云:

---

① 《(成化)中都志》卷二《山川》,《四库全书存目丛书》本,济南:齐鲁书社,1996年。

后魏太武南征时筑,普通三年置沛郡,北齐天保二年废。

公路城,《濠梁志》云:在(盱眙县)城东,袁术所筑,久废。①

十条古迹方面的资料如下。

梦蝶坊,《濠梁志》云:在(临淮县)开元寺西。《庄子》云:"周梦为蝴蝶,栩栩然蝶也。俄而觉,蘧蘧然周也。不知周之梦为蝴蝶欤?蝴蝶梦为周欤?"周尝寓此,故以名坊。

解带石,在(临淮县)清流门外。《濠梁志》云:项羽败垓下,投薛公不纳,解带钦石上而去。

(临淮县)垂花坞,《濠梁志》云:在逍遥台南十余步,有樛藤二株,东西相对,垂花甚盛,乃凌霄花也。唐独孤及刺史甚爱之,命曰垂花坞,作诗识之曰:"紫蔓青条覆酒台,落花时与竹风俱。归来自负花前醉,笑向游鱼问乐无。"其花天顺间烟于火,根株无存。

漆园,《濠梁志》云:在(定远县)县东,□□□②周二百步。相传庄周为吏之所,唐弘道间建漆园观。

三贤堂,《濠梁志》云:在(临淮县)城东北隅。初祠彭祖,附以庄子、惠子二像。

(临淮县)更好亭,《濠梁志》云:在郡治西斋之西,亭前植梅,清奇可爱。取"竹外一枝斜更好"之句名之也。

暎芝亭,《濠梁志》云:在(临淮县)东城上,与道院相对。尝产芝草,故名。

(临淮县)清淮楼,《濠梁志》云:在郡治子城上,张颉有诗。

(临淮县)舍桃阁,《濠梁志》云:旧为郡廨西斋。宋大中祥符间,梅询为守,吕夷简为倅,相得欢甚,以阁与倅为憩之所。

---

① 《(成化)中都志》卷三《城郭》,《四库全书存目丛书》本,济南:齐鲁书社,1996年。
② 原文空三个字,以□□□代之。

焚书阁,《濠梁志》云:在临淮县城南二里,即金子冈也。①

两条宫观方面的资料如下。

通真观,在(临淮县)升仙坊。《濠梁志》云:采和一日即市楼饮酒,有五色云覆冒楼上。饮毕乘云而去。

漆园观,在(定远)县治东四十步。《濠梁志》云:唐弘道二载敕建。②

一条祠庙方面的资料如下。

东岳行祠,旧在(临淮县)城南三里,创于宋。《濠梁志》云:嘉定十四年,金人卢皺撻诣祠下,祷以兵攻城,不与。乃纵火焚而去。郡人迁于南城内,后因兵废。洪武二十六年,凤阳卫镇抚李瞻等复建,□□□□□□□③,一在城东北七十五里,地名西寨。④

一条冢墓方面的资料如下。

晋献公墓,《濠梁志》载:在(定远)县东八十里,高十余丈。故老传云:晋献公冢东去骊姬冢一千步。⑤

一条池沼方面的资料。

凤凰池,在(临淮县)涂山门内。《濠梁志》云:世传尝有凤凰止于此,因名。⑥

一条名宦方面的资料如下。

李则,《濠梁志》载:则既冠得定远尉,假令他县,令严而行,吏民

---

① 《(成化)中都志》卷三《古迹》,《四库全书存目丛书》本,济南:齐鲁书社,1996年。
② 《(成化)中都志》卷四《宫观》,《四库全书存目丛书》本,济南:齐鲁书社,1996年。
③ 原文空七个字,以□代之。
④ 《(成化)中都志》卷四《祠庙》,《四库全书存目丛书》本,济南:齐鲁书社,1996年。
⑤ 《(成化)中都志》卷四《冢墓》,《四库全书存目丛书》本,济南:齐鲁书社,1996年。
⑥ 《(成化)中都志》卷四《池沼》,《四库全书存目丛书》本,济南:齐鲁书社,1996年。

宽,富豪并贫民之产而不税者,尽以法治之,贫民用□。①

根据"(定远县)土城,周五里,二百三十六步。按《濠梁志》云:元至元十三年仍还旧址为县者,即此城也"②这条资料,由"元至元十三年"的行文方式可知,这部《濠梁志》应是明朝编修的。这部《濠梁志》佚文里有一些时间线索,提到的最迟时间是"洪武二十六年"。根据以上分析,《(成化)中都志》收录的这部《濠梁志》应修于明洪武二十六年(1368年)以后、成化二十三年(1487年)以前。

(2)《(光绪)凤阳府志》收录的《濠梁志》

这部《濠梁志》有风俗方面的资料一条,古迹方面的资料一条。

一条风俗方面的资料如下。

(凤阳县)《濠梁志》云:在城务商贾,在野勤稼穑。百年无告讦之风,父老以不至公庭为美。③

一条古迹方面的资料如下。

(凤阳县)更好亭,《濠梁志》云:在州治西斋之西,亭前植梅,清奇可爱,取苏诗"竹外一枝斜更好"之句名之。④

"竹外一枝斜更好"是苏轼《和秦太虚梅花》中的一句⑤,苏轼于北宋建中靖国元年(1101年)去世,这部《濠梁志》中提到的"更好亭"以此句取名,再结合濠梁的建置沿革,故该志应该修于北宋建中靖国元年(1101年)到元至元十五年(1278年)、元至元二十八年(1291年)到朱元璋吴元年(1367年)这两个时间段里。

---

① 《(成化)中都志》卷六《名宦》,《四库全书存目丛书》本,济南:齐鲁书社,1996年。
② 《(成化)中都志》卷三《城郭》,《四库全书存目丛书》本,济南:齐鲁书社,1996年。
③ 《(光绪)凤阳府志》卷八《疆域考·风俗》,《中国地方志集成》本,南京:江苏古籍出版社,1998年。
④ 《(光绪)凤阳府志》卷一五《古迹考》,《中国地方志集成》本,南京:江苏古籍出版社,1998年。
⑤ (宋)王十朋撰:《集注分类东坡先生诗》卷一四,《四部丛刊》景宋本。

(3)《(乾隆)凤阳县志》收录的《濠梁志》

这部《濠梁志》有五条古迹方面的资料,一条寺观方面的资料。

五条古迹方面的资料如下。

> 三牛城,《濠梁志》言:旧府治内有石牛三,其二在厅前,一在府治后。相传为郡界,濠淮之间,岁多水灾,牛土畜,故以压之。
>
> 清淮楼,《濠梁志》云:在郡子城上。唐张顗有诗,见艺文。
>
> 含桃阁,《濠梁志》云:旧为郡廨西斋。宋大中祥符间,梅询为守,吕夷简为倅,相得欢甚,以阁与倅,为憩息之所。
>
> 更好亭,《濠梁志》云:在州治西斋之西,亭前植梅,清奇可爱。取"竹外一枝斜更好"之句名之。
>
> 三贤堂,《濠梁志》云:在(凤阳县)城北东隅,祀彭祖,附以庄子、惠子。①

一条寺观方面的资料如下。

> 东岳庙,旧在临淮城南三里。《濠梁志》云:宋嘉定十四年,金人虚鼓槌来攻城,诣祠祷求,弗许,乃纵火焚之而去。至正末,迁于城内,后因兵燹废。②

这部《濠梁志》佚文里提到的最迟的时间是"至正末","至正"是元惠宗的第三个年号,也是元朝最后一个年号,共三十年(1341年—1370年)。故该志应修于元至正末年以后。而明洪武三年(1370年)将濠州改为中立府,故该志应修于元至正末至明洪武三年(1370年)之间。

《(成化)中都志》《(光绪)凤阳府志》《(光绪)凤阳县志》三部方志收录的《濠梁志》佚文在内容上有相关性,或可能是同一部志书。

4.《旧志》

《(成化)中都志》是现存最早的凤阳府志,也是现存最早的安徽淮河流域

---

① 《(乾隆)凤阳县志》卷四《舆地·古迹》,清乾隆四十年(1775年)刻本。
② 《(乾隆)凤阳县志》卷四《舆地·寺观》,清乾隆四十年(1775年)刻本。

地区方志,修于明成化二十三年(1487年),故《(成化)中都志》收录的《旧志》应该已经亡佚。因这部《旧志》收录的内容包括霍邱县、盱眙县、灵璧县、寿州、天长县、临淮县、颍州,故该志应该是一部府志,但志书名称为何,尚无法判断,估以《旧志》称之。该志有一条建置沿革方面的资料,两条风俗方面的资料,七条山川方面的资料,三条城郭方面的资料,一条国都方面的资料,两条宫室方面的资料。

一条建置沿革方面的资料如下。

霍丘县,《旧志》云:昔周封三监,以霍叔监殷县,西有霍叔墓及故宫遗址。①

两条风俗方面的资料如下。

《旧志》云:山川流峙,风俗清丽。又云:汝阴之俗不事末作,男勤耕桑,女动织纴。

《旧志》云:山川风气刚劲,故习俗直朴,民力耕桑,少戆无文,然亦愿学,以礼义为先。②

七条山川方面的资料如下。

牧羊山,在(盱眙)县西南八十里。《旧志》云:俗传龙女牧羊于上,柳毅相遇传书即此。

陈疃山,在(灵璧)县北八十里陈疃保,故名。《旧志》云:希夷先生尝寓此,遗迹尚在,故名。

(寿州)四项山,车路山,平河山,三山,孤山。《旧志》:皆在本州境内。

乘龙洲,《旧志》云:在(临淮县)县东北四十里。

邵阳洲,《旧志》云:在(临淮县)县东十八里,淮水中。

---

① 《(成化)中都志》卷一《建置沿革》,《四库全书存目丛书》本,济南:齐鲁书社,1996年。
② 《(成化)中都志》卷一《风俗》,《四库全书存目丛书》本,济南:齐鲁书社,1996年。

(临淮县)千金塘,《旧志》云:《淮南经》云:濠水合流于此。

得胜河,在(天长)县北七里。《旧志》云:相传汉高祖自将兵击淮南王英布,得胜于此,因名。①

三条城郭方面的资料如下。

(临淮县)东古城,《旧志》云:秦汉为钟离县,晋太康为鲁城,宋大明②中始迁于今城,旧址犹存,去今城仅四里。

(临淮县)东城,《旧志》云:在城东北三里,宋太始二年③筑,以镇濠口。此城至小,初本无名,后俗以在钟离城东北,故号小东城。北齐天保元年④,以为钟离郡。太康五年⑤城废。

(颍州)相让城,《旧志》云:楚王尝避暑于此。⑥

一条国都方面的资料如下。

(临淮县)水濂真洞,在清流门外。《旧志》云:世传有一卒自城都来觅水濂先生,郡人莫晓。一夕,卒至此洞口,石忽裂开,有人引之入,后其卒出,言中有洞府豁然。宋绍熙间,皇甫斌书"水濂真洞"四字刻石,其字水浅则见,涨则没。⑦

两条宫室方面的资料如下。

(临淮县)鼓楼,在凤阳卫前,即旧州治之谯楼也。《旧志》云:有

---

① 《(成化)中都志》卷二《山川》,《四库全书存目丛书》本,济南:齐鲁书社,1996年。
② "宋大明"当为南朝宋孝武帝大明,共八年,大明元年至八年(457—464年)。
③ "太始"为西汉武帝的年号,共四年(前96—前93年)。两宋时期无"太始"年号。而"泰始"则为南朝宋明帝年号,共七年(465—471年)。此处应指南朝宋泰始二年(466年)。
④ 北齐天保共两年,天保元年(550年)。
⑤ "太康"是西晋武帝第三个年号,共十年(280—289年)。辽道宗耶律洪基的一个年号也是"太康",共十年(1075—1084年)。根据前后文时间关系,此处应该是辽道宗太康五年(1079年)。
⑥ 《(成化)中都志》卷三《城郭》,《四库全书存目丛书》本,济南:齐鲁书社,1996年。
⑦ 《(成化)中都志》卷三《国都》,《四库全书存目丛书》本,济南:齐鲁书社,1996年。

石榴出砖石间,甚异。

(临淮县)钟楼,在桥楼门上。《旧志》云:古称东城门,又曰太平楼。①

这部《旧志》佚文中有多处时间线索,最迟的时间是"宋绍熙间"。"绍熙"是南宋光宗的年号,共五年(1190年—1194年)。根据"宋绍熙间"的表述方法,这部《旧志》应该修于元朝或明朝,且在成化二十三年(1487年)以前。

5.《图经》

现存最早的凤阳府志是《(成化)中都志》,修于明成化二十三年(1487年),根据《中国地方志联合目录》《中国地方志综录》的统计,现存凤阳府方志没有以《图经》为名的志书,所以《(成化)中都志》收录的《图经》应该已经亡佚。该志有一条冢墓方面的资料和一条山脉方面的资料。

一条冢墓方面的资料如下。

晋献公墓,《图经》云:双墩是也。②

一条山脉方面的资料如下。

大别山,又名安阳山,在(霍丘)县西南八十里,界于固始县。《图经》云:在安丰西南。③

6.《图经志》

现存最早的凤阳府志是《(成化)中都志》,修于明成化二十三年(1487年),根据《中国地方志联合目录》《中国地方志综录》,现存凤阳府方志没有以《图经志》为名的志书,《(成化)中都志》收录的《图经志》应该早已亡佚。该志有一条道释方面的资料。

(定远县)刘大师,《图经志》云:唐宪宗时有大师骑白马行村落

---

① 《(成化)中都志》卷三《宫室》,《四库全书存目丛书》本,济南:齐鲁书社,1996年。
② 《(成化)中都志》卷四《冢墓》,《四库全书存目丛书》本,济南:齐鲁书社,1996年。
③ 《(成化)中都志》卷二《山川》,《四库全书存目丛书》本,济南:齐鲁书社,1996年。

中,不知其所从来。人有病,与药辄愈。一日,从乡人郑氏乞地为室,未许。俄,入林中趺坐而逝。人异之,即其地为寺。①

根据"唐宪宗"这种行文方式,这部《图经志》应该是宋朝、元朝,或者明朝且在成化二十三年(1487年)以前编修的。

7.《永乐大典》收录的《凤阳府志》②

《永乐大典》收录了《凤阳府志》的二十九条资料,十三条山川方面的资料,两条村寨方面的资料,一条寺观方面的资料,一条古迹方面的资料,一条寺观方面的资料,七条仓廪方面的资料,两条人物方面的资料,一条军事方面的资料。

十三条山川方面的资料如下。

> 平路岭,在凤阳县东南四十里。
>
> 磨拖岭,在琅琊山西。③
>
> 东西湖,在凤阳县北。④
>
> 白莲湖,在灵璧县。一在澧州松渚村。⑤
>
> 石湖,在灵璧县。⑥
>
> 耳毛湖,在灵璧县。⑦
>
> 小湖,在旧全椒县南一十二里蔡母庙之后。虽旱不竭。前有蔡湖甚大,故此名小湖。⑧
>
> 白鹿湖,在宿迁县。旧传昔有白鹿,出没其中,故名。或云白鹭

---

① 《(成化)中都志》卷五《道释》,《四库全书存目丛书》本,济南:齐鲁书社,1996年。
② 根据上文所言,《永乐大典》收录的五部以"凤阳"为名的志书应该是同一部志书,故以《凤阳府志》名之。此处辑佚则以《凤阳府志》统属其佚文。
③ 《永乐大典》卷一一九八〇,北京:中华书局,1986年。
④ 《永乐大典》卷二二七〇,北京:中华书局,1986年。
⑤ 《永乐大典》卷二二六一,北京:中华书局,1986年。
⑥ 《永乐大典》卷二二六六,北京:中华书局,1986年。
⑦ 《永乐大典》卷二二七〇,北京:中华书局,1986年。
⑧ 《永乐大典》卷二二六七,北京:中华书局,1986年。

飞集,讹为白鹿湖云。去县治西南一十里,南北长一十五里,东西阔五里。上通小河,转流入黄河。①

落马湖,在宿迁县。昔传项羽堕马此处,故名为落马湖。

万岁湖,其湖在天长县西三里。宋太祖征扬州,驻跸其地,县人迎迓,呼万岁,故名。②

蔡湖,在蔡母庙前。③

仙女台,一在叠玉峰。一在霍丘县南一百六十里。

八仙台,在盱眙县东三里。有八仙座石,故名。下有神仙洗肠池。④

两条村寨方面的资料如下。

朱陈村,在徐州丰县百里,有朱、陈二姓所居。⑤

凤阳三屯:瞿相山屯、鲁山屯、独山屯。⑥

一条寺观方面的资料如下。

泰紫寺,在光州息县东。兵废,遗址尚存。⑦

一条古迹方面的资料如下。

颍州古迹西湖,在西门外,宋欧阳文忠公游息之地。文忠公《游西湖》诗:"况西湖之胜概,擅东颍之佳名。"子由《持文忠公宴西湖》诗:"城上乌栖暮霭生,银缸画烛照湖明。"⑧

---

① 《永乐大典》卷二二六一,北京:中华书局,1986年。
② 《永乐大典》卷二二七〇,北京:中华书局,1986年。
③ 《永乐大典》卷二二六六,北京:中华书局,1986年。
④ 《永乐大典》卷二六〇三,北京:中华书局,1986年。
⑤ 《永乐大典》卷三五八〇,北京:中华书局,1986年。
⑥ 《永乐大典》卷三五八七,北京:中华书局,1986年。
⑦ 《永乐大典》卷一三八二四,北京:中华书局,1986年。
⑧ 《永乐大典》卷二二六三,北京:中华书局,1986年。

七条仓廪方面的资料如下。

泗州北门仓,大油房仓,小油房仓,以上皆在州治西北。①

广积仓,在城北门内。

量积仓,二所:在新城东北。一靠西湖,一俗称为花园仓。

滁州永盈仓,二所:一所在西北隅来苏坊北,一所在东南隅草场南。②

百万仓,在皇城北。③

军储仓,在州治东南。

际留仓,三座,俱在州治东。④

两条人物方面的资料如下。

定远县蒲从善,真定人。元元统年间为主簿,有能声。⑤

崔白,字子西,濠梁人。善画花鸟类,无不精绝。宋画院较艺者,必以黄筌父子笔法为程式,自白及吴元瑜出,其格遂变。神宗朝,画垂拱殿御扆,称旨,补图画院艺学。见《图绘宝鉴》。⑥

一条军事方面的资料如下。

凤阳府临县⑦军器局,在东门内。⑧

(二)颍州府志

1.《颍州见闻录》

《(成化)中都志》修于明成化二十三年(1487年),现存最早的颍州府志

---

① 《永乐大典》卷七五一二,北京:中华书局,1986年。
② 《永乐大典》卷七五一四,北京:中华书局,1986年。
③ 《永乐大典》卷七五一二,北京:中华书局,1986年。
④ 《永乐大典》卷七五一六,北京:中华书局,1986年。
⑤ 《永乐大典》卷一四六〇九,北京:中华书局,1986年。
⑥ 《永乐大典》卷二七四一,北京:中华书局,1986年。
⑦ 根据地区建置沿革,应为"临淮县"。
⑧ 《永乐大典》卷一九七八一,北京:中华书局,1986年。

是成化年间刘节编修的《颍州志》①,《(成化)中都志》收录的《颍州见闻录》应该已经亡佚。该志有一条风俗方面的资料。

　　《颍州见闻录》云:士兼文武,民务农业。②

因缺乏更为充分的资料,目前只能知道这部《颍州见闻录》修于明成化二十三年(1487年)以前。

2.《颍州志》

《(成化)中都志》修于明成化二十三年(1487年),现存最早的颍州府志是成化年间刘节编修的《颍州志》③,《(成化)中都志》收录的《颍州志》已经亡佚。该志有一条城郭方面的资料,三条宫室方面的资料,一条人物方面的资料,一条辨疑方面的资料。

一条城郭方面的资料如下。

　　(寿州)刘备、关羽二城,在西正阳与颍州接界。《颍州志》云:汉末先主依袁氏于寿春,先主城淮东,关羽城淮西,以屯军。④

三条宫室方面的资料如下。

　　聚星堂,在(颍州)旧州治内。《颍州志》云:其先政如晏殊、蔡齐、曾肇、韩琦皆名公,故欧公以聚星名堂。

　　钓鱼台,在(颍)州东七十里颍水北岸。《颍州志》云:汉末,袁闳避地汝阴,讲学之暇游钓河滨,后人贤之,因名其处。

一条人物方面的资料如下。

　　王回,字深父。《颍州志》云:平舆人,欧阳公荐,授匠作监

---

① 《中国地方志联合目录》《中国地方志综录》称其为明正德六年(1511年)刻本。
② 《(成化)中都志》卷一《风俗》,《四库全书存目丛书》本,济南:齐鲁书社,1996年。
③ 《中国地方志联合目录》《中国地方志综录》称其为明正德六年(1511年)刻本。
④ 《(成化)中都志》卷三《城郭》,《四库全书存目丛书》本,济南:齐鲁书社,1996年。

主簿。①

一条辨疑方面的资料如下。

《颍州志》云：晋改信州，后魏置颍州，宋改颍昌府。②

佚文中有一些时间线索，比如"宋""晏殊""蔡齐""曾肇""韩琦""欧阳公"等。根据"宋"这一行文方式，这部《颍州志》应修于元朝或明朝且在成化二十三年（1487年）以前。

二、州志之属

（一）宿州志

1.《（成化）中都志》收录的《元宿州志》

现存《（成化）中都志》修于明成化二十三年（1487年），而现存最早的宿州志是《（弘治）宿州志》，修于明弘治十二年（1499年），因此《（成化）中都志》收录的《元宿州志》已经亡佚。可确定这部志书修于元朝，但因缺乏更为充分的线索，其具体的编修时间无法确定。该志有一条风俗方面的资料。

《元宿州志》：喜学问，从教化，虽兵革之余，犹有是心。③

2.《（嘉靖）宿州志》收录的《元志》

《（嘉靖）宿州志》收录的《元志》应该是一部宿州志，根据《中国地方志联合目录》《中国地方志综录》的统计，现存宿州志中没有元朝编修的，故这部《元志》应已亡佚。该志修于元朝，具体的编修时间因缺乏资料尚无法确定。该志有一条风俗方面的资料。

---

① 《（成化）中都志》卷五《人才》，《四库全书存目丛书》本，济南：齐鲁书社，1996年。
② 《（成化）中都志》卷六《辨疑》，《四库全书存目丛书》本，济南：齐鲁书社，1996年。
③ 《（成化）中都志》卷一《风俗》，《四库全书存目丛书》本，济南：齐鲁书社，1996年。

(宿州)喜问学,从教化,虽兵革之余,犹有是心。《元志》。①

这条资料与上文所言《元宿州志》佚文基本相同,故两书很可能属同一部志书。

3.《(成化)中都志》收录的《宿州志》

现存《(成化)中都志》修于明成化二十三年(1487年),而现存最早的宿州志是《(弘治)宿州志》,修于明弘治十二年(1499年),因此《(成化)中都志》收录的《宿州志》已经亡佚。该志有一条辨疑方面的资料,涉及"陈胜墓"的相关情况。

陈胜墓,《宿州志》云:在相城乡丘疃山西南麓。②

根据本书第一章《旧志编修源流》所作的梳理,明永乐、景泰年间曾分别编修过宿州志,故《(成化)中都志》收录的这部《宿州志》可能是这两部志书中的一部。

4.《(成化)中都志》收录的《州志》

这部《州志》被《(成化)中都志》收录,因其所述内容是关于宿州的,故笔者认为这部《州志》应该是一部宿州志。现存《(成化)中都志》修于明成化二十三年(1487年),而现存最早的宿州志是《(弘治)宿州志》,修于明弘治十二年(1499年),因此《(成化)中都志》收录的《州志》已经亡佚。该志有一条建置沿革方面的资料。

宿州,《州志》云:北齐为仁州。又云:元丰间置灵璧县。③

佚文里提到的最迟的时间是"元丰","元丰"为北宋神宗的一个年号,共八年(1078年—1085年),据此该《州志》应修于北宋元丰(1078年—1085年)

---

① 《(嘉靖)宿州志》卷一《地理志·风俗》,《天一阁藏明代方志选刊》本,上海古籍书店,1963年。
② 《(成化)中都志》卷六《辨疑》,《四库全书存目丛书》本,济南:齐鲁书社,1996年。
③ 《(成化)中都志》卷一《建置沿革》,《四库全书存目丛书》本,济南:齐鲁书社,1996年。

以后、明成化二十三年(1487年)之前。

5.《(嘉靖)宿州志》收录的《古志》

现存最早的宿州志是弘治十二年(1499年)编修的《(弘治)宿州志》,然后是嘉靖十六年(1537年)编修的《(嘉靖)宿州志》。《(嘉靖)宿州志》收录了一部《古志》的部分内容,《(弘治)宿州志》和《(嘉靖)宿州志》相差不到四十年,根据习惯称法,《(嘉靖)宿州志》是不会称《(弘治)宿州志》为《古志》的。故笔者认为该《古志》早已亡佚。该志有三条风俗方面的资料。

> 宿州土旷民稀,勤于耕种,牧养蚕绩,乃其常业。《古志》。
> 灵璧民性相直而尚俭素。《古志》。
> (灵璧)民直遂而易导化,士气节而薄委靡。《古志》。①

这部《古志》佚文提到了宿州、灵璧的相关情况,故可以考察宿州和灵璧的建置沿革,以分析这部志书的编修时间。关于灵璧县的建置沿革,《明一统志》则有如下记载:"灵璧县,在州城东一百二十里。本隋虹州地,唐为虹县之零璧县镇。宋元祐初,置零璧县。政和中,改曰灵璧,属宿州。元省入泗州,后复置,属宿州。"灵璧县明朝归属于凤阳府宿州管辖。②《(光绪)重修安徽通志》则载:灵璧县,汉沛郡谷阳县。后汉沛国谷阳县、洨县。魏沛国谷阳县。晋沛国洨县。宋阳平郡阳平县。北魏谷阳郡连城县。梁平阳郡。北齐谷阳郡临淮县。隋彭城郡谷阳县。唐宿州虹县。五代泗州虹县。宋元符元年以虹县之零璧镇为县。七月,复为镇。元符七年,复为县。政和七年,改零璧为灵璧,属宿州。元至元四年,属泗州。十七年,属归德府宿州。明朝灵璧县属凤阳府宿州。清朝灵璧县则直属于凤阳府。③ 灵璧县之名始于宋政和七年(1117年),初属宿州,元至元四年(1267年)改属泗州,至元十七年(1280年)

---

① 《(嘉靖)宿州志》卷一《地理志·风俗》,《天一阁藏明代方志选刊》本,上海古籍书店,1963年。
② (明)李贤等撰:《明一统志》卷七《文渊四库全书》本。
③ 《(光绪)重修安徽通志》卷二〇《舆地志》,清光绪四年(1878年)刻本。

则改属归德府泗州。明洪武七年(1374年)八月始设凤阳府,灵璧县则改属凤阳府宿州,至清朝灵璧县则直属凤阳府。

《古志》里同时收录了宿州和灵璧的相关情况,根据上述文献记载,宿州和灵璧在元朝同属于归德府管辖,明洪武七年(1374年)八月,灵璧隶属于凤阳府宿州,这部《古志》应该修于元朝或明朝且在弘治十二年(1499年)以前。结合历代宿州志编修源流,这部《古志》可能是元朝编修的,也可能是明永乐年间由张敬山编修的,还可能是明景泰年间由黎用显编修的。

(二)寿州志

1.《(成化)中都志》收录的《寿州旧志》

现存《(成化)中都志》修于明成化二十三年(1487年),而现存最早的寿州是《(嘉靖)寿州志》,修于嘉靖二十九年(1550年),因此《(成化)中都志》收录的《寿州旧志》早已亡佚。该志有一条形胜方面的资料。

> 《寿州旧志》云:战国为吴楚交会,六朝为南北要冲,扼淮上流,水陆辐辏,古今舟车接迹之地也。①

根据佚文里的时间线索,这部《寿州旧志》应修于六朝以后、明成化二十三年(1487年)以前。再结合"寿州"的建置沿革,这部《寿州旧志》则应该修于隋以后、明成化二十三年(1487年)以前。明正统年间甄谟曾编修过一部寿州志,早已亡佚,《(成化)中都志》收录的这部《寿州旧志》可能就是这部志书。

2.《(成化)中都志》收录的《寿州志》

现存《(成化)中都志》修于明成化二十三年(1487年),而现存最早的寿州志是《(嘉靖)寿州志》,修于嘉靖二十九年(1550年),因此《(成化)中都志》收录的《寿州志》早已亡佚。该志有一条冢墓方面的资料。

---

① 《(成化)中都志》卷一《形胜》,《四库全书存目丛书》本,济南:齐鲁书社,1996年。

春申君墓,《寿州志》云:在(寿)州东北隅,有遗台存。①

根据"寿州"的建置沿革和《(成化)中都志》的编修时间,这部《寿州志》应修于隋以后、明成化二十三年(1487年)以前,可能是明正统年间甄谥编修的寿州志。

3.《寿州图经》

根据《中国地方志联合目录》《中国地方志综录》的统计,现存寿州志中没有以《寿州图经》为名的志书,故《(成化)中都志》《(嘉靖)寿州志》《(光绪)凤台县志》《(光绪)凤阳府志》收录的《寿州图经》皆已亡佚。这些《寿州图经》各只有一条风俗方面的资料,且内容基本相同。

(1)《(成化)中都志》收录的《寿州图经》

《寿州图经》云:其俗尚武,稍习文辞,务俭勤农,知慕孝行。②

(2)《(嘉靖)寿州志》收录的《寿州图经》

其俗尚武,稍习文辞,务俭勤农,知慕孝行。《寿州图经》。③

(3)《(光绪)寿州志》收录的《寿州图经》

《寿州图经》:其俗尚武,稍习文辞,务俭勤农,知慕孝行。④

(4)《(光绪)凤台县志》收录的《寿州图经》

《寿州图经》:其俗尚武,稍习文辞,务俭勤农,知慕孝行。⑤

(5)《明一统志》收录的《寿州图经》

---

① 《(成化)中都志》卷四《冢墓》,《四库全书存目丛书》本,济南:齐鲁书社,1996年。
② 《(成化)中都志》卷一《风俗》,《四库全书存目丛书》本,济南:齐鲁书社,1996年。
③ 《(嘉靖)寿州志》卷一《舆地纪·风俗》,《天一阁藏明代方志选刊》本,上海古籍书店,1963年。
④ 《(光绪)寿州志》卷三《舆地志·风俗》,《中国地方志集成》本,南京:江苏古籍出版社,1998年。
⑤ 《(光绪)凤台县志》卷一《舆地志·风俗》,《中国地方志集成》本,南京:江苏古籍出版社,1998年。

> 《寿州图经》：其俗尚武，稍习文辞，务俭勤农，知慕孝行。①

《(成化)中都志》《(嘉靖)寿州志》《(光绪)凤台县志》《(光绪)凤阳府志》《明一统志》收录的《寿州图经》佚文基本相同，故笔者认为这几部《寿州图经》应该是同一部志书，当以《(成化)中都志》所引为最早。根据"寿州"的建置沿革和《(成化)中都志》的编修时间，这部《寿州志》应修于隋以后、明成化二十三年(1487年)以前。

3.《寿春图经》

根据《中国地方志联合目录》《中国地方志综录》的统计，现存寿州志中没有以《寿春图经》为名的志书，故《(光绪)凤阳府志》《(嘉庆)怀远县志》收录的《寿春图经》皆已亡佚。

(1)《(光绪)凤阳府志》收录的《寿春图经》

该志有一条风俗方面的资料，一条杂记方面的资料。

一条风俗方面的资料如下。

> 《寿春图经》：其俗尚武，稍习文辞，务俭勤农，知慕孝行。②

一条杂记方面的资料如下。

> 濠塘山，穴多出钟乳，并有蝙蝠，白艾色，于穴中倒悬，微带紫色。居人或有九月以后二月以前采服之，颇益寿。《太平御览》引《寿春图经》。③

同为《(光绪)凤阳府志》所转引，两条佚文中的《寿春图经》应该是同一部志书。《太平御览》成书于北宋太平兴国八年(983年)十月，其收录的《寿春图经》应修于太平兴国八年(983年)十月之前。这部《寿春图经》在现存文献

---

① (明)李贤等撰：《明一统志》卷七，《文渊四库全书》本。
② 《(光绪)凤阳府志》卷八《疆域考·风俗》，《中国地方志集成》本，南京：江苏古籍出版社，1998年。
③ 《(光绪)凤阳府志》卷二〇《杂记》，《中国地方志集成》本，南京：江苏古籍出版社，1998年。

中有所著录,只称其为《太平御览》所引,不知作者。宋朝之前,在秦朝和唐朝有寿春之设,而秦朝没有图经这种形式的文献,唐朝则有,故这部《寿春图经》很可能修于唐朝,且在天宝初年(天宝共 15 年,742 年－756 年)至乾元初年(乾元共 3 年,758 年－760 年)之间。

(2)《(嘉庆)怀远县志》收录的《寿春图经》

该志只有一条山川方面的资料。

> 《寿春图经》曰:"莫邪山,《长老传》云:古者于此铸莫邪剑,因为山名。"引见《太平御览》。①

《太平御览》成书于北宋太平兴国八年(983 年)十月,故其引用的《寿春图经》应修于太平兴国八年(983 年)十月之前。

《(光绪)凤阳府志》收录的《寿春图经》和《(嘉庆)怀远县志》收录的《寿春图经》同为《太平御览》所转引,故两部《寿春图经》应该是同一部志书,修于唐朝,且在天宝初年至乾元初年之间。

4.《太平御览》收录的《寿春图经》

根据《中国地方志联合目录》《中国地方志综录》的统计,现存寿州志中没有以《寿春图经》为名的志书,故《太平御览》收录的《寿春图经》皆已亡佚。这部《寿春图经》有四条山川方面的资料,一条水利方面的资料,一条宫室方面的资料。

四条山川方面的资料如下。

> 《寿春图经》曰:莫耶山,《长老传》云:古者于此山铸莫耶剑,因为山名。②

《剑策》转引的《寿春图经》称为"莫邪山",即"莫邪山,《长老传》云:古者

---

① 《(嘉庆)怀远县志》卷一《地域志·县境诸山》,《中国地方志集成》本,南京:江苏古籍出版社,1998 年。

② (宋)李昉撰:《太平御览》卷四三《地部八》,《四部丛刊三编》景宋本。

于此山铸莫邪剑,因为山名。《寿春图经》"。①

《寿春图经》曰:云母山,一名濠上山,在州东南四十里。

《寿春图经》曰:濠塘山,在县南六十里,有濠水出焉。古老所传,缘山泉灌濠城塘,故以为名。山穴多出钟乳,并有蝙蝠,白艾色,于穴中倒悬,微带紫色。居人或有九月以后二月已前采取,服之颇益寿。

《寿春图经》曰:九斗山,一谓阴陵山。②

一条水利方面的资料如下。

《寿春图经》曰:芍陂在安丰县。③

《春秋左传补注》④《三国志考证》⑤也转引了与上述《寿春图经》相同的内容。

一条宫室方面的资料如下。

《寿春图经》曰:十宫在县北五里长阜苑内,依林傍涧,疏迥跨岊,随地形置焉,并隋炀帝立也。曰归雁宫、回流宫、九里宫、松林宫、枫林宫、大雷宫、小雷宫、春草宫、九华宫、光汾宫,是曰十宫。⑥

《天中记》中也收录了相似内容:"十宫在江都县北五里长阜苑内,依林傍涧,因高跨阜,随地形置焉,并隋炀帝立也。曰归雁宫、回流宫、九里宫、松林宫、枫林宫、大雷宫、小雷宫、春草宫、九华宫、光汾宫,是曰十宫。《十道志》

---

① (明)钱希言撰:《剑策》卷一《硎采篇》,明陈訏谟翠幄草堂刻本。
② (宋)李昉撰:《太平御览》卷四三《地部八》,《四部丛刊三编》景宋本。
③ (宋)李昉撰:《太平御览》卷一七四《居处部二》,《四部丛刊三编》景宋本。
④ (清)马宗琏撰:《春秋左传补注》卷二,清刻本。
⑤ (清)潘眉撰:《三国志考证》卷一,清嘉庆小遂初堂刻本。
⑥ (宋)李昉撰:《太平御览》卷七三《地部三八》,《四部丛刊三编》景宋本。

《寿春图经》。此资料亦转引自《寿春图经》。"①《广博物志》②《渊鉴类函》③收录的内容与《天中记》完全相同。其中"因高跨阜"与《太平御览》中的"疏迥跨岊"不同。

根据寿州的建置沿革,秦朝、唐朝、宋朝有寿春之设,而秦朝没有图经这种形式的文献,唐、宋时期则有,故这部《寿春图经》很可能修于唐朝或宋朝。

5.《(嘉靖)寿州志》收录的《旧志》

现存最早的寿州志是《(嘉靖)寿州志》,修于嘉靖二十九年(1550年),因此《(嘉靖)寿州志》收录的《旧志》应该已经亡佚。该志有三条风俗方面的资料。

(寿州)山川风气刚劲,故习俗直朴,民力耕桑,少戆无文。《旧志》。

(蒙城)土地旷夷,居民慵悍,生业有余,礼文不足。未知兴沟洫之利,不免有旱潦之虞。《旧志》。

(霍邱)俗尚勇力,人好战争。土地沃饶,稻粱价贱。乡间游惰之民,邻里有周恤之义。《旧志》。④

这部旧志同时收录了蒙城县、霍邱县的内容,可以考察这两个县的建置沿革,以分析志书的编修时间。根据本书第一章《旧志编修源流》中梳理的蒙城县和霍邱县建置沿革,蒙城县金、明两朝隶属于寿州,霍邱县唐、五代、明三朝归属于寿州,明朝蒙城县和霍邱县同属寿州管辖,故《(嘉靖)寿州志》收录的这部《旧志》应修于明朝且在嘉靖二十九年(1550年)以前。

6.《(万历)寿州志》

明万历五年(1577年),寿州知州庄桐修成一部寿州志,该志早已亡佚。

---

① (明)陈耀文撰:《天中记》卷一三,《文渊阁四库全书》本。
② (明)董斯张撰:《广博物志》卷三六,《文渊阁四库全书》本。
③ (清)张英撰:《渊鉴类函》卷三四一《居处部二》,《文渊阁四库全书》本。
④ 《(嘉靖)寿州志》卷一《舆地纪·风俗》,《天一阁藏明代方志选刊》本,上海古籍书店,1963年。

《(光绪)寿州志》卷末《杂志类·旧志序跋》中收录了庄桐、张沛、胡文瀚为《(万历)寿州志》写的序和侯汝白、谢翀为该志写的跋,故将五篇序跋辑佚于此。

明万历五年,知州庄桐重修《寿州志》,自序曰:丙子冬,余来守寿州半载,百务始就理。询及州志,诸父老咸曰:"自嘉靖二十七年健斋栗公续修及今三十年矣。值洪水颓城,旧刊不存,是诚缺典。"余闻之遂访遗编,逐加整顿,即其已往之可因者仍之,而又为之续增。凡以考岁时之丰歉,识舆图之沿革,鉴贤否,陈风俗,一郡之典则存焉。粤自列国更为郡县,编年之体更为纪、志、表、传,固势也,亦理也,此司马子长作史之意也。表者标其宏纲,志者识其条理,纪以记君德,传以叙臣事。纲目相关,巨细不紊,序事之体当如是已。兹为表四,曰舆地,曰封爵,曰秩官,曰人物;为志八,曰提封,曰建置,曰水利,曰食货,曰秩祀,曰学校,曰典礼,曰灾祥;为传十,曰良牧,曰名贤,曰武功,曰孝义,曰贞忠,曰耆宿,曰寓贤,曰逸士,曰方伎,曰艺文。一披阅间而郡在目中,古今鉴戒,岂外于指掌哉。录成,捐俸付梓,更有所粹者,则不无望于后之高雅也。

时万历丁丑孟夏州人张沛序曰:寿州志修于健斋栗公莅任之二年,后湮于大水,浸湮无复存者。我岐冈庄公以南阳之隽德望兼隆,自东昌擢寿,期月而化洽誉彰。稍暇则询及寿志,曰:"志文献也,吾其有责焉。"乃集州绅士侯君汝白、谢君翀、胡君文瀚并庠彦孔邦治、许吉祥、张梦蛟、李志伊等相与商榷,相与修饬,仍令采摭者广搜之,编辑者综理之,校证者寻究之,讨论者详辨之,俾各售其材,以供其职也。为之表者四,为之志者八,为之传者十,遂使地无遗迹,官无遗政,人无遗善,物无遗类,犁然为一郡之全书,其视昔之志不亦大备也哉。岂惟此也,官于斯者一睹典章型范在焉,产于斯者一慕前修响往决焉,庄公之功大矣。时佐治者童公鈒、彭公奇寿协力纂辑,子不佞谨述以俟。

州举人胡文瀚序曰：寿州旧有志，创于弘治初，至嘉靖庚戌郡守潞安栗公修之，丙寅大水溃城，志湮于水。万历丙子，南阳岐冈庄公来守寿，下车食寝不遑，凡百姓所疾苦者悉与安之，以其暇留心于志。本弘、正之旧迹，增隆、万之新章，事为论赞，例列规程，言该理至，霞灿星辉。启册之际，不啻耳目为之一新，而昭往察来，维风补敝之教，固森然也。噫嘻！公可谓得政治之本矣。后公守者得而阅之，某也可因，某也可革，考兹成案，达彼骏猷，则功虽不自己出而剂量调和，公已豫为其所矣。矧士之生其地者，有不征诸文献而深其考订者乎，公之利赖吾人可胜颂哉。

（万历）州贡生前浙江分水县知县侯汝白跋曰：昔孔子尝曰："吾志在春秋。"朱子守南康，下车辄询志，是可知圣贤各有所寓矣。吾郡守南阳庄公莅任之初，即以郡志之修为己任，推其志即孔子与朱子之志也。愚虽谬承检阅，寸长莫效，以公之才，自兼群动宜乎，治寿政善而民安也。顷间洪水将颓州城，公挺身勇往，夙夜御治，阖郡生齿竟免鱼腹，公其再造乎。故因简末以跋之。

（万历）州人谢翀跋曰：尝谓一时之功易建，百世之政难立。谛观新志，考核详正，义断精确，俾后来者君子得闻其道，小人得被其泽，视一时教令之严，刑罚之省，徭赋之轻，其功烈巨细奚啻十百。我父母庄公声施本自渊衷，他日禄位所极即台鼎不足异，惟是吾寿之山川、人物将不藉公之盛德，增万钧重于寰宇间耶。是为跋。①

（三）泗州志

1.《（成化）中都志》收录的《泗州志》

《（成化）中都志》修于明成化二十三年（1487年），现存最早的泗州志是修于嘉靖七年（1528年）的《（嘉靖）泗州志》，《（成化）中都志》收录的《泗州

---

① 《（光绪）寿州志》卷末《杂志类·旧志序跋》，《中国地方志集成》本，南京：江苏古籍出版社，1998年。

志》已经亡佚。该志有一条风俗方面的资料,一条冢墓方面的资料。

一条风俗方面的资料如下。

《泗州志》云:地接齐鲁,民尚淳朴。①

一条冢墓方面的资料如下。

管鲍墓,《泗州志》云:在城北十三里,汴河西岸,二冢相连。相传管仲、鲍叔牙葬此。②

泗州始设于北周,这部《泗州志》应修于北周以后,明成化二十三年(1487年)以前。根据泗州志编修源流,明景泰年间泗州学正王庄曾编修过一部泗州志,《(成化)中都志》收录的这部《泗州志》可能就是这部志书。而《永乐大典》收录的《泗州志》修于元至元二十七年(1290年)至明洪武七年(1374年)八月间,《(成化)中都志》收录的《泗州志》也可能是这部志书。

2.《泗州图册》

现存最早的泗州志是修于嘉靖七年(1528年)的《(嘉靖)泗州志》,根据《中国地方志联合目录》《中国地方志综录》的统计,现存泗州志中没有以《泗州图册》为名的志书,故《(成化)中都志》《明一统志》《(光绪)重修安徽通志》收录的《泗州图册》已经亡佚。

(1)《(成化)中都志》收录的《泗州图册》

该志有一条风俗方面的资料。

《泗州图册》:民俗淳厚,以信行为先,与洙、泗接壤,雍容文雅,有士君子之风。③

因缺乏更为充分的时间线索,目前也只能知道这部《泗州图册》修于北周以后、明成化二十三年(1487年)以前。

---

① 《(成化)中都志》卷一《风俗》,《四库全书存目丛书》本,济南:齐鲁书社,1996年。
② 《(成化)中都志》卷四《冢墓》,《四库全书存目丛书》本,济南:齐鲁书社,1996年。
③ 《(成化)中都志》卷一《风俗》,《四库全书存目丛书》本,济南:齐鲁书社,1996年。

(2)《明一统志》收录的《泗州图册》

该志有一条形势方面的资料,一条风俗方面的资料。

一条形势方面的资料如下。

> 北接中原,南通江淮。《泗州图册》。①

一条风俗方面的资料如下。

> 民俗醇厚,以信行为先。《泗州图册》。②

(3)《(光绪)重修安徽通志》收录的《泗州图册》

该志有一条形势方面的资料,一条风俗方面的资料。

一条形势方面的资料如下。

> (泗州)北接中原,南通江淮,梁宋吴楚之冲,齐鲁汴洛之道。③

一条风俗方面的资料如下。

> (泗州)民俗淳厚,以信行为先,与洙、泗接壤,雍容文雅,有古君子之风。《明统志》引《泗州图册》。④

《(光绪)重修安徽通志》中的《泗州图册》也是从《明一统志》中转引的。

3.《永乐大典》收录的《泗州志》

《永乐大典》收录了《泗州志》三条资料,一条地理方面的资料,两条人物方面的资料。

一条地理方面的资料如下。

> 驴湖,王象之《纪胜》云:天长县北一里。旧传有二驴斗于此,须臾,云雾四合,平地起波。至今阴晦,闻水下有鸡犬机杼之声。⑤

---

① (明)李贤等撰:《明一统志》卷七,《文渊阁四库全书》本。
② (明)李贤等撰:《明一统志》卷七,《文渊阁四库全书》本。
③ 《(光绪)重修安徽通志》卷一七,《舆地志·形势》,清光绪四年(1878年)刻本。
④ 《(光绪)重修安徽通志》卷三五,《舆地志·风俗》,清光绪四年(1878年)刻本。
⑤ 《永乐大典》卷二二六七,北京:中华书局,1986年。

两条人物方面的资料如下。

顾非熊,况之子。唐大中时,为盱眙簿。善诗艺文,后弃官隐茅山。①

宋朱弁,字少章。绍兴十三年,自云中奉使回,送伴至虹县,以舟入万安湖,有诗二首:"万顷玻璃一叶船,冲芦曳藻入苍烟。"又云:"云中六闰食无鱼,清夜时时梦斫鲈。离汶未逾千里道,度淮先泛万家湖。"②

(四)亳州志

1.《(成化)中都志》收录的《亳州志》

《(成化)中都志》修于明成化二十三年(1487年),现存最早的亳州志是《(嘉靖)亳州志》,修于嘉靖四十三年(1564年),《(成化)中都志》收录的《亳州志》应已亡佚。该志有一条风俗方面的资料。

《亳州志》云:人性质朴,惟务农业。今则工商交作,词讼简少。俗尚礼义,视昔为盛也。③

亳州之名始于北周,明洪武初年(1368年)曾将亳州降为亳县,到弘治九年(1496年)又将亳县升为亳州。根据现存文献著录的历代亳州志编修源流,《(成化)中都志》收录的这部《亳州志》很可能就是贺思聪编修的那部亳州志,应修于明成化年间且在成化十八年(1482年)以前。

2.《(乾隆)颍州府志》收录的《亳州记》

根据《中国地方志联合目录》《中国地方志综录》提供的线索,现存的亳州志中并未有以《亳州记》为名的志书,《(乾隆)颍州府志》收录的《亳州记》应已亡佚。该志有一条形胜方面的资料。

---

① 《永乐大典》卷一四六〇九,北京:中华书局,1986年。
② 《永乐大典》卷二二七〇,北京:中华书局,1986年。
③ 《(成化)中都志》卷五《风俗》,《四库全书存目丛书》本,济南:齐鲁书社,1996年。

《亳州记》云：境大货穰，体视大邦。①

3.《(成化)中都志》收录的《亳县志》

现存以"亳县"为名的志书是民国二十五年(1936年)编修的《亳县志略》，故《(成化)中都志》收录的《亳县志》也已亡佚。该志有一条道释方面的资料。

老子，谯人，《亳县志》云：县东一百二十里天静宫，老子所好之地。姓李，名耳，字伯阳，谥曰聃。②

根据亳州、亳县的建置沿革，明洪武初年(1368年)降亳州为亳县，弘治九年(1496年)又升亳县为亳州，再考虑《(成化)中都志》的编修时间，故《(成化)中都志》收录的这部《亳县志》应修于明洪武初年(1368年)至成化二十三年(1487年)之间。

(五)六安州志

1.《(同治)六安州志》收录的《图经》

根据《中国地方志联合目录》《中国地方志综录》的统计，现存六安州方志中没有以《图经》为名的志书，故《(同治)六安州志》收录的《图经》已经亡佚。该志有一条风俗方面的资料。

英山县，《图经》云：率性真直，轻商重农。③

2.《明一统志》收录的《元六安志》

根据《中国地方志联合目录》《中国地方志综录》的统计，现存最早的六安州志是明嘉靖三十四年(1555年)编修的，故《明一统志》收录的《元六安志》已经亡佚。可以推断该志修于元朝，但具体编修时间无法考证。该志有一条

---

① 《(乾隆)颍州府志》卷一《舆地志·形胜》，《中国地方志集成》本，南京：江苏古籍出版社，1998年。
② 《(成化)中都志》卷五《道释》，《四库全书存目丛书》本，济南：齐鲁书社，1996年。
③ 《(同治)六安州志》卷四《舆地志·风俗》，《中国地方志集成》本，南京：江苏古籍出版社，1998年。

风俗方面的资料。

> 尚勇力,文辞巧而少信。《元六安志》。①

三、县志之属

(一)天长县志

1.《(成化)中都志》收录的《天长志》

《(成化)中都志》修于明成化二十三年(1487年),现存最早的天长县志是嘉靖二十九年(1550年)编修的《(嘉靖)天长县志》,因此《(成化)中都志》收录的《天长志》已经亡佚。该志有一条建置沿革方面的资料。

> 天长县,《天长志》云:隋改泾州,宋太宗复天长军。②

根据"宋太宗复天长军"这一行文方式,可以推断这部《天长志》应修于元朝或明朝且在成化二十三年(1487年)之前。结合现存文献著录的历代天长县志编修源流,明景泰元年(1450年)吴珪曾编修过一部天长县志,《(成化)中都志》收录的这部《天长志》或可能就是吴珪编修的这部志书。

2.《(嘉靖)天长县志》收录的《旧志》

现存最早的天长县志是《(嘉靖)天长县志》,修于嘉靖二十九年(1550年)。《(嘉靖)天长县志》收录的《旧志》应已亡佚。该志有三条山川方面的资料,十八条官师方面的资料,七条坛庙方面的资料,三条城池方面的资料,一条风俗方面的资料,一条人才方面的资料。

三条山川方面的资料如下。

> (天长县)南四十五里惟冶山,山高峻,登之可见江南诸峰,产红石。《旧志》云:吴王即山铸兵,故名焉。其上有天井、白龙池、铁牛洞。

---

① (明)李贤等撰:《明一统志》卷一四《庐州府》,《文渊四库全书》本。
② 《(成化)中都志》卷一《建置沿革》,《四库全书存目丛书》本,济南:齐鲁书社,1996年。

北十里曰乐乐堤,《旧志》称:炀帝游邗沟西下至此,宴乐而名。今呼雁落墩云。

《旧志》曰:南近大江,北通淮泗,东接长挺,西接覆釜,四通八达,形胜异于他处。①

十八条官师方面的资料如下。

(正统)癸亥,贺侯威来,侯山西临晋人,由举。《旧志》载其公平处事,平易近人。

(正统)戊辰,李成贵来任,湖广黔阳人。《旧志》载其兴马政、捕盗贼之绩。

(成化)丁亥,刘访来任,访山东平原人,由吏员。《旧志》载:廉以律己,部使者以私恨去。

(成化)乙未,李侯尚达来,侯闽县人,由进士。《旧志》载其廉明慈惠,轻徭薄赋,迁御史,终河南按察司佥事。

(成化)丙午,郝侯鉴来,河间人,由进士。《旧志》载:侯律己公廉,听讼明断,擢御史。

边杰,保定唐县人,由生员。守城有功,授天长县典史。公平制事,人咸称之。升山东郯县知县。《旧志》《中都志》俱入名宦传。

贺威,山西临晋人,由举人拜天长县知县。《旧志》称:正大立心,平易处事。其必有考矣。

郝鉴,字廷重,河间人也,由进士。弘治初,知本县。《旧志》载:侯律己公而廉,听讼明而断。擢监察御史去。

章本,字汝立,鄱阳人,由举人,授泗州同知。弘治十年,摄县事。《旧志》载其朴实简静,廉明恺悌,讼庭昼闲,惟诵书读律而已。

---

① 《(嘉靖)天长县志》卷一《舆地志·山川》,《天一阁藏明代方志选刊》本,上海古籍书店,1962年。

居数月还,州百姓不忍其去。①

《(嘉靖)天长县志》在官师部分还有一些内容,虽只提及《旧志》中在某某人之后还收录了哪些人,并没有具体的内容,但也能说明《旧志》中所包含的相关内容,为了解《旧志》的情况提供了一些线索,故将其内容列举于此。

(吴王)丙午,《纲目续编》:是年,我太祖取淮安诸路,高邮、濠、泗、徐、颍诸州皆下。《旧志》载泗州王判官至县招民复业,当在是年。

(洪武)戊午,《旧志》周骏之后有费胜、蒋某、宗某、刘某四人,岁月无考。

(洪武)巳未,《旧志》载:丞有张侯,嵩县人。又有唐姓者,失其名。当在洪武十年后,裁革亦在洪武之末、永乐之初。

永乐元年癸未,《旧志》吕侯贯之后有尹侯富、杨侯靳二人,岁月、贯籍无考。

永乐元年,又《旧志》于边杰之后载王宣、万安、高墼、郭麟、于福,又有李姓者、郑聪、李恭、曹辅、王宗显,又有孙姓、范姓者十二人,岁月、贯址俱不可考。

景泰元年庚午,《旧志》贺侯威之外有雷侯浦,江陵人,邹侯,海酃县人。又有陶侯有才、贺侯庆、畅侯安,岁月、籍贯无考。

(景泰)壬申,李成贵之后《旧志》载赵俊、欧某、潘荣、陈实、涂昺五人,岁月、籍贯无考。

(景泰)壬申,唐励之后《旧志》载李永宁、徐士宜、樊让、孙志、王琪、徐守直、杜某、王铲、魏乔、袁俦、胡河、钟宪共十二人。贯籍、岁月无考。

(成化)辛卯,刘访之后《旧志》载余正、陈钦、齐举、侯宇四人,岁

---

① 《(嘉靖)天长县志》卷二《人事志·官师》,《天一阁藏明代方志选刊》本,上海古籍书店,1962年。

月、贯籍无考。①

七条坛庙方面的资料如下。

天长县至圣先师孔子庙,原在儒学中。洪武四年,县丞严植建于县前。十五年,知县刘道源迁于县东东门之内。祀先圣,配以颜、曾、思、孟,下列闵子骞等十人,左庑祀澹台灭明等五十四人,右庑祀宓子贱等五十五人。塑先圣四,配十哲像。正统十五年,知县周安重修。成化九年,知县王哲重修。弘治九年,教谕吾龠重修。《旧志》载。

社稷坛,在县西城外,祀县社县稷之神。坛制东西南北二丈五尺,高三尺四寸。出各三级,由北门入。石主长二尺五寸,埋坛南正中,止露尖。神牌二,以木为之,硃漆青字,高二尺二寸,阔四寸五分,厚九分,座高四寸五分。临祭设坛,上以矮卓盛祭器。洪武四年,县丞严植建。洪武七年,主簿周骏修。成化十五年,知县郑仁宪更置于旧基之西。弘治十一年,知县周道重修。《旧志》载。

山川风云雷雨坛,在县南城外。祀以上诸神而城隍附焉。其制度、建修年月同社稷坛,但此坛南向不用石主尔。《旧志》载。

邑厉坛,在县北城外,祀县无祀鬼神而主以城隍。成化十五年,知县郑仁宪修。弘治十四年,知县张鉴重修。《旧志》载。

子胥庙,在县东北十五里。子胥,姓伍,名员,字子胥,后人以员孝义立庙。《旧志》谓:子胥奔吴尝过此。

琉璃寺,即真胜寺也,在县东。《旧志》载:梁普通二年,胡僧达麾建。元末兵废。洪武二十年,僧善名重建。

地藏寺,在县东北四十五里。《旧志》载:唐贞观年间,白庵和尚

---

① 《(嘉靖)天长县志》卷二《人事志·官师》,《天一阁藏明代方志选刊》本,上海古籍书店,1962年。

建。洪武七年,僧道护重建。①

三条城池方面的资料如下。

西北四十五里有铜城。《旧志》:吴王濞所筑于此,铸钱。

东北三十里有土城,四十五里有城门。《旧志》谓:汉高帝于高邮、三阿东立城郭,置广陵县即此。

县西四十里有颜家寨,南五十里有鲍家寨。《旧志》谓:二寨皆宋高宗南渡所筑,以御金人者。②

一条风俗方面的资料如下。

《旧志》谓:民务农桑,士尚文学。③

一条人才方面的资料如下。

韩福,《旧志》载:福,字德夫,其先本县人。洪武初,有号梅坡者游苕溪,为长兴侯参谋,从居陕右,遂占籍焉。登成化辛丑科进士,擢监察御史、大名府知府。④

上述《旧志》佚文中有一些时间线索,最迟的一个时间是弘治十四年(1501年),故该志应修于明弘治十四年(1501年)至嘉靖二十九年(1550年)之间。根据历代天长县志编修源流,明弘治十四年(1501年)吾翕氏曾编修过一部天长县志,故《(嘉靖)天长县志》收录的《旧志》或可能就是这部志书。

3.《(万历)天长县志》

明万历戊午(1618年),田所赋主持编修一部天长县志。根据《中国地方

---

① 《(嘉靖)天长县志》卷三《人事志·坛庙》,《天一阁藏明代方志选刊》本,上海古籍书店,1962年。
② 《(嘉靖)天长县志》卷二《人事志·城池》,《天一阁藏明代方志选刊》本,上海古籍书店,1962年。
③ 《(嘉靖)天长县志》卷二《人事志·风俗》,《天一阁藏明代方志选刊》本,上海古籍书店,1962年。
④ 《(嘉靖)天长县志》卷四《人事志·人才》,《天一阁藏明代方志选刊》本,上海古籍书店,1962年。

志联合目录《中国地方志综录》的统计,该志已不存世。《(嘉庆)备修天长县志稿》收录了这部志书的部分内容,因是田所赋编修,故称其《田志》。

《(万历)天长县志》田所赋志序:

> 戊午春,拜天子命,领牧长邑,窃喜获徼,汤沐余润,不独濠水、盱山两两竞爽,即建业邢关之盛,当不出襟带间,收之矣。及入境,土瘠而民疲,车尘马迹,还杳旁午,长之民其不堪命哉。余不佞,日夕饮冰,手足拮据,庶几得无陨越,又思一切规制蓁茸日甚,次第而振举之,匪异人任也。县旧有志,前之人去其籍,每遇使君以问俗至不佞,则以徒手谒,欲望其析生产之硗驳,津道之冲烦,民力之凋敝,一披阅而念厘哀鸿、怒裼硕鼠,无繇也。用是进邑之闻人耆宿纂采讨论,文不厌新,法不厌旧,越月而成帙就梓。余因为之怃然。夫茸尔长邑,其财赋物力浅薄,湫窘视他邑则逊,不敢抗。而动称忠孝故址者何,则以令此土者有待制包公,生此土者有司农朱公,千载而下犹藉其余芬,令扶舆生色。信哉!君子芳兰无在而不好也。彼领命而来牧者,谁无赤心;孕秀而挺生者,谁无孺念。乃令前哲擅美如空谷之足音乎,人人如孝肃则境无冤民,人人如寿昌则家无戾子。渐摩透洽,酿为淳风,麟角凤毛,地以人重,我明郅隆帝业当以此邑为丰镐也。前事不忘,后事之师,则知此志愈不容已于修矣。
>
> 万历岁在己未七月上浣之吉,赐进士第文林郎知天长县事昌乐田所赋撰。[①]

《(万历)天长县志·凡例》

田志凡例

志原为纪载,贵于紧严,质实不宜支蔓。若词涉宽众,则凡志皆可宁俭毋腴。

---

① 《(嘉庆)备修天长县志稿》卷一〇下《旧志序》,《中国地方志集成》本,南京:江苏古籍出版社,1998年。

旧志俱止标地舆、人事二大款,余附款亦不甚悉,故所书错杂,不便查考。新志标六大款,而每小款条附于后。

旧志凡宜志者,如山川、坛祠、秩官、人物不特标出。新志俱首提之,余行俱低一字书。

旧志小叙有叙,有不叙,如舆地、星野、灾祥则有,而他款又不有。即有者亦不大切,新志俱削去,止以六大款为例,易以古体数语,余小款俱不叙。

志前宜叙,后宜论赞。第阅近时之书,其间或论或赞,多是浮词,必如迁固。据人据事而发,自己不可磨灭之论,始为作者不敢僭也。

旧志中有书而重书、讹书者,如祭器、铜爵两书,志林、笔录两书,苏轼是也。有载寺碑而不载寺名者,如七里桥、观音寺是也。有书人而事与人相矛盾者,如节妇袁嫥传,为袁高士女而命之改适是也。新志汰之、补之、更之。

前志载而续志不载者,如王氏乡贤名宦□与书王根语暨纶昔是也。新志有从前志有从续志,又有前续志俱载,如张金事传功过相准之语,咏歌中评诗鄙俗之语,新志俱不从。

纶音封赠宜载入家乘以志恩荣,前志全载,续志竟全不载。又考凤阳县志、泗州本州志止载本身一道,广陵志亦不载,止载封赠一款,如某人以子贵封某官是也,宜从续志。

旧志分款原不甚悉,凡款中不能尽入者,俱入之杂志。新志款微多于旧,而各有攸归不书杂志。

诗梓不能多入,有关系者入之,有欲存其名氏即微有不切者亦入其一二也。

邑志亦不甚繁,俱系一概大书,不分行细书,以便观览。

前志订款于先,续志照款于后。新志俱易以先后,添其名目,增其纪载,如星野更之在前,中增以一二条,不特建置、贡赋、秩官、人物、艺文之有加也。

新志俱自旧志中,一字一句手自经录,随录随为窜易,随为洗发,随为裁割,随为增补,草创颇艰。盖志之役不难于修新而难于修旧,须合旧志对阅,一过而始知。

《王志》以名公史学任意裁夺,且自省觐之时,志气发舒,仅月余而成也。而以年事委顿之人,仰续百年之名,笔自觉短,气虽竭蹙而趋约日实,止四旬亦拙速也,见者未免冷齿。

某枵腹弱腕,奉令公委托,惟取诸乡先生之意旨,陆太学、陈布衣之辑采,诸文学之谘访,余不佞止受成事而已,亦何能之有。

令公馈遗,分毫不敢受,亦不敢用。局中一纸一墨,俱系自备,亦未尝烦人代书一字,俱系田间索居,亲手属草,所系馈遗若干金,或为梓书之费,或为义冢之赀,以成令公盛美。

万历四十七年己未五月二十二日识。①

《(万历)天长县志·目录》

(《田志》)目录

舆地志,卷之一,图考,星野,沿革,里甲,疆域,市镇,山川,形势,河渠,古迹,井泉,丘墓,风俗,物产,灾祥,纪异。

建置志,卷之二,城池,公署,庙学,学田,典制,书院,坛祠,寺观,义冢,仓库,碑亭,坊表,铺舍,桥梁。

贡赋志,卷之三,户口,土田,税粮,课程,鞭银,丁则,徭役,军饷,驿传,马政,兵防,盐法,税课,门差,条议。

秩官志,卷之四,世表,名宦列传。

人物志,卷之五,选举,监职,乡贤列传,封赠,恩遇,武职,吏职,独行,任侠,孝行,列女,著述,技艺,寓贤,僮奴,仙释。

---

① 《(嘉庆)备修天长县志稿》卷一〇下《旧志凡例》,《中国地方志集成》本,南京:江苏古籍出版社,1998年。

艺文志,卷之六,纪事,御制,叙文,碑刻,诗赋①。

除以上各志序、凡例、目录外,《(嘉庆)备修天长县志稿》还收录了《(万历)天长县志》其他方面的资料。《(万历)天长县志》佚文有两条物产方面的资料,两条学校方面的资料,三条名宦方面的资料,十七条节妇方面的资料,十八条旧志辨误方面的资料。

两条物产方面的资料如下。

《田志》:《唐书》载县出铜,有铜坑。疑旧出冶山,今无。但冶山、铜城俱有铜坑遗迹。

《田志》:冶山产铅不多。②

两条学校方面的资料如下。

《田志》:鹏奋鲲搏坊,在杏坛中。万历四十三年,知县李白蕃建。

《田志》云:奎壁楼,在学宫巽位城上。今废。然曰巽位则非正南,修学记似落"东"字。③

三条名宦方面的资料如下。

宋刘位,本县横山人。靖康初,北虏逾盟,诏天下勤王,位率数百人应募。将行,会淮上盗起,部使者檄位退保乡井。贼王镇李公锷、杜府、胡张遇等群起剽掠,位连破之,威声大振,号"横山刘家军"。群盗畏其锋,相戒无敢犯。建炎三年,虏寇招信,位率众拒战于西津,大捷。是年九月,盗李成自宿州逾淮,位栅于淮岸拒之,成

---

① 《(嘉庆)备修天长县志稿》卷一〇下《旧志目录》,《中国地方志集成》本,南京:江苏古籍出版社,1998年。

② 《(嘉庆)备修天长县志稿》卷三下《物产》,《中国地方志集成》本,南京:江苏古籍出版社,1998年。

③ 《(嘉庆)备修天长县志稿》卷五上《学校一》,《中国地方志集成》本,南京:江苏古籍出版社,1998年。

纵火大掠,由白塔入滁,据其城。十一月,位合兵破城,收复滁州,摄州事,兼节制滁、泗二州事。明年,虏攻泗州,以劲骑自九山夜渡取木场,欲径趋维扬,位勒兵逆战,日夜数十合,虏以故不能前,乃遣人招降。位斩其人,枭以徇。未几,虏骑自浙江还屯六、合,抄掠滁境,位屡战皆捷。高宗在台州,位募人由间道奏,赐闻诏奖谕。六月,虏奄至城下,群盗张文孝等应之。位出城接战为流矢所中,殁于阵。子纲以事闻,及滁人荀阅等上其状,诏赠建宁节度使,建庙于滁县,号曰刚烈。《田志》乡贤,《江志》同。

宋刘纲,位子也。尝保聚横山,今山上有墩,人呼磨旗墩,相传谓纲建旗之处也。以父屡立战功授濠、泗二州镇抚使,移镇维扬,迁洪州总管,授武库军、承宣使、淮西安抚。《田志》乡贤,《江志》同。

王心氏曰:各处皆有乡贤祠,而我县独无。自今求之朱公之外如刘位之劳节,乃横山人所当祀者也。《田志》增祠,《江志》同。①

十七条节妇方面的资料如下。

明袁婤,字蕙藻,谌女也。年十八许字六合郑瑾,未几,瑾染奇疾,医久之弗治。瑾谓媒氏曰:"吾疾料不治,毋误人女。"媒即闻之袁,袁泣然,泣且食不下咽者数日。请于母曰:"舅姑之心,夫婿之心,我固知之,特我之心而人未之知耶?"将以死从。六合令史思古闻之曰:"贤哉!女也。"即令瑾家致书币择日成合卺礼。袁归瑾,事姑甚孝。瑾在床褥者二年,事之尤谨。及瑾没,家人知有死志,防之严,阴服砒霜几死,解而得苏。泣曰:"闻古者夫亡不死,自称未亡人者以奉舅姑,鞠子故也。今我一寡妇耳,不死何为?"宗长老闻其言哀之,谓为有礼,遂以夫兄之子镠俾鞠为夫后。

岑氏,郑鉴母也,年二十一生鉴而夫亡,氏遂以鞠子养姑为事。

---

① 《(嘉庆)备修天长县志稿》卷八上《人物传一·名宦》,《中国地方志集成》本,南京:江苏古籍出版社,1998年。

人有讽其再适者,辄羞逃去。年逾八十而终。

侍氏,庠生张德之妻,常躬亲薪水以奉舅姑,夜事绩纺以相夫子。年二十七而寡,屏饰励志,后家妇颜氏亦早丧夫,率乃攸行,时称双节。

张氏,高祥妻,祥汉阳推官瑛之长子。氏年二十九而祥故,子淮甫六岁,缟素蓬垢,终养舅姑,抚育孤子,清白之节,没齿无间言。寿七十。

郑氏,陈炜妻,郑友女,弘治二年适炜,五年炜病故,一子甫年余。舅聪任获鹿县主簿,复殁于官。而陈族属单弱,节妇甘贫,抚孤励志。当嘉靖二十九年氏年八十宗祀赖以不坠,氏实有力焉。

周氏,郑铠妻,年二十五铠亡,子鲲五岁,鳌二岁,矢志弗他适。嘉靖二十四年卒,寿八十三。

赵氏,庠生蒋钺妻,年二十六钺故,子蕃方七岁,家贫力纺绩以养寡姑郭氏。姑寿八十七,赵年已六十七。

胡氏,庠生陈济妻,谭氏监生陈洵妻,济、洵俱亡,二氏同居守志,共抚一子曰棣。按院旌其门曰"双节"。

钟氏张大纪妻。

石氏王锡妻。

白氏赵经妻。

钟氏谭铠妻。

张氏陈津妻。

张氏吴从德妻。

徐氏儒士苏夔妻。

王氏钟恕妻。

李氏张昆妻

以上俱茂年守志,见《田志》。①

十八条旧志辨误方面的资料如下。

辨天长县城即汉广陵县城之误。西汉高祖于三阿东建城郭,置广陵县。(《田志·沿革世表》,又后引《中都志》同,《江志》引《中都志》同。)王心氏曰:先有县而后有郡,县在扬州府,治未可知也。及江都、广陵并列为县,则广陵县未必附郭。前志谓本县即广陵县,未为无据矣。(田、江二志同。)

辨元置宣慰司于天长之误。至正十三年,立淮东等处宣慰司,置司天长。(《田志·沿革世表》《江志·建置沿革》。)至正十五年立,淮东等处宣慰司置司于此,岂无城郭而可置司耶?(《田志·建置》《江志·建置沿革》。)按,《田志·世考》又云:至正十五年,□临淮府招信,临淮即盱眙。二十七年,临淮府以隶泗州淮安路。

辨仅知有显德六年所置之雄州及割裂不当之误。考周显德六年置雄州乃易州之容城,而分野书与《中都志》皆谓周显德四年改天长为雄州,未知何据。(《田志·世考》《江志·沿革》,而《江志》更误州为□。)

辨后周并东阳县入石梁郡,梁并东阳为沛郡,既知东阳城在盱眙之界,又云其城在本县之界,及援汉陈婴、魏陈矫、晋陈骞入乡贤,与陈婴之下东阳及其母与齐宣帝后入列女之误。东阳城七十里盱眙之界,古东阳县昔后周尝并入石梁郡者。(《田志·古迹》《江志》同。)按:梁时尝并东阳入本县为沛郡,而东阳城今在本县之西界,则其地今入本县者多也,凡东阳人当收入本县。(《田志·乡贤》《江志·人物》。)王心氏曰:朱公之外如陈矫之政事、陈骞之勋德,乃东阳人。东阳旧并本县为郡,今其地在本县之界。(《田志·坛祀》《江

---

① 《(嘉庆)备修天长县志稿》卷八下《人物传三·节妇》,《中国地方志集成》本,南京:江苏古籍出版社,1998年。

志·祠祀》。)秦二世元年,楚王项羽击杀会稽守殷通,遂举吴中兵使人收下县,得精兵八十(当作千)人渡江而西闻陈婴已下东阳使,使欲与连和,婴乃以兵属羽。(《田志·纪事》《江志·备遗》。)陈婴,东阳人。东阳,秦县,在县西北七十里。婴本东阳令史,居县中,素信谨。东阳少年欲立婴为王,其母曰:"自我为汝家妇,未闻先世有贵者,今暴得大名不祥,不如有所属,事成犹得封侯,事败易以亡,非世之所指名也。"婴乃止。后为楚上柱国,封五县,汉封棠邑侯。(《田志·乡贤》《江志·人物》。)汉陈婴,东阳人,封棠邑侯。三国陈矫,东阳人,魏文帝时为尚书令,明帝时进爵东乡侯。晋陈骞,封郯侯,武帝即位封高平郡公。(《田志·封建》)东阳少年欲立陈婴为王,母曰:"自我为汝家妇,未闻先世有贵者,今暴得大名不祥。"婴乃止。(《田志·列女》,《江志》同。)齐宣帝陈皇后陈司徒矫之,后嫁于宣帝,多所内佐,生高帝。高帝令建康时,后殂于县舍。昇明年,追赠竟陵国太夫人。建元元年,追尊为孝皇后。(《田志·列女》,《江志》同。)

辨汉昭烈拒袁术于东阳之误。建安元年,袁术攻刘备,备拒之于东阳,相持经月,互有胜负。(《田志·艺文》,《江志·□□》同。)

辨诸引东阳并非临淮之东阳尤误中之误。春秋鲁哀公八年,吴师伐鲁,克东阳。(《田志·纪事》,《江志·备遗》同。)晋安帝义熙中,东阳人莫氏生女不举埋之,后数日闻啼声,收养焉。(《田志·记异》,《江志·祥异》同。)袁宏为东阳郡时,贤祖道冶亭谢安起执宏手顾左右,取一扇遽云聊以赠行。宏应声曰:"辄当奉扬仁风,慰彼黎庶。"治郡有声。(《田志》,《江志》名宦)沈文秀守东阳,魏人围之。三年外无救援,士卒昼夜拒战,甲胄生虮虱,无离畔之志。及拔东阳,文秀解戎服正衣冠,持节坐斋内,魏人执之。魏人重其不屈,拜水部下大夫。(《田志》,《江志》名宦)

辨以樊公店为天长境之误。樊公店,东南五十里。(《田志·市

镇》，《江志·疆域》。）樊哙，沛人，微时尝居此，以屠狗，今樊公店是所寓云。（《田志·流寓》，《江志》同）

辨引扈再兴击金人之误。嘉定十四年春，扈再兴击金人于天长镇，明日连败之。（《田志·纪事》）

辨段韶总镇泾州之误。段韶天保五年总镇泾州，受诏东讨方白额于宿豫。（《田志·名宦》，《江志》同。）

辨元孝矩刺泾州之误。元矩，又字孝矩，洛阳人，元魏宗室。初，袭始平县，公仕隋，进位柱国爵。洵阳郡公刺泾州，拜寿州总管。高祖赐玺书曰："扬越氛浸，侵轶边鄙，争桑兴役，不识大猷，以公志存远略。今故令镇边，服怀柔以体称朕意焉。"卒，谥简。（《田志·名宦》，《江志》同。）

辨引魏文帝至广陵观兵之误。魏文帝黄初四年八月，为水军，亲御龙舟，循蔡、颍、浮、淮幸寿春。九月，至广陵故城观兵，救徐扬。（《田志·纪事》《江志·备遗》。）

辨以踟蹰为坻箕及引陈荀朗破郭元建之误。《一统志》云：楚子观兵坻箕山，又陈荀朗破郭元建于踟蹰山。盖"踟蹰""坻箕"声相近。（《田志·纪事》《江志·备遗》。）横山东南五十里南为踟蹰山，陈荀朗破郭元达于此。（《田志·山川》，《江志》同。）

辨以横山为衡山及横山废县之误。楚子重伐吴至千横山。（《田志·纪事》《江志·备遗》。）废横山县南三十里。（《田志·古迹》。）

辨霍隽送广陵城下之误。霍隽事梁，侯景叛，邵陵王纶发兵自京口讨之。纶败，隽为贼所获，送广陵城下，逼之云："已擒邵陵王。"隽独云："王小小失利，已全军还京口城中，但坚守援军寻至矣。"景以刀殴之，隽辞色如旧，景义而释之。（《田志·名宦》，《江志》同。）

辨引《一统志》道安住天长寺之误。释道安，《一统志》载：滇之河东人，住天长寺，精修苦行，欲建浮图，即有洪水自点苍山漂木石而至,人以为神。后坐化,眉间现五色毫光。(《田志·仙释》,《江志》同。)

辨引汉顺帝时贼盗及年号姓名之误。东汉顺帝永和中,广陵贼张婴寇乱徐、扬间积十余年。(《田志·纪事》《江志·备遗》。)献帝建康元年,徐、扬群盗花容等作乱。(《田志·纪事》《江志·备遗》。)

辨张士诚寇天长之误。元顺帝至正十四年六月,张士诚寇扬州,天长达识帖睦尔兵败,诸军皆溃,寻陷盱眙及泗州。(《田志·纪事》)

辨靖难兵至天长及叙事之误。建文四年五月辛卯,靖难兵渡淮,大将军盛庸败走,遂克盱眙。庚子至天长,扬州卫指挥王□及党千户徐政等缚守备指挥崇刚、监军御史王彬以献,不屈皆死。燕王遂至扬州,寻命礼等攻下高邮、通、泰诸城,乃集舟以备渡江。(《田志·纪事》《江志·备遗》。)①

(二)蒙城县志

1.《(成化)中都志》收录的《蒙城志》

《(成化)中都志》修于明成化二十三年(1487年),现存最早的蒙城县志是《(万历)蒙城县志》,修于万历十年(1582年)。《(成化)中都志》收录的《蒙城志》应已亡佚。该志有一条国都方面的资料,有一条建置沿革方面的资料。

一条国都方面的资料如下。

漆园,《蒙城志》云:(定远)县东北三里有漆园。②

一条建置沿革方面的资料如下。

---

① 《(嘉庆)备修天长县志稿》卷一〇下《旧志辨误》,《中国地方志集成》本,南京:江苏古籍出版社,1998年。
② 《(成化)中都志》卷三《国都》,《四库全书存目丛书》本,济南:齐鲁书社,1996年。

> 蒙城县……《蒙城志》以为梁国之蒙。①

这条资料虽未直接转引《蒙城志》的内容,但在考证相关问题时说明了这部志书的内容,故作为佚文列于此。

根据现存文献著录的历代蒙城县志编修情况,已知的最早编修的蒙城县志是明万历十年(1582年)吴一鸾编修的。唐朝始有蒙城之名,故《(成化)中都志》收录的这部《蒙城志》则应修于唐朝以后、明成化二十三年(1487年)以前,其时间早于《(万历)蒙城县志》,现存文献的记录有阙漏,为进一步了解历代蒙城县志的编修情况提供了参考。

2.《(成化)中都志》收录的《蒙城县志》

《(成化)中都志》修于明成化二十三年(1487年),现存最早蒙城县志是《(万历)蒙城县志》,修于万历十年(1582年)。《(成化)中都志》收录的《蒙城县志》应已亡佚。该志有一条辨疑方面的资料。

> 高皇后墓,《蒙城县志》云:去(蒙城)县城北十五里。②

宋英宗宣仁圣烈皇后于宋哲宗元祐八年(1093年)去世,根据佚文提供的这一时间线索,该《蒙城县志》应修于宋元祐八年(1092年)以后、明成化二十三年(1487年)以前。根据现存文献的记载,已知的最早的一部蒙城县志修于万历十年(1582年),故这部《蒙城县志》的存在既补充了现存记载的不足,为更全面地了解历代蒙城县志编修情况提供了新线索。

3.《(成化)中都志》收录的《县志》

《(成化)中都志》收录的《县志》佚文是关于蒙城县的,故笔者认为这部《县志》应该是蒙城县志。《(成化)中都志》修于明成化二十三年(1487年),现存最早的蒙城县志是万历十年(1582年)编修的《(万历)蒙城县志》。《(成化)中都志》收录的《县志》应已亡佚。该志有一条宫室方面的资料。

---

① 《(成化)中都志》卷一《建置沿革》,《四库全书存目丛书》本,济南:齐鲁书社,1996年。
② 《(成化)中都志》卷六《辨疑》,《四库全书存目丛书》本,济南:齐鲁书社,1996年。

庄子台,在(蒙城)县治西北。《县志》云:旧传庄子所创,遗址存此。①

唐朝始设有蒙城县,故《(成化)中都志》收录的这部《县志》应修于唐以后、明成化二十三年(1487年)以前。根据现存文献的记载,已知的最早的一部蒙城县志修于万历十年(1582年),现存文献记载有阙漏,《(成化)中都志》收录的《县志》为人们更为全面地了解历代蒙城县志的编修情况提供了新线索。

4.《(乾隆)颍州府志》收录的《蒙城记》

核查《中国地方志联合目录》《中国地方志综录》,现存方志中并没有以《蒙城记》为名的志书,《(乾隆)颍州府志》收录的《蒙城记》早已亡佚。该志有一条形胜方面的资料。

《蒙城记》云:淮土多平陆,厥流渐衍。②

唐朝始有蒙城之名,故《(乾隆)颍州府志》收录的这部《蒙城记》应修于唐以后。

(三)颍上县志

1.《(成化)中都志》收录的《颍上志》

《(成化)中都志》修于明成化二十三年(1487年),现存最早的颍上县志是《(顺治)颍上县志》,修于顺治十二年(1655年),《(成化)中都志》收录的《颍上志》应该已经亡佚。该志有一条建置沿革方面的资料,一条冢墓方面的资料。

一条建置沿革方面的资料如下。

颍上县,《颍上志》云:秦置楚郡。又云:唐隶淮西道,宋隶颍

---

① 《(成化)中都志》卷三《宫室》,《四库全书存目丛书》本,济南:齐鲁书社,1996年。
② 《(乾隆)颍州府志》卷一《舆地志·形胜》,《中国地方志集成》本,南京:江苏古籍出版社,1998年。

昌军。①

一条冢墓方面的资料如下。

　　管鲍墓,《颍上志》载:管仲墓在北关。仲,颍上人,当以在颍者为是然。②

佚文中有"宋隶颍昌军"一语,据此该《颍上志》应修于元朝或明朝且在成化二十三年(1487年)以前。

2.《(乾隆)颍州府志》收录的《颍上县记》

核查《中国地方志联合目录》《中国地方志综录》,没有以《颍上县记》为名的志书,《(乾隆)颍州府志》收录的《颍上县记》已经亡佚。该志有一条形胜方面的资料。

　　《颍上县记》云:河水萦纡,洲渚盘礴。③

根据颍上县的建置沿革,《(乾隆)颍州府志》收录的《颍上县记》应该修于隋朝以后。现存最早的颍上县志是清顺治十一年(1654年)翟乃慎编修的,这部《颍上县记》可能是明万历三十九年(1611年)张大业编修的,也可能是另外一部。

3.《风土记》

核查《中国地方志联合目录》《中国地方志综录》,现存颍州府方志没有以《风土记》为名的,只有一部清道光六年(1826年)高泽生纂修的《颍上风物记》,《(正德)颍州志》《(乾隆)颍州府志》收录的《风土记》应该已经亡佚。

(1)《(正德)颍州志》收录的《风土记》

该志有一条形胜方面的资料,一条风俗方面的资料。

---

① 《(成化)中都志》卷一《建置沿革》,《四库全书存目丛书》本,济南:齐鲁书社,1996年。
② 《(成化)中都志》卷四《冢墓》,《四库全书存目丛书》本,济南:齐鲁书社,1996年。
③ 《(乾隆)颍州府志》卷一《舆地志·形胜》,《中国地方志集成》本,南京:江苏古籍出版社,1998年。

一条形胜方面的资料如下。

> 襟带长淮,控扼陈蔡。《风土记》。①

一条风俗方面的资料如下。

> 尚气安愚。《风土记》。②

(2)《(乾隆)颍州府志》收录的《风土记》

该志有一条风俗方面的资料,一条形胜方面的资料。

一条风俗方面的资料如下。

> 《风土记》云:尚气安愚。③

一条形胜方面的资料如下。

> 《风土记》云:颍州襟带长淮,控扼陈蔡。④

《(正德)颍州志》《(乾隆)颍州府志》收录的《风土记》佚文内容基本一致,笔者认为应该是同一部志书,推断先由《(正德)颍州志》收录,后《(乾隆)颍州府志》加以继承。考虑到其内容归属颍州,或可能志书名称为《颍州风土记》。

佚文里提到"颍州",故有必要考察颍州的建置沿革以分析这部《风土记》的编修时间。北魏始有颍州之名,后代虽几经更易,但仍有颍州之设。金复为颍州,后世相沿未改。根据颍州建置沿革,这部《风土记》应修于北魏以后。

(四)怀远县志

1.《(成化)中都志》收录的《怀远县志》

《(成化)中都志》修于明成化二十三年(1487年),现存最早的怀远县志

---

① 《(正德)颍州志》卷一《形胜》,《天一阁藏明代方志选刊》本,上海古籍书店,1963年。
② 《(正德)颍州志》卷一《风俗》,《天一阁藏明代方志选刊》本,上海古籍书店,1963年。
③ 《(乾隆)颍州府志》卷一《舆地志·风俗》,《中国地方志集成》本,南京:江苏古籍出版社,1998年。
④ 《(乾隆)颍州府志》卷一《舆地志·形胜》,《中国地方志集成》本,南京:江苏古籍出版社,1998年。

是《(嘉靖)怀远县志》,修于嘉靖十八年(1531年),《(成化)中都志》收录的《怀远县志》应该已经亡佚。该志有一条风俗方面的资料。

  《怀远县志》云:俗尚质朴,茅茨土壁,习于俭啬,而婚丧必相赒助。其人沉毅果敢,径情不文。今则尽力农桑,人有恒产。而遗秉滞穗之利,惠及鳏寡,有豳人之风焉。①

元朝始有怀远县之设,《(成化)中都志》收录的这部《怀远县志》应修于元至明成化二十三年(1487年)之间。这部《怀远县志》可以弥补现存文献记载的不足,为人们进一步了解历史上怀远县志编修情况提供线索。

2.《(嘉庆)怀远县志》收录的《图经》

核查《中国地方志联合目录》《中国地方志综录》,怀远县志中没有以《图经》为名的志书,故该志已经亡佚。因不知其编纂时间,故无法定其大体名称,姑以《图经》名之。该志有一条山川方面的资料。

  《图经》云:平阿县东有荆、涂二山,联为一脉,淮水绕其右,禹凿为二,以通之。②

佚文是有关"平阿县"的情况。关于平阿县的建置沿革情况,《(光绪)重修安徽通志》在记录怀远县时有简单的记载。汉九江郡下辖当涂县,沛郡下辖龙亢县、向县、平阿县和义成县。"平阿县,今县西南六十里。"后汉九江郡下辖向县、龙亢县,九江郡下辖当涂县、平阿县、义成县。魏淮南郡下辖平阿县、义成县,汝阴郡下辖龙亢县。晋谯郡辖龙亢县,淮南郡辖义成县、平阿县、当涂县。"龙亢、义成、平阿东晋后废。"③"平阿山,怀远县南六十里,与寿州接境。汉置平阿县以此。"④"平阿故城,在怀远县西南。战国时齐邑。汉成

---

① 《(成化)中都志》卷一《风俗》,《四库全书存目丛书》本,济南:齐鲁书社,1996年。
② 《(嘉庆)怀远县志》卷一《地域志·县境诸山》,《中国地方志集成》本,南京:江苏古籍出版社,1998年。
③ 《(光绪)重修安徽通志》卷二〇,清光绪四年(1878年)刻本。
④ 《(光绪)重修安徽通志》卷三〇,清光绪四年(1878年)刻本。

帝河平二年,封王谭为平阿侯,国属沛郡。后汉建武十二年,更封耿阜为平阿侯,后为县,属九江郡。晋属淮南郡。东晋后废。"①从建置沿革看,平阿县为怀远县志属地,汉时设置,东晋后废。

根据平阿县建置沿革,《(嘉庆)怀远县志》收录的这部《图经》应修于汉晋时期。

(五)五河县志

《(成化)中都志》修于明成化二十三年(1487年),现存最早的五河县志是《(康熙)五河县志》,修于康熙十一年(1672年),《(成化)中都志》收录的《五河县旧志》应该已经亡佚。该志有一条风俗方面的资料。

> 《五河县旧志》云:民性淳直,词讼简少。今则人多嚣讼,俗变浇漓,视昔颇为难治。然为政者能明德以新其民,斯复古无难矣。②

根据五河县建置沿革,《(成化)中都志》收录的这部《五河县旧志》应修于宋以后、明成化二十三年(1487年)以前。根据现存文献著录的五河县志编修源流,五河县志创修于明天顺二年(1458年),《(成化)中都志》收录的《五河县旧志》或可能就是这部志书。

(六)虹县志

《明一统志》中有关于虹县建置沿革的记载:"虹县,在府东北二百五十里。尧封禹为夏伯邑于此,汉因置夏丘县,属沛国。北齐置夏丘郡,后周改晋陵郡。隋仍为夏丘县,属虹州。唐因置虹县,属泗州,后属宿州。宋仍属泗州。金废,元复置。本朝因之,改今属。"③唐朝始设虹县,至明朝一直沿袭未改。根据《(嘉庆)大清一统志》的记载,清乾隆四十二年(1777年),省虹县入泗州。④虹县之名不再使用。

《(成化)中都志》修于明成化二十三年(1487年),现存最早的虹县志是

---

① 《(光绪)重修安徽通志》卷五〇,清光绪四年(1878年)刻本。
② 《(成化)中都志》卷一《风俗》,《四库全书存目丛书》本,济南:齐鲁书社,1996年。
③ (明)李贤等奉敕:《明一统志》卷七,《文渊四库全书》本。
④ (清)穆彰阿:《(嘉庆)大清一统志》卷一〇八,《四部丛刊续编》景旧钞本。

《(康熙)虹县志》,修于康熙十一年(1672年),《(成化)中都志》收录的《虹县志》应该已经亡佚。该志有一条风俗方面的佚文,一条人才方面的佚文,一条辨疑方面的佚文。

一条风俗方面的资料如下。

《虹县志》云：在昔民风朴实,俗尚勤俭,信巫而谄神,重利而薄德。今则霑濡圣化,士知向学,人知好礼。力农者多,尚侈者少,衣冠礼乐非前之可及也。①

一条人才方面的资料如下。

(朱买臣,字翁子)《虹县志》云："《后魏地志》载：'虹县朱山会稽朱翁子之旧里。'"②

一条辨疑方面的资料如下。

宋买臣墓,《虹县志》云：在朱山北麓。③

考虑到虹县的建置沿革,这部《虹县志》则应修于唐朝以后、明成化二十三年(1487年)以前。

(七)灵璧县志

1.《(成化)中都志》收录的《灵璧县古志》

《(成化)中都志》修于明成化二十三年(1487年),现存最早的灵璧县志为《(康熙)灵璧县志》,修于康熙十九年(1680年),《(成化)中都志》收录的《灵璧县古志》应该已经亡佚。该志有一条风俗方面的资料。

《灵璧县古志》：民性朴直而尚俭素,今则士人好学,黎庶勤耕,嫁娶相资,患难相恤,有太古之遗风。④

---

① 《(成化)中都志》卷一《风俗》,《四库全书存目丛书》本,济南：齐鲁书社,1996年。
② 《(成化)中都志》卷五《人才》,《四库全书存目丛书》本,济南：齐鲁书社,1996年。
③ 《(成化)中都志》卷六《辨疑》,《四库全书存目丛书》本,济南：齐鲁书社,1996年。
④ 《(成化)中都志》卷一《风俗》,《四库全书存目丛书》本,济南：齐鲁书社,1996年。

根据灵璧县建置沿革,这部《灵璧县古志》应修于宋政和七年(1280年)至明成化二十三年(1487年)之间。

2. 万历陈泰交《灵璧县志》

明万历四十七年(1619年),莆田人陈泰交编修一部灵璧县志,早已亡佚。后人亦称其为《陈志》。现存文献中转引了这部志书中的部分内容。该志有一条城池方面的佚文,一条漏泽园方面的佚文,一条养济院方面的佚文,两条公署方面的佚文,四条学校方面的佚文,十六条乡贤方面的佚文,一条兵防方面的佚文,一条灾异方面的佚文,总共二十七条佚文。

一条城池方面的佚文如下。

> (灵璧城池)正德改元,土城圮荡。六年夏,知县陈伯安以流贼逼近淮甸(时杨虎肆掠)议循故址城之。工将兴,而寇至,伯安被执。既释归乃锐意修城,伐石为垣,陶甓为堞,高丈有九尺,厚丈有五尺,周六里,辟四门楼于门之上。城之隅而堞之内设铃铺,城外凿池广二丈,深八尺,周八里有奇,架以桥如门之数。经始于七年五月,明年二月工竣。伯安升知宿州,终其事者知县邢隆也。以上节录《陈志》。①

一条漏泽园方面的佚文如下。

> 漏泽园,《陈志》载:漏泽园四处,一在城东三官庙西,一在城西真武庙前,一在南门外山川坛前,一在北门外关侯庙后,盖官地也。至于民间义冢境内数十处,不可胜记,然民犹有死而不葬者。②

一条养济院方面的佚文如下。

---

① 《(乾隆)灵璧县志略》卷一《舆地志·城池》,《中国地方志集成》本,南京:江苏古籍出版社,1998年。
② 《(乾隆)灵璧县志略》卷二《经制·漏泽园》,《中国地方志集成》本,南京:江苏古籍出版社,1998年。

养济院,《陈志》言:养济院在城内东北隅。①

两条公署方面的佚文如下。

灵璧县署,宋时在城内东南隅,毁于金兵。元至元二十四年,县尹李良佑移建今地,季年复毁于兵。明洪武二年,知县穆政重建。二十二年,知县周荣增其未备。弘治八年,知县陈□加修。正德六年,为流贼杨虎所毁。七年,知县陈伯安草创,未就,知县邢隆继成之。其后知县初芳、杜冠时、钟大章、陈泰交先后增建,遂得完美。中为正厅(扁曰收民堂),厅后为穿堂,为宅门,为逻省堂,为内寝。厅之东为库(有楼)、西为幕察厅,之前中为甬道,东西为廊(各六间,六曹所居)。廊东西为吏舍(各十间)。外为仪门,仪门外之东为土地祠,祠前为寅宾馆。仪门外之西为禁狱,直前为大门。门有楼,中设更鼓(旧有谯楼,高三丈。蔽县明堂,陈泰交□之更造门楼三间)。门楼之外,东为旌善亭,西为申明亭。东察院在旌善亭东,西察院在申明亭西,县丞署在正厅东北,典史署在正厅西北。此当时县署之制,《陈志》有图可考也。以上据《陈志》。

驿丞署,在固镇巡检司南。《陈志》言:洪武初,驿在溧涧铺。五年,迁于今地。有正厅,有门楼,有后堂,有厨房、库房、厢房、马房,东偏又有别馆一所,共屋五十九间。今存草屋数间及马棚而已,驿丞僦居民屋□。乾隆十九年,裁驿丞。后知县遣家人管马亦无须衙署矣。阴阳学官宇三间,在县署东南。医学官宇三间,在县署南。并见《陈志》。②

四条学校方面的佚文如下。

---

① 《(乾隆)灵璧县志略》卷二《经制·养济院》,《中国地方志集成》本,南京:江苏古籍出版社,1998年。
② 《(乾隆)灵璧县志略》卷二《经制·公署》,《中国地方志集成》本,南京:江苏古籍出版社,1998年。

学田,《陈志》言:泰交念灵邑旧无学田,遂搜公帑捐俸余置学田二顷七十余亩。每岁收租五十石,并建学仓收贮,以周恤诸生。

(灵璧儒学)又捐俸置学田二顷七十亩,每岁取租五十石建仓积贮,周恤诸生。以上节录《陈志》。

土地祠,《陈志》言:在文昌阁右,久废未复。

祭器,《陈志》载:铜簠簋十二,铜爵盏四十三,知县张允孚制。又有边豆一百。①

十六条乡贤方面的佚文如下。

《(乾隆)灵璧县志略》卷三《人物·乡贤》称:"张礼以下十六人节录《陈志》。"

宋张礼,绍熙庚戌进士,授中书礼部主事,累迁平章政事。为人乐善而嗜学,虽居显宦,读书不辍,案牍满前,应之如响。(礼世居汴之阳,葬城南。)

元张郁,礼之孙也,至元丁亥进士,拜中书左司郎中,仕至参知政事。历官三十余年,一豪不苟取于民。虽居高位,接人常以谦和,私居未不冠带。(郁葬礼墓侧。)

明刘成幼负瞻略,元末从明太祖渡江克金陵,以军功授总管。同耿炳文取长兴,败张士诚将赵打虎,擒其守将李福安等。士诚遣其左丞潘元明、元帅严再兴入寇,成又与炳文击败之。洪武三年,置海宁卫,以成为指挥佥事,提兵往来浙西,杀贼中流矢卒。追封颍国公,事载功臣录。(成传《陈志》原列武职,今依郡志入乡贤。)

杨冀安,洪武初由岁贡历官工部侍郎。性质直,不事华靡,使云南有异迹。卒官,赐祭葬,祀乡贤。载《明一统志》,附顺天府名宦祠。(冀安居新马,葬南乡。)

---

① 《(乾隆)灵璧县志略》卷二《经制·学校》,《中国地方志集成》本,南京:江苏古籍出版社,1998年。

庄敬，洪武中由岁贡历仕山西布政司参政，转河南。临事明决，子弟不衣罗绮，宅舍以茅盖。洪熙改元，上疏乞休不允，升河南布政使。致仕，赐金荔校带，乘传归。（敬居陈疃，葬城北五里。）

张贯，洪武中由岁贡历北平布政司参政，永乐六年为顺天府尹。莅政严明，不阿权势，卒于官。载《明一统志》，附顺天府名宦祠。（贯居坊隅，葬城西南三里。）

朱敬，明初由岁贡历任工部员外郎、江西佥事。执法不挠，称名宪臣。（敬居申杼，葬固镇南。）

曹格，洪武初父礼法贤良，任江西太和县知县。卒官，贫无还资。格负母舁榇归，力学敦行。姑苏陆姓赁格屋豢马，积五百金，病故，格为之敛，召其子至，以金与之，分豪无所取。陆有显者以格孝廉特荐征至京师，授深州吏目，迁鱼台县主簿，告归。卒祀乡贤。（格居固镇。）

张铎，号西岩，永乐初由举人历新乡、襄陵、费三县儒学教谕。训士有规范，善□兵。在襄陵时，朝廷用荐者言□取议，礼事竣升知县，铎辞复旧职。（吴嵩曰：永乐中，开馆招四方□儒，纂《四书五经性理大全》。多学，官充选，事竣有升知县者议礼事，他无所见。）李镜山作《西岩生气记》，谓其武足弭乱，文足典礼，名足淑世，德足感人。铎孙曰蒙，正德中选贡，历卫辉、南雄、饶州三府通判，有廉能声。（铎居坊隅。）

张僖，景泰初由进士授山西道御史，上封事愿分俸以养亲。有纠其私事不宜用公印者，谪河南永宁县令，有惠政。丁内艰归，百姓如失怙恃，赴阙保留。服阙补余姚令。时有水怪并虎患，僖为文祭之，皆止。升知杭州府，岁饥设法赈济，活六万余户。升湖广参政，会病卒，杭人祀之。（僖居范隅，葬栲栳山。）

王昶，成化初由进士授江西乐安令，锄强扶弱，境内肃然。令民毁淫祠，适有火患，众惧不敢，昶亲往碎其像，火患遂息。岁凶以便宜发粟赈济，全活甚多。擢监察御史，弹击有声，转通政司右通政。李孜省用事，昶力诋之，改太仆寺少卿。益自砥砺，马政一新。卒官，赐祭。（昶居洪渭，葬斋眉山。）

刘继文，嘉靖壬戌进士，授万安令，以廉惠著。擢礼部祠祭司主事，执事于郊。穆宗异其仪容端伟，迁工科给事。章疏激切，中贵衔之，出为浙江参政，晋廉宪执法不阿，乃满时橐橐萧然，人比之海忠介。转福建江西布政，以不媚江陵归里。江陵败，起四川布政使，升都宪巡抚广西，寻总制两广。歼海寇有功，晋户部侍郎。卒于家。继文少孤，历官三十年，所在流清惠名。自奉甚约，治家有规矩。孙鸣阳以荫补浔州府同知，能守安静之教。（继文居定陵，徙居城内，葬三注山。）

高尚德由乡贡授浙江嘉兴县丞，风标凛凛然，士夫不敢干以私，以直指荐升湖广巴东知县。同邑刘继文起四州，方伯过巴，吏白当庭参尚德曰："吾知有朋友，不知有长官也。"长揖升坐，其气节类此。居巴二年，民安其政。致仕，家居俭素，乡人贤之。（尚德居土陵。）

张潼年十九补弟子员，正德中流贼之乱，潼祖父被害，潼骂贼求与俱死，贼不忍杀潼。奉母尽孝，殡葬□友不吝千金。由选贡三任教职，终单县教谕。邑中□彦皆出其门。暮年啸傲林泉，课三子皆成器。寿至九十有七。（潼居固贤里。）

李素性沉静，以名节自持。由选贡令浙之天台。值岁饥，多方赈恤。以亢直得罪上官，改教职不就，归奉二亲竭诚尽礼。邑令以乡饮大宾敦请，辞不获，乃徒步往曰："吾父母之邦，宜如是也。"生平多著作，解组后手辑《衲被散言》一编，以自怡。无子嗣，论者以为天道之爽。（素居坊隅。）

张弘代为诸生时丧母，居庐三年。由选贡为浙江天台令，尽革赎锾，捐苛政，与民休息。遇顽梗者，击断不少贷。秩满，擢南户部主事，台民思而祀之，居部三载，以奏最得。赠其亲，卒官。家甚贫，赖僚友之赙乃得归葬。(弘代居范隅。)①

一条兵防方面的佚文如下。

《陈志》:演武场在城外东南一里,旗纛庙三间,演武厅三间,□垒一座,年久圮废,知县钟大章、陈泰交先后重建。按:明时灵璧无官兵,而演武场规制必备。□□霜降,知县亲祭牙神于此,教练乡兵及民壮之□兵震,文武不分两途,盖犹行古之道也。今虽设有官兵,□与快、壮、弓、兵等供给徭役,演武场无旷不修。②

一条灾异方面的佚文如下。

嘉靖三十二年,河南贼师尚照作乱,将攻五河过县境,焚固镇,火望数十里。《陈志》。③

3.康熙六十年《于志稿》

清康熙六十年(1721年),于氏又修有一部灵璧县志,惜只有志稿。志稿亦已亡佚。《(乾隆)灵璧县志略》保存了《于志稿》中的部分内容,城池方面的佚文一条,乡贤方面的佚文十条,灾异方面的佚文一条。

一条城池方面的佚文如下。

(灵璧城池)康熙三十五年,大雨淋冲,城坏不复修。五十年后无完雉矣。节录《于志稿》。④

十条乡贤方面的佚文如下。

---

① 《(乾隆)灵璧县志略》卷三《人物·乡贤》,《中国地方志集成》本,南京:江苏古籍出版社,1998年。
② 《(乾隆)灵璧县志略》卷二《经制·兵防》,《中国地方志集成》本,南京:江苏古籍出版社,1998年。
③ 《(乾隆)灵璧县志略》卷四《杂志·灾异》,《中国地方志集成》本,南京:江苏古籍出版社,1998年。
④ 《(乾隆)灵璧县志略》卷一《舆地志·城池》,《中国地方志集成》本,南京:江苏古籍出版社,1998年。

张眉,《于志稿》:眉生员,士仪之子,性孝谨。年十六随母孟□□,父于某氏之馆,归遇大雪,母冻死于途。眉哀号不忍去,旋亦冻死。人皆闻之,称为孝子。其聘妻解氏女闻之不食而卒。

张维吉,《于志稿》:维吉康熙戊辰岁贡,少孤,事母尽孝。笃嗜诗书,一时称为学者,知县马骗、刘振儒比恺重之。

称干济则有赵承鼎,《于志稿》:承鼎明季诸生,兴平伯高杰镇双兴集,慕其贤,折节与交。萧寇程希孔作乱,杰欲剿之,承鼎愿往招抚。乃单骑诣贼垒,谕以德义,贼果帖服。杰益重之,委任砀山县。国初豫王徇江南,砀人继留,承鼎复任,复以告归。

王家臣,《于志稿》:家臣豪爽尚义。国初流寇掠境,家臣纠众保国。山贼义其名,以知书招之,不答。越三日,食尽,众怠甚,家臣乃赂贼以牲畜,全活二千余人。知县曹时敏给扁奖之。

称文学则有刘峙、马孙鸣,《于志稿》:峙聪敏博学,言勤不苟。司训建平,士子皆循循雅□。所著有《一笑说法》。孙鸣少颖悟,读书过目成诵。髫年补弟子员,遭流寇乱,遂无意功名,聚徒睢滨,以讲学终身。所著有《□说星考》。

赵大士,《于志稿》:大士事孀母以孝闻,母病,大士刲股为羹,母食之而愈。

武岱,《于志稿》:岱年十五父振潜病笃,乃私自刲股,倩人作羹以进,父饮之立愈。

谢官相,《于志稿》:官相生而笃孝,年十四父公仪病□甚危,医曰:"须用人参一支,乡间难得。"官相以为"人身一指"也,乃私刲一指与之,举家惊骇。然业已刲下,遂和药煎饮,竟汗出而愈,人以为纯孝所感。

张瑛,《于志稿》:瑛生平多义举,尝贸易于苏州。布中拾遗金八十四两,密访二日得其主还之。

田启元,《于志稿》及传:大业所记皆称其仁厚好施,与比间有贷不能偿者,悉焚其券。康熙四十八年,大水,流离载道,启元施粥救济,全活甚众。寿至九十有四。①

一条灾异方面的佚文如下。

国朝顺治二年,萧寇程希孔众数万掠北乡,民大被其害。《于志稿》。②

(八)临淮县志

关于临淮县建置沿革,《明一统志》载:"临淮县,在(凤阳)府东北二十里。本秦九江郡之钟离县,东汉为钟离侯国。晋复置安离县,属淮南郡。隋于此置濠州,唐以涂山县省入。宋元仍旧。本朝洪武三年改置中立县,寻改临淮县,仍治旧城。"③《(嘉庆)大清一统志》则称:"乾隆十九年,省临淮县入凤阳县。"④明洪武三年(1370年)设立中立县,不久则改为临淮县,清乾隆十九年(1754年)临淮县并入凤阳县,临淮县的设置只存在于明洪武三年(1370年)至清乾隆十九年(1754年)之间。

安徽省临淮县志创修于明万历戊申(1608年),知县欧阳灿主持编修,该志早已亡佚。清康熙壬子年(康熙十一年,1672年),魏宗衡重修一部临淮县志,这是现存最早的临淮县志。《(成化)中都志》修于明成化二十三年(1487年),核查《中国地方志联合目录》《中国地方志综录》,安徽现存方志里没有以《临淮记》为名的志书,《(成化)中都志》《(乾隆)盱眙县志》里收录的《临淮记》均已亡佚。

1.《(成化)中都志》收录的《临淮记》

该志只有一条风俗方面的佚文。

---

① 《(乾隆)灵璧县志略》卷三《人物·乡贤》,《中国地方志集成》本,南京:江苏古籍出版社,1998年。
② 《(乾隆)灵璧县志略》卷四《杂志·灾异》,《中国地方志集成》本,南京:江苏古籍出版社,1998年。
③ (明)李贤等奉敕:《明一统志》卷七,《文渊阁四库全书》本。
④ (清)穆彰阿:《(嘉庆)大清一统志》卷一〇八,《四部丛刊续编》景旧钞本。

《临淮记》云:土俗古远,民风淳厚。今则力农者多,逐末者少。学校有俊秀之才,乡里无争斗之习,彬彬然有古之遗风。①

根据临淮的建置沿革,这部《临淮记》应修于明洪武三年(1370年)至成化二十三年(1487年)之间。

2.《(乾隆)盱眙县志》收录的《临淮记》

该志只有一条风俗方面的佚文。

《临淮记》云:力农者多,逐末者少。学校有英俊之才,乡里无争斗之习。②

根据临淮的建置沿革和《(乾隆)盱眙县志》的编修时间,这部《临淮记》应修于明洪武三年(1370年)至清乾隆十二年(1747年)之间。

3.郑之亮《临淮县志》

"宋椿,字子元,号沙衢。善属文,尤精大字草书。人咸称重,可追羲献。郑之亮《临淮县志》。"③《佩文斋书画谱》中也有相同的记载。④

(九)定远县志

《(成化)中都志》修于明成化二十三年(1487年),现存最早的定远县志是《(嘉靖)定远志》,修于嘉靖十四年(1535年),《(成化)中都志》收录的《定远志》应该已经亡佚。这部志书有两条城郭方面的佚文。

废东城,在(定远)县东南五十里,汉县……《定远志》云:或曰东城在和州之境,晋置乌江县非此地也。

(定远县)古阴陵城……《定远志》云:阴陵,莽改为阳陵。⑤

南朝梁始有"定远"之名,故《(成化)中都志》收录的《定远志》应修于南朝

---

① 《(成化)中都志》卷一《风俗》,《四库全书存目丛书》本,济南:齐鲁书社,1996年。
② 《(乾隆)盱眙县志》卷五《风俗》,清乾隆十二年(1747年)刻本。
③ (清)倪涛撰:《六艺之一录》卷三七〇,《文渊阁四库全书》本。
④ (清)孙岳颁撰:《佩文斋书画谱》卷四三《书家传二二》,《文渊阁四库全书》本。
⑤ 《(成化)中都志》卷三《城郭》,《四库全书存目丛书》本,济南:齐鲁书社,1996年。

梁至明成化二十三年(1487年)之间。

(十)砀山县志

1.《(乾隆)砀山县志》收录的《图经》

核查《中国地方志联合目录》《中国地方志综录》,现存砀山县志没有以《图经》为名的,故《(乾隆)砀山县志》收录的《图经》早已亡佚。这部《图经》有佚文一条,是风俗方面的。

  风俗高迈,回出等伦。《图经》。①

2.《(万历)砀山县志》

明万历四十六年(1618年),砀山县令陈秉良虽主持编修过一部砀山县志,但已不存世。《(乾隆)砀山县志》收录了《万历年陈志》(亦称《万历陈志》《陈志》)的一些内容,故将佚文辑佚于此。《万历年陈志》有一条水土方面的资料,三条学校方面的资料,六条人物方面的资料,两条名宦方面的资料,八条列女方面的资料。

一条水土方面的资料如下。

  河流甘淡,井泉斥卤。白坟十九,赤埴十一。《万历年陈志》。②

三条学校方面的资料如下。

  (宋砀山县学官)元祐间,邑人王惠捐赀迁学于城东北隅汉高皇庙右。《万历年陈志》。

  (明朝砀山学官)成化五年,知县张梦辅、主簿张文宪相继增修,安成刘球、博野刘吉为之记。《陈志》。

---

① 《(乾隆)砀山县志》卷一《舆地志·风俗》,《中国地方志集成》本,南京:江苏古籍出版社,1998年。
② 《(乾隆)砀山县志》卷一《舆地志·水土》,《中国地方志集成》本,南京:江苏古籍出版社,1998年。

万历二十七年己亥,大水城陷,学圮。《陈志》。①

六条人物方面的资料如下。

段温,洪武初举贤良方正,上命以督沟湖南。性慈爱,不忍苛责民,遂后期谪瑞安梅头巡检,剿洞蛮有功,迁雷州徐闻尉,不就。《万历陈志》。

(宋)陈纲,郎中;王仲,秘书省正字;吴子亮,文林郎。俱客游芒砀山中,赋诗吊古。《万历年陈志》。

(明)苗兴王景祥、崇教坊人王都、东张社人胡荣、段庄社人范深、双沟社人高成、毛福荣、许泰、王全、周良辅,正统六年岁歉,朝廷敕所在,发仓赈济,兴等十人各输小麦一千二百石,佐助赈济,全活甚众,朝廷嘉之。各赐敕奖,谕劳以羊酒,旌为"义民",仍免本户杂泛差役五年。《郭志》遗采,《陈志》补。

(明)刘诚,少为邑学椽,奉母孝。母卒,哀毁尽礼。既殡,庐墓,朝夕哭奠者三年。《万历陈志》

(明)李报桃,邑庠生,事父母以孝闻。值暑月效黄香扇枕,至夜分命退始退。祖母年五十而瞽,父殁,母王氏事之食,必亲调,桃辄与俱侍左右,趋诺必敬。两举孝廉,督学陈何皆赏其学行第一,门人称曰"秀岩先生"。《陈志》。

(明)真元,邑李氏子,慧性过人。幼落发广福寺,戒律精严。正德中,募修永庆寺。嘉靖中,创建千佛阁。颇著灵异,时人目为高僧。《万历年陈志》。②

两条名宦方面的资料如下。

---

① 《(乾隆)砀山县志》卷四《学校志·学宫》,《中国地方志集成》本,南京:江苏古籍出版社,1998年。
② 《(乾隆)砀山县志》卷一一《人物志中·仙释》,《中国地方志集成》本,南京:江苏古籍出版社,1998年。

（明）熊应祥，金溪县举人，为砀山令。政尚和缓，而于邑中多所兴作，公署一新，至筑堤御河患，民为德之。《陈志》。

（明）张汝霖，清江举人，为砀山令。政平和，不任刑罚，于学宫尤多修葺。《陈志》。①

八条列女方面的资料如下。

（明）赵应登妻仝氏，应登病逝，氏年甫十七，遗男两月，氏怀遗孤日夜号呼，奄奄就毙。舅姑泣劝曰："儿不幸死，遗孤两月，万一抚养成立，延赵氏一脉，所赖惟尔。"氏即仰天泣盟，以事养抚育自许。舅姑相继殁。会水荒饥馑荐臻，孀孤相依，辛苦备尝，贞节凛凛如初。年八十九终。《郭志》遗采，《万历年陈志》补。

（明）汪殷妻刘氏，芳绩女，年十七归殷。生女两周，男仅期。殷病笃，语氏曰："吾自度不起，负父母恩，又遗此孤以贻之戚，孝事抚育，吾何恃焉？"语未竟死，氏号泣几绝，历两日夜，始苏。乃啮指自誓，以践夫志。舅痰疾终，氏辛勤葬事。惟谨姑卧病三月，氏栉沐扶披，毫无倦色。夜必叩天，冀以身代。男婚女嫁，经营如礼。家渐落，至不能谋。朝夕忍饥受寒，惟手刺女工佐孙课读。孙禹治补邑庠生。《郭志》遗采，《陈志》补。

（明）尚希尧妻朱氏，年十八，夫疾革。既殓，从母家取采衣服之，母姑觉不得死。日夕哀哭，水浆不入口者七日。姑劝之糜为一啜，求益姑方入厨，朱氏引声长恸，举头触棺，脑裂而死。邑令副使王挺大书"贞烈"二字，表其居以闻于朝。《陈志》。

（明）谢文焕妻程氏，年十九焕得暴疾卒，程触地裂额，誓以死殉，每哭不能出声。母与祖姑皆垂老无依，苦劝相依待尽。后死越两日，氏转气瞑目，谓二老人曰："若如愿半途殉夫，名节两乖，不如

---

① 《（乾隆）砀山县志》卷六《职官志下·名宦》，《中国地方志集成》本，南京：江苏古籍出版社，1998年。

无死。"夜半遂自缢,事闻旌表。《陈志》。

(明)毛九韶妻段氏,克舟女,年十六夫故,辄为死计,守者严不得死。岁暮归宁,意欲诀别,母不知,尉以甘言,怒不与语,遽求归。中途解衣遗老妪,曰:"是后不尔累矣。"元旦乘间自缢死。邑令刘阳为文诔之。《陈志》。

(明)生员张拱辰妻段氏,克谐女,年十九适归宁。拱辰为盗所杀,得报欲自尽,以孕故中止。无何产一男,五日夭,氏即为死计。姑与之同起居,不得间。妇曰:"吾知死所矣。"勺水不入口者七日,姑哀其自苦曰:"弟从汝志。"即强起饮食,过辞诸亲,哭于拱辰柩,次自缢以死。邑人哀之,为之撰义烈记。《陈志》。

(明)太学生薛锐妻段氏,邑主簿廷光女。时锐卒业南雍,疾革,段氏吁天刲骨和药,愿以身代,锐竟不起,段氏哀毁死。大司成孟河马公为文祭之。隆庆四年,巡按御史旌之。《陈志》。

(明)邑庠生崔科妻李氏,佥宪李稳之女。科病笃,谓李曰:"吾必不起,汝未孕育,奈何?"对曰:"君幸自宽脱有不讳,吾不能偷生以辱先人。"科曰:"二亲衰老,吾罪人也。与其杀身以伸汝节,孰若忍死以薄吾罪。"氏领之。科属纩后,李氏乃鬻簪珥治丧事,毁妆力作,舅姑安其养者十余年。始殁,里人哀其贫苦,醵金襄丧事。邑令刘阳表其门,仍令岁时给粟帛。《陈志》。[①]

(十一)霍山县志

1.《(万历)霍山县志》

根据现存文献记载,已知的最早的一部霍山县志是明万历十七年(1589年)知县陈维翰编修的,这部志书早已亡佚,《(光绪)霍山县志》收录了知县黄守经为该志撰写的志序,故将此志序辑佚于此,以便人们了解相关情况。

---

① 《(乾隆)砀山县志》卷一二《人物志下·完节》,《中国地方志集成》本,南京:江苏古籍出版社,1998年。

知县黄守经旧志原序曰：

霍山处庐阳之西隅，为六安州属，田赋兵车之乘不当州治之半，而南岳一山耸峙。霍城五里外汉武帝之所封禅筑台而祷焉者也，又其地与六安州界者各产芽茶。孟夏之朔封贡，圣天子焚香拜表，龙文锦袱，专官驰骋，使竟达长安而题其黄缄曰："霍山县守土臣某谨贡。"可不谓重典欤。有邑若此而概之曰十室之邑，讵不冤哉。第建置或沿或革，人文或菀或开。又今之县治创于弘治之六年，谈者谓新造草昧而科甲寥落，遂夷诸僻壤耳，不佞令此土者三年，为熟悉其士习民风，盖彬彬乎淳庞德让，质有其文焉。多士秀雅，而都博学多才辄能为惊人语。安知异日者不接踵而起，擅名当代也。学宫旧在河北之外，不佞还之县治之左，巍然壮观，不费民间一钱也。而是年之秋，张孝廉即以贤书应诏发舒百年之运，若舆地脉之说，适相符者，其后之昌炽宁有限量焉。唯是邑乘一事自琼山陈令公修后，又更二十余年矣。无论赋役之改更，宦游选举之增益，而韩太公以文翰贻谋，吴直指以卓异应召，可弗记乎。且县尉徐君勤瘁王事，捍寇有功而旧志弗录，是乌在其为信史也。不佞方有志于修辑之举，未及瓜期而抚台特咨调入淮阳郡，倥偬不暇，竟成缺典。后之君子秉丹笔而成不朽之业，端有厚望哉。不佞行矣，敬留数字付之当事者。万历癸丑仲冬月念四日。①

2.《(天启)霍山县志》

明天启二年(1622年)知县陈先春又编修了一部霍山县志，此志亦已亡佚。《(光绪)霍山县志》收录了这部志书的两篇志序，现将这两篇志序辑佚于此。

知县吴之皞旧志原序曰：

---

① 《(光绪)霍山县志》卷一三《艺文志·序》，《中国地方志集成》本，南京：江苏古籍出版社，1998年。

稽古者谓三代舆志不见于传,独《禹贡》一书九州、山川、道路、财赋靡不毕具,后世赖以见尧舜之道。《禹贡》非王志也,与萧何入秦惟取图籍,因知户口陀塞,以取天下。即秦亦有志,志岂不重哉。明兴制作大备,自《一统志》而外,郡邑各有纪载,凡筹画天下、控制疆宇、考据方物者不事聚米穷步,惟取志阅之如指掌矣。予初令霍,霍为六州分邑,虽有志而未备,予将谋以备之,竟以内召去,遂称缺略。今上初御宇,兵事方兴,计臣策士日夕为疆场虑。霍去陵寝近,而圣祖起兵于巢湖,则霍邻封也。霍虽弹丸地,盖綦重矣。邑侯陈君懊其志未备,进诸士而谋之,括山川、文物、吏讼、民风集为完帙,持而请序于予。夫志犹史也,鲁春秋尼父作之,亦何能赞?然而旧邦之政,旧令尹知之。霍开百年僻变之国,崇山绝谷,非鹿豕之场则盗贼之薮皆荼毒吾民者,往是均田之法怯于履亩,望而增额,故赋倍于州而民日削千罗。一乡去治甚远,硗薄之土,岁输不足,而舞文者更巧为飞诡,民遂毙于追呼,而轻去其乡里,衡山以西竟无春烟矣。忆予六年周攸,资于霍,每欲移易其风俗,驯养其德器,爬梳其垢痒,殷茂其凋残,而中所得为不及为者十居其九,则今之志志其现在者耳,绥斯民者继予而补其不及,是所深望也。天启元年。①

知县陈春先旧志原序曰:

霍之名古矣,国初混于六孝庙时,可民奏谓山乡险远,宜辟邑广教,仿古以南岳名霍山。草创以来,简僻相仍,獉狉成俗,公税尚不满万,支度犹未丛开,民易于安生,吏便于安拙,故实询之州纪未有尚刻。前令瑷台陈君有史学鸿才,恧然耻之,汇诸时誉,博搜州郡编摩,延访故老闻见,勒成邑志,俾后之观风问俗者采焉。逾三十年而时事渐繁,陵谷顿异,无论人文侠节湮没足虞,即上下公私之间繁费

---

① 《(光绪)霍山县志》卷一三《艺文志·序》,《中国地方志集成》本,南京:江苏古籍出版社,1998年。

错出,视昔河汉征倭之饷未撤,清河之带频仍,节年借征加派几成额例。又重以迩来辽饷半于常赋,急于星火,民苦称贷,官困催科,徒有抚案酸心而已。况今四方多虞,驿路险阻,星使游骨间,怀节取径,路舆马刍,从原无额设,方议增加,故今之抚霍者非昔之抚霍者也。夫县治居县之首,去舒、六之界仅二十里许,而西至英、南抵潜、西北楚之罗田、洛之商城,皆二百余里,山多田少,道路险阻,舟楫不通,财货难以贸,而差徭倍于各属。又以土产、贡茶上贡之外,例有发买,皆民之竭膏血以给公者。夫霍层峦深谷,箄路之民荷锄挟矢,日与豺狼争此土,斩刈而耕之,所入几何而堪此种种供亿乎? 民生愈艰,职任愈不易,上下交穷,不得不备情形于简牍,以几隐民者之一盼,此余修志意也。夫志以纪事,虑事之不核,不虑词之不工,盖事核则情真,情真则文自生,忠孝烈节性天之触发最灵,而无告颠连一体之恫瘝,尤切情之所注,自然言所欲言,言尽而情已畅而已,无不文矣。矧余又安敢言文者也,大抵风会人事三十年一大变,忠质文如循环,然所贵以人事乘运会,岂其胶一柱焉,而无所事更张乎。前令西陵吴公以来,历三君子以及余皆隐蓄是意,未竟厥事,则有简命迁延,当余世觉无容宽逭其责,而饮冰热肠不得不假以抒其珍结,以故辗转三复而为斯举也。时余滥竽执简,博士徐君、陈君、张君始终其事,提纲挈领,以付诸弟子员,分任辐辏,余为覆核弹驳,□①五周遭乃始成帙就梓矣。因叙其立言之意,列之简端云。天启二年仲冬月。②

(十二)太和县志

1.《(同治)太和县志》

清同治八年(1869年)春,县令王寅清编修一部太和县志,已无存册,唯

---

① 原文此处空一个字,笔者以□代表。
② 《(光绪)霍山县志》卷一三《艺文志·序》,《中国地方志集成》本,南京:江苏古籍出版社,1998年。

有志序留序。

同治八年(1869年)春王寅清续纂志稿序曰：

> 邑之有志，犹国之有史也。凡山川疆域之胜，沿革兴废之殊，与夫政事、文章、民风、物产巨细兼赅，无美不备，关系固綦重矣。故修志者采访诚宜周详，义例尤须严谨。若不论轻重名实，袭陋承讹，捃摭淆杂，是直会计簿耳，志云乎哉。顾太和之为县肇于汉，而县志之作则仿于明万历间清苑刘公岇，迨我朝顺治间范阳陈公大纶，洎乾隆间济南成公兆豫两次重辑，迄今失修又久矣。其间治乱相寻，风俗寖变，耆旧沦亡，搜罗非易，不加采辑考证，何以信今而传后，是亦守土者之责也。余于同治七年八月权篆斯邑，慨习俗之强悍，欲挽回而无由，又虑志乘之失，文献无考，不禁惴惴于中，惟愧末学支离，何敢轻言修辑。适奉吴大中丞竹庄奏请纂修省志，檄饬采辑，爰聘邑之宿儒分司采访，慎加去取，阅四月而告竣。体例仿照旧本，勿事铺张，务求实际，固不敢仰企刘、陈、成诸前哲，聊以补阙拾遗，免致湮没。若欲润色鸿业、挽回浇风，实有望于后之君子焉。是稿之成，司采访者为李蕙芳、范振川、张万铨、李芸俶、王邦彦、吴东岭、于云同、李宗可、张文盘、周寻其、王芦溪、张星灿、李玉华、张文彦、刘国桢、孙暹益等，总校刘震泽、庄元植也，例得备书。同治八年春王寅清序。①

2.《永乐大典》收录的《泰和志》

《永乐大典》收录的《泰和志》只有一条山川方面的资料。

> 东岩，在凤阳府泰和县潮山。昔有隐者居之。②

笔者从现存文献中辑出了一些安徽淮河流域旧志佚文，包括府志、州志

---

① 《(民国)太和县志》卷六《杂志·旧志序》，《中国地方志集成》本，南京：江苏古籍出版社，1998年。

② 《永乐大典》卷九七六六，北京：中华书局，1986年。

和县志。府志有凤阳府志和颖州府志,州志有宿州志、寿州志、泗州志、亳州志、六安州志,县志则包括天长县志、蒙城县志、霍邱县志、颖上县志、怀远县志、五河县志、虹县志、灵璧县志、临淮县志、定远县志、砀山县志、霍山县志、太和县志。辑出的旧志佚文涉及安徽淮河流域的大多数地区,为人们了解这些地区早期方志编修及其内容提供了参考,也有助于人们进一步了解中国古代文献典籍的基本面貌,对于丰富现存文献有着积极意义。

结　语

历史研究是一切社会科学的基础,地方志作为文明延续的重要纽带、民族精神传承的基本载体,其价值是不容忽视的。

安徽淮河流域旧志的编修由来已久,自秦朝之后就开始编修地方志,后世不断发展完善。根据相关文献记载,历史上编修的安徽淮河流域旧志有编修年代可考的志书应该不少于二百部,而现存安徽淮河流域旧志至少有一百二十部。

本书从旧志编修源流、旧志编修理论、旧志体例结构、旧志史料价值、旧志文献学价值、旧志内容辑佚六个方面对安徽淮河流域旧志进行讨论和研究,主要研究情况如下:

第一,根据现存文献记载和《中国地方志联合目录》《中国地方志综录》等方志目录的统计,笔者梳理并总结了历史上安徽淮河流域 24 个府、州、县旧志的编修源流,并对这些旧志的存佚情况进行了说明。这一研究,不仅可以使人们全面了解历代安徽淮河流域旧志编修的基本情况,还可以加深人们对历史上方志编修连续性、普遍性特点的认识,并且有助于人们对中国地方志编修和发展的总体情况有更为深入的认识。这既有助于更加深入具体地研究中国方志学,也有助于进一步了解中国传统文化的丰富性及其内涵。

第二,通过对安徽淮河流域旧志志序、凡例、志跋等内容的分析,总结方志编修者对方志功能、方志性质、方志起源、方志编修方法等问题所作的探讨和思考,总结相关的理论和思想,并由此指明方志编修者在总结方志理论和修志方法上所作的努力和贡献。这一研究,是通过个案分析对历史上方志发展的基本理论进行的总结,不仅有助于进一步梳理中国方志学的发展历史,也有助于为今后方志学理论建设和学科发展提供思考和借鉴。这一研究,可以充分揭示地方志在"存史""资政""教化"方面的功能,有利于进一步发挥地方志知古鉴今、资政育人的作用。

第三,对安徽淮河流域旧志志序、目录、凡例、旧志源流、志跋等内容进行分析,说明方志的编修体例及其基本内容,并总结因编修者不同、时代不同、地域特点不同,方志在编修体例上所作的调整和变化,以揭示方志的体例特点。这一研究,不仅是对安徽淮河流域旧志体例结构及其变化的分析和总结,还有助于人们进一步探讨今后新方志编修的范例和范式,以及今后地方志编纂的发展方向。

第四,广泛查阅现存旧志,总结安徽淮河流域旧志在保存历史资料、呈现地方特色、反映时代特征、凝聚传统文化等方面所具有的价值,以此说明这些旧志在研究安徽淮河流域地区社会历史发展方面所起的作用,从而突出这些方志的史料价值。安徽淮河流域旧志保存了丰富资料,不仅在研究地方性问题上有着重要的参考价值,在研究全国性问题上也有其独特的价值。安徽淮河流域旧志保存的历史名人、传统道德规范、风土民情、文化教育、社会保障、生态保护等方面的内容,则可以与新时代国家建设和发展的任务、目标相联系,在弘扬优秀传统文化、坚定和增强文化自信、增强民族自豪感、民族认同感和民族凝聚力等方面发挥应有的作用。

第五,安徽淮河流域旧志的编修者治学态度严谨,并长于考证和校勘,通过对现存安徽淮河流域旧志内容的梳理,总结其在考证史实、校勘讹误、辑佚古书等方面所具有的文献学价值。考证主要是纠正讹误、提出疑问、解释说明、列举异说,为进一步了解相关情况提供了线索;校勘则涉及多方面,包括对寺观、人物、山川、艺文、祥异、建置沿革、古迹等内容的校勘,保证了文献记载的准确性;辑佚出包括总志、府志、州志、县志、其他文献在内的多部古书,为了解这些古书的基本面貌提供了参考。安徽淮河流域旧志编修者严谨的编修态度,不仅保证了志书的质量,纠正了其他文献中的讹误,也为后世方志编修树立了模范。

第六,根据现存文献记载,对亡佚的安徽淮河流域旧志进行辑佚,辑出20个府州县佚志的部分佚文,为人们了解这些佚志的原始面貌提供了线索。因为各种各样的原因,有许多安徽淮河流域旧志在历史的长河中亡佚,这一研究在一定程度上恢复了佚志的部分内容,有助于人们进一步了解中国古代文献典籍的基本面貌,对于丰富现存文献有着积极意义。

综上所述,地方志是中国特有的文献形式,是中国传统文化的重要组成部分,安徽淮河流域旧志是其不可或缺的一部分。研究这些旧志的编修情况、体例结构、编修理论和思想,有助于方志学的研究和建设。研究这些旧志保存的内容,挖掘其价值,亦有助于研究中国历史发展过程,有助于弘扬中华优秀传统文化、增强文化自信,推动文化强国的建设进程。

参考文献

一、古代文献

1.（梁）萧子显撰：《南齐书》，北京：中华书局，1972年。

2.（唐）魏征，令孤德棻撰：《隋书》，北京：中华书局，1973年。

3.李吉甫撰，贺贝君点校：《元和郡县图志》，北京：中华书局，2005年。

4.（宋）欧阳修、宋祁等撰：《新唐书》，北京：中华书局，1975年。

5.（宋）王十朋撰：《集注分类东坡先生诗》，《四部丛刊》景宋本。

6.（宋）陈振孙撰：《直斋书录解题》，清刻《武英殿聚珍版丛书》本。

7.（宋）李昉撰：《太平御览》，北京：中华书局，1960年。

8.《（成化）中都志》，《四库全书存目丛书》本，济南：齐鲁书社，1996年。

9.《（弘治）宿州志》，明弘治增补刻本。

10.《（正德）颍州志》，《天一阁藏明代方志选刊》本，上海：上海古籍书店，1963年。

11.《（嘉靖）定远县志》，明嘉靖十四年(1535年)刻本。

12.《（嘉靖）寿州志》，《天一阁藏明代方志选刊》本，上海古籍书店，1963年。

13.《（嘉靖）宿州志》，《天一阁藏明代方志选刊》本，上海古籍书店，

1963年。

14.《(嘉靖)天长县志》,明嘉靖刻本。

15.《(万历)六安州志》,明万历十二年(1584年)刻本。

16.《(万历)绍兴府志》,明万历刻本。

17.《(万历)会稽县志》,明万历刊本。

18.(明)雷礼辑:《国朝列卿纪》,明万历徐鉴刻本。

19.《凤阳新书》,明天启元年(1621年)刻本。

20.(明)过庭训撰:《本朝分省人物考》,明天启刻本。

21.(明)徐象梅撰:《两浙名贤录》,明天启刻本。

22.《(崇祯)砀山县志》,明崇祯十二年(1639年)刻本。

23.(明)周圣楷撰:《楚宝》,明崇祯十四年(1641年)刻本。

24.《中都储志》,明刻本。

25.(明)杨士奇撰:《文渊阁书目》,《文渊阁四库全书》本。

26.(明)孙能传撰:《内阁藏书目录》,清迟云楼钞本。

27.(明)焦竑辑:《国史经籍志》,明徐象枟刻本。

28.(明)朱睦㮮撰:《万卷堂书目》,清光绪至民国间《观古堂书目丛刊》本。

29.(明)祁承㸁撰:《澹生堂藏书目》,清宋氏漫堂钞本。

30.(明)陈第撰:《世善堂藏书目录》,清乾隆《知不足斋丛书》本。

31.(明)晁瑮撰:《晁氏宝文堂书目》,明钞本。

32.(明)钱希言撰:《剑策》,明陈訏谟翠幄草堂刻本。

33.(明)陈耀文撰:《天中记》,《文渊阁四库全书》本。

34.(明)田艺蘅撰:《香宇集·续集》,明嘉靖刻本。

35.(明)董斯张撰:《广博物志》,《文渊阁四库全书》本。

36.(明)李贤等撰:《明一统志》,《文渊阁四库全书》本。

37.《(顺治)寿州志》,清顺治十二年(1655年)刻本。

38.《(顺治)颍上县志》,清顺治十二年(1655年)刻本。

39.《(康熙)霍邱县志》,清康熙九年(1670年)刻本。

40.《(康熙)天长县志》,清康熙十一年(1672年)刻本。

41.《(康熙)五河县志》,清康熙二十二年(1683年)增刻本。

42.《(康熙)泗州直隶州志》,清康熙三十七年(1698年)刻本。

43.《(康熙)庐山志》,清康熙五十九年(1720年)顺德堂刻本。

44.《(雍正)怀远县志》,清雍正二年(1724年)刻本。

45.《(雍正)六安州志》,清雍正七年(1729年)刻本。

46.《(雍正)浙江通志》,《文渊阁四库全书》本。

47.《(乾隆)盱眙县志》,清乾隆十二年(1747年)刻本。

48.《(乾隆)六安州志》,清乾隆十六年(1751年)刻本。

49.《(乾隆)太和县志》,清乾隆十六年(1751年)刻本。

50.《(乾隆)颍上县志》,清乾隆十八年(1753年)刻本。

51.《(乾隆)霍邱县志》,清乾隆十九年(1754年)刻本。

52.《(乾隆)寿州志》,清乾隆三十二年(1767年)刻本。

53.《(乾隆)亳州志》,清乾隆三十九年(1774年)刻本。

54.《(乾隆)凤阳县志》,清乾隆四十年(1775年)刻本。

55.《(乾隆)霍山县志》,清乾隆四十一年(1776年)刻本。

56.(清)蒋兆奎撰:《河东盐法备览》,清乾隆五十五年(1790年)刻本。

57.《(乾隆)砀山县志》,《中国地方志集成》本,南京:江苏古籍出版社,1998年。

58.《(乾隆)灵璧县志略》,《中国地方志集成》本,南京:江苏古籍出版社,1998年。

59.《(乾隆)泗州志》,《中国地方志集成》本,南京:江苏古籍出版社,1998年。

60.《(乾隆)颍州府志》,《中国地方志集成》本,南京:江苏古籍出版社,1998年。

61.(清)赵宏恩修:《(乾隆)江南通志》,《文渊阁四库全书》本。

62.《(嘉庆)五河县志》,清嘉庆八年(1803年)刻本。

63.《(嘉庆)凤台县志》,清嘉庆十九年(1814年)刻本。

64.《(嘉庆)萧县志》,《中国地方志集成》本,南京:江苏古籍出版社,1998年。

65.《(嘉庆)备修天长县志稿》,《中国地方志集成》本,南京:江苏古籍出版社,1998年。

66.《(嘉庆)怀远县志》,《中国地方志集成》本,南京:江苏古籍出版社,1998年。

67.(清)穆彰阿撰:《(嘉庆)大清一统志》,《四部丛刊续编》景旧钞本。

68.(清)范邦甸撰:《天一阁书目》,清嘉庆文选楼刻本。

69.(清)徐沁撰:《明画录》,清嘉庆《读画斋丛书》本。

70.《(道光)亳州志》,清道光五年(1825年)刻本。

71.《(道光)颍上风物纪》,清道光六年(1826年)刻本。

72.(清)徐乾学藏:《传是楼书目》,清道光八年(1828年)味经书屋钞本。

73.《(道光)阜阳县志》,《中国地方志集成》本,南京:江苏古籍出版社,1998年。

74.《(道光)定远县志》,《中国地方志集成》本,南京:江苏古籍出版社,1998年。

75.《(同治)蒙城县志》,清同治九年(1870年)抄本。

76.《涡阳县志》,1981年抄清同治十一年(1873年)稿本。

77.《(同治)徐州府志》,清同治十三年(1874年)刻本。

78.《(同治)颍上县志》,《中国地方志集成》本,南京:江苏古籍出版社,1998年。

79.《(同治)续萧县志》,《中国地方志集成》本,南京:江苏古籍出版社,1998年。

80.《(同治)霍邱县志》,《中国地方志集成》本,南京:江苏古籍出版社,1998年。

81.《(同治)颍上县志》,《中国地方志集成》本,南京:江苏古籍出版社,1998年。

82.《(同治)六安州志》,《中国地方志集成》本,南京:江苏古籍出版社,1998年。

83.《(光绪)重修安徽通志》,清光绪四年(1878年)刻本。

84.《(光绪)湖南通志》,清光绪十一年(1885年)刻本。

85.《(光绪)盱眙县志稿》,清光绪十七年(1891年)刊本。

86.《(光绪)广德州志》,《中国地方志集成》本,南京:江苏古籍出版社,1998年。

87.《(光绪)寿州志》,《中国地方志集成》本,南京:江苏古籍出版社,1998年。

88.《(光绪)宿州志》,《中国地方志集成》本,南京:江苏古籍出版社,1998年。

89.《(光绪)凤阳府志》,《中国地方志集成》本,南京:江苏古籍出版社,1998年。

90.《(光绪)五河县志》,《中国地方志集成》本,南京:江苏古籍出版社,1998年。

91.《(光绪)重修五河县志》,《中国地方志集成》本,南京:江苏古籍出版社,1998年。

92.《(光绪)泗虹合志》,《中国地方志集成》本,南京:江苏古籍出版社,1998年。

93.《(光绪)霍山县志》,《中国地方志集成》本,南京:江苏古籍出版社,1998年。

94.《(光绪)凤阳县志》,《中国地方志集成》本,南京:江苏古籍出版社,1998年。

95.《(光绪)凤台县志》,《中国地方志集成》本,南京:江苏古籍出版社,1998年。

96.《(光绪)亳州志》,《中国地方志集成》本,南京:江苏古籍出版社,1998年。

97.(清)丁仁撰:《八千卷楼书目》,民国铅印本。

98.(清)陈芳绩撰:《历代地理沿革表》,扬州:江苏广陵古籍刻印社,1991年。

99.(清)谈迁撰:《国榷》,清钞本。

100.(清)张岱撰:《石匮书》,稿本补配清钞本。

101.(清)黄虞稷撰:《千顷堂书目》,《文渊阁四库全书》本。

102.(清)永瑢等:《四库全书总目》,北京:中华书局,2008年。

103.(清)孙岳颁撰:《佩文斋书画谱》,《文渊阁四库全书》本。

104.(清)孙诒让撰:《温州经籍志》,民国十年(1921年)刻本。

105.(清)张英撰:《渊鉴类函》,《文渊阁四库全书》本。

106.(清)倪涛撰:《六艺之一录》,《文渊阁四库全书》本。

107.(清)潘眉撰:《三国志考证》,清嘉庆小遂初堂刻本。

108.(清)嵇璜撰:《续文献通考》,《文渊阁四库全书》本。

109.(清)嵇璜撰:《续通志》,《文渊阁四库全书》本。

110.(清)刘锦藻撰:《清朝续文献通考》,民国影印十通本。

111.(清)马宗琏撰:《春秋左传补注》,清刻本。

112.《明史》,北京:中华书局,1974年。

113.《(民国)颍上县志校补》,民国十九年(1930年)铅印本。

114.《(民国)临泉县志略》,民国二十五年(1936年)石印本。

115.《(民国)涡阳县志略》,民国二十五年(1936年)铅印本。

116.《(民国)亳县志略》,民国二十五年(1936年)铅印本。

117.《(民国)凤阳县志略》,民国二十五年(1936年)铅印本。

118.《清史稿》,北京:中华书局,1977年。

119.《(民国)涡阳风土志》,《中国地方志集成》本,南京:江苏古籍出版社,1998年。

120.《(民国)泗县志略》,《中国地方志集成》本,南京:江苏古籍出版社,1998年。

121.《(民国)阜阳县志续编》,《中国地方志集成》本,南京:江苏古籍出版社,1998年。

122.《(民国)太和县志》,《中国地方志集成》本,南京:江苏古籍出版社,1998年。

123.《(民国)重修蒙城县志》,《中国地方志集成》本,南京:江苏古籍出版社,1998年。

二、今人著述

1.《中国地方志综录》,北京:商务印书馆,1958年。

2.《中国地方志联合目录》,北京:中华书局,1985年。

3.刘尚恒:《安徽方志考略》,吉林省图书馆学会,1985年。

4.林平、张纪亮编纂:《明代方志考》,成都:四川大学出版社,2001年。

5.马蓉等点校:《永乐大典方志辑佚》,北京:中华书局,2004年。

6.蒲霞:《〈永乐大典〉安徽江北方志研究》,合肥:安徽大学出版社,2015年。

三、期刊论文

1.刘涛:《陆贾〈新语〉赋化倾向探析》,载《山东教育学院学报》,2007年第6期。

2.蒲霞:《〈永乐大典〉本〈泰和志〉研究》,载《图书情报工作》,2011年第1期。